CHV

Elias Canetti
Die Fackel im Ohr

Lebensgeschichte

1921-1931

Carl Hanser Verlag

ISBN 3-446-18061-3 (Einzelausgabe)
ISBN 3-446-18062-1 (Gesamtausgabe)

Satz: LibroSatz, Kriftel
Druck und Bindung:
Friedrich Pustet, Regensburg
Printed in Germany

Für Veza Canetti
1897-1963

Teil 1

Inflation und Ohnmacht

Frankfurt 1921-1924

Pension Charlotte

Die wechselnden Schauplätze meines frühen Lebens nahm ich ohne Widerstand auf. Ich habe es nie bedauert, daß ich als Kind so kräftigen und konstrastreichen Eindrücken ausgesetzt war. Jeder neue Ort, fremdartig wie er anfangs erschien, gewann mich durch das Besondere, das er hinterließ, und durch seine unabsehbaren Verzweigungen.

Einen einzigen Schritt habe ich mit Bitterkeit empfunden, ich habe es nie verwunden, daß ich Zürich verließ. Ich war 16 und fühlte mich an Menschen und Lokalitäten, Schule, Land, Dichtung, ja sogar an die Sprache, die ich mir gegen den zähen Widerstand der Mutter erworben hatte, so stark gebunden, daß ich es nie mehr verlassen mochte. Nach bloß fünf Jahren in Zürich und in diesem frühen Alter war mir zumute, als sollte ich nun nirgends anders mehr hin und ein ganzes Leben, in zunehmendem geistigen Wohlergehen, hier verbringen.

Der Riß war gewaltsam, und alles, was ich an Gründen für mein erwünschtes Bleiben ins Treffen führte, war verhöhnt worden. Nach dem vernichtenden Gespräch, in dem über mein Schicksal entschieden wurde, stand ich lächerlich und kleinmütig da, als Feigling, der um bloßer Bücher willen dem Leben nicht ins Gesicht sah, als anmaßend, mit falschem Wissen vollgepfropft, das zu nichts nütze war, als eng und selbstzufrieden, als Parasit, als Pensionist, als Greis, bevor ich mich in irgend etwas bewährt hatte.

In der neuen Umgebung, deren Wahl unter Umständen erfolgt war, die für mich im Dunkel lagen, reagierte ich auf zweierlei Weise gegen die Brutalität des Wechsels: einmal durch Heimweh, es galt als eine natürliche Krankheit der Menschen, in deren Land ich gelebt hatte, und indem ich es auf das heftigste empfand, fühlte ich mich ihnen zugehörig. Das zweite war eine kritische Einstellung zu meiner neuen Umgebung. Vorbei war die Zeit des unbehinderten Einströmens alles Unbekannten. Ich suchte mich dagegen zu verschließen, denn es war mir aufgedrängt worden. Zu einer kompletten wahllosen Abwehr war ich aber nicht imstande, dazu war ich von Hause aus zu empfänglich geraten, so begann eine Periode der Prüfung und satirischen Zuspitzung. Was anders war, als ich es kannte, übertrieb sich mir und erschien mir komisch. Es kam dazu, daß vieles sich gleich auf einmal präsentierte.

Wir waren nach Frankfurt gezogen, und da die Umstände ungewiß waren und wir noch nicht wußten, wie lange wir bleiben würden, zogen wir in eine Pension. Da lebten wir in zwei Zimmern, ziemlich gedrängt, viel näher mit anderen Menschen als je zuvor, wir fühlten uns zwar als Familie, aber wir aßen unten mit anderen zusammen an einem langen Pensionstisch. In der Pension Charlotte lernten wir alle möglichen Menschen kennen, die ich täglich während der Hauptmahlzeit wiedersah und die nur allmählich wechselten. Einige waren während der ganzen zwei Jahre da, die ich schließlich in der Pension verbrachte, andere bloß ein oder auch nur ein halbes Jahr; sie waren sehr unterschiedlich, alle haben sich mir eingeprägt, doch mußte ich gut aufpassen, um zu verstehen, wovon die Rede war. Meine Brüder, damals 11 und 13 Jahre alt, waren die Jüngsten und dann kam gleich ich in meinem 17. Jahr.

Die Gäste fanden sich nicht immer unten ein. Fräulein Rahm, ein schlankes, junges Mannequin, sehr blond, die modische Schönheit der Pension, kam nur manchmal zum Essen. Sie nahm wegen ihrer Figur nur wenig zu sich, um so mehr war von ihr die Rede. Kein Mann, der ihr nicht nachsah, kein Mann, den es nicht nach ihr gelüstete, und da man wußte, daß es neben ihrem festen Freund, dem Inhaber eines Herrenmodegeschäfts, der nicht in der Pension wohnte, auch andere Männer gab, die sie besuchten, dachten viele an sie und betrachteten sie mit dem Wohlgefallen für etwas, das einem zusteht und einem eines Tages auch zufallen könnte. Die Frauen lästerten über sie. Die Männer, wenn sie es vor ihren Frauen riskierten oder wenn sie allein waren, legten ein gutes Wort für sie ein, besonders für ihre elegante Figur, sie war so hoch und schlank, daß man mit den Augen an ihr auf und ab klettern konnte, ohne irgendwo Halt zu finden.

Am Kopf des Pensionstisches saß Frau Kupfer, braun und von Sorge ausgemergelt, eine Kriegswitwe, die die Pension betrieb, um sich und ihren Sohn durchzubringen, sehr ordentlich, genau, der Schwierigkeiten dieser Zeit, die sich in Zahlen ausdrücken ließen, immer bewußt, ihr häufigster Satz war »Das kann ich mir nicht leisten«. Ihr Sohn Oskar, ein untersetzter Junge mit buschigen Augenbrauen und niederer Stirn, saß zu ihrer Rechten. Herr Rebhuhn saß zur Linken von Frau Kupfer, ein asthmatischer älterer Herr, Bankprokurist, überaus freundlich, nur wenn die Rede auf den Ausgang des Krieges kam, wurde er finster und böse. Er war zwar Jude, aber höchst deutschnational gesinnt, und wenn jemand ihm dann widersprach, fuhr blitzrasch, ganz gegen seine gemächliche Art, der ›Dolchstoß‹ heraus. Er regte sich bis zu einem Asthmaanfall auf und mußte dann von seiner Schwester, Fräulein Rebhuhn, die mit ihm in der Pension wohnte, hinausgeführt werden. Da man diese Eigenheit von ihm kannte und auch wußte, wie sehr er unter seinem Asthma litt, vermied man es im allgemeinen, das Gespräch auf diesen wunden Punkt zu bringen, so daß es ganz selten zum Ausbruch kam.

Nur Herr Schutt, dessen Kriegsverletzung dem Asthma Herrn Rebhuhns an Schwere in nichts nachstand, der nur an Krücken gehen konnte, an argen Schmerzen litt, sehr bleich aussah – er mußte Morphium gegen seine Schmerzen nehmen –, nahm sich kein Blatt vor den Mund. Er haßte den Krieg, bedauerte, daß er nicht vor seiner schweren Verletzung zu Ende gegangen war, betonte, daß er ihn vorausgesehen und den Kaiser immer schon für gemeingefährlich gehalten habe, bekannte sich als Unabhängiger und hätte im Reichstag ohne zu zögern gegen die Kriegskredite gestimmt. Es war wirklich sehr ungeschickt, daß die beiden, Herr Rebhuhn und Herr Schutt, so nah voneinander saßen, nur durch das ältliche Fräulein Rebhuhn getrennt. Wenn Gefahr drohte, wandte sie sich nach links ihrem Nachbarn zu, spitzte ihren süßlich-altjüngferlichen Mund, legte den Zeigefinger davor und gab Herrn Schutt einen flehentlichen langen Blick, wobei sie mit dem Zeigefinger der rechten Hand vorsichtig schief nach unten auf ihren Bruder wies. Herr Schutt, der sonst so bitter war, verstand und hielt fast immer inne, meist unterbrach er sich noch im Satz, ohnehin sprach er so leise, daß man genau zuhören mußte, bevor man etwas verstand. So war die Situation dank Fräulein Rebhuhn, die immer wachsam auf seine Sätze achtete, gerettet. Herr Rebhuhn hatte noch nichts gemerkt, er selber fing nie an, er war der friedlichste und sanfteste aller Menschen. Nur wenn jemand auf das Kriegsende kam und seinen aufrührerischen Charakter guthieß, kam blitzartig eben der Dolchstoß über ihn und er warf sich blind in den Kampf.

Es wäre aber völlig verfehlt zu glauben, daß es sonst an diesem Tische ähnlich zuging. Dieser kriegerische Konflikt war der einzige, dessen ich mich entsinne, und vielleicht hätte ich ihn vergessen, wenn er sich nach einem Jahr nicht so zugespitzt hätte, daß man die Gegner beide vom Pensionstisch wegführen mußte, Herrn Rebhuhn wie immer am Arm seiner Schwester, Herrn Schutt viel mühseliger auf seinen Krücken und mit Hilfe von Fräulein Kündig, einer Lehrerin, die schon lange in der Pension wohnte, seine Freundin geworden war und ihn später auch heiratete, um ihm einen eigenen Haushalt einzurichten und ihn besser zu versorgen.

Fräulein Kündig war eine von zwei Lehrerinnen in der Pension. Die andere, Fräulein Bunzel, hatte ein pockennarbiges Gesicht und eine etwas weinerliche Stimme, so als beklage sie mit jedem Satz ihre Häßlichkeit. Jung waren sie beide nicht, vielleicht vierzigjährig, beide vertraten die Bildung in der Pension. Als beflissene Leser der ›Frankfurter Zeitung‹ wußten sie, worauf es ankam und worüber man sprach, und man spürte, daß sie auf der Lauer nach Gesprächspartnern waren, die sich nicht zu unwürdig anließen. Doch waren sie keineswegs taktlos, wenn kein Herr sich fand, der sich zu Unruh, zu Binding, zu Spengler oder zu Meier-Graefes ›Vincent‹ äußern mochte. Sie wußten, was sie der Pensionsinhaberin schuldig waren, und verhielten sich dann still. Fräulein Bunzels weinerlicher Stimme war Spott ohnehin nie anzumerken, und Fräulein Kündig, die viel frischer wirkte und Männer wie Bildungsthemen mit Lebhaftigkeit anging, pflegte immer darauf zu warten, daß beides sich beisammenfand, denn ein Mann, zu dem sie nicht *sprechen* konnte, hätte sich ohnehin nur für Fräulein Rahm, das Mannequin, interessiert. Ein Wesen, das sie nicht über dies oder jenes aufklären konnte, kam für sie nicht in Betracht, und das war auch, wie sie der Mutter unter vier Augen gestand, der Grund, warum sie, im Gegensatz zu ihrer Kollegin eine anziehende Person, noch nicht geheiratet hatte. Ein Mann, der nie ein Buch las, war für sie kein Mann, da sei es schon besser, man sei frei und habe für keinen Haushalt zu sorgen. Auch nach Kindern gelüstete es sie nicht, von diesen sehe sie sowieso schon zuviele. Sie ging in Theater und Konzerte und sprach davon, wobei sie sich aber gern an die

Auffassung der ›Frankfurter‹ hielt. Es sei schon merkwürdig, sagte sie, wie die Kritiker immer ihrer Meinung seien.

Die Mutter, seit Arosa mit dem deutschen Bildungston vertraut, für den sie, im Gegensatz zur Wiener ästhetischen Décadence, etwas übrig hatte, mochte Fräulein Kündig und glaubte ihr und hielt sich auch nicht darüber auf, als sie ihr Interesse für Herrn Schutt bemerkte. Zwar war der viel zu bitter, um sich auf Gespräche über Kunst oder Literatur einzulassen, für Binding, den Fräulein Kündig nicht weniger als Unruh schätzte – beide kamen viel in der ›Frankfurter‹ vor –, hatte er nichts als ein halbunterdrücktes Grunzen übrig, und wenn der Name Spengler fiel, was damals unvermeidlich war, erklärte er: »An der Front war der nicht. Darüber ist nichts bekannt«, worauf Herr Rebhuhn milde einwarf: »Ich würde meinen, daß es bei einem Philosophen nicht darauf ankommt.«

»Bei einem Geschichtsphilosophen vielleicht doch«, wandte Fräulein Kündig ein, und es war daraus zu entnehmen, daß sie bei allem schuldigen Respekt für Spengler Herrn Schutt die Stange hielt. Es kam aber darüber zu keinem Konflikt zwischen den beiden Herren, schon daß Herr Schutt von jemand einen Frontdienst *erwartete,* während Herr Rebhuhn darauf zu verzichten bereit war, hatte etwas Versöhnliches, es war, als hätten sie ihre Meinungen ausgetauscht. Über die eigentliche Frage, ob Spengler an der Front gewesen sei, wurde aber auf diese Weise nicht entschieden, ich weiß es bis heute nicht. Fräulein Kündig hatte, das war offensichtlich, Mitleid mit Herrn Schutt. Ziemlich lange verstand sie es, ihr Mitleid hinter burschikosen Bemerkungen wie »unser Kriegsknabe« und »ist auch damit fertig geworden« zu verbergen. Ihm war nicht anzumerken, ob er darauf ansprach oder nicht, er verhielt sich so neutral zu ihr, als hätte sie nie ein Wort an ihn gerichtet; immerhin grüßte er sie durch ein Nicken des Kopfes, wenn er das Speisezimmer betrat, während er Fräulein Rebhuhn an seiner Rechten keines Blickes würdigte. Die Mutter fragte er einmal, als wir drei uns in der Schule verspätet hatten und beim Essen noch fehlten: »Wo ist Ihr Kanonenfutter?«, was sie nicht ohne Empörung später berichtete. Sie habe darauf entrüstet erwidert: »Niemals! Niemals!« und er habe gehöhnt: »Nie wieder Krieg!«

Doch erkannte Herr Schutt an, daß die Mutter beharrlich gegen den Krieg Stellung bezog, obwohl sie ihn nie aus der

Nähe erlebt hatte, und seine herausfordernden Bemerkungen galten eher einer Bestätigung ihrer Gesinnung. Es gab unter den Pensionsgästen eine ganz andere Sorte, von der er auf keine Weise Notiz nahm. Da war das junge Ehepaar Bemberg, das zu seiner Linken saß, er Börsenmakler mit laufendem Verständnis für materielle Vorteile, er lobte sogar Fräulein Rahm für ihre ›Tüchtigkeit‹, womit er ihre Manövrierfähigkeit unter zahlreichen Verehrern meinte. »Die schickste junge Dame in Frankfurt«, sagte er und war dabei einer der ganz wenigen, die es gar nicht auf sie abgesehen hatten, es war mehr »ihre Nase für Geld«, die ihm imponierte und ihre skeptische Reaktion auf Komplimente. »Die läßt sich den Kopf nicht verdrehen. Die will erst wissen, was dahintersteckt.«

Seine Frau, aus modischen Attributen zusammengesetzt, wovon ihr der Bubikopf noch am natürlichsten stand, auf eine andere Art leicht als Fräulein Rahm, war gutbürgerlicher Herkunft, aber ohne Penetranz. Wohl merkte man, daß sie sich alles kaufte, wonach es sie gelüstete, aber nur wenig hing an ihr, sie ging in Kunstausstellungen, interessierte sich für die Kleider von Frauen auf Bildern, bekannte ein Faible für Lucas Cranach und erklärte es mit seiner »tollen« Modernität, wobei »erklären« für ihre mageren Interjektionen gewiß zu ausführlich klingt. Bei einem Shimmy hatten sich Herr und Frau Bemberg kennengelernt. Eine Stunde zuvor waren sie sich noch ganz fremd gewesen, wußten aber beide, wie er nicht ohne Stolz gestand, daß einiges dahintersteckte, mehr sogar bei ihr als bei ihm, aber er galt schon als vielversprechender junger Börsianer. Er fand sie ›schick‹, forderte sie zum Tanz auf und nannte sie gleich »Pattie«. »Sie erinnern mich an Pattie«, sagte er, »eine Amerikanerin.« Sie wollte wissen, ob das seine erste Liebe war. »Wie man's nimmt«, meinte er. Sie verstand und fand es toll, daß seine erste Frau eine Amerikanerin war, und behielt den Namen Pattie. Er nannte sie vor allen Pensionsgästen so, und wenn sie nicht zum Essen herunterkam, sagte er: »Pattie hat keinen Hunger heute. Sie denkt an ihre Linie.«

Auch dieses inoffensive Paar hätte ich vergessen, wenn es Herr Schutt nicht fertiggebracht hätte, sie so zu behandeln, als ob sie nicht auf der Welt wären. Wenn er auf seinen Krücken daherkam, waren sie wie verschwunden. Ihren Gruß überhörte er, ihre Visagen übersah er, und Frau Kupfer, die sein Vorhandensein in der Pension nur in Erinnerung an ihren kriegsgefallenen Mann hinnahm, wagte es kein einziges Mal, in seiner Gegenwart »Herr« oder »Frau Bemberg« zu sagen. Die beiden nahmen diesen Boykott, der von Herrn Schutt ausging, sich aber nicht weiter ausbreitete, ohne Murren hin. Sie hatten für den Behinderten, der in jeder Hinsicht arm erschien, etwas wie Mitleid übrig, und wenn es auch nicht viel war, so war es doch ein Gefühl, das sich seiner Verachtung gut entgegensetzen ließ.

Am entferntesten Ende des Tisches waren die Kontraste weniger scharf. Da war Herr Schimmel, ein Rayon-Chef, strotzend von Gesundheit, mit gespreiztem Schnurrbart und roten Wangen, ein Ex-Offizier, weder verbittert noch unzufrieden. Sein Lächeln, das nie von seinem Gesicht schwand, war eine Art von Seelenzustand, es war beruhigend zu sehen, daß es Seelen gibt, die sich immer genau gleich bleiben. Auch beim schlimmsten Wetter änderte es sich nie, und was einen ein wenig wunderte, war nur, daß soviel Zufriedenheit allein blieb und zu ihrer Bewahrung keiner Ergänzung bedurfte. Sie hätte sich leicht gefunden, denn gar nicht weit von Herrn Schimmel saß Fräulein Parandowski, Verkäuferin, eine schöne, stolze Person mit dem Kopf einer griechischen Statue, die sich durch keine Berufung Fräulein Kündigs auf die ›Frankfurter‹ verwirren und Herrn Bembergs Lob des Fräulein Rahm wie Regen an sich abtropfen ließ. »Das könnte ich nicht«, sagte sie und schüttelte den Kopf. Mehr sagte sie nicht, aber es war klar, was sie nicht konnte. Fräulein Parandowski hörte zu, obwohl sie kaum etwas sagte, das Unerschütterliche stand ihr gut. Herrn Schimmels Schnurrbart – er saß schräg gegenüber von ihr – sah aus, als wäre er eigens für sie zurechtgebürstet worden, die beiden waren wie geschaffen füreinander. Doch er richtete nie das Wort an sie, sie kamen oder gingen nie zusammen, es war, als sei ihre Nicht-Zusammengehörigkeit immer genau besprochen. Weder wartete Fräulein Parandowski darauf, daß er sich vom Tisch erhob, noch scheute sie sich davor, ziemlich lange vor ihm beim Essen zu erscheinen. Zwar hatten sie eines gemeinsam, ihr Schweigen, aber er lächelte immer, ohne sich etwas dabei zu denken, während sie, den Kopf hoch erhoben, so ernst blieb, als ob sie sich unaufhörlich etwas dächte.

Für alle war es klar, daß etwas dahintersteckte, aber sämtliche Versuche Fräulein Kündigs, die in dieser Gegend saß, in Erfahrung zu bringen, was es eigentlich sei, scheiterten am monumentalen Widerstand der beiden. Fräulein Bunzel vergaß sich einmal so weit, »Karyatide« hinter Fräulein Parandowski her zu sagen, während Fräulein Kündig Herrn Schimmel fröhlich mit: »Da kommt die Reiterei« begrüßte. Frau Kupfer verwies es ihr aber gleich, persönliche Bemerkungen an ihrem Pensionstisch konnte sie sich nicht leisten, und Fräulein Kündig benützte die Rüge, um Herrn Schimmel ins Gesicht zu fragen, ob er etwas dagegen habe, als »Reiterei« bezeichnet zu werden. »Es ist mir eine Ehre«, lächelte er, »ich war Kavallerist.« »Und wird bis an sein Lebensende einer bleiben.« So höhnisch reagierte Herr Schutt auf jeden Seitensprung Fräulein Kündigs, noch bevor es ausgemacht war, daß sie einander mochten.

Erst nach einem halben Jahr etwa erschien ein überlegener Geist in der Pension: Herr Caroli. Er wußte sich alle vom Leib zu halten, er hatte viel gelesen. Seine ironischen Bemerkungen, die sich als sorgsam kandierte Lesefrüchte entpuppten, erregten das Entzücken Fräulein Kündigs. Nicht immer kam sie drauf, woher ein Satz von ihm stammte, und sie demütigte sich soweit, um Aufklärung zu betteln. »Bitte, bitte, wo ist das jetzt wieder her. Bitte sagen, sonst kann ich heute wieder nicht schlafen.« »Wo wird es schon her sein«, antwortete dann Herr Schutt an Stelle von Herrn Caroli, »aus dem Büchmann, wie alle seine Reden.« Das war aber weit gefehlt und eine Blamage für Herrn Schutt, denn nichts, was Herr Caroli von sich gab, entstammte dem Büchmann. »Da nähme ich lieber Gift als den Büchmann«, sagte Herr Caroli, »ich zitiere nie, was ich nicht wirklich lese.« Es ging die Meinung in der Pension, daß das wahr sei. Ich war der einzige, der daran zweifelte, weil Herr Caroli von uns keine Notiz nahm, selbst die Mutter, die es an Bildung wahrhaftig mit ihm aufnehmen konnte, mißfiel ihm, weil ihre drei Buben am Pensionstisch Erwachsenen den Platz wegnahmen und man ihretwegen die geistreichsten Bemerkungen unterdrücken mußte. Ich las zu der Zeit die griechischen Tragiker, er zitierte aus dem ›Ödipus‹, von dem er eine Aufführung in Darmstadt gesehen hatte. Ich setzte sein Zitat fort, er tat, als hätte er nicht gehört, und als ich es hartnäckig wiederholte, wandte er sich blitzrasch mir zu und fragte scharf: »Habt ihr das heute in der Schule gehabt?« Nun kam es höchst selten vor, daß ich überhaupt etwas sagte, sein Verweis, mit dem er mir ein für allemal den Mund stopfen wollte, war ungerecht und wurde auch von den Tischgenossen so empfunden. Aber da er für seine Ironie gefürchtet war, murrte niemand und ich verstummte beschämt.

Herr Caroli hatte nicht nur vieles auswendig im Kopf, er wandelte ganze Sätze auf geistreiche Weise ab und wartete dann, ob jemand auch verstehe, was er sich da geleistet habe. Am ehesten blieb ihm Fräulein Kündig als eifrige Theaterbesucherin auf der Spur. Er hatte Witz, und besonders im Entstellen triefendernster Dinge bewies er viel Geschick. Doch mußte er sich von Fräulein Rebhuhn, der Empfindlichsten von allen, sagen lassen, daß ihm nichts heilig sei, und hatte die Frechheit, darauf zu erwidern: »Feuerbach bestimmt nicht.« Alle wußten, daß Fräulein Rebhuhn – außer für ihren asthmatischen Bruder – für Feuerbach lebte und von Iphigenie, der Feuerbachschen natürlich, sagte: »Sie wäre ich gern gewesen.« Herr Caroli, ein südländisch wirkender Mensch von etwa 35 Jahren, der von den Damen hören mußte, daß er eine Stirn wie Trotzki habe, verschonte niemand, nicht einmal sich selbst. Lieber wäre er Rathenau, sagte er, drei Tage bevor Rathenau ermordet wurde, und das war dann das einzige Mal, daß ich ihn fassungslos erlebte, denn er sah mich, einen Schuljungen, mit Tränen in den Augen an und sagte: »Es geht zu Ende!«

Herr Rebhuhn, dieser warmherzige und kaiserkranke Mann, war der einzige, den dieser Mord nicht durcheinanderbrachte. Er schätzte den alten Rathenau viel höher ein als den jungen und verzieh es diesem nicht, daß er sich in den Dienst der Republik gestellt hatte. Doch räumte er ein, daß Walther sich früher, im Krieg, einige Verdienste um Deutschland erworben hätte, als es noch seinen Stolz hatte, als es noch ein Kaiserreich war. Herr Schutt sagte grimmig: *»Alle* werden die umbringen, alle!« Herr Bemberg erwähnte zum erstenmal in seinem Leben die Arbeiterschaft: »Das läßt sich die Arbeiterschaft nicht bieten!« Herr Caroli sagte: »Man sollte auswandern!« Fräulein Rahm, die Ermordungen nicht leiden konnte, weil dabei oft etwas daneben ging, sagte: »Nehmen Sie mich mit?«, und das vergaß ihr Herr Caroli nicht, denn von diesem Tag an verließ ihn sein Anspruch auf Geist, er machte ihr ganz öffentlich den Hof und wurde, zum Ärger der Frauen, gesehen, wie er ihr Zimmer betrat und es erst um zehn Uhr wieder verließ.

Hoher Besuch

Am Mittagstisch der Pension Charlotte spielte die Mutter eine geachtete, aber nicht eine dominierende Rolle. Sie war durch Wien geprägt, auch wo sie Wien widerstand. Von Spengler wußte sie nicht mehr, als der Titel seines Werkes besagte. Malerei hatte ihr nie viel bedeutet, als nach dem Erscheinen des ›Vincent‹ von Meier-Graefe van Gogh zum vornehmsten Gesprächsstoff der Pensionstafel wurde, konnte sie nicht mitreden, und wenn sie sich doch einmal hinreißen ließ, etwas zu sagen, machte sie keine sehr gute Figur. An Sonnenblumen, sagte sie, die keinen Duft verbreiteten, seien die Kerne ja doch das Beste, die könne man wenigstens knabbern. Darauf herrschte betretenes Schweigen, von Fräulein Kündig angeführt, Oberste in aktueller Bildung an diesem Tisch und wirklich von vielen der Dinge angerührt, die in der ›Frankfurter‹ zur Sprache kamen. Damals war es, daß die Religion um van Gogh begann, und Fräulein Kündig sagte einmal, jetzt erst, seit sie sein Leben kenne, sei ihr aufgegangen, was es mit Christus auf sich habe; eine Äußerung, gegen die Herr Bemberg ganz energisch protestierte. Herr Schutt fand das überspannt, Herr Schimmel lächelte. Fräulein Rebhuhn flehte: »Aber er ist doch so unmusikalisch«, womit sie van Gogh meinte, und als sie spürte, daß sie allgemeiner Verständnislosigkeit begegnete, setzte sie unbeirrt hinzu: »Können Sie sich vorstellen, daß er das ›Konzert‹ gemalt hätte?«

Ich wußte damals nichts von van Gogh und fragte oben in unseren Zimmern die Mutter nach ihm aus. Sie hatte so wenig zu sagen, daß ich mich für sie schämte. Sie sagte sogar, was sie früher nie getan hätte: »Ein Verrückter, der Strohsessel und Sonnenblumen gemalt hat, immer alles gelb, der mochte keine anderen Farben, bis er einen Sonnenstich bekam und sich eine Kugel in den Kopf schoß.« Ich war über diese Auskunft sehr unzufrieden, ich spürte, daß die Verrücktheit, die sie ihm zuschrieb, mir galt. Seit einiger Zeit nahm sie gegen jede Exaltiertheit Stellung, jeder zweite Künstler war für sie ein ›Verrückter‹, aber das galt nur für moderne (besonders solche, die noch lebten), die früheren, mit denen sie groß geworden war, ließ sie ungeschoren. Niemandem erlaubte sie, ihren Shakespeare anzutasten, und große Augenblicke am Pensionstisch hatte sie nur, wenn Herr Bemberg oder sonst ein Unvorsichtiger sich darüber beklagte, wie sehr er sich bei irgendeiner Shakespeare-Aufführung gelangweilt habe, es sei doch wirklich Zeit, damit Schluß zu machen und etwas Moderneres an seine Stelle zu setzen.

Da wurde dann die Mutter endlich wieder zu ihrem alten bewunderten Selbst. In wenigen funkelnden Sätzen vernichtete sie den armseligen Herrn Bemberg, der sich jämmerlich nach Hilfe umsah, aber niemand kam ihm zu Hilfe. Wenn es um Shakespeare ging, da scherte sich die Mutter um nichts, da kannte sie keine Rücksicht, da war es ihr auch gleichgültig, was die anderen von ihr dachten, und wenn sie gar damit endete, daß für die seichten Menschen dieser Inflationszeit, die nur Geld im Kopfe hätten, Shakespeare gewiß nicht das Richtige sei, flogen ihr die unterschiedlichsten Herzen zu: von Fräulein Kündig, die ihren Elan und ihr Temperament bewunderte, über Herrn Schutt, der das Tragische verkörperte, wenn er es auch nie beim Namen genannt hätte, bis zu Fräulein Parandowski, die für alles Stolze war und sich unter Shakespeare etwas Stolzes vorstellte. Ja sogar Herrn Schimmels Lächeln bekam etwas Geheimnisvolles, als er zum Staunen des ganzen Tisches ›Ophelia‹ sagte und den Namen, aus Angst, daß er sich versprochen haben könnte, noch einmal etwas langsamer wiederholte. »Unser Reitersmann bei Hamlet«, sagte Fräulein Kündig, »wer hätte das gedacht«, worauf sie Herr Schutt sofort unterbrach: »Weil einer Ophelia sagt, muß er noch lange nicht ›Hamlet‹ gesehen haben.« Es stellte sich heraus, daß Herr Schimmel nicht wußte, wer Hamlet war, was großes Gelächter erregte. Nie wieder wagte er sich so weit vor. Herrn Bembergs Angriff auf Shakespeare war trotzdem abgeschlagen, seine eigene Frau beteuerte, sie habe die Hosenrollen bei ihm gern, die so schick seien.

Man las damals oft den Namen Stinnes in der Zeitung, es war die Zeit der Inflation, ich weigerte mich, von wirtschaftlichen Dingen etwas zu verstehen; hinter allem, was danach klang, witterte ich eine Falle des Onkels in Manchester, der mich in seine Geschäfte ziehen wollte. Sein Großangriff bei Sprüngli in Zürich, erst zwei Jahre her, lag mir immer noch in den Knochen. Seine Wirkung war verstärkt durch den schlimmen Disput mit der Mutter. Alles, was ich als Bedrohung empfand, führte ich auf seinen Einfluß zurück. Es war natürlich, daß er für mich mit

Stinnes zusammenfloß. Die Art, wie man von Stinnes sprach, der Neid, den ich in Herrn Bembergs Stimme spürte, wenn er seinen Namen nannte, die schneidende Verachtung, mit der Herr Schutt ihn verdammte: »Alle werden ärmer, er wird immer reicher«, die einhellige Sympathie aller Frauen in der Pension (Frau Kupfer: »Der kann sich noch was leisten«; Fräuleim Rahm, die ihren längsten Satz für ihn fand: »Was weiß man von so einem Mann«; Fräulein Rebhuhn: »Für Musik hat er eben nie Zeit«; Fräulein Bunzel: »Mir tut er leid. Niemand versteht ihn«; Fräulein Kündig: »Die Bettelbriefe möchte ich lesen, die er bekommt«; Fräulein Parandowski hätte gern für ihn gearbeitet, »da weiß man, woran man ist«; Frau Bemberg dachte gern an seine Frau: »Für so einen Mann muß man sich schick anziehen.«) – immer war lang von ihm die Rede, die Mutter als einzige schwieg. Herr Rebhuhn traf sich dieses einzige Mal mit Herrn Schutt und gebrauchte sogar das harte Wort ›Parasit‹, genauer: »Ein Parasit an der Nation«, und Herr Schimmel, mildester aller Lächler, gab Fräulein Parandowskis Bemerkung eine unerwartete Wendung: »Da hat man uns vielleicht schon aufgekauft. Kann man nicht wissen.« Wenn ich die Mutter fragte, warum sie schwieg, sagte sie, es käme ihr als Ausländerin nicht zu, sich in innerdeutsche Dinge zu mischen. Aber es war offensichtlich, daß sie dabei an etwas anderes dachte, etwas womit sie nicht herausrücken wollte.

Dann, eines Tages, hielt sie einen Brief in der Hand und sagte: »Kinder, übermorgen bekommen wir Besuch. Herr Hungerbach kommt zum Tee.« Es stellte sich heraus, daß sie Herrn Hungerbach vom Waldsanatorium in Arosa her kannte. Es sei ihr ein bißchen peinlich, daß er uns in der Pension besuche, er sei ein ganz anderes Leben gewöhnt, aber sie könne ihm nicht gut absagen, dazu sei es auch zu spät, er sei auf Reisen und sie wisse gar nicht, wo sie ihn erreichen könne. Ich stellte mir, wie immer, wenn ich das Wort ›Reisen‹ hörte, einen Forschungsreisenden vor und wollte wissen, in welchem Erdteil er reise. »Er ist auf Geschäftsreisen natürlich«, sagte sie, »er ist Industrieller.« Nun wußte ich, warum sie bei Tisch geschwiegen hatte. »Es ist besser, wir sprechen nicht darüber in derPension. Es wird ihn schon niemand erkennen, wenn er kommt.«

Ich war natürlich gegen ihn voreingenommen, ich hätte nicht die Reden unten am Tisch dazu gebraucht, es war ein Mann, der in die Sphäre des Oger-Onkels gehörte, was wollte er bei uns? Ich spürte eine Unsicherheit bei der Mutter und dachte, daß ich sie vor ihm schützen müsse. Wie ernst es war, wußte ich aber erst, als sie sagte: »Du gehst nicht aus dem Zimmer, wenn er da ist, mein Sohn, ich möchte, daß du ihn von Anfang bis zu Ende anhörst. Das ist ein Mann, der mitten im Leben steht. Er hat mir schon in Arosa versprochen, euch ein wenig in die Hand zu nehmen, wenn wir nach Deutschland kommen. Er hat unendlich viel zu tun. Aber ich sehe jetzt, daß er Wort hält.«

Ich war neugierig auf Herrn Hungerbach, und da ich einen ernsten Zusammenstoß mit ihm erwartete, lag mir daran, einen Gegner in ihm zu finden, der es mir schwermachte. Ich wollte von ihm beeindruckt werden, um mich um so besser gegen ihn zu behaupten. Die Mutter, die eine gute Witterung für meine »jugendlichen Vorurteile« (so nannte sie es) hatte, sagte, ich solle ja nicht glauben, Herr Hungerbach sei als verwöhntes Bürschchen aus einem reichen Hause groß geworden. Er habe es im Gegenteil als Sohn eines Bergarbeiters sehr schwer gehabt und sich Schritt für Schritt in die Höhe gearbeitet. Er habe ihr einmal in Arosa seine ganze Geschichte erzählt, da habe sie endlich erfahren, was es bedeute, wenn man ganz klein anfängt. Sie habe zum Schluß Herrn Hungerbach gesagt: »Ich fürchte, meinem Jungen ist es immer zu gut gegangen.« Er habe sich dann nach mir erkundigt und schließlich erklärt, es sei nie zu spät. Er wisse sehr wohl, was man in einem solchen Fall zu tun hätte: »Ins Wasser werfen und strampeln lassen. Plötzlich kann er schwimmen.«

Herr Hungerbach hatte eine plötzliche Art. Er klopfte an und war schon im Zimmer. Er schüttelte der Mutter die Hand, doch statt sie dabei anzusehen, faßte er mich ins Auge und bellte. Seine Sätze waren sehr kurz und abrupt, es war unmöglich, sie mißzuverstehen, doch er sprach nicht, er bellte. Vom Augenblick seines Eintritts bis zu seinem Abschied – er blieb eine volle Stunde – bellte er unaufhörlich. Er stellte keine Fragen und erwartete keine Antworten. Er fragte die Mutter, die immerhin in Arosa eine Mitpatientin von ihm gewesen war, kein einziges Mal danach, wie es ihr ginge. Er fragte mich nicht nach meinem Namen. Dafür bekam ich alles wieder zu hören, was mich vor einem Jahr in jenem Streitgespräch mit der Mutter so entsetzt hatte. Eine harte Lehre möglichst früh sei das Beste. Nur nicht

studieren. Die Bücher wegwerfen, das ganze Zeug vergessen. Alles was in Büchern stünde, sei falsch, nur das Leben selber zähle, Erfahrung und harte Arbeit. Arbeit, bis einem die Knochen schmerzten. Etwas anderes könne man gar nicht Arbeit nennen. Wer das nicht aushalte, wer zu schwach sei, der solle zugrundegehen. Um den sei es nicht schade. Es gebe ohnehin zu viele Menschen auf der Welt. Die Unbrauchbaren sollten verschwinden. Im übrigen sei es nicht einmal ausgeschlossen, daß man sich trotzdem als brauchbar erweise. Trotz der grundfalschen Anfänge. Aber vor allem heiße es, alle diese Dummheiten vergessen, die mit dem Leben, wie es wirklich sei, nichts zu tun hätten. Leben sei Kampf, erbarmungsloser Kampf, und das sei gut so. Anders komme die Menschheit nicht voran. Eine Rasse von Schwächlingen wäre längst ausgestorben, ohne Spuren.zu hinterlassen. Für nichts gebe es nichts. Männer müßten von Männern erzogen werden, Frauen seien zu sentimental, die wollten nur immer ihre Prinzensöhnchen herausputzen und von jedem Schmutz fernhalten. Arbeit sei aber vor allem schmutzig. Die Definition von Arbeit: etwas was einen müd und schmutzig mache, und trotzdem gebe man nicht auf. – Es scheint mir eine arge Verfälschung, das Gebell des Herrn Hungerbach in verständliche Äußerung umzusetzen, aber wenn ich auch manche besonderen Sätze und Worte nicht verstand, der Sinn jeder einzelnen Direktive war überdeutlich, er schien geradezu zu erwarten, daß man auf der Stelle aufspringe und sich an die harte Arbeit mache, eine andere zählte ja nicht.
Immerhin wurde Tee eingeschenkt, man saß um einen niederen, runden Tisch, der Gast führte die Teeschale an den Mund, aber bevor es soweit war, daß er einen Schluck davon nahm, fiel ihm eine neue Direktive ein, die zu dringlich war, um einen ganzen Schluck lang zu warten. Die Schale wurde brüsk abgestellt, der Mund öffnete sich zu neuen Kurzsätzen, denen eines jedenfalls zu entnehmen war: ihre Zweifellosigkeit. Da hätten auch Ältere schwerlich widersprochen, geschweige denn Frauen oder Kinder. Herr Hungerbach genoß seine Wirkung. Er war ganz blau, in der Farbe seiner Augen gekleidet, er war makellos, kein Fleckchen war an ihm, kein Stäubchen. Ich dachte an sehr vieles, das ich gern gesagt hätte, aber am häufigsten, immer wieder, kam mir das Wort ›Bergarbeiter‹ in den Kopf und ich fragte mich, ob dieser sauberste, sicherste, härteste aller Menschen in

seiner Jugend je wirklich in einem Bergwerk gearbeitet habe, wie die Mutter behauptete.

Da ich den Mund nicht *einmal* auftat – wann hätte er mir einen Sekundenspalt dazu gegönnt –, da er alles losgelassen hatte, fügte er – und diesmal klang es wie eine Direktive an sich selbst – als letztes hinzu, daß er keine Zeit zu verlieren habe, und ging. Wohl gab er der Mutter noch die Hand, aber mich beachtete er nicht mehr, er hatte mich, wie er glaubte, viel zu sehr zerschmettert, um mich noch eines Abschiedsgrußes für wert zu halten. Er verbot der Mutter noch, ihn hinunterzubegleiten, er kenne den Weg, und verbat sich als Allerletztes jeden Dank. Sie solle erst einmal die Wirkung seines Eingriffs abwarten, bevor sie sich bedanke. »Operation gelungen, Patient tot«, hieß es noch. Das war ein Witz, der den Ernst des Vorherigen mildern sollte. Dann war es vorbei.

»Er hat sich sehr verändert, in Arosa war er anders«, sagte die Mutter. Sie war verlegen und schämte sich. Es war ihr klar, daß sie sich schwerlich einen schlechteren Bundesgenossen für ihre neuen Erziehungspläne hätte aussuchen können. Ich aber hatte, noch während Herr Hungerbach sprach, einen furchtbaren Verdacht geschöpft, der mich peinigte und mit Stummheit schlug. Es dauerte lange, bis ich imstande war, damit herauszurücken. Indessen berichtete die Mutter allerhand über Herrn Hungerbach, wie er *früher* war, noch vor einem Jahr. Zu meinem Staunen betonte sie – zum erstenmal – seine Gläubigkeit. Einige Male habe er ihr damals davon gesprochen, wieviel ihm sein Glaube bedeute. Er habe gesagt, daß er diesen Glauben seiner Mutter verdanke, nie habe er später darin gewankt, auch in den schwersten Zeiten nicht. Er habe immer gewußt, daß es gut ausgehen werde, und so sei es denn auch gekommen: da er nie gewankt habe, habe er es so weit gebracht.

Was denn das mit seinem Glauben zu tun habe? fragte ich. »Er hat mir erzählt, wie schlecht es in Deutschland aussieht«, sagte sie, »und daß es immer schlechter werden müsse, bevor es wieder besser werde. Man müsse sich an den eigenen Haaren aus dem Sumpf ziehen, anders gehe es eben nicht, für Schwächlinge und Muttersöhnchen sei in einem solchen Notzustand kein Platz.«

»Hat er damals auch schon so geredet?« fragte ich.

»Was meinst du damit?«

»Ich meine, so als ob er immer bellen würde, und ohne dir ins Gesicht zu sehen?«

»Nein, das hat mich jetzt selbst verwundert. Er war damals wirklich anders. Er hat sich nach meinem Befinden erkundigt und gefragt, ob ich Nachricht von dir hätte. Es hat ihm Eindruck gemacht, daß ich oft von dir sprach. Er hat dann sogar zugehört. Einmal, ich erinnere mich genau, hat er geseufzt – stell dir vor, dieser Mensch und seufzen – und gesagt: das sei in seiner Jugend anders gewesen, für solche Feinheiten hätte seine Mutter keine Zeit gehabt, mit 15 oder 16 Kindern, ich weiß es jetzt nicht mehr genau. Ich wollte ihm dein Drama zu lesen geben, er hat es in die Hand genommen, den Titel gelesen und gesagt: ›Junius Brutus – kein schlechter Titel, von den Römern kann man was lernen.‹« »Wußte er überhaupt, wer das war?« »Ja, stell dir vor, er sagte: ›Das war doch der, der seine Söhne zum Tod verurteilt hat.‹« »Das war das einzige, was er von der Geschichte gewußt hat. Das hat ihm gefallen, das paßt zu ihm. Aber hat er's gelesen?« »Nein, natürlich nicht, für Literatur hatte er keine Zeit. Er hat immer den Wirtschaftsteil der Zeitung studiert und hat mir zugeredet, nach Deutschland zu übersiedeln: ›Da werden Sie jetzt sehr billig leben können, gnädige Frau, immer billiger!‹«

»Und deswegen sind wir von Zürich fort und nach Deutschland gezogen?« Ich sagte es mit solcher Erbitterung, daß ich selber erschrak. Es war schlimmer als mein Verdacht. Die Vorstellung, daß sie den Ort, den ich über alles in der Welt liebte, verlassen haben könnte, um anderswo *billiger* zu leben, empfand ich als tiefste Demütigung. Sie merkte sofort, daß sie zu weit gegangen war, und lenkte ein: »Nein, das nicht. Bestimmt nicht. Der Gedanke mag bei meinen Überlegungen manchmal mitgespielt haben, aber entscheidend war das nicht.« »Und was war entscheidend?« Sie fühlte sich in die Verteidigung gedrängt, und da wir noch unter dem Eindruck des abscheulichen Besuchs standen, tat es ihr gut, mir Rede und Antwort zu stehen, und sich dabei selbst über einiges klarer zu werden.

Sie schien mir unsicher, es war, als ob sie sich abtaste, nach Antworten, die standhielten und nicht auf der Stelle zerflossen. »Er wollte immer mit mir sprechen«, sagte sie, »ich glaube, er mochte mich. Dabei war er respektvoll und statt Scherze zu machen wie andere Patienten dort, blieb er immer ernst und sprach von seiner Mutter. Das hat wieder mir gefallen. Frauen haben das sonst nicht so gern, weißt du, wenn man sie mit seiner Mutter vergleicht, weil sie das älter macht. Mir gefiel das, weil ich spürte, daß er mich ernst nahm.« »Aber du machst doch jedem Eindruck, weil du schön und gescheit bist.« Das dachte ich wirklich, sonst hätte ich's in diesem Augenblick nicht gesagt, nach Freundlichkeiten war mir nicht zumute, im Gegenteil, ich spürte einen schrecklichen Haß, ich war endlich dem auf der Spur, was ich seit dem Tod des Vaters als den schwersten Verlust empfand: dem Fortgang von Zürich.

»Er hat mir immer wieder gesagt, daß ich unverantwortlich bin, weil ich dich als Frau allein erzogen habe. Du müßtest die starke Hand eines Mannes fühlen. Aber jetzt ist es schon so, pflegte ich zu antworten, woher einen Vater nehmen und nicht stehlen? Eben um mich ganz euch zu widmen, habe ich nicht wieder geheiratet, und jetzt bekam ich zu hören, daß das schlecht für euch gewesen sei: das Opfer, das ich euch gebracht hatte, müsse zu eurem Unglück ausschlagen. Ich bin darüber sehr erschrocken. *Jetzt* glaube ich, er *wollte* mich erschrecken, um mir Eindruck zu machen, geistig war er nicht sehr interessant, weißt du, er hat immer dieselben Sachen gesagt, aber mit dir hat er mich erschreckt und dann auch gleich seine Hilfe angeboten. ›Kommen Sie nach Deutschland, gnädige Frau‹, hat er gesagt, ›ich bin ein vielbeschäftigter Mann, ich habe überhaupt keine Zeit, nicht eine Minute, aber ich werde mich Ihres Sohnes annehmen, kommen Sie zum Beispiel nach Frankfurt, ich werde Sie besuchen und ein ernstes Wort mit ihm reden. Der weiß noch nicht, wie es in der Welt zugeht. Bei uns werden ihm die Augen aufgehen. Ich nehm ihn mir einmal vor, aber gründlich, und dann werden Sie ihn ins Leben werfen! Der hat genug studiert, Schluß mit den Büchern! Der wird nie ein Mann! Wollen Sie ein Weib zum Sohn haben?‹«

Die Herausforderung

Rainer Friedrich war ein großer, verträumter Junge, der beim Gehen kaum daran dachte, wie und wohin er ging, es hätte einen nicht verwundert, wenn er mit dem rechten Bein in die eine und mit dem linken in eine andere Richtung ausgeschritten wäre. Er war nicht etwa schwach, aber an körperlichen Dingen ganz uninteressiert und darum auch der schlechteste Turner in der Klasse. Er war immer in Gedanken, und zwar waren es Gedanken von zweierlei Art. Seine eigentliche Begabung war die Mathematik, er hatte darin eine Leichtigkeit, wie ich sie noch nie erlebt hatte. Ein Problem schien noch kaum gestellt, da hatte er es schon gelöst; man hatte noch nicht vollkommen begriffen, worum es ging, da kam schon seine Antwort. Aber er trumpfte damit nicht auf, es kam leise und natürlich, es war, als übersetze er fließend von einer Sprache in die andere. Es kostete ihn keine Anstrengung, die Mathematik erschien wie seine Muttersprache. Mich überraschte beides: die Leichtigkeit, und daß er sich nichts darauf zugute hielt. Es war nicht nur ein Wissen, es war ein Können, das er immer, in jeder Verfassung vorzuführen bereit war. Ich fragte ihn, ob er auch im Schlaf Formeln lösen könne, und er überlegte ernsthaft und sagte dann schlicht: »Ich glaube schon.« Ich war von größtem Respekt für sein Können erfüllt, beneidete ihn aber nicht. Es war unmöglich, über etwas so Einzigartiges Neid zu empfinden, schon daß es so staunenswert war, daß es einem Wunder glich, hob es weit über die Region jedes niederen Neides empor. Wohl aber beneidete ich ihn um seine Bescheidenheit. »Das ist doch ganz leicht«, pflegte er zu sagen, wenn man der Bewunderung über eine traumwandlerische Lösung Ausdruck gab, »das kannst du auch.« Er benahm sich so, als glaube er wirklich daran, daß man alles wie er könne, als *wolle* man nur nicht recht, eine Art schlechter Wille, den er aber nie zu erklären versuchte, es sei denn aus religiösen Gründen.

Denn das zweite, womit seine Gedanken beschäftigt waren, war von der Mathematik himmelweit entfernt, es war sein Glaube. Er ging in den Bibelkreis, er war gläubiger Christ. Er wohnte in meiner Nähe, wir gingen zusammen von der Schule nach Haus und er gab sich Mühe, mich zu seinem Glauben zu bekehren. Das war mir in der Schule noch nie passiert. Er versuchte es nicht mit Argumenten, es war nie eine Diskussion, von der strengen Schlüssigkeit seines mathematischen Denkens war darin keine Spur. Es war eine freundliche Aufforderung, der immer mein Name voranging, wobei er einen fast beschwörenden Ton auf das »E« der Anfangssilbe legte. »Élias«, so pflegte er etwas gedehnt zu beginnen, »versuch es, auch du kannst glauben. Du mußt es nur wollen. Es ist ganz einfach. Christus ist auch für dich gestorben.« Er hielt mich für verstockt, denn ich antwortete nicht. Er nahm an, daß es das Wort ›Christus‹ sei, das mir widerstrebe. Wie hätte er wissen können, daß ›Jesus Christ‹ mir in früher Kindheit sehr nah gekommen war, in jenen wunderbaren englischen Hymnen, die wir mit unserer Gouvernante zusammen sangen. Was mich abstieß, was mich mit Stummheit schlug, was mich entsetzte, war nicht der Name, den ich, vielleicht ohne es zu wissen, immer noch in mir trug, sondern daß er ›auch für mich gestorben sei. Mit dem Wort ›sterben‹ hatte ich mich nie ausgesöhnt. Daß jemand für mich gestorben sein sollte, hätte mich mit den furchtbarsten Schuldgefühlen beschwert, so als sei ich der Nutznießer eines Mordes. Wenn es etwas gab, das mich von Christus ferngehalten hatte, so war es diese Vorstellung eines Opfers, ein Lebensopfer, das zwar für alle, aber auch für mich dargebracht worden sei.

Einige Monate bevor das geheime Hymnensingen in Manchester begann, hatte ich in den Religionsstunden mit Mr. Duke von Abrahams Opfer seines Sohnes Isaak erfahren. Ich bin nie darüber hinweggekommen, und wenn es nicht so lächerlich klingen würde, möchte ich sagen: bis zum heutigen Tage nicht. Es hat den Zweifel am *Befehl* in mir geweckt, der nie wieder eingeschlafen ist. Es allein hat genügt, mich davon abzuhalten, zum gläubigen Juden zu werden. Der Kreuzestod Christi, obwohl selbstgewollt, hatte eine nicht weniger verstörende Wirkung auf mich, denn es bedeutet, daß der Tod, zu welchem Zwecke immer, *eingesetzt* wird. Friedrich, der das Beste für seine Sache zu sagen glaubte und jedesmal mit Wärme in seiner Stimme aussprach, daß Christus anch für mich gestorben sei, ahnte nicht, wie vollkommen er seine Sache bei mir mit diesem Satz zerstörte. Vielleicht deutete er mein Schweigen falsch und nahm es für Unschlüssigkeit. Denn es wäre sonst schwer zu fassen gewesen, daß er jeden Tag auf dem Heimweg von der Schule denselben Satz wiederholte. Seine Hartnäckigkeit war erstaunlich, aber ärgerlich war sie nie, denn immer spürte ich, daß sie einer guten Gesinnung entsprang: er wollte mir das Gefühl geben, daß ich von dieser besten Sache, die er hatte, nicht ausgeschlossen sei, daß ich ebensogut wie er dazugehören könne. Auch war seine Sanftmut entwaffnend: er schien sich über mein Schweigen in diesem Punkte nie zu ärgern, wir redeten ja über vieles und es ging zwischen uns keineswegs schweigsam zu; er runzelte nur die Stirn, so als wundere er sich darüber, daß dieses einzige Problem so schwer zu lösen sei, sagte mir noch beim Abschied, wenn er mir, vor seinem Hause angelangt, die Hand gab: »Überleg's dir, Elias« – auch das mehr bittend als nachdrücklich –, und stolperte ins Haus hinein.

Ich wußte, daß unser Heimweg jedesmal mit seinem Bekehrungsversuch enden würde, und gewöhnte mich daran. Aber erst allmählich erfuhr ich von einer ganz anderen Stimmung, die neben der christlichen und ihr ganz entgegengesetzt, bei ihm zuhause herrschte. Er hatte einen jüngeren Bruder, der auch in der Wöhlerschule war, zwei Klassen unter uns. Sein Name ist mir entfallen, vielleicht weil er mir so scharf entgegentrat und mich mit unverhohlener Feindseligkeit behandelte. Der war nicht ganz so groß, aber ein guter Turner, der sehr wohl wußte, was er mit seinen Beinen tat. Er war so sicher und entschlossen wie Rainer unbestimmt und verträumt. Sie hatten dieselben Augen, aber während der Ältere einen immer fragend, abwartend und menschenfreundlich ansah, war im Blick des jüngeren Bruders etwas Kühnes, Streitlustiges und Herausforderndes. Ich kannte ihn nur vom Sehen, nie hatte ich ein Gespräch mit ihm gehabt, aber von Rainer erfuhr ich brühwarm, was er über mich gesagt hatte.

Es war immer etwas Unangenehmes oder Beleidigendes. »Mein Bruder sagt, daß du Kahn heißt und nicht Canetti. Er will wissen, warum ihr euren Namen geändert habt.« Diese Zweifel kamen immer vom Bruder, in seinem Namen wurden sie ausgesprochen. Rainer wollte meine Antworten darauf, um den Bruder zu widerlegen. Er hing sehr an ihm, ich glaube, er mochte auch mich und so mag er es als einen Vermittlungs- und Friedensversuch betrachtet haben, daß er mir jede gehässige Äußerung hinterbrachte. Ich sollte sie widerlegen, meine Antworten hinterbrachte er alle dem Bruder, aber er irrte sich sehr, wenn er an eine Versöhnungsmöglichkeit glaubte. Auf unserem Heimweg war das erste, was ich von Rainer zu hören bekam, eine neue Verdächtigung und Beschuldigung seines Bruders. Sie waren alle so unsinnig, daß ich sie nicht ernstnahm, obwohl ich sie gewissenhaft beantwortete. Ihr Hauptinhalt ging immer in dieselbe Richtung, daß auch ich, wie alle Juden, zu verbergen suche, daß ich einer sei. Es war offenkundig, daß das nicht der Fall war, und wurde noch offenkundiger, wenn ich wenige Minuten später den obligaten Bekehrungsversuch Rainers mit Schweigen beantwortete.

Vielleicht war es die Unbelehrbarkeit des Bruders, was mich zu geduldigen und ausführlichen Antworten zwang. Rainer teilte mir alles, was von seinem Bruder kam, sozusagen in Klammern mit. Er gab es tonlos weiter, ohne Stellung dazu zu nehmen. Er sagte nicht: »Ich glaube das auch« oder: »Ich glaube das nicht«, er gab seinen Auftrag weiter, als ginge er durch ihn durch. Hätte ich diese Verdächtigungen, die unerschöpflich waren, im aggressiven Ton des Bruders gehört, ich wäre zornig gewesen und hätte sie nie beantwortet. So aber kamen sie in vollkommener Ruhe, voran ging immer: »mein Bruder sagt« oder: »mein Bruder fragt«, und dann kam etwas so Ungeheuerliches, daß es mich zum Reden zwang, ohne daß es mich eigentlich wirklich aufgeregt hätte, denn es war so unsinnig, daß einem der Fragesteller leid tat. »Elias, mein Bruder fragt: Warum habt ihr Christenblut für das Pessach-Fest gebraucht?«, und wenn ich die Antwort gab: »Nie. Nie. Ich habe doch Pessach als Kind erlebt. Ich hätte doch etwas gemerkt. Wir hatten viele christliche Mädchen im Haus, das waren meine Spielgefährten« – so kam am nächsten Tag als nächste Botschaft des Bruders: »Jetzt vielleicht nicht. Jetzt ist es zu gut bekannt. Aber früher, warum haben die Juden früher Christenkinder für ihr Pessach-Fest geschlachtet?« Jede der alten Beschuldigungen wurde ausgekramt: »Warum haben die Juden die Brunnen vergiftet?« Wenn ich zur Antwort gab: »Das haben sie nie getan«, so hieß es: »Doch, zur Pestzeit.« »Aber sie starben doch genauso wie die anderen an der Pest.« »Weil sie die Brunnen vergiftet haben. Ihr Haß gegen die Christen war so groß, daß sie an ihrem Haß selber mit zugrundegingen.« »Warum verfluchen die Juden alle anderen Menschen?« »Warum sind die Juden feig?« »Warum waren keine Juden im Krieg an der Front?«

So ging es weiter, meine Geduld war unerschöpflich, ich antwortete, so gut ich konnte, immer ernsthaft, nie beleidigt, als hätte ich in meinem Lexikon nachgeschlagen, um die wissenschaftliche Wahrheit zu erfahren. Ich nahm mir vor, solche Beschuldigungen, die völlig absurd erschienen, durch meine Antworten aus der Welt zu schaffen, und um es Rainer an Gemütsruhe gleichzutun, sagte ich einmal zu ihm: »Sag deinem Bruder, daß ich ihm für seine Fragen dankbar bin. So kann ich diese Dummheiten ein für allemal aus der Welt schaffen.« Da wunderte sich sogar der gutgläubige, unschuldige und redliche Rainer. »Das wird schwer sein«, sagte er, »er kommt immer mit neuen Fragen.« Der Unschuldige aber war in Wirklichkeit ich, denn ich merkte während mehrerer Monate nicht, worauf es der Bruder abgesehen hatte. Eines Tages sagte Rainer: »Mein Bruder fragt dich, warum du seine Fragen immer beantwortest. Du kannst ihn doch auf dem Schulhof in der Pause stellen und zum Kampf herausfordern. Du kannst dich doch mit ihm schlagen, wenn du keine Angst vor ihm hast!«

Es wäre mir nie eingefallen, Angst vor ihm zu haben. Ich empfand nur Mitleid für ihn, wegen seiner unsäglich dummen Fragen. Er aber hatte mich herausfordern wollen und wählte den sonderbaren Weg über seinen Bruder, der in dieser ganzen Zeit an keinem einzigen Tage von seinen Bekehrungsversuchen abließ. Das Mitleid schlug nun in Verachtung um, die Ehre einer Herausforderung tat ich ihm nicht an, er war zwei Jahre jünger als ich, es hätte mir schlecht angestanden, mich mit einem Jungen herumzuschlagen, der in eine tiefere Klasse ging. So schnitt ich diesen ganzen ›Verkehr‹ mit ihm ab. Als Rainer das nächste Mal anfing: »Mein Bruder läßt sagen. . .«, unterbrach ich ihn mitten im Satz und sagte: »Dein Bruder soll sich zum Teufel scheren. Mit kleinen Buben schlage ich mich nicht.« Es blieb aber bei unserer Freundschaft, auch an den Bekehrungsversuchen änderte sich nichts.

Das Porträt

Hans Baum, mit dem ich mich zuerst befreundete, war der Sohn eines Ingenieurs von den Siemens-Schuckert-Werken. Er war ein sehr förmlicher Mensch, von seinem Vater zu Disziplin erzogen, darauf bedacht, sich nie etwas zu vergeben, immer ernst und gewissenhaft, ein guter Arbeiter, nicht sehr beschwingt, aber dafür bemüht. Er las gute Bücher und ging in die Saalbaukonzerte, es gab immer etwas, worüber wir sprechen konnten. Ein unerschöpfliches Thema war Romain Rolland, besonders sein ›Beethoven‹ und der ›Jean Christophe‹. Baum wollte aus einer Art von Verantwortungsgefühl für die Menschheit Arzt werden, was mir sehr an ihm gefiel. Über Politik machte er sich wohl Gedanken, sie waren gemäßigter Art, alles Extreme lehnte er instinktiv ab, er war so beherrscht, daß er wirkte, als ob er immer in einer Uniform stecke. In seinen jungen Jahren schon bedachte er jede Sache von allen Seiten, »aus Gerechtigkeit«, wie er sagte, vielleicht aber noch mehr, weil ihm Unbedachtheit zuwider war.

Als ich ihn zuhause besuchte, staunte ich darüber, wie temperamentvoll der Vater war, ein heftiger Spießer mit tausend Vorurteilen, die er unaufhörlich äußerte, gutmütig, unbedacht, zu Späßen aufgelegt, seine tiefste Zuneigung galt Frankfurt. Ich kam noch manchmal zu Besuch, jedesmal las er aus seinem Lieblingsdichter, Friedrich Stoltze, vor. »Das ist der größte Dichter«, sagte er, »wer den nicht leide mag, gehört erschosse.« Die Mutter von Hans Baum war schon vor Jahren gestorben, der Haushalt wurde von seiner Schwester geführt, einer heiteren, trotz ihrer Jugend schon etwas behäbigen Person.

Die Korrektheit des jungen Baum war etwas, das mich beschäftigte. Er hätte sich eher die Zunge abgebissen, als eine Lüge gesagt. Feigheit war in seiner Welt eine Sünde, vielleicht sogar die größte. Wenn ein Lehrer ihn zur Rede stellte – was nicht häufig geschah, er war einer der besten Schüler –, so gab er, unbekümmert um die Folgen für sich, eine vollkommen offene Antwort. Wenn es nicht um ihn selber ging, war er ritterlich und deckte Kameraden, aber ohne zu lügen. Wurde er aufgerufen, so stand er kerzengrad auf, er hatte von allen in der Klasse die steifste Haltung, und knöpfte sich entschlossen, aber gemessen, den Rock zu. Es wäre ihm unmöglich gewesen, in einer öffentlichen Situation mit nicht zugeknöpftem Rock zu erscheinen, vielleicht war das der Grund, warum man bei ihm häufig an eine Uniform dachte. Es war gegen Baum wirklich nichts einzuwenden, er war schon früh ein integrer Charakter und keineswegs dumm, aber er blieb sich immer gleich, jede seiner Reaktionen war vorauszusehen, man wunderte sich nie über ihn, höchstens darüber, daß es bei ihm nie etwas zu verwundern gab. In Ehrendingen war er mehr als empfindlich. Als ich ihm, ziemlich viel später, von dem Spiel erzählte, das Friedrichs Bruder sich mit mir erlaubt hatte, verlor er die Fassung – er war Jude – und fragte mich allen Ernstes, ob er ihn jetzt noch stellen solle. Er begriff weder die lange, geduldige Periode meiner Antworten noch die spätere komplette Verachtung, die ich ihm bewies. Die

Sache beunruhigte ihn, er hatte das Gefühl, daß bei mir etwas nicht ganz in Ordnung sein könne, weil ich so lange darauf eingegangen war. Da ich ihm nicht erlaubte, irgend etwas Direktes in meinem Namen zu unternehmen, ging er der Sache nach und fand heraus, daß Friedrichs verstorbener Vater geschäftlich in Schwierigkeiten geraten war, wobei Konkurrenten von ihm, Juden, ihre Hand mit im Spiel gehabt hätten. Die Einzelheiten verstand ich nicht, wir erfuhren sie auch nicht genau genug, um sie zu verstehen. Aber er war bald darauf gestorben und nun begann ich zu begreifen, wie es in der Familie zu diesem blinden Haß gekommen war.

Felix Wertheim war ein temperamentvoller, lustiger Junge, dem es ziemlich gleichgültig war, ob und wieviel er lernte, denn während der Unterrichtsstunden war er damit beschäftigt, die Lehrer zu studieren. Keine Eigentümlichkeit eines Lehrers entging ihm, er erlernte sie alle wie Rollen, wobei er besonders ergiebige Lieblinge hatte. Sein eigentliches Opfer war Krämer, der cholerische Lateinlehrer, den er so perfekt spielte, daß man ihn vor sich zu haben meinte. Einmal während einer solchen Vorführung betrat Krämer unerwartet früh die Klasse und fand sich plötzlich mit sich selbst konfrontiert. Wertheim war so sehr in Rage geraten, daß er nicht mehr aufhören konnte, und so beschimpfte er Krämer, als wäre er der Falsche und maße sich unverschämterweise seine Rolle an. Ein oder zwei Minuten setzte sich die Szene fort, die zwei standen sich gegenüber, starrten einander ungläubig an und schimpften, wie es Krämers Art war, auf die unflätigste Weise weiter. Die Klasse erwartete das Schlimmste, aber nichts geschah – Krämer, den cholerischen Krämer, kam das Lachen an, er hatte Mühe, es zu unterdrücken. Wertheim sank auf seine Bank zurück, er saß in der ersten Reihe, über Krämers unverkennbarer Lust zum Lachen war ihm sein eigenes vergangen. Die Sache wurde nie erwähnt, es kam zu keiner Strafe, Krämer fühlte sich durch die vollkommene Treue des Porträts geschmeichelt und war unfähig, etwas gegen sein Abbild zu unternehmen.

Wertheims Vater war Inhaber eines großen Konfektionsgeschäfts, er war reich und nicht daran interessiert, seinen Reichtum zu verbergen. Zu Silvester waren wir bei ihm eingeladen und da fanden wir uns in einer großen Wohnung voller Liebermanns. In jedem Zimmer hingen gleich fünf oder sechs Liebermanns, ich glaube nicht, daß es andere Bilder gab. Der Clou der Sammlung war ein Porträt des Hausherrn. Man wurde gut bewirtet, es ging protzig zu, der Hausherr zeigte ohne Scheu auf sein Porträt und sprach, für alle vernehmlich, von seiner Freundschaft mit Liebermann. Ich sagte, nicht weniger laut, zu Baum: »Er ist ihm zu seinem Porträt gesessen, drum ist er noch lange nicht sein Freund.«

Der Anspruch dieses Mannes auf die Freundschaft mit Liebermann irritierte mich, schon die Vorstellung, daß ein großer Maler sich mit diesem gewöhnlichen Gesicht befaßt hatte. Das Vorhandensein des Porträts störte mich mehr als das Vorhandensein des Porträtierten. Ich sagte mir, wieviel schöner die Sammlung wäre, wenn es dieses Bild darin nicht gäbe. Es war nicht möglich, darum herumzukommen, alles war darauf angelegt, daß man's sah. Auch mit meiner unhöflichen Äußerung war es nicht aus der Welt geschafft, außer Baum hatte niemand sie beachtet.

In den Wochen danach kam es darüber zu einer hitzigen Diskussion zwischen uns. Ich stellte Baum die Frage: mußte ein Maler jeden malen, der mit einem Porträt-Auftrag zu ihm kam? Durfte der Maler nein sagen, wenn ihm der zu Porträtierende als Gegenstand seiner Kunst nicht lag? Baum meinte, der Maler müsse annehmen, es bleibe ihm die Möglichkeit, seine Meinung über den Porträtierten durch die Art des Bildes zu bekunden. Zu einem häßlichen oder abstoßenden Porträt habe er jedes Recht, das liege im Bereiche seiner Kunst, ein Nein im vorhinein wäre aber ein Zeichen der Schwäche, es würde bedeuten, daß er seiner Fähigkeiten nicht sicher sei. Das klang gemessen und gerecht, meine Maßlosigkeit, das fühlte ich, stach unangenehm dagegen ab.

»Wie kann er malen«, sagte ich, »wenn ihn der Ekel über eine Visage schüttelt? Wenn er sich rächt und das Gesicht des Sitzers entstellt, so ist es nicht mehr ein Porträt. Dazu hätte ihm der nicht sitzen brauchen, das hätte er auch ohne ihn gekonnt. Nimmt er aber Bezahlung für diese Verhöhnung des Opfers an, so hat er sich für Geld zu etwas Niedrigem hergegeben. Das könnte man einem armen Teufel nachsehen, der hungert, weil ihn noch niemand kennt. Aber bei einem berühmten und gesuchten Maler ist es unverzeihlich.«

Baum waren rigorose Maßstäbe nicht unsympathisch, aber er

war an der Moral der anderen weniger interessiert als an der eigenen. Man könne nicht von jedem erwarten, daß er wie Michelangelo sei, es gebe auch abhängige und weniger stolze Naturen. Ich fand, es sollte nur stolze Maler geben, wer das Zeug dazu nicht in sich habe, der könne ja einem gewöhnlichen Gewerbe nachgehen. Aber Baum gab mir noch etwas Wichtiges zu bedenken.

Was ich mir denn eigentlich unter einem Porträtisten vorstelle? Solle er Menschen darstellen, wie sie sind, oder solle er Idealbilder von ihnen malen? Für Idealbilder brauche man doch keine Porträtisten! Jeder Mensch sei, wie er sei, und eben das habe der Maler, dem er sitze, festzuhalten. So wisse man dann später auch, was es alles für Menschen gegeben habe.

Das leuchtete mir ein und ich gab mich geschlagen. Aber es blieb mir ein Unbehagen über die Beziehung von Malern zu ihren Mäzenen. Ich wurde den Verdacht nicht los, daß die Mehrzahl aller Porträts als Schmeicheleien zu gelten hätten und darum nicht ernstzunehmen seien. Vielleicht war das auch einer der Gründe, warum ich mich um diese Zeit mit solcher Entschiedenheit auf die Seite der Satiriker schlug. George Grosz wurde mir so wichtig wie Daumier, die Verzerrung, die satirischen Absichten diente, gewann mich vollkommen, ich verfiel ihr widerstandslos, als wäre sie die Wahrheit.

Die Beichte eines Toren

Ein halbes Jahr nach meinem Eintritt in die Klasse kam ein Neuer, Jean Dreyfus. Er war größer und älter als ich, gut gewachsen, sportlich, ein hübscher Junge. Er sprach zuhause Französisch und ein wenig davon war auch in seinem Deutsch zu spüren. Er kam aus Genf, hatte aber auch schon in Paris gelebt und stach durch seine kosmopolitische Herkunft sehr von den anderen Kameraden ab. Er hatte etwas Weltläufig-Überlegenes, tat sich aber gar nicht damit hervor, legte im Gegensatz zu Baum keinen Wert auf Schulwissen, behandelte die Lehrer, die er nicht ernst nahm, mit ausgesuchter Ironie und gab mir das Gefühl, daß er in vielen Dingen besser als sie Bescheid wisse. Er war von erlesener Höflichkeit und wirkte doch spontan, ich wußte nie im voraus, was er über etwas sagen würde. Nur derb oder kindisch war er nie, er hatte sich immer in der Hand und ließ einen seine Überlegenheit fühlen, ohne einen mit ihr zu bedrücken. Er war ein kräftiger Junge, physische und geistige Dinge schienen bei ihm gut ausbalanciert, mir kam er wie etwas Perfektes vor, doch verwirrte es mich ein wenig, daß ich nicht dahinterkommen konnte, was er ernstnahm. So kam zu allem, was mich für ihn einnahm, noch dieses Geheimnis hinzu. Ich grübelte viel darüber nach, was es sein könnte, vermutete, daß es in seiner Herkunft liegen müsse, war aber von dieser so geblendet, daß ich es nie zu entwirren vermochte.

Ich glaube, Dreyfus wußte nie, was mich so sehr zu ihm hinzog. Hätte er es gewußt, er hätte sich darüber lustig gemacht. Schon nach den allerersten Gesprächen mit ihm beschloß ich, sein Freund zu werden, und da es bei ihm immer höflich und zivilisiert zuging, war das ein Prozeß, der eine gewisse Zeit erforderte. Auf väterlicher Seite war seine Familie Inhaberin einer der größeren deutschen Privatbanken; man stellte sich vor, daß sein Vater sehr reich sein müsse. Das hätte bei mir, der ich mich von meiner weiteren eigenen Familie eingekreist und bedroht fühlte, unweigerlich zu Mißtrauen und Abneigung geführt. Aber dem stand die für mich überwältigende Tatsache entgegen, daß sein Vater der Bankiers-Tradition widerstanden hatte und Dichter geworden war, ganz einfach so: Dichter, und zwar nicht einer, der auf billige Romanerfolge aus war, sondern ein moderner, nur wenigen verständlicher Lyriker, ich nahm an, in französischer Sprache. Ich hatte nie etwas von ihm gelesen, aber es gab Bücher von ihm, ich machte keinen Versuch, sie in die Hand zu bekommen, im Gegenteil, es scheint mir heute, als hätte ich davor zurückgescheut, denn es war mir um die Aura von etwas Dunklem, Schwerverständlichem zu tun, so schwer, daß es unsinnig wäre, in meinem Alter Zugang dazu zu suchen. Albert Dreyfus war auch an moderner Malerei interessiert, er schrieb Kunstkritiken und sammelte Bilder, war mit vielen der eigenwilligsten neuen Maler befreundet und hatte eine Malerin zur Frau, eben die Mutter meines Schulkameraden.

Diese Tatsache faßte ich anfangs gar nicht recht auf, Jean erwähnte es nebenher, es klang nicht wie etwas besonders Ehrenvolles, sondern – soweit man hinter seinen wohlgebildeten Sätzen überhaupt etwas vermuten konnte – eher wie eine Schwierigkeit. Erst als ich dann bei ihm eingeladen war und in eine Wohnung kam, die voller Bilder hing, starken impressionistischen Porträts, worunter sich auch Kinderbilder meines Freundes befanden, erfuhr ich, daß es die Werke seiner Mutter seien. Sie waren von solcher Lebendigkeit und Bravour, daß ich auf der Stelle, meinen geringen Kenntnissen auf diesem Gebiet zum Trotz, in die Worte ausbrach: »Aber das ist doch eine *wirkliche* Malerin! Das hast du mir nicht gesagt!«, worauf er etwas befremdet meinte: »Hast du daran gezweifelt? Ich hab's dir doch gesagt!« Es hing also davon ab, was man unter ›sagen‹ versteht, er hatte es nicht verkündet, sondern nebenbei hingeworfen, und bei dem Pathos, das sich für mich mit jeder Vorstellung von einer künstlerischen Tätitkeit verband, hatte seine Art der Mitteilung so gewirkt, als wolle er davon *ablenken,* sich auf seine höfliche Weise für die Malerei seiner Mutter entschuldigen. Ich hatte etwas wie die Blümchen-Malerei des Fräulein Mina in der ›Yalta‹ erwartet und fiel nun aus allen Wolken.

Es wäre mir nicht eingefallen zu fragen, ob Jeans Mutter auch eine *berühmte* Malerin sei, daß ich die Bilder sah, daß sie bestanden, ihre Fülle, ihre Vitalität, aber auch daß die ganze ziemlich große Wohnung von ihnen *strotzte,* war alles, worauf es ankam. Bei einem späteren Besuch lernte ich die Malerin kennen, sie kam mir nervös und ein wenig zerfahren vor, sie wirkte unglücklich, obwohl sie häufig lachte. Ich spürte etwas von der tiefen Zärtlichkeit, die sie mit ihrem Sohn verband, Jean erschien mir in ihrer Gegenwart weniger ausgeglichen, er war besorgt, wie es ein anderer gewesen wäre, und erkundigte sich nach dem Befinden seiner Mutter. Sie gab eine Antwort, die ihn nicht befriedigte, er fragte weiter, er wollte die ganze Wahrheit erfahren, keine Spur von Ironie, Mitgefühl – eigentlich das letzte, was ich von ihm erwartete – statt Überlegenheit; hätte ich seine Mutter und ihn öfters zusammen gesehen, meine Vorstellung von ihm wäre eine ganz andere geworden.

Doch ich sah sie nie wieder, ihn sah ich täglich, und so holte ich mir bei ihm, was ich damals am meisten brauchte: eine intakte, unbezweifelte Vorstellung von der Kunst und dem Leben derer, die sich ihr hingeben. Ein Vater, der sich von den Geschäften seiner Familie abgewandt hatte und Dichter geworden war, dessen Passion Bilder waren und der ebendarum eine wirkliche Malerin geheiratet hatte. Ein Sohn, der ein wunderbares Französisch sprach, obwohl er in eine deutsche Schule ging, und hie und da – was war natürlicher bei diesem Vater! – selber auch ein französisches Gedicht schrieb, obwohl ihn eigentlich Mathematik mehr interessierte. Dazu kam ein Onkel, ein Bruder seines Vaters, der Mediziner, Neurologe war, Professor an der Frankfurter Universität, mit einer wunderschönen Tochter, Maria, die ich ein einzigesmal sah und gern wiedergesehen hätte.

Es fehlte wirklich nichts: die Wissenschaft, vor der ich den größten Respekt hatte, Medizin, – immer wieder ertappte ich mich beim Gedanken, daß ich Medizin studieren würde; und schließlich die Schönheit einer dunklen, kapriziös wirkenden Cousine, deren Attraktion Jean, der sich schon ein wenig als Frauenkenner gab, durchaus gelten ließ, obwohl dazu geneigt, eine Cousine mit strengeren Maßstäben zu beurteilen.

Es war angenehm, mit Jean über Mädchen zu sprechen; eigentlich sprach *er* darüber und ich hörte ihn an. Es dauerte eine Weile, bis ich aus seinen Gesprächen Erfahrung genug gewann, um selbst mit Geschichten herauszurücken. Sie waren alle erfunden, ich war noch immer so unerfahren, wie ich's in Zürich gewesen war, aber ich lernte von ihm und gab mir seinen Anschein. Er merkte nie, daß ich ihn mit bloßen Geschichten regalierte, wobei ich es vorzog, bei sehr wenigen, am liebsten bei einer einzigen Geschichte zu bleiben, die sich über viele Wechselfälle hinzog. Sie war so spannend, daß er mich danach fragte, und besonders ein Mädchen, das ich seiner Cousine zu Ehren Maria getauft hatte, erregte sein lebhaftes Interesse. Sie war – zu ihrer Schönheit dazu – mit den widersprüchlichsten Eigenschaften ausgestattet: einen Tag war man sicher, ihre Neigung gewonnen zu haben, um am nächsten zu erfahren, daß man ihr völlig gleichgültig war. Aber auch das war nicht endgültig, zwei Tage später wurde man für seine Beharrlichkeit mit einem ersten Kuß belohnt und von da an gab es eine lange Liste von Kränkungen, Verweigerungen und zartesten Erklärungen. Wir rätselten viel über die Natur von Frauen. Er gestand, daß ihm eine so rätselhafte Person wie meine Maria noch nie untergekommen war, dabei hatte er schon allerhand erlebt. Er äußerte den Wunsch, Maria kennenzulernen, was ich nicht rundweg abschlug. Denn dank ihren Launen war ich imstande, ihn hinzuhalten, ohne daß er Verdacht schöpfte.

Erst an Hand dieser Gespräche, die kaum mehr abrissen – sie hatten ihr eigenes Gewicht und spannen sich über Monate fort –, erwachte mein Interesse für Dinge, die mir im Grunde aber noch immer gleichgültig waren. Ich wußte nichts; was unter Liebenden außer Küssen geschah, hätte ich nicht zu sagen vermocht. In der Pension wohnte Tür an Tür mit uns das Fräulein Rahm und empfing Abend für Abend den Besuch ihres Freundes. Obwohl die Mutter vorsorglich das Klavier gegen die Verbindungstür gestellt hatte, hörte man, auch ohne zu horchen, genug. Es muß an der Natur dieser Beziehung gelegen haben, daß mich die Laute von nebenan wohl verwunderten, aber nicht beschäftigten. Es begann mit Bitten des Herrn Ödenburg, die mit schroffem Nein des Fräulein Rahm erwidert wurden. Die Bitten steigerten sich zu Flehen, ein Winseln und Betteln ging los, das nicht aufhören wollte, von immer kälterem Nein! unterbrochen, schließlich klang es, als sei Fräulein Rahm ernsthaft böse. »Hinaus! Hinaus!« kommandierte sie, während Herr Ödenburg herzbrechend weinte. Manchmal warf sie ihn wirklich hinaus, mitten in seinem Weinen, und ich fragte mich, ob er auch auf der Treppe weiterweine, wenn er Leuten von der Pension begegne, hatte aber nicht das Herz, hinauszugehen und es durch Augenschein in Erfahrung zu bringen. Manchmal durfte er bleiben, das Weinen ging in ein Wimmern über, pünktlich um zehn mußte er Fräulein Rahm sowieso verlassen, weil Herrenbesuche in der Pension nicht länger gestattet waren.

Wenn das Weinen so laut wurde, daß es einen beim Lesen störte, schüttelte die Mutter den Kopf, doch sprachen wir nie darüber. Ich wußte, wie unangenehm ihr diese Nachbarschaft war, doch schien sie mit der Art dieser Beziehung, soweit es um unsere kindlich ahnungslosen Ohren ging, nicht eigentlich unzufrieden. Was ich da hörte, behielt ich für mich, in meiner Vorstellung verband es sich nie mit den Eroberungen Jeans, aber vielleicht hatte es, ohne daß ich das damals geahnt hätte, einen entfernten Einfluß auf das Verhalten meiner Maria.

In Jeans Berichten und meinen Erfindungen ging es nie unfein zu. Man erzählte so, wie es früher üblich war. Alles war ritterlich gefärbt, es kam auf Bewunderung an, nicht auf Ergreifen. War die Bewunderung so klug und geschickt gefaßt, daß sie eindrang und nicht vergessen wurde, so hatte man gewonnen, die Eroberung bestand darin, daß man Eindruck machte und ernstgenommen wurde. Wenn der Fluß der schönen Dinge, die man sich ausdachte, aber auch *aussprach,* nicht unterbrochen wurde, wenn die Gelegenheit, sie anzubringen, nicht mehr nur von der eigenen Geschicklichkeit abhing, sondern auch von der Erwartung und dem Entgegenkommen der Betroffenen, so war das ein Beweis dafür, daß man ernstgenommen wurde, und man war ein Mann. Auf diese Bewährung kam es an, sie war es, mehr als das Abenteuer, was einen reizte. Über eine ununterbrochene Kette von solchen Bewährungen hatte Jean zu berichten. Obwohl was ich dagegen setzte, von Anfang bis zu Ende erfunden war, glaubte ich ihm jedes Wort, wie er auch mir glaubte. Es fiel mir nicht ein, je zu bezweifeln, was er erzählte, bloß weil ich meine Sachen erfand. Unsere Berichte bestanden für sich, vielleicht verschönerte er Einzelheiten; was ich als Ganzes erdachte, mochte ihn zum Schwung mancher Details anregen. Unsere Berichte waren aufeinander abgestimmt, sie paßten ineinander und hatten auf sein inneres Leben zu dieser Zeit nicht weniger Einfluß als auf meines.

Eine ganz andere Haltung nahm ich in den Gesprächen mit Hans Baum ein. Sie waren nicht befreundet, Jean empfand Baum als langweilig. Er verachtete Vorzugsschüler, und die Pflicht, die Baum aus den Augen sah, erschien ihm lächerlich, weil sie starr und unlebendig war, weil sie sich immer gleich blieb. Die Distanz, die sie zueinander einhielten, war mein Glück, denn hätten sie verglichen, was ich ihnen in diesem Punkte der Liebe sagte, es wäre um mein Ansehen bei beiden sehr bald geschehen gewesen.

Ich *meinte,* was ich Baum sagte, während ich in den Gesprächen mit Dreyfus spielte. Vielleicht lag mir daran, von diesem zu lernen, obwohl ich nur in Gesprächen mit ihm wetteiferte und mich sonst wohl davor hütete, es ihm gleichzutun. Einmal kam es zu einem sehr ernsten Gespräch mit Baum, als ich ihm, zu seinem Staunen, meine letzte Meinung über den Gegenstand mitteilte: »Es gibt keine Liebe«, erklärte ich, »Liebe ist eine Erfindung der Dichter. Irgendeinmal liest man davon in einem Buch und glaubt es, weil man jung ist. Man denkt, es ist einem von den Erwachsenen vorenthalten worden, darum stürzt man sich darauf und glaubt's, bevor man es selbst erlebt hat. Niemand käme von selber drauf. In Wirklichkeit gibt es Liebe gar nicht.« Er zögerte mit einer Antwort, ich spürte, daß er ganz und gar nicht meiner Meinung war, aber da er alles so ernst nahm und überdies ein verschlossener Junge war, rückte er mit keiner Widerlegung heraus. Er hätte dazu eigene Erfahrungen intimer Art preisgeben müssen und dazu war er nicht imstande.

Meine extreme Abwehr war die Reaktion auf ein Buch, das seit Zürich bei der Mutter lag und das ich jetzt gegen ihren Willen gelesen hatte: Strindbergs ›Beichte eines Toren‹. Sie schätzte dieses Buch besonders, das erkannte ich daran, daß es immer für sich lag, während sie die anderen Strindberg-Bände alle auf einem Haufen zu versammeln pflegte. Einmal, als ich in hochmütigster alter Manier von Herrn Ödenburg als dem ›Krawattenverkäufer‹ sprach und mich fragte, wie Fräulein Rahm Abend für Abend seine Gesellschaft aushalte (wobei meine Hand, war es Zufall, war es Absicht, mit der ›Beichte eines Toren‹ auf dem Tisch spielte, das Buch aufschlug, darin blätterte, es zuschlug, umkehrte und schon wieder aufschlug), bat sie mich, in der Meinung, ich hätte vor, wegen der allabendlichen Szenen nebenan dieses Buch nun doch zu lesen: »Lies das nicht! Du zerstörst dir etwas, was du nie wiedergutmachen kannst. Warte, bis du selbst etwas erlebt hast, dann kann es dir nichts mehr anhaben.«

Soviele Jahre hatte ich ihr blind geglaubt, es bedurfte keines Arguments, um mich von der Lektüre eines Buches abzuhalten. Aber jetzt, seit dem Besuch des Herrn Hungerbach, war ihre Autorität erschüttert. Ich hatte ihn erlebt, und er war ganz anders, als sie ihn geschildert und angekündigt hatte. Jetzt wollte ich selber erfahren, was es mit diesem Strindberg auf sich hatte. Ich versprach ihr nichts, aber sie vertraute der Tatsache, daß ich ihr auch nicht widersprochen hatte. Bei der nächsten Gelegenheit holte ich mir die ›Beichte eines Toren‹ und las sie hinter ihrem Rücken in rasender Eile durch, so rasch, wie ich früher Dickens gelesen hatte, aber ohne Lust auf Wiederholung.

Für diese Beichte hatte ich gar kein Verständnis, sie kam mir wie eine einzige Lüge vor. Ich glaube, es war etwas wie Nüchternheit, was mich an ihr abstieß, der Versuch, nichts zu sagen, was über den Augenblick hinausging, eine Reduktion und Beschränkung auf die Situation. Ein Impetus fehlte mir, der Impetus der Erfindung, wobei ich aber die Erfindung im allgemeinen, nicht im einzelnen meinte. Den wirklichen Impetus: Haß, erkannte ich nicht. Ich sah nicht, daß es um meine eigenste Erfahrung, die früheste, Eifersucht, ging. Mich störte die Unfreiheit des Beginns, daß es sich um die Frau eines anderen handelte: es kam mir vor wie eine verbarrikadierte Geschichte. Umwege zu Menschen mochte ich nicht. Mit dem Stolz meiner 17 Jahre sah ich gradaus und fühlte Verachtung für das Verdeckte. Die Konfrontation war alles, nur das Gegenüber zählte. Seitenblicke nahm ich so wenig ernst wie Seitenhiebe. Vielleicht wäre dieses Buch, das sich viel zu leicht las, an mir abgeglitten, als hätte ich es nie gelesen. Aber da kam die Stelle, die mich wie mit Keulenschlägen traf, die einzige des Buchs, die mir noch gegenwärtig ist, in jeder winzigsten Einzelheit, obwohl ich es, vielleicht wegen dieser Szene, nie wieder in die Hand genommen habe.

Der Held des Buches, der Bekenner, Strindberg selbst, empfängt zum erstenmal Besuch bei sich von der Frau seines Freundes, des Gardeoffiziers. Er entkleidet sie und legt sie auf den Boden. Er sieht die Spitzen ihrer Brüste durch den Flor schimmern. Diese Schilderung einer Intimität war für mich etwas vollkommen Neues. Sie geschah in einem Zimmer, das jedes Zimmer sein konnte, auch das unsere. Vielleicht war das einer der Gründe, warum ich sie mit Vehemenz verwarf: sie war unmöglich. Der Autor wollte mich zu etwas bereden, das er Liebe nannte. Aber ich ließ mich von ihm nicht überrumpeln und erklärte ihn für einen Lügner. Nicht nur wollte ich von dieser Sache nichts wissen, die mir auf alle Fälle widerwärtig war, denn sie spielte hinter dem Rücken des Mannes der Frau, der ein Freund war, der beiden traute, – ich fand sie auch unsinnig, eine schlechte, eine unglaubwürdige, eine unverschämte Erfindung. Warum sollte sich eine Frau auf den Boden legen lassen? Weshalb zog er sie aus? Warum ließ sie sich ausziehen? Da lag sie auf dem Boden, und er sah sie sich an. Die Situation war mir so unverständlich wie neu, aber sie erregte auch meinen Zorn auf den Schreiber, der es wagte, einem so etwas vorzusetzen, als ob es wirklich geschehen könnte.

Eine Art Kampagne setzte in mir dagegen ein, selbst wenn alle schwach würden und sich einreden ließen, daß es so etwas gab, *ich* glaubte es nicht, ich würde es nie glauben. Das Winseln des Herrn Ödenburg nebenan hatte damit gar nichts zu tun. Fräulein Rahm ging aufrecht und kerzengerade durch ihr Zimmer. Ich hatte sie nackt durch ein Opernglas gesehen, als ich vom Balkon unseres Zimmers nach den Sternen schaute. Zufällig, wie ich dachte, hatte sich das Opernglas auf das hellerleuchtete Fenster ihres Zimmers gerichtet. Da stand sie nackt, den Kopf hoch erhoben, schlank und schimmernd von rötlichem Licht, ich war so erstaunt, daß ich immer wieder hinsah. Sie ging ein paar Schritte, immer kerzengerade, so wie sie in Kleidern ging. Das Winseln hörte ich auf dem Balkon nicht. Aber als ich verlegen das Zimmer wieder betrat, schlug es mir gleich laut vernehmlich entgegen. So wußte ich, daß es immer weiter gedauert hatte, die ganze Zeit über, die ich auf dem Balkon verbracht hatte. Während Fräulein Rahm in ihrem Zimmer hin und her gegangen war, hatte Herr Ödenburg immer gewinselt, es hatte ihr gar keinen Eindruck gemacht, sie benahm sich, als sähe sie ihn nicht, als wäre sie allein, auch ich sah ihn nicht, es war, als wäre er nicht dagewesen.

Die Ohnmacht

Jede Nacht ging ich auf den Balkon und sah nach den Sternen. Ich suchte nach den Konstellationen, die ich kannte, und war befriedigt, wenn ich sie fand. Nicht alle waren gleich deutlich, nicht alle zeichneten sich durch einen auffallend blauen Stern aus, der zu ihnen gehörte, wie die Wega der Leier über mir im Zenit, oder durch einen großen roten Stern wie Beteigeuze im aufgehenden Orion. Ich fühlte die Weite, die ich suchte, bei Tag empfand ich nicht die Weite des Raums, nachts an den Sternen erwachte dieses Gefühl, ich half manchmal nach, indem ich irgendeine der ungeheuren Zahlen von Lichtjahren aussprach, die mich von diesem oder jenem Stern trennten.

Vieles quälte mich zu dieser Zeit, ich fühlte mich schuldig für die Not, die wir um uns sahen und nicht teilten. Ich hätte mich weniger schuldig gefühlt, wenn es mir gelungen wäre, die Mutter ein einziges Mal vom Unrecht unseres ›Wohllebens‹, wie ich es nannte, zu überzeugen. Aber sie blieb kalt und fremd, wenn ich mit solchen Sachen begann, verschloß sich willentlich und hatte sich doch noch kurz zuvor über irgendwelche Literatur- oder Musikgeschichte ereifert. Es war auch ganz leicht, sie wieder zum Sprechen zu bringen, ich mußte nur den Gegenstand, von dem sie nichts hören mochte, fallenlassen und sie fand die Sprache wieder. Ich aber setzte meinen Ehrgeiz darein, sie zu einer Äußerung zu *zwingen,* berichtete über etwas Bedrückendes, das ich an diesem Tag gesehen hatte, fragte sie geradeheraus, ob sie dies oder jenes wisse: sie schwieg, einen leicht verächtlichen oder mißbilligenden Ausdruck auf ihrem Gesicht, nur wenn es etwas gar zu Schlimmes war, sagte sie: »Ich habe die Inflation nicht gemacht« oder »Das ist die Folge des Kriegs.«

Ich hatte den Eindruck, daß es ihr nichts bedeutete, was mit Menschen geschah, die sie nicht kannte, besonders nicht, wenn es um Armut ging, denn während des Krieges, als Menschen verstümmelt und getötet wurden, war sie doch voller Teilnahme gewesen. Vielleicht hatte sich ihr Mitgefühl im Krieg erschöpft, es kam mir manchmal so vor, als habe sich etwas in ihr aufgezehrt, mit dem sie allzu verschwenderisch umgegangen war. Aber das war noch die erträglichere Vermutung, denn was mich mehr und mehr quälte, war der Verdacht, daß sie in Arosa unter den Einfluß von Leuten geraten war, die ihr imponierten, weil sie »im Leben standen«, »ihren Mann stellten«, und wenn sie sich solcher Ausdrücke, die sie früher nie gebraucht hätte, zu häufig bediente und ich mich dagegen wehrte und sie attackierte (»Wieso standen die im Leben? Die waren doch krank im Sanatorium. Die waren kranke Nichtstuer, wenn sie dir diese Sachen sagten.«), wurde sie zornig und warf mir Herzlosigkeit gegen Kranke vor. Es war, als hätte sie alles Mitgefühl von der Welt abgezogen und auf die engere Menschheit ihres Sanatoriums beschränkt.

Aber in dieser kleineren Welt gab es viel mehr Männer als Frauen, weil Männer sich um sie als junge Frau bemühten, und wenn sie untereinander um ihre Aufmerksamkeit wetteiferten, kehrten sie, vielleicht gerade weil sie krank waren, ihre männlichen Züge hervor und machten solches Wesens daraus, daß sie ihnen *glaubte* und Eigenschaften und Züge hinnahm, die sie noch vor kurzem, während des Krieges, mit Verachtung, ja mit Abscheu bedacht hätte. Ihre Position unter diesen Männern beruhte darauf, daß sie sie gern anhörte, daß sie möglichst viel von ihnen wissen wollte, daß sie für Bekenntnisse immer bereit war, ohne mit dem vertraulichen Wissen, das sie so gewann, zu wuchern oder zu intrigieren. Statt des einen kindlichen Gesprächspartners, den sie während Jahren gewöhnt war, hatte sie nun viele und sie nahm sie ernst.

Eine frivole oder seichte Beziehung zu Menschen war ihr unmöglich. So war es ihre beste Eigenschaft, ihr Ernst, der sie während der Sanatoriumszeit von der größeren Menschheit, die ihr neben ihren Söhnen alles gewesen war, entfernte, zugunsten einer engeren, bevorzugten, die sie nicht als bevorzugt empfinden konnte, denn es waren Kranke. Vielleicht war sie auch in das zurückgefallen, was sie von Hause aus war, die verwöhnte Lieblingstochter reicher Leute. Die große Periode ihres Lebens, in der sie sich unglücklich und zugleich auch schuldig fühlte, in der sie ihre Schuld, die unbestimmt und beinahe unfaßbar schien, durch eine übermenschliche Bemühung um die geistige Entwicklung ihrer Söhne büßte, die schließlich ihren Höhepunkt im Krieg erreichte, als ihre Kräfte sich zu einem wilden Haß gegen den Krieg einten – die große Zeit war vielleicht vorüber, schon lange bevor ich es gewahr wurde, und die Briefe, die zwischen Arosa und Zürich hin und her gingen, waren ein Versteckspiel gewesen, in dem wir an allem Früheren festzuhalten schienen, als es schon gar nicht mehr wirklich bestand.

Nun war es in der Pension Charlotte keineswegs so, daß ich mir das alles in kalter Klarheit hätte sagen können, obwohl ich nach dem Besuch des Herrn Hungerbach auch manches zu verstehen und richtig zu deuten begann. Es spielte sich alles mehr in Form eines Kampfes, einer zähen Attacke ab, durch die ich die »wirklichen« Dinge der Welt, die, die ich dafür hielt, ihr wieder nahzubringen suchte. Die Gespräche am Pensionstisch unten waren oft ein willkommener Anlaß zu solchen Attacken. Ich lernte es zu verdecken, worauf ich aus war, und manchmal ganz scheinheilig zu beginnen: mit Fragen nach etwas, das ich unten nicht verstanden hätte, mit Diskussionen über das Verhalten von Menschen unten, die ihr gegen den Strich gingen. Über die Bembergs, das junge Parvenu-Paar am Pensionstisch, waren wir ein Herz und eine Seele. Ihre Verachtung für Neureiche blieb zeit ihres Lebens unerschüttert. Hätte ich mir gesagt, daß sie durch ihre Vorstellung von »guten Familien« bestimmt war, es wäre mir in diesen Augenblicken besten Einvernehmens weniger wohl zumute gewesen.

Am besten war es aber doch, ich versuchte die Mutter nach etwas zu fragen. Eine gar nicht kindliche List veranlaßte mich, sie nach Dingen zu fragen, über die sie – nach alter Erfahrung – etwas wußte. Das gab mir dann ein besseres Entree und ich konnte mich allmählich an das heranmachen, worauf ich aus war. Aber oft war ich auch ungeduldig und fragte unbedacht drauflos, weil mich etwas wirklich interessierte. So kam es zum Beispiel zum Fiasko van Gogh, als sie vollkommen versagte und ihre Unkenntnis mit den beschränktesten Ausfällen gegen »diesen verrückten Maler« zu verdecken suchte. Da verlor ich den Kopf und rannte ungestüm auf sie los, und es kam zu Zusammenstößen, die für beide blamabel waren. Für sie, weil sie offenkundig im Unrecht war, für mich, weil ich ihr erbarmungslos vorwarf, daß sie über etwas sprach, wovon sie nichts wußte, etwas, was sie früher in unseren Gesprächen über Schriftsteller auf das heftigste kritisiert hatte. Nach solchen Zusammenstößen war ich so verzweifelt, daß ich das Haus verließ und radfahren ging – der eine Trost jener Frankfurter Jahre. Der andere Trost, der noch viel notwendiger war, wenn sie schwieg, wenn es zu gar keinem Zusammenstoß, wenn es zu nichts gekommen war, waren die Sterne.

Was sie hartnäckig leugnete, Verantwortung für Dinge, die um sie herum geschahen, was sie mit einer Art von wohlbewußter, selektiver und jederzeit verfügbarer Blindheit abwehrte, wurde für mich um diese Zeit so dringend, so deutlich, daß ich nicht an mich halten konnte, ich mußte zu ihr davon sprechen, es wuchs sich zu einem stehenden Vorwurf aus. Sie fürchtete meine Heimkehr von der Schule, denn es war ganz sicher, daß ich mit etwas Neuem herausplatzen würde, das ich selbst gesehen oder von anderen gehört hatte. Da ich während meines ersten Satzes schon spürte, wie sie sich verschloß, kam es um so heftiger heraus und nahm den für sie schwer erträglichen Ton eines Vorwurfs gegen sie an. Anfangs war es keineswegs so, daß ich sie als die Anstifterin von Dingen beschuldigte, die mich ihrer Ungerechtigkeit oder Unmenschlichkeit wegen empörten. Aber da sie es nicht hören mochte, da sie eine eigene Art entwickelte, es nur halb aufzunehmen, verwandelte sich mein Bericht doch in einen Vorwurf. Indem das zu Berichtende eine persönliche Form bekam, zwang ich sie, es zu hören und irgend etwas darauf zu antworten. Sie versuchte es mit: »Ich weiß. Ich weiß«, oder »Das kann ich mir vorstellen.« Aber das ließ ich nicht passieren, ich steigerte, was ich erlebt oder erfahren hatte, ich warf es ihr vor. Es war, als wäre mir von irgendeiner Macht eine Beschwerde aufgegeben worden, die ich an ihre Adresse weiterzuleiten hätte. »Hör zu!« sagte ich dann, erst ungeduldig und bald auch zornig. »Hör zu! Du mußt mir das erklären! Wie ist es möglich, daß das passiert und niemand es bemerkt?«

Eine Frau auf der Straße war ohnmächtig geworden und zusammengefallen. Die ihr aufhalfen, sagten »Hunger«, sie sah furchtbar bleich und abgehärmt aus, aber andere gingen vorüber und scherten sich nicht drum. »Bist *du* dort geblieben?« sagte die Mutter bissig, auf diese Sache mußte sie etwas sagen. Und es war wahr, ich war nach Hause gekommen und saß mit ihr und den Brüdern um den runden Tisch, an dem wir unsere Jause einzunehmen pflegten. Der Tee in der Tasse stand vor mir, auf meinem Teller lag ein Butterbrot, ich hatte noch nicht hineingebissen, aber ich hatte mich wie immer an den Tisch gesetzt und erst als ich saß, zu berichten begonnen.

Was ich an diesem Tag gesehen hatte, war keine alltägliche Sache, es war das erstemal in meinem Leben, daß vor meinen Augen ein Mensch auf der Straße ohnmächtig wurde und vor Hunger und Schwäche zusammenfiel. Es hatte mich so tief erschüttert, daß ich stumm das Zimmer betrat und stumm mich an meinen Platz am Tisch begab. Der Anblick des Butterbrots, ganz besonders aber des Honigtopfes in der Mitte des Tisches hatte mir die Zunge gelöst und ich begann etwas zu sagen. Sie erkannte blitzrasch das Lächerliche der Situation, aber reagierte, wie es ihre Art war, zu heftig darauf. Hätte sie ein wenig gewartet, nämlich daß ich das Butterbrot in die Hand nehme und hineinbeiße oder gar noch darauf, daß ich es mit Honig bestreiche, ihr Hohn, aus der Lächerlichkeit meiner Situation gespeist, hätte mich zerschmettert. Sie aber nahm es wieder nicht ernst genug, vielleicht dachte sie, weil ich einmal saß, daß es zum üblichen Prozeß der Jause kommen würde. Sie vertraute zu sehr auf den eingeführten Ritus und bediente sich seiner als Waffe, um mich möglichst rasch niederzuschlagen, denn die Störung der Jause durch die Vorstellung von Hunger und Ohnmacht war ihr lästig, nicht mehr, gerade nur lästig, und so unterschätzte sie, aus ihrer Teilnahmslosigkeit heraus, den Ernst meiner Verfassung. Ich gab dem Tisch einen Stoß, daß der Tee aus den Tassen aufs Tischtuch schwappte, sagte: »Hier bleib ich auch nicht!« und stürzte hinaus.

Ich sprang die Treppenstufen hinunter, warf mich aufs Rad und fuhr kreuz und quer, in Verzweiflung durch die Straßen unseres Quartiers, so rasch und so sinnlos wie möglich, ohne zu wissen, was ich wollte, denn was hätte ich wollen können, aber von einem abgründigen Haß gegen die Jause erfüllt, wobei ich immer das Honigtöpfchen vor mir sah, das ich bitter verwünschte. »Hätte ich es nur zum Fenster hinausgeworfen! Auf die Straße! Nicht in den Hof!« Nur wenn es auf der Straße vor aller Augen zerbrochen wäre, hätte es einen Sinn gehabt, dann hätten alle gewußt, daß es hier Leute gab, die Honig für sich hatten, während andere hungerten. Aber ich hatte nichts dergleichen getan. Ich hatte den Honigtopf oben auf dem Tisch stehen lassen, nicht einmal die Tasse umgestürzt, ein wenig Tee war aufs Tischtuch geschwappt, das war alles. Die Sache ging mir bitter nahe, und doch hatte ich nichts Wirkliches getan, es war so wenig Gewalt in mir – ein friedliches Lamm, sein klägliches Blöken hört niemand, und alles, was passiert, ist, daß die Mutter sich über die gestörte Jause ärgert.

Es war wirklich nicht mehr passiert. Ich ging doch zurück. Sie strafte mich, indem sie mich mitleidig fragte, ob es denn gar so schlimm gewesen sei, von einer Ohnmacht erhole man sich wieder, das sei nichts Endgültiges, wahrscheinlich sei ich sehr erschrocken, weil ich gerade in dem Augenblick hingesehen habe, als die Frau zusammenfiel. Da sei es schon etwas ganz anderes, wenn man Menschen *sterben* sehe. Ich fürchtete, sie würde wieder mit dem Waldsanatorium kommen und den Leuten, die dort gestorben seien, sie pflegte immer zu sagen, die seien ihr *vor den Augen* gestorben, aber sie sagte es diesmal nicht, sondern nur, daß ich mich auch daran gewöhnen müsse, ich spräche doch manchmal davon, daß ich Arzt werden möchte. Was wäre denn das für ein Arzt, der beim Tod eines Patienten *zusammenbräche*? Es sei vielleicht gut, daß ich diese Ohnmacht gesehen hätte, damit ich anfinge, mich an diese Dinge zu gewöhnen.

So wurde aus dieser Ohnmacht, die mich empört hatte, ein allgemeines Berufsanliegen: das von Ärzten. Sie hatte auf meine brüske Handlung nicht mit einer Zurechtweisung geantwortet, sondern mit einer Anweisung auf das spätere Leben, in dem ich versagen müßte, wenn ich nicht härter und beherrschter würde.

Seit dieser Geschichte blieb der Makel an mir hängen: ich eignete mich nicht zum Arzt. Meine Weichherzigkeit spräche dagegen, daß ich mich an eine Tätigkeit dieser Art je gewöhnen könnte. Ich war von dieser Wendung, die sie meinen Aussichten gab, sehr beeindruckt, obwohl ich es nie eingestand. Ich dachte darüber nach und wurde unentschlossen. Ich war nicht mehr sicher, ob ich Arzt werden könne.

Gilgamesch und Aristophanes

Die Frankfurter Zeit bestand nicht nur aus der Erfahrung der Menschen, wie sie einem in der Pension Charlotte unterkamen. Da sie sich täglich fortsetzte, ein stetiger Prozeß, war sie aber nicht zu unterschätzen. Man saß bei Tisch immer am selben Platz, und vor einem, auch immer auf denselben Plätzen, agierten Leute, die für einen Figuren geworden waren. Die meisten von ihnen blieben sich gleich, es kam nie etwas aus ihrem Munde, was man nicht erwartet hätte. Einige aber bewahrten sich ihre vollere Natur und konnten einen durch Sprünge überraschen. Es war ein Schauspiel, so oder so, und nicht *einmal* betrat ich ohne Spannung und Neugier das Speisezimmer.

Für die Lehrer in der Schule, mit einer einzigen Ausnahme, vermochte ich mich nicht recht zu erwärmen. Der cholerische Lateinlehrer verlor beim geringsten Anlaß seine Fassung und beschimpfte uns dann als »stinkende Ochsen«, es war nicht sein einziges Schimpfwort. Seine Unterrichtsmethoden, an Hand von ›Mustersätzen‹, die wir herratschen mußten, waren lächerlich. Es war zu verwundern, daß ich das Latein, das ich in Zürich gelernt hatte, aus Abneigung gegen ihn nicht vergaß. Etwas so Peinliches und Lautes wie seine Ausbrüche habe ich in keiner Schule erlebt. Er war durch den Krieg gezeichnet und muß ernste Schädigungen davongetragen haben; das sagte man sich manchmal, um ihn besser zu ertragen. Manche Lehrer waren durch den Krieg gestempelt, wenn auch nicht auf so eklatante Weise. Es gab aber auch einen herzlich-stürmischen Mann unter ihnen, der von Gefühl für die Schüler überquoll. Dann wieder einen ausgezeichneten Mathematiklehrer, der etwas Verstörtes an sich hatte, doch wirkte sich seine Verstörung gegen ihn selber aus, nicht gegen seine Schüler. Er gab sich ganz in seinem Unterricht aus, auf fast erschreckend gewissenhafte Weise.

Man könnte sich versucht fühlen, mittels einer Betrachtung dieser Lehrer die unterschiedlichen Wirkungen des Krieges auf Menschen zu zeichnen, aber dazu müßte man auch etwas über ihre Erlebnisse wissen, über die sie zu uns nie sprachen. Ich hatte nichts als ihre Gesichter und Gestalten vor mir und kannte ihr Verhalten in der Klasse; alles Übrige wußte man nur vom Hörensagen.

Doch möchte ich von einem stillen und feinen Mann sprechen, dem ich etwas danke. Gerber war unser Deutschlehrer, im Kontrast zu den anderen wirkte er beinahe zaghaft. Über die Aufsätze, deren Themen er uns stellte, entwickelte sich eine Art Freundschaft zwischen uns. Anfangs langweilten mich diese Aufsätze, ob es nun um die Maria Stuart oder sonst etwas Ähnliches ging, aber sie machten keine Mühe und er war mit ihnen zufrieden. Dann wurden die Themen interessanter und ich rückte mit meinen wirklichen Meinungen heraus, die schon als Reaktion gegen die Schule recht aufsässig waren und bestimmt nicht seinen eigenen entsprachen. Er ließ sie aber gelten, schrieb in roter Tinte lange Überlegungen an den Schluß, in denen er mir einiges zu bedenken gab, doch war er tolerant dabei und sparte nicht mit Anerkennung für die Art, in der ich meine Dinge sagte. Was immer er dagegen vorbrachte, ich empfand es nicht als feindselig, und wenn ich es auch nicht annahm, es machte mich glücklich, daß er darauf einging. Er war kein inspirierender Lehrer, aber ein sehr verständnisvoller. Er hatte kleine Hände und Füße und kleine Bewegungen; ohne daß er besonders langsam gewesen wäre, wirkte alles, was er unternahm, ein wenig reduziert, auch die Stimme hatte nicht die aufdringlich männlichen Töne, mit denen andere Lehrer um sich warfen.

Gerber schloß für mich die Lehrerbibliothek auf, die er verwaltete und gab mir soviel daraus zu lesen, wie ich wollte. Ich war auf die Literatur der Antike versessen und las – in deutschen Übersetzungen – einen Band nach dem anderen: die Historiker, die Dramatiker, die Lyriker, die Redner, nur die Philosophen – Plato und Aristoteles – ließ ich noch aus. Sonst aber las ich wirklich alles, nicht nur die großen Autoren, auch solche, die bloß durch das Material, das sie boten, von Interesse waren, wie Diodor oder Strabo. Gerber wunderte sich, daß ich damit nie aufhörte, zwei Jahre lang holte ich mir nur solche Bücher bei ihm. Als ich bei Strabo angelangt war, schüttelte er leicht den Kopf und fragte, ob ich nicht einmal zur Abwechslung etwas aus dem Mittelalter möchte, hatte aber damit damals wenig Glück.

Einmal, als wir uns in der Lehrerbibliothek fanden, fragte mich Gerber behutsam, beinahe zart, was ich werden wolle. Ich spürte, welche Antwort er erwartete, sagte aber, etwas unsicher, Arzt. Er war enttäuscht, überlegte ein wenig und verfiel auf ein

Mittelding: »Dann werden Sie ein zweiter Carl Ludwig Schleich werden«, sagte er. Er schätzte dessen Erinnerungen, aber es wäre ihm lieber gewesen, ich hätte mich klipp und klar dazu bekannt, daß ich Schriftsteller werden wolle. Seither erwähnte er unauffällig und in irgendeinem Zusammenhang des öfteren schreibende Ärzte.

In seinen Stunden lasen wir Stücke mit verteilten Rollen und ich will nicht sagen, daß das ein Vergnügen war. Aber es war ein Versuch von ihm, auch literarisch wenig Interessierte durch die Übernahme einer Rolle für die Sache zu gewinnen. Penetrant langweilige Stücke wählte er selten aus. Wir lasen ›Die Räuber‹, ›Egmont‹, ›König Lear‹ und hatten Gelegenheit, Aufführungen mancher dieser Stücke im Schauspielhaus zu sehen.

In der Pension Charlotte war viel von Theateraufführungen die Rede. Sie wurden eingehend besprochen, und da die Kenner unter den Gästen immer solche waren, die von den Kritiken in der ›Frankfurter Zeitung‹ ausgingen, diese erörterten und selbst wenn sie anderer Meinung waren, doch der anspruchsvollen und gedruckten Hauptansicht ihre Reverenz erwiesen, hatten gerade diese Gespräche ein gewisses Niveau und vielleicht auch mehr Ernst als die über andere Dinge. Man spürte Anteilnahme am Theater, man war auch stolz darauf. Wenn etwas mißlang, war man betroffen und begnügte sich nicht mit bloßen schnöden Attacken. Das Theater war eine anerkannte Institution, und auch die, die sonst in feindlichen Lagern standen, hätten sich gescheut, daran zu rühren. Herr Schutt, der durch seine schweren Verletzungen behindert war, ging kaum je ins Theater, aber man merkte auch aus seinen wenigen Worten, daß er sich von Fräulein Kündig über jede Aufführung informieren ließ. Was er sagte, klang so sicher, als wäre er selber dort gewesen. Wer wirklich nichts darüber zu sagen hatte, schwieg, es war das Peinlichste, was passieren konnte, sich auf diesem Gebiet eine Blöße zu geben.

Da das meiste, worüber sonst gesprochen wurde, so unsicher schien – alles schwankte und es lag durchaus nicht bloß an der Oberfläche, wenn die Meinungen sich immer kreuzten –, bekam man, besonders als ein Mensch in so jungen Jahren, den Eindruck, daß es doch etwas gab, das für alle unantastbar war, eben das Theater.

Ich besuchte das Schauspielhaus ziemlich oft, und von einer

Aufführung besonders war ich so hingerissen, daß ich alles daransetzte, sie einige Male zu sehen. Eine Schauspielerin trat darin auf, die meine Gedanken lange beschäftigt hat, die ich heute wie damals vor mir sehe: Gerda Müller als Penthesilea. *Diese* Leidenschaft ging in mich ein, an ihr zweifelte ich nie, meine Initiation in Liebe war die Kleistsche ›Penthesilea‹. Sie kam mir vor wie eine der griechischen Tragödien, die ich damals las, ›Die Bakchen‹. Die Wildheit der kriegführenden Amazonen war wie die der Mänaden, statt der Rasenden, die den König bei lebendem Leib zerreißen, war es hier Penthesilea, die ihre Meute von Hunden auf Achill hetzt und als einer von ihnen ihre Zähne in sein Fleisch schlägt. Ich habe es seither nie gewagt, dieses Stück auf der Bühne wiederzusehen, und wenn ich es las, habe ich *ihre* Stimme gehört, die mir nie schwächer wurde. Der Schauspielerin, die mich zur Wahrheit der Liebe beredet hat, bin ich treu geblieben.

Ich sah keine Verbindung zu den jämmerlichen Vorgängen im Nebenzimmer unserer Pension, und ›Die Beichte eines Toren‹ hielt ich nach wie vor für Lüge.

Unter den Schauspielern, die oft auftraten, war Carl Ebert, anfangs regelmäßig, später kam er als Gast. Er ist Jahre danach für ganz andere Dinge berühmt geworden. Ich sah ihn in seiner Frühzeit, als Karl Moor, als Egmont. Ich gewöhnte mich an ihn in verschiedenen Rollen, ich wäre auch nur um seinetwillen in eine Aufführung gegangen und darf mich dieser Schwäche nicht einmal schämen, denn ihr habe ich das wichtigste Erlebnis der Frankfurter Zeit zu danken. In einer Sonntags-Matinee sollte er ein Werk vorlesen, von dem ich noch nie etwas gehört hatte. Es war älter als die Bibel, ein babylonisches Epos. Ich wußte, daß es bei den Babyloniern eine Sintflut gab, es hieß, daß die Legende von dort in die Bibel gewandert war. Das war alles, was ich zu erwarten imstande war, und dafür allein wäre ich nie hingegangen, aber es war Carl Ebert, der las, und so bin ich aus Schwärmerei für einen sehr liebenswerten Schauspieler an *Gilgamesch* geraten, der mein Leben, seinen innersten Sinn, Glauben, Kraft und Erwartung wie nichts anderes bestimmt hat.

Gilgameschs Klage über den Tod seines Freundes Enkidu traf mich ins Herz:

»Um ihn hab ich Tag und Nacht geweint,
Ich gab nicht zu, daß man ihn begrübe –
Ob mein Freund nicht doch aufstünde von meinem Geschrei –
Sieben Tage und sieben Nächte,
Bis daß der Wurm sein Gesicht befiel.
Seit er dahin ist, fand ich das Leben nicht,
Strich umher wie ein Räuber inmitten der Steppe.

Und nun folgt seine Unternehmung gegen den Tod, die Wanderung durch die Finsternisse des Himmelsberges und die Überquerung der Gewässer des Todes zu seinem Ahn Utnapischtim, der von der Sintflut errettet, dem von den Göttern Unsterblichkeit verliehen wurde. Von ihm will er erfahren, wie er zum ewigen Leben gelangt. Es ist wahr, daß Gilgamesch scheitert und daß er selbst auch stirbt. Aber das bestärkt einen nur im Gefühl von der Notwendigkeit seines Unternehmens.

Die Wirkung eines Mythus habe ich auf diese Weise an mir erfahren: als etwas, das ich im halben Jahrhundert, das seither verflossen ist, auf viele Arten bedacht und in mir hin und her gewendet, aber nicht *einmal* ernsthaft bezweifelt habe. Als Einheit habe ich aufgenommen, was in mir Einheit geblieben ist. Ich kann daran nicht mäkeln. Die Frage, ob ich eine solche Geschichte *glaube,* trifft mich nicht, wie soll ich, angesichts der eigentlichsten Substanz, aus der ich bestehe, entscheiden, ob ich an sie glaube. Es geht nicht darum, wie ein Papagei zu wiederholen, daß alle Menschen bis heute gestorben sind, es geht nur darum, zu entscheiden, ob man den Tod willig *hinnimmt* oder sich gegen ihn empört. Ein Recht auf Glanz, Reichtum, Elend und Verzweiflung aller Erfahrung habe ich mir durch die Empörung gegen den Tod erworben. In diesem endlosen Aufstand habe ich gelebt. Und wenn der Schmerz um meine Nächsten, die ich im Laufe der Zeit verlor, nicht geringer war als der des Gilgamesch um seinen Freund Enkidu, so habe ich doch eines, ein einziges vor dem Löwenmann voraus: daß es mir um das Leben *jedes* Menschen und nicht nur um das meiner Nächsten geht.

Die Konzentration dieses Epos auf ganz wenige Gestalten hebt es ab von der turbulenten Zeit, in der ich ihm begegnet bin. Die Erinnerung an die Frankfurter Jahre ist von Ereignissen öffentlichen Charakters bestimmt, die rasch aufeinanderfolgten. Gerüchte gingen ihnen voraus, am Pensionstisch schwirrte es von Gerüchten, die sich nicht immer als falsch erwiesen. Ich entsinne mich, daß von der Ermordung Rathenaus die Rede war, bevor man davon in der Zeitung las (es gab noch kein Radio). Am häufigsten figurierten die Franzosen in den Gerüchten. Sie hatten Frankfurt besetzt, sich dann wieder herausgezogen, plötzlich hieß es, sie kämen wieder. Repressalien und Reparationen wurden zu Worten des Alltags. Großes Aufsehen erregte die Entdeckung eines geheimen Waffenlagers im Keller unserer Schule. Als die Sache untersucht wurde, stellte sich heraus, daß ein junger Lehrer, den ich bloß vom Sehen kannte, der sehr beliebt war, der beliebteste Lehrer in der Schule, für die Einlagerung dieser Waffen verantwortlich war.

Sehr beeindruckt war ich von den ersten Demonstrationen, die ich sah, sie waren nicht selten und waren immer gegen den Krieg gerichtet. Es bestand eine scharfe Trennung zwischen denen, die auf seiten des Umsturzes standen, der dem Krieg ein Ende bereitet hatte, und den anderen, deren Groll nicht dem Krieg galt, sondern dem Versailler Vertrag ein Jahr später. Das war die wichtigste Trennung, ihre Wirkungen waren damals schon spürbar. Ich hatte anläßlich einer Demonstration gegen die Ermordung Rathenaus auf der Zeil zum erstenmal das Erlebnis der Masse. Da die Folgen, die dieses Erlebnis für mich hatte, sich einige Jahre später in Diskussionen artikulierten, will ich erst dann davon sprechen.

Das letzte Frankfurter Jahr war für unser kleines Familiengebilde wieder eines der Auflösung. Die Mutter fühlte sich krank, vielleicht war ihr auch die Spannung unserer täglichen Auseinandersetzungen unerträglich geworden. Sie fuhr in den Süden, wie sie es früher schon öfters getan hatte. Wir verließen die Pension Charlotte und kamen, alle drei Brüder, zu einer Familie, deren sorgendes weibliches Mitglied, Frau Suse, uns mit einer Wärme und Güte aufnahm, wie man sie nicht einmal von einer eigenen Mutter erwartet. Die Familie bestand aus Vater, Mutter, zwei Kindern etwa in unserem Alter, einer Großmutter und einem Dienstmädchen. Ich lernte jeden einzelnen von ihnen und die zwei, drei ausländischen Pensionäre, die sie neben uns aufnahmen, so gut kennen, daß nur ein ganzes Buch eine Vorstellung von dem zu geben vermöchte, was ich damals über Menschen begriff.

Es war die Zeit, in der die Inflation ihren Höhepunkt erreichte, der tägliche Sprung, der schließlich bis zur Billion ging, hatte für alle Menschen extreme Folgen, wenn auch nicht die gleichen. Es war entsetzlich mitanzusehen: was immer geschah, und es geschah sehr viel, hing von einer einzigen Voraussetzung ab, eben der in rasendem Tempo fortschreitenden Entwertung des Geldes. Es war mehr als Unordnung, was über die Menschen hereinbrach, es war etwas wie tägliche *Sprengungen,* blieb von einer etwas übrig, geriet es tags darauf in die nächste. Ich sah die Wirkungen nicht nur im großen, ich sah sie, unverhüllt nah, in jedem Mitglied jener Familie, das kleinste, das privateste, das persönlichste Ereignis hatte ein und dieselbe Ursache, die tobsüchtige Bewegung des Geldes.

Ich hatte es mir, um mich gegen die Geldgesinnten in meiner eigenen Familie zu behaupten, zur etwas billigen Tugend gemacht, Geld zu verachten. Ich hielt es für etwas Langweiliges, Immergleiches, dem nichts Geistiges abzugewinnen war, an dem die Menschen, die sich ihm ergaben, allmählich vertrockneten und steril wurden. Jetzt plötzlich sah ich es von einer anderen, einer unheimlichen Seite – ein Dämon mit einer Riesenpeitsche, so schlug es auf alles ein und erreichte die Menschen bis in ihre geheimsten Mauselöcher.

Vielleicht war es auch diese äußerste Konsequenz einer Sache, die sie anfangs gern unbeteiligt hingenommen hätte, an die ich sie aber unaufhörlich erinnerte, die die Mutter zur Flucht aus Frankfurt veranlaßte. Es zog sie wieder nach Wien, sobald sie sich von ihrer Krankheit halbwegs erholt hatte, nahm sie die beiden jüngeren Brüder aus der Familie fort und fand Schulen für sie in Wien. Ich blieb noch ein halbes Jahr, da ich knapp vor dem Abitur stand, und sollte dann danach in Wien die Universität beziehen.

In diesem letzten Halbjahr in Frankfurt, noch bei derselben Familie, fühlte ich mich vollkommen frei. Ich ging oft in Versammlungen und hörte mir die Diskussionen an, die sich danach nachts auf den Straßen entspannen, und erlebte jede Meinung, jede Überzeugung, jeden Glauben im Zusammenprall mit denen der anderen. Es wurde mit solcher Leidenschaft diskutiert, daß es wie ein Knistern und Flackern war, ich nahm nie daran teil, ich hörte zu, mit einer Intensität, die mir heute schaurig erscheint, denn ich war wehrlos. Eigene Meinungen waren diesem Überdruck und Übermaß nicht gewachsen. Vieles stieß mich ab, das ich nicht widerlegen konnte. Manches zog mich an, ich hätte nicht sagen können, warum. Noch hatte ich keinen Sinn für die Getrenntheit der *Sprachen*, die hier aufeinanderprallten. Keinen der Menschen, die ich damals hörte, könnte ich in seiner wahren Gestalt beschwören oder auch nur nachahmen. Es war die Getrenntheit der *Meinungen*, die ich erfaßte, den harten Kern der Überzeugungen, es war ein Hexenkessel, aus dem es dampfte und quoll, aber alle Ingredienzien, die darin herumschwammen, hatten ihren Geruch und waren zu erkennen.

Ich habe nie mehr Unruhe in Menschen gefühlt als in diesem halben Jahr. Es war nicht so wichtig, wie sehr sie sich als Personen voneinander unterschieden; worauf ich in späteren Jahren als erstes hingesehen hätte, das bemerkte ich kaum. Ich achtete auf jede Überzeugung, auch wenn sie mir widerstrebte. Manche öffentlichen Redner, die ihrer erprobten Wirkung sicher waren, empfand ich als Scharlatane. Aber dann, bei den Diskussionen auf der Straße, als alles sich aufgesplittert hatte und Leute, die keine Redner waren, einander zu überzeugen suchten, ergriff mich ihre Unruhe und ich nahm jeden ernst.

Es soll nicht anmaßend oder frivol klingen, wenn ich diese Zeit als meine aristophanische Lehrzeit bezeichne. Ich las Aristophanes damals und war frappiert davon, mit welcher Kraft und Konsequenz jede seiner Komödien von einem überraschenden Grundeinfall bestimmt ist, aus dem sie sich herleitet. In der ›Lysistrata‹, die ich als erstes kennenlernte, führt ein Streik der Frauen, die sich ihren Männern verweigern, zum Ende des Krieges zwischen Athen und Sparta. Solcher Grundeinfälle gibt es bei ihm viele, da die meisten seiner Komödien verloren sind, haben sich viele dieser Einfälle nicht erhalten. Ich hätte blind sein müssen, um nicht die Ähnlichkeit mit dem zu bemerken, was ich um mich herum gewahrte. Auch hier leitete sich alles von einer einzigen Grundvoraussetzung ab, der rasenden Bewegung des Geldes. Es war kein Einfall, es war die Wirklichkeit, drum war es nicht komisch, sondern entsetzlich, doch als Gebilde, wenn man es als Ganzes zu sehen versuchte, war es einer jener Komödien ähnlich. Man könnte sagen, daß die Grausamkeit der aristophanischen Sehweise die einzige Möglichkeit bot, zusammenzuhalten, was in tausend Teilchen zersplitterte.

Eine Abneigung gegen die Darstellung bloß privater Verhältnisse auf dem Theater ist mir seither unerschütterlich geblieben.

Im Widerstreit zwischen der Alten und der Neuen Komödie, wie sie sich in Athen herausgebildet hatten, habe ich, ohne mir noch darüber ganz klar zu sein, Partei für die Alte ergriffen. Nur was die Öffentlichkeit als Ganzes betrifft, scheint mir auf dem Theater darstellenswert. Der Charakter-Komödie, die es auf diesen und jenen einzelnen abgesehen hat, selbst wenn sie gut ist, schäme ich mich immer ein wenig, und es ist mir dabei zumute, als hätte ich mich in ein Versteck zurückgezogen, das ich nur notgedrungen, zu Zwecken der Ernährung oder ähnlichem verlasse. Die Komödie lebt für mich, wie zur Zeit ihres Beginns bei Aristophanes, von ihrem *allgemeinen* Interesse, vom Blick auf die Welt in ihren größeren Zusammenhängen. Mit diesen aber soll sie kühn schalten und walten, sich Einfälle erlauben, die bis an die Grenzen des Wahnwitzes gehen, verknüpfen, trennen, abwandeln, konfrontieren, zu neuen Einfällen neue Strukturen finden, sich nicht wiederholen und nichts billig geben, vom Zuschauer das Letzte verlangen, ihn schütteln, hernehmen und erschöpfen.

Es ist gewiß eine sehr späte Reflexion, die mich zum Schlusse führt, daß die Wahl des Dramas, um das es mir zu tun sein würde, sich damals schon entschied. Ich glaube nicht, daß ich darin fehlgehe, denn wie wäre es sonst zu erklären, daß meine Erinnerung an das letzte Frankfurter Jahr von der Turbulenz der öffentlichen Ereignisse bis zum Bersten erfüllt ist und gleich daneben, als ginge es um ein und dieselbe Welt, die aristophanischen Komödien erscheinen, wie sie beim ersten Lesen mich überfielen. Ich sehe nichts dazwischen, eins geht ins andere über und die enge Nachbarschaft, in die sie für meine Erinnerung gerückt sind, muß die Bedeutung haben, daß es die für mich wichtigsten Dinge jener Zeit waren und daß eins auf das andere von bestimmendem Einfluß war.

Aber zur selben Zeit war auch etwas am Werk, das mit Gilgamesch zusammenhing und als Gegengewicht diente. Es betraf das Schicksal des einzelnen, von allen anderen abgesonderten Menschen, wie er für sich allein war: daß er sterben müsse und ob er es hinnehmen dürfe, daß ihm ein Tod bevorstehe.

Teil 2

Sturm und Zwang

Wien 1924-1925

Leben mit dem Bruder

Anfang April 1924 bezog ich mit Georg zusammen ein Zimmer in der Praterstraße 22, bei Frau Sussin. Es war das dunkle hinterste Zimmer ihrer Wohnung und hatte die Fenster zum Hof. Hier verbrachten wir vier Monate zusammen, eine gar nicht besonders lange Zeit. Aber es war das erstemal, daß ich mit einem Bruder allein lebte, und es geschah in dieser Zeit sehr viel.

Eine enge Beziehung entstand zwischen uns, ich war an die Stelle eines Mentors vorgerückt, mit dem er sich über alles, besonders aber über alle moralischen Fragen beriet. Was man dürfe und was man solle, was man unter allen Umständen verabscheuen müsse, aber auch was man erfahren, was man kennenlernen wolle, – an beinahe jedem Abend jener vier gemeinsamen Monate sprachen wir darüber, zwischen der Arbeit am großen quadratischen Tisch beim Fenster, wo wir saßen, jeder mit seinen Büchern und Heften. Da fanden wir uns gleich um die Ecke voneinander, wir mußten nur den Kopf heben, um einander voll ins Gesicht zu sehen. Er war schon damals, obwohl sechs Jahre jünger, um eine Spur größer als ich. Wenn wir saßen, waren wir beide fast gleich groß. Ich hatte mich entschlossen, in Wien mit dem Studium der Chemie zu beginnen (ohne sicher zu sein, ob ich dabei bleiben würde), in einem Monat fing das Semester an. Da ich in der Frankfurter Schule nichts davon abbekommen hatte, war es höchste Zeit, mir einige chemische Kenntnisse zu erwerben. In den vier Wochen, die mir blieben, wollte ich nachholen, was ich versäumt hatte. Ich hatte das Lehrbuch der Anorganischen Chemie vor mir, und da es etwas Theoretisches war und noch mit keinerlei praktischen Verrichtungen verbunden, interessierte es mich auch und ich kam rasch weiter.

Ich konnte aber noch so vertieft sein, in welchen Gegenstand immer, es war Georg erlaubt, mich jederzeit zu unterbrechen und Fragen zu stellen. Er besuchte das Realgymnasium in der Stubenbastei, mit seinen dreizehn Jahren eine der unteren Klassen. Er lernte gern und leicht, und nur mit dem Zeichnen, das an dieser Schule sehr ernst genommen wurde, hatte er seine Schwierigkeiten. Aber er war so wißbegierig, wie ich es in seinem Alter gewesen war, und zu jedem Gegenstand fielen ihm Fragen ein, die Sinn hatten. Dabei ging es kaum je um etwas, das er nicht verstand, alles was er lesen konnte, verstand er leicht; es ging ihm um Näheres, um Einzelheiten, die er zu den allgemein gehaltenen Grundzügen der Lehrbücher dazu erfahren wollte. Viele seiner Fragen konnte ich ihm auf der Stelle beantworten, ohne erst zu überlegen oder nachzuschlagen. Es machte mich glücklich, ihm etwas weiterzugeben, bis jetzt hatte ich alles für mich behalten, es gab niemand, mit dem ich über solche Dinge sprach. Er merkte, wie sehr mich jede Unterbrechung freute und daß es keine Grenze für seine Fragen gab. In wenigen Stunden kam vieles zur Sprache, und es belebte für mich die Chemie, die mir noch ein wenig fremd und bedrohlich schien, denn es war immerhin möglich, daß ich mich vier Jahre oder länger mit ihr beschäftigen würde. So fragte er mich über römische Autoren aus, über Geschichte – wobei ich die Rede, wann immer es möglich war, auf die Griechen brachte –, über mathematische Probleme, über Botanik und Zoologie, und am liebsten, im Zusammenhang mit Geographie, über Länder und ihre Leute. Er wußte schon, daß er darüber am meisten von mir hören konnte, und manchmal mußte ich mir einen Ruck geben um aufzuhören, so gern und ausführlich gab ich ihm wieder, was ich von meinen Forschungsreisenden erfahren hatte. Am Urteil über das Verhalten von Menschen wurde dabei nicht gespart. Wenn es um die Bekämpfung von Krankheiten in exotischen Ländern ging, geriet ich in Begeisterung. Noch hatte ich den Verzicht auf die Medizin nicht ganz verschmerzt und gab meinen alten Wunsch naiv und ohne Zurückhaltung an ihn weiter.

Ich liebte seine Unersättlichkeit. Wenn ich mich zu meinen Büchern setzte, freute ich mich schon auf seine Fragen. Unter seinem Schweigen hätte ich mehr gelitten als er unter meinem. Wäre er herrschsüchtig oder berechnend gewesen, er hätte mich auf die einfachste Weise in seine Gewalt bringen können. Ein Abend an unserem Tisch ohne seine Fragen hätte mich zermürbt und unglücklich gemacht. Aber das war es eben: er bezweckte mit seinen Fragen nichts, so wenig wie ich mit meinen Antworten. Er wollte wissen, ich wollte ihm, was ich wußte, geben; was er erfuhr, führte von selber zu neuen Fragen. Es war zu verwundern, daß er mich nie in Verlegenheit brachte. Seine Unersättlichkeit bewegte sich innerhalb meiner Grenzen. Sei's daß wir uns in unseren Anlagen von Haus aus glichen, sei's daß die Energie meiner Vermittlung ihn von anderen Dingen fernhielt, er fragte nur, wo es Antworten gab, und demütigte mich nicht, was doch ein Leichtes gewesen wäre, wenn er mich auf meine Unwissenheiten gestoßen hätte. Beide waren wir vollkommen offen und hielten nichts voreinander zurück. In dieser Zeit waren wir aufeinander angewiesen, niemand andrer war da, der uns nahestand, wir hatten einem einzigen Anspruch zu genügen: er durfte mich, ich durfte ihn nicht enttäuschen. Unter keinen Umständen hätte ich auf unsere gemeinsamen ›Lernabende‹ am großen quadratischen Tisch, der ans Fenster gerückt war, verzichtet.

Es wurde Sommer, die Abende wurden lang, die Fenster, die gegen den Hof gingen, hatten wir offen. Zwei Stock tiefer, genau unter uns, war das Kabinett des Schneiders Fink, auch sein Fenster war offen und das feine Surren seiner Nähmaschine hörten wir herauf bis zu uns. Er arbeitete bis tief in die Nacht hinein, er arbeitete immer. Wir hörten ihn, wenn wir am selben Tisch unser Abendmahl aßen, wir hörten ihn beim Abräumen, wir hörten ihn, wenn wir uns zum Lesen niederließen, und vergaßen ihn nur, wenn unser Gespräch so aufregend wurde, daß man *alles* darüber vergessen hätte. Aber wenn wir dann im Bett lagen, müde, denn der Tag hatte früh begonnen, hörten wir wieder bis in den Schlaf das Surren seiner Nähmaschine.

Das Nachtmahl bestand aus Brot und Joghurt, eine Zeitlang nur aus Brot, denn unser Zusammenleben hatte mit einer kleinen Katastrophe eingesetzt, an der ich allein die Schuld trug. Wir wurden zwar knapp gehalten, aber es war alles eingerechnet worden, was wir zum Leben brauchten, und es hätte auch zu einem etwas ausgiebigeren Nachtmahl gereicht. Das Geld für einen Monat bekam ich voraus, einen Teil davon bestritt der Großvater, das übrige die Mutter. Ich trug es alles bei mir und hatte mir vorgenommen, es gut zu verwalten. Ich hatte Erfahrung darin, in Frankfurt hatte ich ein halbes Jahr mit den kleinen Brüdern zusammengelebt, ohne die Mutter, und da war es während der letzten rasenden Phase der Inflation gar nicht so leicht gewesen, alles richtig zu machen und auszukommen. Verglichen damit schien es in Wien jetzt ein Kinderspiel.

Das wäre es auch gewesen, aber ich hatte die Rechnung ohne den Wurstelprater gemacht. Er befand sich ganz nah, keine 15 Minuten von uns, und infolge der überwältigenden Bedeutung, die er während der Kinderjahre in Wien für mich gehabt hatte, schien er noch näher. Statt den kleinen Bruder von seinen Versuchungen fernzuhalten, nahm ich ihn dorthin mit. An einem Samstagnachmittag zeigte ich ihm die Herrlichkeiten, von denen manche verschwunden waren. Aber auch die, die ich wiederfand, waren eher enttäuschend. Georg hatte Wien schon mit fünf verlassen und keine Erinnerung an den Wurstelprater behalten, so war er auf meine Berichte angewiesen, die ich möglichst verlockend herausgeputzt hatte. Denn es war etwas beschämend, daß ich, der scheinbar allwissende große Bruder, der ihm vom Prometheus des Aeschylus, von der Französischen Revolution, vom Gravitationsgesetz und von der Abstammungslehre erzählt hatte, ihn nun ausgerechnet mit dem Erdbeben von Messina in der Grottenbahn und dem Maul der Hölle davor regalierte.

Ich muß es mit schrecklichen Farben ausgemalt haben, denn als wir die Grottenbahn schließlich gefunden hatten und vor dem Höllenmaul standen, in das die Teufel gemächlich an Gabeln aufgespießte Sünder steckten, sah er mich erstaunt an und sagte: »Und davor hast du dich wirklich einmal gefürchtet?« »Ich nicht, ich war schon acht, aber ihr. Ihr wart ja noch ganz klein.« Ich merkte, daß er daran war, seine Achtung vor mir zu verlieren. Das war ihm aber nicht recht, er hing, obwohl sie erst begonnen hatten, schon sehr an unseren Abendgesprächen, und so zeigte er auch gar keine Lust, sich das Erdbeben von Messina anzusehen, das uns eigentlich hergelockt hatte. Ich war erleichtert, mich aus der Affäre zu ziehen, jetzt wollte ich selbst das Erdbeben nicht mehr sehen und zog ihn rasch fort. So habe ich es in alter Pracht in Erinnerung behalten.

Aber gar so leicht kam ich nicht davon, ich mußte ihm an Stelle der Enttäuschung etwas bieten und warf mich in die Glücksspiele des Wurstelpraters, die mich eigentlich nie interessiert hatten. Es gab dies und jenes, aber das Ringwerfen hielt uns fest, weil wir da einige Leute hintereinander gewinnen sahen. Ich ließ ihn versuchen, er hatte kein Glück, ich versuchte es selber, jeder Wurf mißlang, ich versuchte es wieder, es war wie verhext. Bald hatte ich mich in das Spiel so sehr verbissen, daß er mich mahnend am Ärmel zupfte, aber ich gab nicht nach. Er sah, wie unser Monatsgeld verschwand, und war sehr wohl imstande, die Folgen zu ermessen, aber er sagte nichts, er sagte auch nicht, daß er's selbst wieder versuchen möchte. Ich glaube, er begriff, daß ich die Beschämung über mein unerklärlich schlechtes Werfen vor ihm nicht ertrug und durch eine Reihe von Glückswürfen gutmachen müsse. Er sah starr zu und gab sich hie und da einen Ruck, er kam mir vor wie eine der Automatenfiguren vor der Grottenbahn. Ich warf und warf, ich warf immer schlechter. Die beiden Beschämungen verquickten sich und flossen in eins zusammen. Mir kam es kurz vor, aber es muß lange gedauert haben, denn plötzlich war unser ganzes Monatsgeld für den Mai verschwunden.

Wäre es um mich allein gegangen, ich hätte es nicht so schwer empfunden. Aber da war er, für dessen Leben ich verantwortlich war, an dem ich sozusagen Vaterstelle vertrat, dem ich die besten Sätze gab, den ich mit hohen Gesinnungen zu erfüllen suchte. Im Chemischen Laboratorium, wo ich eben zu arbeiten begonnen hatte, fielen mir tagsüber Dinge ein, die ich ihm am Abend mitteilen müsse, die ihn so beeindrucken würden, daß er sie nie vergäße. Ich glaubte damals, eben wegen jener brüderlichen Liebe für ihn, die zu meinem beherrschenden Gefühl geworden war, daß man mit jedem Satz Verantwortung trüge, daß eine einzige falsche Sache, die ich ihm sagte, ihn auf eine falsche Bahn bringen, daß er so sein Leben verspielen könne – und nun hatte ich den ganzen Mai verspielt und niemand durfte etwas davon erfahren, am allerwenigsten die Familie Sussin, bei der wir wohnten, ich fürchtete, daß sie uns kündigen würden.

Zum Glück hatte niemand, den wir kannten, bei meinem Sündenfall zugeschaut und Georg begriff sofort, wie sehr Schweigen geboten war. Wir trösteten einander mit männlichen Entschlüssen. Mittags pflegten wir regelmäßig in einem Gasthaus Benveniste gleich beim Carl-Theater zu essen, wo uns der Großvater eingeführt hatte. Aber das mußte nicht sein. Wir würden uns mit Joghurt und einem Stück Brot begnügen. Abends genügte ein Stück Brot. Wie ich mir – wenigstens dafür – Geld beschaffen würde, sagte ich ihm nicht, ich wußte es selbst noch nicht.

Ich glaube, es war dieses selbstverschuldete kleine Unglück, das uns einander nahebrachte, näher noch als das abendliche

Frage- und Antwortspiel. Einen Monat lang führten wir ein überaus kärgliches Leben. Ohne das Frühstück, das uns Frau Sussin jeden Morgen brachte, weiß ich gar nicht, wie wir durchgehalten hätten. Mit wahrem Heißhunger warteten wir auf den Milchkaffee mit zwei Semmeln für jeden. Wir wachten früher auf, wuschen uns früher und saßen schon am quadratischen Tisch, wenn sie das Zimmer mit dem Tablett betrat. Wir hüteten uns vor fahrigen Bewegungen, die unsere Gier verraten hätten, und saßen steif da, als hätten wir noch gemeinsam etwas zu memorieren. Sie legte Wert auf ein paar Morgensätze, immer mußten wir irgendwie geschlafen haben, wobei es noch ein Glück war, daß sie uns mit eigenen Schlafberichten verschonte.

Aber jeden Morgen erwähnte sie auf nachdrückliche Weise ihren Bruder, der in Belgrad im Gefängnis saß. »Ein Idealist!« so begann sie immer unvermittelt, sie nannte ihn nie, ohne mit ›Idealist‹ zu beginnen. Zwar teilte sie seine politischen Überzeugungen nicht, aber sie war stolz auf ihn, denn er war mit Henri Barbusse und Romain Rolland befreundet. Er war ein kranker Mensch, er hatte schon früh an Tuberkulose gelitten, das Gefängnis war für ihn Gift, eine gute und ausgiebige Ernährung wäre für ihn besonders wichtig gewesen. Wenn sie das Frühstück zu uns hereintrug, den dampfenden Kaffee, dachte sie daran, was er entbehrte, und so war es nur natürlich, daß sie von ihm sprach. »Der hat schon früh damit begonnen, schon in der Schule. In seinem Alter« – sie zeigte auf Georg – »war er ein Idealist. In der Schule hielt er Reden und wurde gestraft. Obwohl seine Lehrer auf seiner Seite waren, mußten sie ihn strafen.« Sie billigte nicht seinen Eigensinn, aber sie brachte auch nie einen Tadel über die Lippen. Sie und ihre Schwester, die unverheiratet war und mit dem Ehepaar Sussin in ihrer Wohnung zusammen lebte, hatten über die Gesinnung ihres Bruders einiges zu hören bekommen. Königstreue Serben hatten so wenig dafür übrig wie gute Österreicher und so hatten sie sich's ein für allemal zur Gewohnheit gemacht, von der Politik nichts zu verstehen und sie den Männern zu überlassen.

Mosche Pijade – so hieß ihr Bruder – hatte sich immer als Revolutionär und Schriftsteller betrachtet. Daß er als solcher etwas war, dafür sprachen die Namen seiner französischen Freunde. Das Gefängnis, besonders aber die Krankheit und der Hunger ihres Bruders beschäftigten Frau Sussin sehr. Das Frühstück, das sie uns ins Zimmer trug, hätte sie auch ihm gegönnt und so war es das wenigste, daß sie jeden Morgen seiner gedachte. Zwar hielt sie uns in unserem Heißhunger dadurch immer auf, aber dafür stärkte sie uns durch die Erzählung vom Hunger ihres Bruders. Der würde es nie über die Lippen bringen, daß er hungrig sei. Schon als Bub zuhause habe er nie gemerkt, wenn er hungrig war, denn er war immer mit seinen Idealen beschäftigt. Darin war er uns zu einer Stütze geworden, und nicht weniger als auf den Milchkaffee mit den guten Semmeln warteten wir jeden Morgen auf die Geschichte der Frau Sussin. Es war auch das erste, was Georg über Tuberkulose zu hören bekam, die später zum Inhalt seines Lebens wurde.

Wir verließen die Wohnung zusammen. Gleich links im Hof sahen wir Herrn Fink, den Schneider, der saß schon lange vor seiner Nähmaschine. Es war das erste Geräusch, das wir morgens gleich beim Erwachen hörten, wie es das letzte Geräusch nachts vorm Einschlafen gewesen war. Jetzt gingen wir am Fenster seines Kabinetts vorbei und grüßten ihn, den schweigsamen Mann mit den schmerzlichen Backenknochen. Wenn ich ihn sah, mit den Nadeln im Mund, kam er mir vor, als habe er eine lange Nadel durch die Wange gestochen und könne drum nicht sprechen. Wenn er dann doch etwas sagte, wunderte ich mich; die Nadeln, auch die, die er zwischen den Lippen trug, waren verschwunden.

Da war seine Nähmaschine, im Fenster des Kabinetts, die er nicht verließ, – ein junger Mensch, der nie ausging. Als ich ihn etwas näher kannte, war es Sommer geworden, das Fenster war offen, das Surren der Maschine war im Hof zu hören, eine leise Begleitung zum Lachen der Frau, einer schwarzen, üppigen Schönheit, die das Kabinett ausfüllte. Wenn man wegen eines Auftrags zum Schneider Fink wollte und an die Tür des Zimmerchens klopfte, in dem er mit seiner Familie lebte, zögerte man ein wenig, bevor man eintrat, um das Lachen der Frau länger zu hören und zu glauben. Man wußte wohl, daß die Freude, mit der das Kabinett einen empfing, einem nicht selber galt, es war die Freude ihres strotzenden Körpers, nach dem alles roch. Geruch und Lachen durchdrangen einander und hie und da Rufe, die Kamilla, der dreijährigen Tochter galten. Dieses Kind spielte am liebsten in der Nähe der Schwelle gleich hinter der Tür, die man auch darum zögernd öffnete, und das erste, was man unterm Lachen hörte, war der Satz: »Kamilla, mach Platz, daß der Herr herein kann.« Sie sagte immer ›der Herr‹, obwohl ich noch keine 19 Jahre alt war, und sie sagte es auch, wenn ich drin stand und eine Frau herein wollte. Sobald sie sah, daß es eine Frau war, hörte sie kurz mit dem Lachen auf, verbesserte aber nie ihren Satz, was mich nicht wunder nahm, denn Herr Fink war Herrenschneider. Er sah dann rasch auf, Nadeln im Mund. Eine große, schreckliche Nadel hatte ihm die Wangen durchstochen, wie hätte er sprechen können, statt seiner sprach das Lachen.

Karl Kraus und Veza

Es war natürlich, daß die Gerüchte von beiden mich zugleich erreichten: sie entsprangen derselben Quelle, von ihr kam damals alles, was neu für mich war, und wäre ich bei dieser Ankunft in Wien auf mich allein angewiesen gewesen oder auf den Besuch der Universität, der mir bevorstand, es hätte zu einem neuen Leben schwerlich gereicht. Bei den Asriels, die ich in ihrer Wohnung in der Heinestraße gleich beim Praterstern besuchte, jeden Samstagnachmittag, erfuhr ich so viel, daß es für Jahre ausgereicht hätte: Namen, die vollkommen neu waren und mir schon darum suspekt erschienen, weil ich sie nie zuvor gehört hatte.

Der Name aber, den ich bei den Asriels am häufigsten hörte, war der von Karl Kraus. Das sei der strengste und größte Mann, der heute in Wien lebe. Vor seinen Augen finde niemand Gnade. In seinen Vorlesungen greife er alles an, was schlecht und verdorben sei. Er gebe eine Zeitschrift heraus, die er ganz allein schreibe. Alle Zusendungen seien unerwünscht, von niemandem nehme er einen Beitrag an, auf Briefe gebe er keine Antwort. Jedes Wort, jede Silbe in der ›Fackel‹ sei von ihm selbst. Darin gehe es zu wie vor Gericht. Er selber klage an und er selber richte. Verteidiger gäbe es keinen, das sei überflüssig, er sei so gerecht, daß niemand angeklagt werde, der es nicht verdiene. Er irre sich nie, er könne sich gar nicht irren. Alles was er vorbringe, stimme haargenau, eine solche Genauigkeit habe es in der Literatur noch nie gegeben. Um jedes Komma kümmere er sich persönlich, und wer einen Druckfehler in der ›Fackel‹

finden wolle, der könne sich wochenlang plagen. Das Klügste sei, man suche gar nicht danach. Er hasse den Krieg und während des Weltkriegs sei es ihm gelungen, trotz der Zensur vieles in der ›Fackel‹ zu drucken, das gegen den Krieg war. Er habe Übelstände aufgedeckt, Korruptionen bekämpft, über die alle anderen den Mund gehalten hätten. Daß er nicht im Gefängnis gelandet sei, sei ein Wunder. Es gebe ein 800 Seiten langes Drama von ihm, ›Die letzten Tage der Menschheit‹, worin alles vorkomme, was im Krieg passiert sei. Wenn er daraus vorlese, sei man wie erschlagen. Da rühre sich nichts im Saal, man getraue sich kaum zu atmen. Alle Rollen lese er selbst, Schieber und Generale, die Schalek wie die armen Teufel, die die Opfer des Krieges seien, alle höre man von ihm so echt, als stünden die Leute vor einem. Wer ihn gehört habe, der wolle nie mehr ins Theater gehen, das Theater sei langweilig verglichen mit ihm, er allein sei ein ganzes Theater, aber besser, und dieses Weltwunder, dieses Ungeheuer, dieses Genie trug den höchst gewöhnlichen Namen Karl Kraus.

Alles hätte ich eher von ihm geglaubt als seinen Namen und daß ein Mensch dieses Namens zu dem imstande war, was man ihm zuschrieb. Während die Asriels mich mit Nachrichten über ihn bearbeiteten – was beide, Mutter und Sohn, sehr genossen –, spöttelten sie über mein Mißtrauen, das sich an diesem Namen stieß, erklärten immer wieder, daß es auf den Namen doch nicht ankomme, sondern auf den Menschen, sonst wären wir, sie oder ich, mit unseren wohlklingenden Namen einem Manne wie Karl Kraus überlegen. Ob ich mir etwas so Lächerliches, etwas so Unsinniges auch nur vorstellen könne?

Ich bekam das rote Heft in die Hand gedrückt, und so sehr mir gefiel, daß es ›Die Fackel‹ hieß, es war mir ganz unmöglich, es zu lesen. Ich stolperte über die Sätze, ich verstand sie nicht. Wenn ich einmal etwas verstand, so schien es mir ein Witz und dafür hatte ich gar nichts übrig. Auch war von lokalen Vorfällen und Druckfehlern die Rede, die mir höchst unwichtig erschienen. »Das ist doch lauter Zeug, wie könnt ihr so etwas lesen. Da ist mir sogar eine Zeitung interessanter, die versteht man wenigstens, hier soll man sich plagen, und dann kommt erst nichts heraus!« Ich war ehrlich empört über die Asriels, und der Vater meines Schulkameraden in Frankfurt fiel mir ein, der mir bei jedem Besuch in seinem Haus aus dem Lokalautor Friedrich

Stoltze vorlas und am Schluß eines Gedichts zu sagen pflegte: »Wem das nicht gefällt, der gehört erschosse. Das ist der größte Dichter, der je gelebt hat.« Ich berichtete, nicht ohne Hohn, von diesem Frankfurter Dialektdichter. Ich setzte den Asriels zu, ich ließ nicht locker und brachte sie in solche Verlegenheit, daß sie mir plötzlich von feinen Damen erzählten, die in jede Vorlesung von Karl Kraus gingen, die so hingerissen von ihm waren, daß sie sich immer in die erste Reihe setzten, damit er ihre Begeisterung bemerke. Mit solchen Berichten aber fielen die Asriels erst recht bei mir durch: »Feine Damen! Mit Pelzen wahrscheinlich! Parfümierte Ästhetinnen! Und er schämt sich nicht, vor solchen Leuten zu lesen!«

»Das sind aber nicht *solche* Damen! Das sind hochgebildete Frauen! Warum soll er vor denen nicht lesen? Die verstehen jede Anspielung; bevor er seinen Satz noch ausgesprochen hat, wissen die schon, worum es geht. Die haben die ganze englische und französische Literatur im Kopf, nicht nur die deutsche! Die kennen ihren Shakespeare auswendig, von Goethe gar nicht zu reden. Das kann man sich gar nicht vorstellen, wie gebildet die sind!«

»Und woher wißt ihr das? Habt ihr mit ihnen geredet? Redet ihr mit solchen Leuten? Wird euch nicht schlecht vom Parfumgeruch? Ich würde mit so einer nicht eine Minute reden. Ich könnte es gar nicht. Sogar wenn sie wirklich schön wäre, ich würde ihr den Rücken kehren und höchstens sagen: ›Nehmen Sie den Shakespeare nicht in den Mund. Der dreht sich vor Ekel noch im Grab um. Und lassen Sie Goethe in Ruh. Der Faust ist nicht für Äffchen.‹«

Da aber glaubten die Asriels gewonnenes Spiel zu haben, denn beide zugleich riefen: »Und die Veza! Wissen Sie, wer das ist? Haben Sie je etwas von der Veza gehört?«

Das war nun ein Name, der mich überraschte. Er gefiel mir gleich, obwohl ich es nicht wahrhaben wollte. Er erinnerte mich an einen meiner Sterne, die Wega im Sternbild der Leier, klang mir aber um den einen veränderten Konsonanten schöner. Ich sagte nur unwirsch: »Was ist das schon wieder für ein Name? So heißt doch niemand. Das wäre schon ein ungewöhnlicher Name. Aber es gibt ihn nicht.«

»Doch, es gibt ihn. Wir kennen sie, sie wohnt in der Ferdinandstraße mit ihrer Mutter. Zehn Minuten von hier. Eine wunderschöne Person mit einem spanischen Gesicht. Sie ist sehr fein und empfindlich und man könnte in ihrer Gegenwart nie etwas Häßliches sagen. Die hat mehr gelesen als wir alle zusammen. Die kennt die längsten englischen Gedichte auswendig und den halben Shakespeare dazu. Und Molière, und Flaubert, und Tolstoi.« »Ja, wie alt ist denn dieser Ausbund?« »Siebenundzwanzig.« »Und da hat sie schon alles gelesen?« »Ja, und noch mehr dazu. Aber die liest mit Verstand. Die weiß, warum ihr etwas gefällt. Die kann es begründen. Der kann man nichts vormachen.« »Und die setzt sich in die erste Reihe zu Karl Kraus?« »Ja, in jeder Vorlesung.«

Am 17. April 1924 fand die 300. Vorlesung von Karl Kraus statt. Der Große Konzerthaussaal war dazu vorbestimmt worden. Man sagte mir, auch er werde nicht groß genug sein, die Zahl der Anhänger zu fassen. Doch die Asriels sorgten rechtzeitig für Karten und bestanden darauf, daß ich mitkomme. Warum uns immer über die ›Fackel‹ streiten? Es sei doch richtiger, ich höre den großen Mann einmal selbst. Dann könne ich mir ein eigenes Urteil bilden. Hans legte sein hochmütigstes Grinsen auf; bei der Vorstellung, daß irgendwer, geschweige denn ein frischgebackener Maturant, eben aus Frankfurt zugereist, Karl Kraus in Person widerstehen könnte, hatte nicht nur er gegrinst, sogar seine zierliche, flinke Mutter konnte sich eines Lächelns nicht erwehren, als sie mir ein übers andere Mal versicherte, wie sehr sie mich um diese erste Erfahrung von Karl Kraus beneide.

Sie bereitete mich durch einige wohlgedrechselte Ratschläge vor: ich solle über die wilde Zustimmung der Hörer nicht erschrecken, das seien nicht die üblichen Operettenwiener, die sich da zusammenfänden, keine Heurigen-Seligen, aber auch keine dekadente Ästheten-Clique à la Hofmannsthal, das sei das wahre geistige Wien, das Beste und Gesündeste, das es in dieser anscheinend herabgekommenen Stadt gebe. Ich würde staunen, wie rasch dieses Publikum die feinste Anspielung verstünde, da lachten die Leute schon, wenn er einen Satz eben begonnen habe, und sobald der Satz zu Ende sei, tobe der ganze Saal. Der habe sich sein Publikum gut erzogen, der könne mit den Leuten machen, was er wolle, und dabei müsse man noch bedenken, daß es sich um lauter hochgebildete Menschen, fast alles berufstätige Akademiker oder wenigstens Studenten handle. Da habe sie noch nie ein stupides Gesicht gesehen, da könne man lange danach suchen, das sei vergeblich. Ihr mache es immer das größte Vernügen, die Reaktionen zu den Pointen des Sprechers auf den Gesichtern der Hörer abzulesen. Es falle ihr sehr schwer, diesmal nicht mitzukommen, aber sie habe es viel lieber, wenn sich alles im Mittleren Konzerthaussaal abspiele, da könne einem nichts, aber auch gar nichts entgehen. Im Großen Saal – obwohl seine Stimme sehr gut trage – verliere man doch manches, und sie sei so erpicht auf jedes seiner Worte, daß sie kein einziges davon entbehren wolle. Drum habe sie diesmal ihre Karte mir abgetreten, es sei mehr als Ehrung für ihn gedacht, daß man bei dieser 300. Lesung erscheine, und da drängten sich so viele hinzu, daß es auf sie wirklich nicht ankäme.

Ich wußte, wie beengt die Asriels lebten – obwohl davon nie die Rede war, es gab so viel wichtigere, geistige Dinge nämlich, die sie ganz in Anspruch nahmen. Sie bestanden aber darauf, daß ich bei dieser Gelegenheit ihr Gast sei, und nur darum verzichtete Frau Asriel darauf, bei der triumphalen Affäre zugegen zu sein.

Eine Absicht des Abends, die man mir verheimlichte, erriet ich von selbst, und sobald Hans und ich ziemlich weit hinten im Saal unsere Plätze eingenommen hatten, sah ich mich verstohlen im Publikum um. Hans tat dasselbe, nicht weniger verstohlen, beide verbargen wir voreinander, nach wem wir suchten, es war derselbe Mensch. Ich vergaß, daß die Dame mit dem ungewöhnlichen Namen immer in der ersten Reihe saß, und obschon ich nie ein Bild von ihr gesehen hatte, hoffte ich, sie plötzlich irgendwo in unserer Reihe zu bemerken. Undenkbar schien es mir, sie nicht zu erkennen, nach der Schilderung, die man mir von ihr gegeben hatte: das längste englische Gedicht, das sie auswendig kenne, sei ›The Raven‹, der ›Rabe‹ von Poe und wie ein Rabe sehe sie selber aus, ein Rabe zur Spanierin verzaubert. Hans war selbst zu unruhig, um meine Unruhe richtig zu deuten, er blickte beharrlich nach vorn und prüfte die vorderen Eingänge in den Saal. Plötzlich fuhr er auf, aber jetzt nicht hochmütig, eher verlegen und sagte: »Da ist sie. Eben ist sie hereingekommen.« »Wo?« sagte ich, ohne zu fragen, wen er meine, »wo?« »In der ersten Reihe, ganz links. Hab ich mir gedacht, in der ersten Reihe.«

Ich sah aus dieser Entfernung recht wenig, immerhin erkannte ich das Rabenhaar und war es zufrieden. Ich unterdrückte die ironischen Bemerkungen, die ich mir zurechtgelegt hatte, und hob sie für später auf. Bald kam Karl Kraus selbst und wurde von einem Beifall begrüßt, so stark wie ich ihn noch nie, nicht einmal bei Konzerten erlebt hatte. Er schien, mein Auge war noch ungeübt, wenig Notiz davon zu nehmen, er zögerte nur ein wenig, stehend, die Gestalt hatte etwas leicht Gekrümmtes. Als er Platz nahm und zu sprechen begann, überfiel mich die Stimme, die etwas unnatürlich Vibrierendes hatte, wie ein verlangsamtes Krähen. Aber dieser Eindruck verflüchtigte sich rasch, denn die Stimme änderte sich gleich und änderte sich weiter unaufhörlich, und sehr bald schon staunte man über die Vielfalt, deren sie fähig war. Die Stille, mit der sie anfangs aufgenommen wurde, erinnerte nun doch an ein Konzert, aber es herrschte eine ganz andere Art von Erwartung. Von Anfang an und während der ganzen Veranstaltung war es die Stille vor einem Sturm. Schon die erste Pointe, eigentlich war es nur eine Anspielung, wurde durch ein Gelächter vorweggenommen, das mich erschreckte. Es klang begeistert und fanatisch, befriedigt und drohend zugleich, es kam, bevor noch eigentlich ausgesprochen war, worum es ging. Aber auch ausgesprochen hätte ich es nicht begreifen können, denn es bezog sich auf etwas Lokales, auf etwas, das nicht nur mit Wien zusammenhing, sondern das auch zu einer Intimität zwischen Kraus und seinen Hörern geworden war, die danach verlangten. Es waren nicht einzelne, die lachten, sondern viele zusammen. Wenn ich einen schräg links vor mir ins Auge faßte, um die Verzerrungen seines Gelächters, dessen Ursachen ich nicht erfaßte, zu begreifen, klang es hinter mir genauso und ein paar Sitze weiter weg auf allen Seiten, und dann erst bemerkte ich, daß auch Hans neben mir, den ich unterdessen beinahe vergessen hatte, auf genau dieselbe Weise lachte. Immer waren es viele und immer war es ein hungriges Lachen. Ich hatte bald heraus, daß die Leute zu einem Mahl gekommen waren und nicht, um Karl Kraus zu feiern.

Ich weiß nicht, was er an diesem Abend meiner frühesten Begegnung mit ihm sprach. Hundert Vorlesungen, die ich später hörte, haben sich darübergelegt. Vielleicht habe ich es auch damals nicht gewußt, weil mich das Publikum so sehr in Anspruch nahm, das ich fürchtete. Ihn selbst sah ich schlecht, ein Gesicht, das sich nach unten hin verjüngte, ein Gesicht so beweglich, daß es auf nichts festzulegen war, eindringlich und fremdartig, wie das eines Tieres, aber ein neues, anderes, keines, das man kannte. Fassungslos war ich über die Steigerungen, deren diese Stimme fähig war, der Saal war sehr groß, aber es war dann ein Beben in ihr, das sich dem ganzen Saale mitteilte. Stühle wie Menschen schienen unter diesem Beben nachzugeben, es hätte mich nicht gewundert, wenn die Stühle sich gebogen hätten. Die Dynamik eines solchen bis auf den letzten Platz gefüllten Saals unter der Einwirkung jener Stimme, die auch in den Augenblicken nicht aussetzte, in denen sie verstummte, läßt sich so wenig wiedergeben wie das Wilde Heer der Sage. Aber ich glaube, sie käme diesem am nächsten. Man stelle sich das Wilde Heer vor, in einem Saale niedergelassen, durch den, der es herangeholt hat, eingesperrt und zum Stillsitzen gezwungen und dann immer wieder zu seiner eigentlichen Natur hervorgerufen. Der Wirklichkeit kommt man mit diesem Bilde nicht viel näher, aber ich wüßte auch kein anderes, das genauer wäre, und so verzichte ich darauf, eine Vorstellung von Karl Kraus in seiner Aktualität zu geben.

Immerhin verließ ich in der Pause den Saal und Hans machte mich mit jener Dame bekannt, die als Kronzeuge für die Wirkung dienen sollte, die ich eben an mir erfahren hatte. Sie war aber ganz ruhig und gefaßt, in der ersten Reihe schien es alles leichter zu ertragen. Sie sah sehr fremd aus, eine Kostbarkeit, ein Wesen, wie man es nie in Wien, wohl aber auf einer persischen Miniatur erwartet hätte. Ihre hochgeschwungenen Brauen, ihre langen, schwarzen Wimpern, mit denen sie, auf virtuose Weise, bald rasch, bald langsam spielte, brachten mich in Verlegenheit. Ich schaute immer auf die Wimpern statt in die Augen und wunderte mich über den kleinen Mund.

Sie frage nicht, wie es mir gefalle, sagte sie, sie wolle mich nicht in Verlegenheit bringen. »Sie sind zum erstenmal da«, es klang, als sei sie die Gastgeberin, der Saal ihr Haus, und als reiche sie von ihrem Sitz in der ersten Reihe alles Dargebotene an das Publikum weiter. Sie kannte die Besucher, sie wußte, wer immer kam, und bemerkte, ohne sich etwas zu vergeben, daß ich hier neu war. Ich hatte das Gefühl, daß sie es war, die mich eingeladen hatte, und bedankte mich für ihre Gastfreundschaft, die darin bestand, daß sie von mir Notiz nahm. Mein Begleiter, dessen Stärke Takt nicht war, sagte: »Ein großer Tag für ihn«, und zuckte mit der Schulter in meine Richtung. »Das kann man noch nicht wissen«, sagte sie, »vorläufig ist es verwirrend.« Ich empfand das nicht als Spott, obwohl jeder ihrer Sätze einen spöttischen Unterton hatte, ich war glücklich, daß sie etwas sagte, das so genau meiner Stimmung entsprach. Aber eben dieses Verständnis verwirrte mich, wie die Wimpern, die nun getragene Bewegungen vollführten, als hätten sie Wichtiges zu verschweigen. So sagte ich das Schlichteste und Anspruchsloseste, was sich unter diesen Umständen sagen ließ: »Verwirrend ist es schon.« Das mag unwirsch geklungen haben, aber nicht für sie, denn sie fragte: »Sind Sie Schweizer?«

Es gab nichts, das ich lieber gewesen wäre. In den drei Jahren Frankfurt hatte meine Passion für die Schweiz Siedehitze erreicht. Ich wußte, daß ihre Mutter eine Spaniolin war, mit dem Mädchennamen Calderon, die jetzt in dritter Ehe mit einem sehr alten Mann namens Altaras lebte, und so mußte sie auch mich nach meinem Namen als Spaniolen erkannt haben. Warum fragte sie mich nach dem, was ich am liebsten gewesen wäre? Ich sprach zu niemand über den alten Schmerz jener Trennung und hütete mich ganz besonders davor, mir diese Blöße vor den Asriels zu geben, die allem satirischen Hochmut zum Trotz, oder vielleicht eben wegen Karl Kraus, sich viel auf ihr Wienertum zugute hielten. So konnte die schöne Raben-Dame von niemand etwas über mein Unglück erfahren haben und ihre erste direkte Frage traf mich ins Herz. Ich war davon tiefer berührt als von der Vorlesung, die – auch das hatte sie richtig gesagt – vorläufig verwirrend für mich war. Ich sagte: »Leider nicht«, womit ich meinte, daß ich leider kein Schweizer sei. Damit gab ich mich in ihre Hand. Mit dem einen Wort ›leider‹ verriet ich mehr, als irgendein Mensch damals von mir wußte. Sie schien es zu verstehen, alles Spöttische verschwand aus ihren Zügen und sie sagte: »Ich wäre gern Engländerin.« Hans, wie es seine Art war, überfiel sie mit einer Flut von Geschwätz, dem ich nur entnahm, daß man doch Shakespeare gut kennen könne, ohne drum gleich Engländer zu sein, und was hätten die Engländer heute schon mit Shakespeare gemein. Aber sie achtete so wenig darauf wie ich, obwohl ihr, wie ich bald sah, nichts entging, was er sagte.

»Sie sollten sich eine Shakespeare-Lesung von Karl Kraus anhören. Waren Sie schon in England?« »Ja, als Kind. Ich bin da zwei Jahre in die Schule gegangen. Es war meine erste Schule.«

»Ich fahre oft hin zu Verwandten. Sie müssen mir von Ihrer Kindheit in England erzählen. Besuchen Sie mich bald!«

Alles Preziöse war verschwunden, auch die Koketterie, mit der sie die Honneurs der Vorlesung machte. Sie sprach von etwas, das ihr nah und wichtig war und setzte es ein gegen mein Wichtiges, das sie so rasch und leicht und doch gar nicht verletzend berührt hatte. Als wir in den Saal zurückgingen und Hans mich in der kurzen Zeit, die uns noch übrigblieb, rasch zwei- oder dreimal fragte, wie ich sie fände, stellte ich mich, als verstünde ich nicht, und erst als ich spürte, daß er jetzt ihren Namen aussprechen würde, sagte ich, um ihm zuvorzukommen: »Die Veza?« Aber da war Karl Kraus schon wieder erschienen und der Sturm brach los und ihr Name ging im Sturm unter.

Der Buddhist

Ich glaube nicht, daß ich sie gleich nach der Vorlesung wiedersah, und selbst wenn ich sie sah, hätte es kaum etwas bedeutet, denn nun waren die Schleusen bei Hans ganz geöffnet. Eine dünne Flut von Geschwätz ergoß sich über mich, dem alles fehlte, was vom öffentlichen Sprecher her auf einen gewirkt hatte: die selbstgewisse Leidenschaft, der Zorn, die Verachtung. Alles, was Hans sagte, ging an einem vorbei, als wende es sich an einen anderen neben einem, der aber gar nicht da war. ›Natürlich‹ und ›selbstverständlich‹ waren seine häufigsten Worte, jedem Satz zur Verstärkung beigegeben, der aber gerade durch sie entkräftet wurde. Er spürte das geringe Gewicht seiner Äußerungen und suchte sie ins Allgemeine zu wenden und auf diese Weise zu sichern. Aber sein Allgemeines war genauso schwach wie er selbst, sein Unglück war, daß man ihm nichts glaubte. Nicht daß man ihn für einen Lügner hielt, er war zu schwach, etwas zu erfinden, aber statt *eines* Wortes gebrauchte er fünfzig und in dieser Verdünnung blieb nichts von dem, was er meinte, übrig. Eine Frage wiederholte er so oft und so rasch, daß einem nicht der geringste Zwischenraum blieb, sie zu beantworten. Er sagte »Wieso?« und »Das hab ich nicht gern«, und »Kennt man«, und schob das wie Interjektionen in seine endlosen Erklärungen ein, vielleicht um ihnen dadurch mehr Emphase zu geben.

Schon als Kind war er schmal gewesen, aber jetzt war er so

dünn, daß es nichts zu tragen gab, das nicht an ihm schlotterte. Am bestimmtesten schien er, wenn er schwamm, drum sprach er immer davon. Auch duldeten ihn die ›Felonen‹, von denen man noch hören wird, bei ihren Badeausflügen in die Kuchelau, ohne daß er eigentlich zu ihnen gehört hätte. Er gehörte zu keiner Gruppe, immer war er am Rand. Seine Mutter war es, die junge Burschen anzog, um ihren Wort-Turnieren beizuwohnen, und sie richtete es so ein, daß ihr Sohn sich bei solchen Gelegenheiten zurückhielt, aus Gastlichkeit sozusagen und damit es interessant wurde. Aber er hörte genau zu, nahm alles – beinahe hätte ich gesagt – begierig auf, und kaum waren die eigentlichen Kämpfer gegangen, wiederholte sich das Turnier als Nachspiel, zwischen ihm und irgendeinem intimeren Freund der Familie, der länger blieb, da er Ansprüche auf die Mutter zu haben glaubte. So wurde jeder Disput und jedes Thema durchgeübt, bis von allem, was spontan Leben und Reiz hat, ein schaler Geschmack zurückblieb.

Seiner Schwierigkeit im Umgang mit Menschen war Hans sich damals noch nicht bewußt. Soviel junge Leute kamen in die Wohnung, immer neue Zweikämpfe spielten sich ab – von den bewundernden Blicken der Frau Asriel angespornt –, nichts entging ihr und nichts dauerte ihr zu lange. Die Kämpfer blieben, solange sie Lust hatten, aber sie wurden auch nie zurückgehalten, sie kamen und gingen, wie es ihnen gefiel. Dieser Freiheit, auf die sie sich verstand, die ihr ein Herzensbedürfnis war, verdankte es Frau Asriel, daß ihre Wohnung nie verlassen blieb. Seiner Mutter aber verdankte Hans, der von geistigen Nachahmungen lebte und aus ihnen bestand, daß es immer etwas nachzuahmen gab, daß der Strom dessen, was man als ›Anregungen‹ bezeichnete, nie versiegte. Er merkte auch nicht, daß man ihn nicht gern einlud, denn Frau Asriel war überall, wo es nicht zu bürgerlich herging, gern gesehen, und es war selbstverständlich, daß sie ihren gescheiten Sohn – denn dafür hielt sie ihn – mitnahm.

Nach dem 17. April, der wirklich ein großer Tag für mich geworden war, denn an ein und demselben Tag, am selben Ort traten die beiden Menschen in mein Leben, die es auf lange hin beherrschen sollten, begann eine Periode der Verstellung, die beinahe ein Jahr dauerte. Ich hätte die Rabenfrau sehr gern wiedergesehen, aber ich wollte mir nichts davon anmerken lassen. Sie hatte mich zu einem Besuch aufgefordert, und immer wieder sprachen die Asriels, Mutter und Sohn, von dieser Einladung und fragten mich, ob ich nicht Lust hätte, ihr nachzukommen. Da ich nicht recht darauf reagierte, ja sogar Unlust zeigte, nahmen sie an, daß ich zu schüchtern sei, und stellten mir aufmunternd ihre Gegenwart in Aussicht. Sie seien oft schon dort zu Besuch gewesen, sie würden nächstens einmal wieder hingehen und mich einfach mitnehmen. Das aber war es eben, was mich abschreckte. Der Gedanke an das Geschwätz von Hans, an das ich mich sonst gewöhnt hatte und das ich nicht zu ernst nahm, dort, gerade dort, war mir höchst unangenehm, auch die Vorstellung, daß Alice mich später genau ausfragen würde, wie ich dies und jenes finde. Es wäre mir unmöglich gewesen, das Gespräch über England vor ihnen zu führen, und nie hätte ich es fertiggebracht, in Gegenwart der Asriels etwas über die Schweiz zu sagen. Die Aussicht darauf aber war es, was mich am meisten hinzog.

Alice mochte sich diese Freude nicht entgehen lassen und jeden Samstag, wenn ich zu den Asriels ging, kam zu irgendeinem Zeitpunkt freundlich, aber insistent die Frage: »Wann besuchen wir die Veza?« Mir war es selbst unangenehm, daß der Name von ihnen genannt wurde, den ich zu schön fand, um ihn vor irgend jemand über die Lippen zu bringen. Ich half mir, indem ich Abneigung gegen sie heuchelte, ihren Namen vermied und sie mit nicht sehr respektvollen Attributen bedachte.

Bei Alice lernte ich Fredl Waldinger kennen, der mir für einige Jahre zu einem Gesprächspartner wurde, wie man ihn sich besser nicht wünschen kann. Zwar waren wir über beinahe alles verschiedener Meinung, aber es kam nie zu Empfindlichkeiten oder Streitereien. Er ließ sich weder überrumpeln noch vergewaltigen, meiner heftigen, von stürmischen Erlebnissen bestimmten Art setzte er ruhigen, heiteren Widerstand entgegen. Er kam, als ich ihn das erstemal traf, eben von Palästina zurück, wo er ein halbes Jahr in einem Kibbuz gelebt hatte. Er sang gern jüdische Lieder, von denen er viele kannte, er hatte eine hübsche Stimme und sang sie gut. Man mußte ihn nicht zum Singen auffordern, es war ihm so natürlich, daß er mitten im Gespräch ein Lied begann, er berief sich auf Lieder, sie waren seine Zitate.

Andere Burschen, die ich in diesem Kreise traf, gefielen sich im Hochmut der höheren Literatur: wenn es nicht Karl Kraus war, so waren es Weininger oder Schopenhauer. Pessimistische oder frauenfeindliche Sätze waren besonders beliebt, obwohl keiner von ihnen ein Frauen- oder Menschenfeind war. Jeder von ihnen hatte seine Freundin, mit der er sich verstand und fuhr mit ihr und den Freunden, die sich als Gruppe nach einem von ihnen, der Felo hieß, die ›Felonen‹ nannte, in die Kuchelau zum Baden, wo es kräftig, gesund und menschenfreundlich zuging. Aber die strengen, witzigen, verächtlichen Sätze galten den jungen Menschen doch als Blüte des Geistes. Es war verpönt, sie nicht in ihrer genauen Gestalt zu sagen, und ein guter Teil der Achtung, die man füreinander hatte, bestand darin, daß man die sprachliche Form solcher Dinge so ernst nahm, wie es der eigentliche Meister all dieser Kreise, Karl Kraus, gefordert hätte. Fredl Waldinger stand in loser Verbindung mit ihnen, ging wohl gern mit ihnen baden, war aber insofern kein ganz unerbittlicher Anhänger von Karl Kraus, als ihm andere Dinge nicht weniger und manche sogar mehr als dieser bedeuteten.

Sein ältester Bruder, Ernst Waldinger, hatte schon Gedichte veröffentlicht, er war schwerverletzt aus dem Krieg zurückgekehrt, hatte eine Nichte von Freud geheiratet und war mit Josef Weinheber befreundet, eine Freundschaft, die sich auf künstlerische Überzeugungen gründete. Beide hingen klassischen Vorbildern an, die strenge Form bedeutete ihnen viel. ›Der Gemmenschneider‹ hieß ein Gedicht von Ernst Waldinger, das man als programmatisch bezeichnen könnte, er wählte es als Titel für einen seiner Gedichtbände aus. Einen Teil seiner inneren Freiheit verdankte Fredl Waldinger diesem Bruder, für den er Achtung empfand. Mehr als Achtung verriet er nicht, es war nicht seine Art, auf äußere Dinge stolz zu sein. Geld imponierte ihm so wenig wie Ruhm, aber es wäre ihm auch nicht eingefallen, einen Dichter, von dem es Bücher gab, bloß dafür zu verachten, daß er sich allmählich einen Namen machte. Als ich Fredl kennenlernte, war gerade ›Boot in der Bucht‹ von Weinheber erschienen. Er hatte das Buch bei sich und las daraus vor, ein oder zwei Gedichte kannte er schon auswendig. Mir gefiel sehr, daß er Gedichte ernst nahm, bei mir zuhause herrschte eine große Verachtung für Gedichte, die prinzipiell nur ›Gedichterl‹ genannt wurden. Aber die eigentlichen Zitate Fredls, wie ich schon sagte, waren Lieder, jüdische Volkslieder.

Beim Singen hob er die rechte Hand in halbe Höhe und hielt sie nach oben geöffnet wie eine Schale, es war, als biete er einem etwas an, für das er sich entschuldige. Er schien demütig und doch seiner gewiß, man hätte an einen Wandermönch gedacht, aber einen, der statt von den Leuten zu betteln, ihnen etwas schenken kam. Er sang nie laut, jede Maßlosigkeit schien ihm fremd, seine bäurische Anmut gewann ihm die Herzen der Zuhörer. Wohl war er sich dessen bewußt, daß er seine Lieder gut sang, und er gefiel sich darin wie andere Sänger, aber viel wichtiger als jede Selbstgefälligkeit war ihm die Gesinnung, für die er Zeugnis ablegte: seine Lust am ländlichen Leben, die Bedienung des Bodens, die klare, ergebene und doch anspruchsvolle Tätigkeit seiner Hände. Gern erzählte er von seiner Freundschaft mit Arabern, er machte keinen Unterschied zwischen ihnen und den Juden, jeder Hochmut, der sich auf Bildungsunterschiede gründete, war ihm fremd. Er war kräftig und gesund, es wäre ein Leichtes für ihn gewesen, sich mit anderen seines Alters herumzuschlagen, aber einen Menschen, der so friedlich war wie er, habe ich nie gekannt, seine Friedlichkeit ging so weit, daß er mit niemand wetteiferte. Es war ihm gleichgültig, ob er der Erste oder der Letzte war, er geriet in keine Rangordnung und schien es nicht einmal zu merken, daß es sie gab.

Mit ihm trat der Buddhismus in mein Leben, auch diesem hatte er sich über Gedichte genähert. ›Die Lieder der Mönche und Nonnen‹ in der Übersetzung von Carl Eugen Neumann hatten es ihm angetan. Vieles daraus sprach er auswendig vor sich her, in einem rhythmischen Singsang, der durch seine Fremdartigkeit bestach. In dieser Umgebung, wo alles auf intellektuelle Diskussion angelegt war, die sich in Form des Wettbewerbs zwischen je zwei jungen Männern abspielte, wo eine Meinung so lange galt, als sie mit Witz und Schlagkraft vertreten wurde, in dieser Umgebung, die keine wissenschaftlichen Ansprüche stellte, wo es auf die Geläufigkeit, Wendigkeit und Variabilität des *Sprechens* ankam, mußte Fredls Singsang, der sich immer gleichblieb, nie laut und feindselig wurde, aber auch nie sich verlor, wie ein unversieglicher, ein wenig monotoner Brunnen wirken.

Aber Fredl verstand mehr vom Buddhismus als den Singsang dieser Lieder, obschon sie als etwas ihm eigentümlich Vertrautes erschienen. Er kannte sich auch gut in der Lehre aus. Der Pali-

Kanon, soweit er in den Übersetzungen von Carl Eugen Neumann vorlag, war ihm wohlbekannt, die Bücher der Mittleren und Längeren Sammlung, das Buch der Bruchstücke, der Wahrheitspfad – alles, was davon erschienen war, hatte er sich zu eigen gemacht und brachte es in den Gesprächen, die sich zwischen uns entspannen, im selben Singsang wie die Lieder vor.

Ich war noch erfüllt von den öffentlichen Erlebnissen der Frankfurter Zeit. Ich war abends in Versammlungen gegangen und hatte Rednern zugehört, und die Diskussionen, die sich danach auf die Straße fortpflanzten, hatten mich tief erregt. Menschen der verschiedensten Art, Bürger, Arbeiter, Junge, Alte sprachen da aufeinander ein, so heftig, so hartnäckig, so sicher, als gäbe es gar keine Möglichkeit, anders zu denken, und doch war der, zu dem sie sprachen, ebenso hartnäckig vom Gegenteil überzeugt. Da es Nacht war, eine für mich ungewohnte Zeit auf der Straße, machten diese Dispute den Eindruck von etwas Unaufhörlichem, als ginge es immer so weiter, als wäre Schlaf nicht mehr möglich, so sehr kam es jedem auf seine Überzeugung an.

Doch ein ganz besonderes Erlebnis dieser Frankfurter Jahre, ein Erlebnis des *Tages,* war für mich die Masse. Schon früh, etwa ein Jahr nach meiner Ankunft in Frankfurt, hatte ich auf der Zeil einem Arbeiteraufmarsch zugesehen. Es war eine Protestdemonstration gegen die Ermordung Rathenaus. Ich stand auf dem Gehsteig, es müssen andere neben mir gestanden haben, die wie ich zusahen, ich erinnere mich nicht an sie. Ich sehe noch die großen, kräftigen Gestalten, die hinter dem Schild ›Adler-Werke‹ hergingen. Sie gingen dicht nebeneinander und warfen herausfordernde Blicke um sich, ihre Zurufe trafen mich, als gälten sie mir persönlich. Immer Neue kamen, sie hatten alle etwas Gleiches, das hing weniger mit ihrem Aussehen zusammen als mit ihrem Verhalten. Es nahm kein Ende, ich spürte eine starke Überzeugung, die von ihnen ausging, sie wurde stärker. Ich hätte gern zu ihnen gehört, ich war kein Arbeiter, aber ich bezog ihre Zurufe auf mich, als wäre ich einer. Ob es den anderen, die neben mir standen, ebenso ging, weiß ich nicht, ich sehe sie nicht, aber ich sehe auch keinen, der sich unmittelbar vom Gehsteig aus dem Zug anschloß, die Tafeln, die bestimmte Gruppen der Marschierenden bezeichneten, mögen einen davon abgehalten haben.

Die Erinnerung an diese erste Demonstration, die ich bewußt erlebte, blieb stark. Es war die physische Anziehung, die ich nicht vergessen konnte, daß ich so sehr dazugehören wollte, wobei es gar nicht um Überlegungen oder Erwägungen ging und es auch keineswegs Zweifel waren, die mich vom letzten Sprung hinein abhielten. Später, als ich nachgab und mich wirklich in der Masse fand, kam es mir vor, als ginge es hier um etwas, das in der Physik als Gravitation bekannt ist. Aber eine wirkliche Erklärung für den ganz erstaunlichen Vorgang war das natürlich nicht. Denn weder vorher, isoliert, noch nachher, in der Masse, war man etwas Lebloses, und was mit einem in der Masse geschah, eine völlige Änderung des Bewußtseins, war ebenso einschneidend wie rätselhaft. Ich wollte wissen, was es eigentlich war. Es war ein Rätsel, das mich nicht mehr losließ, es hat mich den besten Teil meines Lebens verfolgt und wenn ich auch schließlich auf einiges gekommen bin, so ist nicht weniger rätselhaft geblieben.

In Wien traf ich auf junge Menschen meines Alters, mit denen es sich reden ließ, die mich neugierig machten, wenn sie von ihren zentralen Erlebnissen sprachen, aber auch bereit waren, mich anzuhören, wenn ich mit meinen eigenen herausrückte. Der Geduldigste von ihnen war Fredl Waldinger, er konnte es sich erlauben, geduldig zu sein, denn er war gegen Ansteckung gefeit: mein Bericht über das Massenerlebnis, wie ich es damals nannte, stimmte ihn eher heiter, aber er ließ mich keinen Spott fühlen. Mir ging es, das war ihm klar, um einen rauschhaften Zustand, um eine Steigerung der Erlebnismöglichkeiten, um ein Mehrwerden der Person, die aus ihren Begrenzungen heraustrat, zu anderen fand, denen es ähnlich erging, und mit ihnen zusammen eine höhere Einheit bildete. Er zweifelte daran, daß es eine solche höhere Einheit gab, und am meisten zweifelte er am Wert rauschhafter Steigerungen. Er hatte mit Hilfe Buddhas die Wertlosigkeit eines Lebens durchschaut, das sich von seinen Verwicklungen nicht freimacht. Das allmähliche Erlöschen des Lebens war sein Ziel, das Nirwana, das mir wie der Tod erschien, und obwohl er mit vielen und sehr interessanten Argumenten bestritt, daß Nirwana und Tod dasselbe seien – der negative Akzent auf dem Leben, den er durch den Buddhismus bekommen hatte, blieb unbestreitbar.

Unsere Positionen verstärkten sich durch diese Gespräche.

Der Einfluß, den wir aufeinander ausübten, bestand besonders darin, daß wir beide gründlicher und umsichtiger wurden. Er eignete sich mehr und mehr die religiösen Texte des Buddhismus an und beschränkte sich nicht auf die Übersetzungen Carl Eugen Neumanns, wenn sie auch seinem Herzen die nächsten blieben. Er vertiefte sich in die Philosophie der Inder, zog englische Quellenwerke heran, die er sich mit Hilfe Vezas ins Deutsche übersetzte. Ich suchte mehr über die Masse zu erfahren, von der ich sprach. Ich hätte dem Vorgang, der mich so sehr beschäftigte, der für mich das Rätsel aller Rätsel geworden war, auf alle Fälle nachgeforscht. Aber vielleicht hätte ich ohne ihn mich nicht so früh schon mit den indischen Religionen befaßt, die mir wegen ihrer Vervielfältigung des Todes in der Wiedergeburtslehre sehr widerstanden. Es war mir in unseren Gesprächen peinlich bewußt, daß ich gegen die reich ausgebildete Lehre, die er vertrat – eine der bedeutendsten und tiefsten, die die Menschheit hervorgebracht hat –, immer nur die etwas dürftige Schilderung eines einzigen Erlebnisses zu setzen hatte, das er als pseudomystisch bezeichnete. Auf wieviel Erklärungen, Deutungen, Ursachenketten er zurückfallen konnte, wenn er von seinen Dingen sprach – und ich war nicht imstande, mit einer einzigen Erklärung des einzigen Erlebnisses herauszurücken, von dem ich eiferte. Die Hartnäckigkeit, mit der ich eben wegen seiner Unerklärlichkeit auf ihm bestand, mußte ihm beschränkt, vielleicht sogar unsinnig erscheinen. Sie war es auch, und wenn ich sagen müßte, wo meine eigentlichen Härten lagen, so wäre es dort, wo ich von Erlebnissen überwältigt wurde, für die ich keine Erklärung wußte. Es ist niemand je gelungen, mir etwas wegzuerklären, auch mir selber nicht.

Letzte Donaufahrt. Die Botschaft

Im Juli 1924, nach dem ersten Semester an der Wiener Universität, fuhr ich über den Sommer zu Besuch nach Bulgarien. Ich war eingeladen, bei Schwestern meines Vaters in Sofia zu wohnen. Es bestand nicht die Absicht, auch nach Rustschuk zu fahren, wo ich die früheste Kindheit verbracht hatte, da war niemand mehr, der mich eingeladen hätte. Alle Mitglieder der Familie waren im Lauf der Jahre nach Sofia übersiedelt, das als

Hauptstadt des Landes an Bedeutung gewonnen hatte und allmählich zu einer großen Stadt geworden war. Diese Ferien waren nicht als Rückkehr in die Geburtsstadt gedacht, wohl aber als Besuch bei möglichst vielen Mitgliedern der Familie. Das Eigentliche aber sollte die Fahrt hinunter sein, die Fahrt auf der Donau.

Buco, der älteste Bruder des Vaters, wohnte damals in Wien, er hatte geschäftlich in Bulgarien zu tun und wir fuhren zusammen. Es war ganz anders als die Fahrten, deren ich mich aus der Kindheit entsann, als wir uns einen guten Teil der Zeit in den Kabinen aufhielten, wo uns die Mutter täglich mit einem harten Kamm lauste; die Schiffe waren schmutzig und immer bekam man auf ihnen Läuse. Diesmal war nie von Läusen die Rede, ich teilte die Kabine mit dem Onkel, der ein Spaßvogel war, es war derselbe, der mich in frühester Kindheit mit seinem feierlichen Segen zu verspotten pflegte. Beinahe die ganze Zeit verbrachten wir aber auf Deck. Er brauchte Leute, denen er seine Geschichten erzählte, es begann mit einigen Bekannten, die er traf, aber bald war es eine ganze Runde geworden, die sich um ihn sammelte, denen er, ohne eine Miene zu verziehen, nur hie und da zwinkernd, seine Schnurren vorbrachte. Er hatte ein großes Repertoire, aber ich hatte so oft zugehört, daß es für mich erschöpft war. Bei einem ernsten Gespräch hielt er es nicht lange aus. In der Kabine fühlte er sich allerdings bemüßigt, mir als Neffen, der eben sein Studium angetreten hatte, einige Ratschläge fürs Leben mitzugeben. Sie langweilten mich noch mehr als seine Späße, denn so vertraut mir alles bei ihm war, das auf Lachen und Beifall anderer abzielte, so ärgerlich waren seine Ratschläge.

Er hatte keine Ahnung von den wirklichen Dingen, die in mir vorgingen, seine Ratschläge hätten jedem Neffen gelten können. Die *Nützlichkeit* der Chemie hing mir zum Hals heraus. Es gab keinen älteren Verwandten, der sich nicht darüber erging, alle erhofften sich von mir die Eröffnung eines Territoriums, das ihnen verschlossen war. Zu mehr als Handelshochschule hatte es keiner von ihnen gebracht und nun merkten sie allmählich, daß außer den Operationen von Kauf und Verkauf, in denen sie sattsam erfahren waren, spezielle Kenntnisse wissenschaftlich-technischer Art unentbehrlich wurden, von denen sie aber absolut nichts verstanden. Ich sollte der Fachmann der Familie für

Chemie werden und das Areal ihrer Unternehmungen durch meine Kenntnisse erweitern. Davon war in der Kabine, wenn wir schlafen gingen, immer die Rede, es war wie ein Abendgebet, wenn auch ein ziemlich kurzes. Der Segen, durch den er mich als Kind zum Narren hielt und immer wieder enttäuschte, den ich so ernst nahm, daß ich jedesmal erwartungsvoll mich unter seine geöffnete Hand stellte, nach dem ich mich wegen der schönen Worte, mit denen er begann: ›Io ti bendigo. . .‹, geradezu sehnte – dieser Segen, den ich längst nicht mehr wollte, der sich in den Fluch des Großvaters und den plötzlichen Tod des Vaters verwandelt hatte, war nun ernst gemeint: *ich* sollte der Familie Glück bringen und ihren Wohlstand durch neuartige, moderne, ›europäische‹ Kenntnisse vermehren. Er brach aber bald ab, denn vor dem endgültigen Einschlafen waren noch zwei oder drei Schwänke zu erzählen. Am Morgen zog es ihn schon früh zu seinen Zuhörern auf Deck.

Das Schiff war voll, unzählige Menschen saßen oder lagerten auf Deck, es war eine Lust, sich von einer Gruppe zur anderen durchzuschlängeln und ihnen zuzuhören. Da gab es bulgarische Studenten, die für die Ferien nach Hause fuhren, aber auch Leute, die schon im Berufsleben standen: eine Gruppe von Ärzten, die ihre Kenntnisse in ›Europa‹ aufgefrischt hatten. Unter ihnen war einer mit einem riesigen schwarzen Bart, der mir bekannt vorkam, was Wunder, er hatte mich zur Welt gebracht, es war der Dr. Menachemoff aus Rustschuk, der Familienarzt, dessen Name immer bei uns fiel, den alle mochten, den ich im Alter von noch nicht sechs Jahren zum letztenmal gesehen hatte. Ich nahm ihn, wie alles, was in jene vermeintlich ›barbarische‹ Balkanzeit gehörte, nicht ganz ernst und war nun – wir kamen bald ins Gespräch – erstaunt zu sehen, wieviel er wußte, für wie vieles er sich interessierte. Er hatte den Fortschritt der Wissenschaft verfolgt, nicht nur auf seinem Gebiet. Er antwortete kritisch, ging auf alles ein, verwarf nicht unbesehen, was ich sagte, bloß, weil es von einem 19jährigen kam, ›Geld‹ kam in unseren Gesprächen *nicht einmal* vor.

Er habe manchmal an mich gedacht und sei immer sicher gewesen, daß ich nach dem plötzlichen Tod meines Vaters, den niemand recht zu erklären vermochte, *nur* Medizin studieren könne, denn es sei doch ein Rätsel, das mich bis ans Ende meiner Tage beschäftigen müsse. Wenn es auch nie zu lösen sein werde, es sei ein ungeheurer Ansporn, eine Quelle besonderer Art, es sei unmöglich, daß ich nicht, wenn ich mich der Medizin widmete, auf neue, wichtige Dinge käme. Er sei dabei gewesen, wie mir der Vater durch seine rasche Rückkehr aus England nach jener schrecklichen Verbrühung das Leben gerettet habe. Ich sei ihm mein Leben doppelt schuldig, ich hätte ihn anderthalb Jahre später in Manchester nicht vor dem Tod retten können, aber ich trüge diese Schuld an ihn und sei nun verpflichtet, sie durch Rettung anderer Leben gutzumachen. Er sagte das ganz einfach, ohne Pathos und Bombast, doch klang das Wort ›Leben‹ in seinem Munde so, als ob es nicht nur etwas Kostbares, sondern auch etwas *Rares* wäre, was sich angesichts der unzähligen Menschen, von denen das Deck übersät war, sonderbar ausnahm.

Ich schämte mich vor ihm, besonders schämte ich mich jener Doppelzüngigkeit, durch die ich vor mir die unsinnige Beschäftigung mit der Chemie rechtfertigte. Aber davon sagte ich nichts, es wäre zu unwürdig gewesen. Ich sprach davon, daß ich alles wissen wolle, was es zu wissen gab. Er unterbrach mich und zeigte auf die Sterne – es war schon Nacht – und fragte: »Kennst du die Namen der Sterne?« Nun zeigten wir uns abwechselnd die einzelnen Konstellationen, erst ich ihm die Leier mit der Wega, denn er hatte mich gefragt, dann er mir den Schwan mit Deneb, denn seine Frage sollte doch auf etwas beruhen. So zeigten wir uns den ganzen Nachthimmel, wobei keiner von uns wußte, worauf der andere als nächstes verfallen würde. Bald hatten wir, obwohl wir kein Sternbild ausließen, den Nachthimmel erschöpft, dieses Duett hatte ich noch mit niemand gesungen, und er sagte: »Weißt du, wieviel Menschen indessen gestorben sind?« und meinte die kurze Zeit, in der wir die Namen der Sterne genannt hatten. Ich sagte nichts, er nannte keine Zahl. »Du kennst sie nicht. Es geht dich nichts an. Ein Arzt, der kennt sie. Ihn geht es etwas an.«

Als ich ihn getroffen hatte – das war noch in der Dämmerung gewesen –, war er in einer Gruppe von Menschen gesessen, die sich animiert unterhielten, während nicht weit von ihnen eine Gruppe von Studenten lauthals und feurig bulgarische Lieder sangen. Mein Reisebegleiter hatte mir schon in Wien gesagt, daß Dr. Menachemoff auf dem Schiff sein werde, er werde sich freuen, mich nach so langer Zeit – dreizehn Jahre waren es her – wiederzusehen. Ich hatte dann nicht mehr daran gedacht, nun stand ich plötzlich vor dem schwarzen Bart. – Wie hatte ich in der Zwischenzeit einen ebensolchen schwarzen Bart gehaßt! – Vielleicht war es ein Rest dieses alten Affekts, der mich in die Nähe des Bartes gezogen hatte. Ich wußte, daß er es war, das war der Bart eines Arztes, ich starrte ihn mit gemischten Gefühlen an, er unterbrach seinen Satz – er war mitten in einem Gespräch – und sagte: »Du bist es, ich hab gewußt, du bist es. Aber ich hab dich nicht erkannt. Wie hätte ich dich erkennen können. Du warst noch nicht sechs, als ich dich zuletzt sah.«

Er lebte viel mehr in der alten Zeit als ich. Ich hatte Rustschuk mit einigem Hochmut hinter mir gelassen, es war die Zeit gewesen, in der ich noch nicht lesen konnte. Von Menschen, die dort lebten und mir plötzlich in ›Europa‹ begegneten, erwartete ich nichts. Er aber, der seither dort gewesen war, hatte seine Patienten immer im Auge behalten und von solchen, die als kleine Kinder von Rustschuk weggekommen waren, erwartete er Besonderes. Vom Fluch des Großvaters, als wir nach England zogen, wußte er, davon hatte die ganze Stadt gesprochen, aber an seine Wirkung zu glauben, ging gegen seinen wissenschaftlichen Stolz. Der Tod des Vaters so bald danach war für ihn ein Rätsel und da seine rechtzeitige Lösung versäumt worden war, schien es ihm selbstverständlich, daß ich mein Leben an die Lösung ebensolcher oder ähnlicher Rätsel wenden würde.

»Ob du dich noch an die Schmerzen damals erinnerst?« sagte er, seine Gedanken waren alle zu der Verbrühung, die ich erlitten hatte, zurückgegangen. »Deine ganze Haut war weg. Nur der Kopf war nicht ins Wasser geraten. Es war Donauwasser. Vielleicht weißt du das gar nicht. Und jetzt schwimmen wir friedlich auf derselben Donau.« »Es ist aber nicht dieselbe«, sagte ich, »es ist immer eine andere. An die Schmerzen erinnere ich mich nicht, wohl aber an die Rückkehr des Vaters.«

»Es war wie ein Wunder«, sagte Dr. Menachemoff, »seine Rückkehr hat dich gerettet. So wird man ein großer Arzt. Wenn einem das in frühester Kindheit passiert ist, wird man ein Arzt. Es ist dann unmöglich, etwas anderes zu werden. Darum ist auch deine Mutter gleich nach dem Tode des Vaters mit euch kleinen Kindern nach Wien gezogen. Sie wußte, daß du da alle die großen Lehrer finden würdest, die du brauchst. Was wären wir ohne die Wiener Medizinische Schule! Sie war immer eine gescheite Frau, deine Mutter. Ich höre, sie kränkelt viel. Du wirst für sie sorgen. Sie wird den besten Arzt in der Familie haben, ihren eigenen Sohn. Schau, daß du bald fertig wirst; spezialisiere dich, aber nicht zu sehr.«

Und nun gab er mir ausführliche Ratschläge für mein Studium. Was immer ich – zaghaft – einwarf, beachtete er nicht, wenn es um diese Sache ging. Über vieles sprachen wir, auf alles *andere* gab er Antwort und immer hatte er schon lange bedacht, was er sagte. Er war biegsam und weise, erwartungsvoll und besorgt, und nur allmählich begriff ich, daß es etwas gab, das er nicht aufgefaßt hatte und nie auffassen würde. Er konnte nicht glauben, daß ich nicht Arzt werden sollte, nach einem ersten Semester blieb ja noch vieles offen. Ich schämte mich so sehr, daß ich den Versuch, ihn über die Wahrheit aufzuklären, aufgab und den peinlichen Punkt vermied. Es ist auch möglich, daß ich wankend wurde. Als er nach den Brüdern fragte und ich wie immer nur vom Jüngsten sprach und so stolz, als hätte ich ihn selbst gezeugt, seine Begabung herausstrich, wollte er wissen, was er studieren würde. Es erleichterte mich, daß ich ›Medizin‹ sagen konnte, denn das war beschlossene Sache. »Zwei Brüder – zwei Ärzte!« sagte er und lachte. »Warum nicht auch der dritte?« Aber das war nur ein Scherz und ich brauchte ihm nicht zu erklären, warum sich der nicht dafür eignen würde.

Über *meine* Berufung jedenfalls war er sich im klaren. Noch ein paarmal während dieser Fahrt liefen wir einander auf Deck in die Arme. Er stellte mich manchen seiner Kollegen vor und erklärte schlicht: »Eine künftige Leuchte der Wiener Medizinischen Schule.« Es klang nicht prahlerisch, es klang wie etwas Natürliches. Es wurde immer schwieriger für mich, ihm grausam und unmißverständlich die Wahrheit zu sagen. Da er so viel von meinem Vater sprach, da er damals dabei gewesen war, als der Vater zu meiner Heilung wiederkehrte, hätte ich es nicht über mich gebracht, ihn zu enttäuschen.

Es war eine wunderbare Fahrt, ich sah unzählige Menschen und sprach mit vielen. Eine Gruppe von deutschen Geologen besah sich die Formationen am Eisernen Tor und diskutierte über sie in Ausdrücken, die ich nicht verstand. Ein amerikanischer Historiker suchte seiner Familie die Feldzüge Trajans zu erklären. Er war auf dem Wege nach Byzanz, das der eigentliche Gegenstand seiner Forschung war, aber er fand nur das Ohr seiner Frau, die beiden Töchter, schöne Mädchen, sprachen lieber mit Studenten. Auf englisch freundeten wir uns ein wenig an, sie beschwerten sich über den Vater, der immer in der Vergangenheit lebe, sie aber seien jung, sie lebten jetzt. Sie sagten es so überzeugt, daß man ihnen Glauben schenkte. Bauern brachten Körbe mit Obst und Gemüse an Bord. Ein Träger hatte ein ganzes Klavier auf dem Nacken, lief über die Planken und stellte es ab. Er war klein und stiernackig und strotzte von Muskeln, doch bis heute begreife ich nicht, wie er das allein schaffte.

In Lom Palanka stiegen Buco und ich aus. Wir sollten hier übernachten und am nächsten Morgen den Zug über den Balkan nach Sofia nehmen. Dr. Menachemoff, der nach Rustschuk zurückfuhr, blieb auf dem Dampfer. Als ich mich, mit sehr unsicherem Gewissen, von ihm verabschiedete, sagte er: »Vergiß nicht, was ich von dir erwarte.« Dann fügte er hinzu: »Und laß dich von niemand irremachen, hörst du, von niemand!« Es war das Stärkste, was er bisher gesagt hatte, es klang wie ein Gebot, und ich atmete auf.

Während der ganzen Wanzen-Nacht, die wir in Lom verbrachten, in der ich keinen Augenblick schlief, dachte ich über den Sinn seines letzten Satzes nach. Er mußte also doch verstanden haben, daß ich abgefallen war. Er hatte sich verstellt. Ich hatte mich wegen meiner Täuschung geschämt, denn ich hatte es aufgegeben, ihn über die Wahrheit deutlich und unwiderleglich aufzuklären. Aber *er* hatte sich auch verstellt. Er tat, als begreife er nicht, was geschehen war. Noch in der Nacht ging ich zu Buco hinüber, der in seinem Wanzen-Zimmer auch nicht schlafen konnte, und fragte ihn: »Was hast du dem Dr. Menachemoff gesagt? Hast du ihm gesagt, was ich studiere?« »Ja, Chemie, was hätte ich sagen sollen?« Er hatte es also wirklich gewußt und er hatte den Versuch unternommen, mich auf den richtigen Weg zurückzubringen. Er war der einzige, der tat, was mein Vater getan hätte: mir die Freiheit der eigenen Wahl zu eröffnen. Er war der Zeuge dessen gewesen, was zwischen dem Vater und mir entstanden war, und hatte es bewahrt, er als einziger. Auf dem Schiff, das mich in jenes Land zurückführte, hatte er sich eingefunden und mir die Botschaft übermittelt, auf die er in den Augen der Welt kein Anrecht hatte. Er hatte es durch List getan, indem er nicht Kenntnis von dem nahm, was geschehen war. Es war ihm um die Unverdorbenheit der Botschaft zu tun, um ihren reinen Wortlaut. Er nahm keine Rücksicht auf die Verfassung, in der ich war, als sie mich erreichte.

Der Redner

In Sofia wohnte ich während der ersten drei Wochen bei Rachel, der jüngsten Schwester des Vaters. Sie war die liebenswerteste unter all seinen Geschwistern, eine schöne, aufrechte Frau, groß und stattlich, warmherzig und heiter. Zwei Gesichter hatte sie zu eigen, man sah sie, sei es lachend, sei es von etwas überzeugt, das sie mit Temperament und Wärme vertrat, und immer war es etwas Selbstloses, ein Glaube, eine Überzeugung. Sie hatte einen ältlichen, bedächtigen Mann, der wegen seines Gerechtigkeitssinnes geachtet war, und drei Söhne, von denen der jüngste acht Jahre alt war und wie ich den Namen des Großvaters trug. Es ging lebhaft in dieser Wohnung zu, überall herrschte Lärm und Lachen, durch alle Zimmer hindurch rief man einander, verbergen konnte sich da niemand, wer Ruhe wollte, rannte hinaus auf die Straße und fand sie eher dort als zuhause. Wie es aber um den Ruhepunkt des Hauses, den Ehemann und Vater bestellt war – das blieb ein Rätsel. Er sprach fast nie, nur ein Urteilsspruch, der unumgänglich war, ließ sich ihm entlocken. Er kam dann mit Ja oder Nein, ein ganz kurzer Satz, so ruhig, daß es Mühe kostete, ihn zu hören. Wenn er etwas sagen wollte, wurde es still, ohne daß Ruhe befohlen wurde. Für einen Augenblick, der so kurz war, daß er unheimlich wirkte, wurde es wirklich still, und dann kam leise und kaum vernehmlich, in gezählten, ein wenig grauen Worten, der Urteilsspruch, die Entscheidung. Gleich darauf brach es wieder laut los, es war schwer zu sagen, was lauter war, das Toben der Knaben, die hellen Forderungen, Mahnungen, Fragen der Mutter.

Für mich war ein solches Treiben neu. Alles bei diesen Knaben war auf körperliche Tätigkeit angelegt, von Büchern war nie die Rede, wohl aber von Sport. Es waren kräftige, aktive Burschen, die nie stillhalten konnten, die einander unaufhörlich kampflustige Stöße versetzten. Ihr Vater, der selbst ganz anders geartet war, schien dieses Übermaß an physischer Existenz zu wollen und zu fördern. Immer erwartete ich von ihm ein ›Ya basta!‹ – ›Es ist genug!‹ zu hören, mitten im größten Tumult blickte ich hin zu ihm. Er bemerkte es wohl, nichts entging ihm und er wußte auch, was ich erwartete, doch er schwieg, der Tumult ging weiter und setzte nur aus für kurz, wenn alle drei Knaben zugleich die Wohnung verließen.

Hinter dieser Förderung lauter Lebenskraft steckte aber Überzeugung und Methode. Die Familie stand vor der Auswanderung. Mit mehreren anderen Familien zusammen hatten sie vor, Stadt und Land in den nächsten Wochen zu verlassen. Palästina, so hieß es damals, war ihr gelobtes Ziel, sie gehörten zu den ersten, sie galten als Pioniere und waren sich dessen in höchstem Maße bewußt. Die ganze Spaniolen-Gemeinde in Sofia, nicht nur in Sofia, auch überall sonst im Lande, hatte sich zum Zionismus bekehrt. Es ging ihnen nicht schlecht in Bulgarien, sie standen unter keinerlei Verfolgung, es gab keine Ghettos, auch keine drückende Armut, aber es gab Redner unter ihnen, deren Funken gezündet hatten, die die Rückkehr ins gelobte Land immer und immer predigten. Die Wirkung dieser Reden war auf mehr als eine Weise bemerkenswert, sie waren gegen den separatistischen Hochmut der Spaniolen gerichtet: alle Juden seien gleich, jede Absonderung sei verächtlich und keineswegs seien es in der letzten Geschichtsperiode die Spaniolen gewesen, die sich durch besondere Leistungen für die Menschheit ausgezeichnet hätten. Im Gegenteil, sie seien in einem geistigen Schlaf befangen, es sei Zeit, daß sie daraus aufwachen und ihr unnützes Steckenpferd, ihren Hochmut hinter sich werfen.

Als der feurigste Redner, als einer, der wahre Wunder wirkte, galt ein Vetter von mir, Bernhard Arditti. Er war der älteste Sohn jenes rechtstollen Josef Arditti in Rustschuk, der jedes Mitglied der Familie des Diebstahls bezichtigte und in Prozessen schwelgte, und der schönen Bellina, die einem Tizian-Bild entstiegen und Tag und Nacht mit den Gedanken an Geschenke beschäftigt war, durch die sie jedermanns Herz erfreuen könnte. Bernhard war Rechtsanwalt geworden, doch bedeutete ihm die Praxis nichts, die Paragraphen-Seligkeit seines Vaters mochte ihm alle Lust daran genommen haben. Sehr jung schon hatte er sich zum Zionismus bekehrt und seine Redegabe entdeckt, die er in den Dienst der Sache stellte. Als ich nach Sofia kam, sprachen alle von ihm. Tausende versammelten sich, ihn zu hören, die größte Synagoge faßte kaum seine Hörer. Man beglückwünschte mich zu diesem Cousin und bedauerte mich, weil ich ihn nicht selber hören würde, in den wenigen Wochen meiner Anwesenheit war keine Versammlung vorgesehen. Alle waren von ihm ergriffen, alle gewonnen; ich lernte sehr viele Menschen kennen, kein einziger nahm sich aus, es war, als hätte sie eine ungeheure Welle ergriffen und ins Meer gerissen, von dem sie Teil wurden. Keinen einzigen Gegner seiner Sache traf ich, er sprach Spanisch zu ihnen und geißelte sie für ihren Hochmut, der sich auf diese Sprache gründete. Es war das *alte* Spanisch, dessen er sich bediente und ich erfuhr mit Staunen, daß es möglich war, in diesem, wie ich dachte, verkümmerten Kinder- und Küchenidiom von allgemeinen Dingen zu handeln, Menschen mit solcher Leidenschaft zu erfüllen, daß sie ernsthaft erwogen, alles stehenzulassen, einem Land den Rücken zu kehren, in dem sie seit Generationen ansässig waren, wo man sie voll nahm und achtete, wo es ihnen zweifellos gutging, um in ein unbekanntes Land auszuwandern, das ihnen vor Jahrtausenden verheißen worden war, aber zur Zeit gar nicht gehörte.

Ich war zu einem kritischen Zeitpunkt nach Sofia gekommen. Es war kein Wunder, daß man unter diesen Umständen kein Bett für mich in der Wohnung fand, einer der Söhne mußte auswärts schlafen, um Platz für mich zu machen. Um so bemerkenswerter war die Großherzigkeit, mit der man mich aufnahm. Es wurde zusammengeräumt und gepackt, zum üblichen Trubel, der hier offenbar immer herrschte, kam der einer Übersiedlung ganz ungewöhnlichen Charakters. Ich hörte die Namen anderer Familien, bei denen es ähnlich zuging. Eine ganze Gruppe von ihnen wanderte zusammen aus, es war die erste größere Aktion dieser Art und es war selten von etwas anderem die Rede.

Wenn ich aber auf die Straße ging, um mir Sofia anzuschauen oder auch um dem Lärm zu entkommen, passierte es oft, daß ich Bernhard, den Cousin, traf, der mit seinen Reden der Urheber von alledem war oder zumindest den entscheidenden Anstoß zur letzten Aktion gegeben hatte. Er war ein untersetzter, dicklicher Mann mit buschigen Augenbrauen, etwa zehn Jahre älter als ich, immer in jugendlicher Bewegung, der nie von etwas Privatem sprach (das Gegenbild seines Vaters), dessen deutsche Worte so rund und sicher kamen, als wäre es seine eigentliche Sprache, bei dem alles, was er sagte, unverrückbar schien, und doch blieb es glühend und flüssig, als gäbe es Lava, die nie erkalte. Einwände, die ich bloß, um meinen Mann zu stellen, versuchte, wischte er mit überlegenem Witz beiseite, wobei er sich durch ein großmütiges und gar nicht verletzendes Lachen für seine Übung im politischen Debattieren zu entschuldigen schien.

Es gefiel mir an ihm, daß materielle Dinge für ihn nicht zählten. Da die Kanzlei ihn wenig interessierte, sie war ihm eher lästig, beschäftigte er sich nicht mit einträglichen Affären. Wenn man durch die breiten, sauberen Straßen Sofias neben ihm ging, fragte man sich nur, wie er sein Leben fristete. Es war offensichtlich, daß er seiner eigenen Art von Nahrung bedurfte: er lebte von dem, was ihn erfüllte. Vielleicht beruhte die Wirkung seiner Worte auf andere eben darauf, daß er sie nicht zu seinem täglichen Vorteil zurechtbog und entstellte. Man glaubte ihm, weil er nichts für sich selber wollte, er glaubte sich, weil er keinen Gedanken an Besitz verschwendete.

Ihm vertraute ich an, daß ich gar nicht daran dächte, Chemiker zu werden. Nur zum Schein studiere ich, um mich indessen zu anderen Dingen vorzubereiten.

»Warum diese Täuschung«, sagte er, »du hast doch eine gescheite Mutter.«

»Sie ist unter den Einfluß von gewöhnlichen Leuten geraten. Als sie krank war in Arosa, hat sie Leute kennengelernt, die ›im Leben stehen‹, wie es so heißt, und Erfolg damit hatten. Jetzt will sie, daß ich auch ›im Leben stehe‹, nämlich auf die gleiche Art wie die, nicht auf meine.«

»Aufpassen!« sagte er und sah mich plötzlich sehr ernst an, so als sehe er mich jetzt zum erstenmal als *Person*. »Aufpassen! Sonst bist du verloren. Ich kenne die Sorte. Mein eigener Vater wollte, daß ich alle seine Prozesse weiterführe.«

Das war alles, was er sagte, die Sache war zu privat, um ihn länger zu interessieren. Aber es war klar, daß er auf meiner Seite war, und nur als ich sagte, daß ich Deutsch schreiben wolle, in keiner anderen Sprache, schüttelte er unmutig den Kopf und meinte: »Wozu? Lern Hebräisch! Das ist unsere Sprache. Glaubst du, daß es eine schönere Sprache gibt?«

Ich traf ihn gern, denn es war ihm geglückt, dem Geld zu entrinnen. Er verdiente wenig und doch war niemand so geachtet wie er, von allen ergebenen Sklaven des Geschäfts, zu denen meine Familie großenteils gehörte, tadelte ihn keiner. Er verstand es, sie mit einer Hoffnung zu erfüllen, deren sie mehr bedurften als Reichtums und ordinären Glücks. Ich spürte, daß er mich gewinnen wollte, aber nicht auf brutale Weise, durch eine Rede in einer Massenversammlung etwa, sondern von Mann zu Mann, als meine er, daß ich für seine Sache so nützlich werden könnte wie er. Ich fragte ihn nach seiner eigenen Verfassung, wenn er rede, ob er dann immer wisse, wer er sei, ob er nicht fürchte, sich selbst in der begeisterten Masse zu verlieren.

»Nie! Nie!« sagte er mit größter Entschiedenheit. »Je begeisterter sie sind, um so mehr fühle ich mich selbst. Man hat die Menschen in der Hand wie weichen Teig und kann mit ihnen machen, was man will. Man könnte sie dazu aufreizen, Feuer zu legen, an ihre eigenen Häuser, es gibt keine Grenzen für diese Art von Macht. Versuch es selbst! Du mußt es nur wollen! *Du* wirst diese Art von Macht nicht mißbrauchen! Du wirst sie für eine gute Sache einsetzen wie ich, für unsere Sache.«

»Ich habe die Masse erlebt«, sagte ich, »in Frankfurt. Ich war selbst wie Teig. Ich kann es nicht vergessen. Ich möchte wissen, was das ist. Ich möchte es verstehen.«

»Da gibt es nichts zu verstehen. Es ist überall dasselbe. Du bist entweder ein Tropfen, der in der Masse aufgeht, oder der, der sich darauf versteht, ihr eine Richtung zu geben. Eine andere Wahl hast du nicht.«

Es schien ihm müßig, sich zu fragen, *was* diese Masse eigentlich sei. Er nahm sie als etwas Gegebenes hin, etwas, das man hervorrufen kann, um bestimmte Wirkungen damit zu erzielen. Aber hätte jeder, der es vermochte, ein Recht darauf?

»Nein, nicht jeder!« sagte er mit der größten Bestimmtheit. »Nur der, der es für die wahre Sache einsetzt. »

»Wie kann er wissen, daß es die wahre Sache ist?«

»Das fühlt er«, sagte er, »hier!« Er schlug sich mit Kraft mehrmals gegen die Brust. »Wer das nicht fühlt, der kann es auch nicht!«

»Dann kommt es also nur darauf an, daß einer an seine Sache glaubt. Und sein Feind, der glaubt vielleicht an das Gegenteil!«

Ich sagte das zögernd, tastend, ich wollte ihn nicht kritisieren oder in Verlegenheit bringen. Ich hätte es auch gar nicht vermocht, er war viel zu sicher, ich wollte nur auf etwas kommen, das ich undeutlich fühlte, das mich seit den Frankfurter Erfahrungen beschäftigte und das ich nicht recht zu fassen vermochte. Ich war ja von Masse *ergriffen* worden, es war ein Rausch, man verlor sich selbst, man vergaß sich, man fühlte sich ungeheuer weit und zur selben Zeit erfüllt, was immer man fühlte, man fühlte es nicht für sich, es war das Selbstloseste, das man kannte, und da einem Selbstsucht auf allen Seiten vorgemacht, vorgeredet und schließlich auch *vorgedroht* wurde, brauchte man diese Erfahrung dröhnender Selbstlosigkeit wie den Trompetenstoß des Jüngsten Gerichts und hütete sich davor, sie geringzuschätzen oder zu entwerten. Zugleich spürte man aber, daß man nicht über sich bestimmte, man war nicht frei, etwas Unheimliches geschah mit einem, halb war's Taumel, halb Lähmung, wie war das zusammen möglich? Was war das?

Es war aber keineswegs so, daß ich von Bernhard, dem Redner, auf diesem besonderen Höhepunkt seiner Wirksamkeit, eine Antwort auf meine noch unartikulierte Frage erwartete. Ich widerstand ihm, obwohl ich ihn billigte. Es hätte mir nicht genügt, sein Gefolgsmann zu werden. Es gab viele, deren Gefolgsmann man werden konnte, und sie traten für alle möglichen Sachen ein. Im Grunde war es so – aber das sagte ich mir nicht –, daß ich mir ihn ansah, als einen, der sich darauf verstand, Menschen zu Masse zu erregen.

Ich kam nach Hause zu Rachel und da war alles in der Aufregung, in der er diese Leute wie viele andere durch seine Reden seit Jahren hielt. Drei Wochen war ich Zeuge dieser Aufbruchsstimmung. Ihre höchste Steigerung erlebte ich bei der Abfahrt am Bahnhof. Hunderte von Menschen hatten sich versammelt, die ihren Angehörigen das Geleite gaben. Die Auswanderer, alle Familien, die den Zug okkupierten, wurden mit Blumen und Segenswünschen überschüttet, man sang, man segnete, man weinte, es war, als wäre der Bahnhof eigens für diesen Abschied gebaut worden und als sei er gerade groß genug geraten, diesen Reichtum an Affekten zu fassen. Kinder wurden zu den Fenstern der Coupés hinausgehalten, alte Leute, besonders Frauen, halb eingeschrumpft schon, standen auf dem Bahnsteig, sahen vor Tränen nicht mehr, ob es die richtigen Kinder waren, und winkten den falschen. Es waren alles Enkel, auf sie kam es an, die Enkel fuhren, die Alten blieben, so sah es – nicht ganz richtig – bei der Abfahrt aus. Eine ungeheure Erwartung erfüllte die Bahnhofshalle und vielleicht waren die Enkel um dieser Erwartung und um dieses Augenblicks willen zur Stelle.

Der Redner, der auch gekommen war, blieb. »Ich habe noch zu tun«, sagte er, »ich darf noch nicht fort. Ich muß denen Mut machen, die sich noch fürchten.« Er hielt an sich am Bahnhof, drängte sich nicht vor, es sah aus, als wäre er am liebsten geheim geblieben, unerkannt, unter einer Tarnkappe verborgen. Hie und da grüßten ihn Leute und bezogen sich auf ihn, das schien ihn zu irritieren. Dann aber bestand man darauf, daß er ein paar Worte spreche; und schon nach dem ersten Satz war er ein anderer Mensch, feurig und sicher, unter seinen eigenen Worten blühte er auf, er fand die Segenswünsche, die sie für ihre Unternehmung brauchten, und gab sie ihnen.

Von Rachel, deren Wohnung nun leer und verlassen war, kam ich zu Sophie, der ältesten Schwester des Vaters. Nach dem Getümmel der vergangenen Wochen schien nun alles schal und gedämpft, so als mißtraue man hier Unternehmungen, die das Alltägliche überstiegen. Wohl teilte man die Gesinnung der Auswanderer, aber man sprach nicht davon, man sparte sich Aufregung für festliche Gelegenheiten auf und tat sonst, was man immer getan hatte. Hier herrschte die Wiederholung, die Routine der frühen Kindheit, die mir jetzt nichts bedeutete, ihr waren wir ja nach England entkommen und das Entsetzliche, das in Manchester geschehen war, versperrte mir den Weg zur Kindheit. Ich hörte Sophies häusliche Reden an, die sich gut auf Diäten und Klistiere verstand, eine fürsorgliche Frau, die aber nie eine Geschichte erzählte, ich hörte ihren nüchternen Mann an, der wenig Worte machte, ihren nüchternen ältesten Sohn, der mit viel Worten ebensowenig sagte, und als größte Enttäuschung ihre Tochter Laurica, die Spielgefährtin der Kindheit, die ich fünfjährig mit einem Beil erschlagen wollte.

Da stimmte etwas schon in den Größenverhältnissen nicht, ich hatte sie *lang* in Erinnerung, hoch über mir, jetzt war sie kleiner als ich, zierlich, kokett, auf Ehe und einen Mann bedacht. Wo war ihre Gefährlichkeit hin, was war aus ihren beneideten Schreibheften geworden? Sie wußte nichts mehr davon, sie hatte das Lesen inzwischen verlernt, sie hatte keine Erinnerung an das Beil, mit dem ich sie bedroht hatte, und auch nicht an das eigene Geschrei. Sie hatte mich nicht ins heiße Wasser gestoßen, da war ich von selbst hineingefallen, ich war nicht viele Wochen zu Bett gelegen, »ein wenig verbrüht hast du dich«, und als ich, in der Meinung, daß sie nur alles vergessen habe, was sie selber betraf, an den Fluch des Großvaters erinnerte, lachte sie hell auf, wie eine Kammerzofe aus einer Oper. »Verflucht – ein Vater seinen

Sohn, das gibt's nicht, das hast du dir ausgedacht, das sind Märchen, ich mag Märchen nicht«, und als ich ihr an den Kopf warf, daß ich in Wien unzählige Szenen zwischen Großvater und Mutter erlebt hatte, die sich auf diesen Fluch bezogen, daß der Großvater zornig aus dem Haus gelaufen war, ohne sich zu verabschieden, und die Mutter dann zusammengebrochen sei und Stunden und Stunden geweint habe, wischte sie alles schnippisch weg: »Das hast du dir bloß eingebildet.«

Ich konnte sagen, was ich wollte, es war umsonst, nichts Schreckliches war geschehen, nichts Schreckliches geschah, und so rückte ich – ungern – damit heraus, daß ich Dr. Menachemoff auf dem Donaudampfer getroffen habe. Wir seien viele Stunden im Gespräch beisammen gewesen und er habe sich an alles erinnert. Er habe es noch so deutlich vor sich, als sei es gestern geschehen. Nun war er in Rustschuk auch der Arzt ihrer Familie gewesen, sie kannte ihn besser als ich, weil sie bis zu ihrer Übersiedlung nach Sofia noch dort gelebt hatte. Aber sie hatte auch darauf eine Antwort: »In der Provinz werden die Leute so. Das sind altmodische Menschen. Das hecken die sich alles aus. Sie haben an nichts anderes zu denken. Die glauben lauter dummes Zeug. Du bist von selbst ins Wasser gefallen. Du warst gar nicht so krank. Dein Vater ist nicht von Manchester gekommen. Das wäre viel zu weit gewesen. So billig war das Reisen damals auch nicht. Dein Vater war nicht mehr in Rustschuk. Wann hätte ihn der Großvater verfluchen sollen? Der Dr. Menachemoff weiß nichts. Solche Sachen weiß nur die Familie.«

»Und deine Mutter?« Am Tag zuvor hatte sie davon gesprochen, wie sie mich aus dem Wasser holte und die Kleider auszog und wie die ganze Haut dabei abgegangen war. »Die Mutter vergißt jetzt alles«, sagte Laurica. »Sie wird altersschwach. Aber man darf ihr das nicht sagen.«

Ich war erbittert über ihren Eigensinn und ihre Enge. Sie ließ nichts gelten als ihre einzige Entschlossenheit: endlich einen Mann zu finden und zu heiraten. Sie war 23 und fürchtete, daß man sie schon für eine alte Jungfer halte. Sie bestürmte mich mit Bitten um die Wahrheit: Ich solle ihr sagen, ob sie einem Manne noch gefallen könne. Mit 19 müsse ich diese Gefühle doch kennen. Ob ich Lust hätte, sie zu küssen? Ob die Frisur heute einen mehr dazu reize, sie zu küssen, als die gestern? Ob ich sie mager fände? Sie sei eben zierlich, aber mager sei sie doch nicht. Ob ich tanzen könne? Das sei die beste Gelegenheit, einem Mann zu gefallen. Eine Freundin habe sich beim Tanze verlobt. Aber nachher habe der Mann gesagt, das zähle nicht, das sei ihm nur beim Tanze so vorgekommen. Ob ich glaube, daß ihr das auch passieren könne?

Ich glaubte nichts, auf keine ihrer Fragen hatte ich eine Antwort und so rasch sie auf mich niederprasselten, so bockig blieb ich. Ich hätte solche Gefühle noch nicht, sagte ich, obwohl ich 19 sei. Ich wisse gar nicht, ob mir eine Frau gefalle. Woran solle man denn das merken? Dumm seien sie alle und worüber könne man schon mit ihnen sprechen. Die seien alle wie sie und erinnerten sich an nichts. Wie sollte einem ein Mensch gefallen, der sich an nichts erinnere? Ihre Frisur sei doch immer gleich, mager sei sie schon, warum dürfe eine Frau nicht mager sein? Tanzen, das könne ich nicht. Ich hätte es in Frankfurt einmal versucht und sei dem Mädchen immer auf die Füße getreten. Ein Mann, der sich während des Tanzens verlobt, sei doch ein Idiot. Jeder, der sich verlobt, sei ein Idiot.

Ich brachte sie zur Verzweiflung und so brachte ich sie auch zur Räson. Um eine Antwort von mir zu bekommen, begann sie sich zu erinnern. Viel kam dabei nicht heraus, aber das gehobene Beil sah sie noch vor sich und immer wieder habe sie davon geträumt, zuletzt noch, als die Verlobung ihrer Freundin in die Brüche ging.

Enge

Anfang September zogen wir in die Wohnung der Frau Olga Ring ein: eine sehr schöne Frau mit dem Profil einer Römerin, stolz und feurig, die sich nichts schenken ließ. Ihr Mann war schon vor längerer Zeit gestorben, die Liebe der zwei füreinander war in ihren Kreisen zu einer Art von Legende geworden, doch war sie bei Frau Olga zu keinem Totenkult entartet, schon weil sie ihrem Mann nichts schuldig geblieben war. Sie fürchtete sich nicht davor, an ihn zu denken, fälschte nie an seinem Bild und blieb dieselbe. Viele bewarben sich um sie, sie schwankte nie und behielt ihre Schönheit bis zum späten schrecklichen Ende.

Sie verbrachte den größten Teil des Jahres bei ihrer verheirateten Tochter in Belgrad. In der Wiener Wohnung, wo nichts verändert worden war, oder genauer: in ihrem entlegensten Teil, einem unansehnlichen Kabinett, hauste ihr Sohn Johnnie, ein Barpianist, der in seinen Augen wie in denen der Mutter keineswegs mißraten war, wohl aber in denen der weiteren Familie. Auch er war eine Schönheit, das Ebenbild der Mutter und doch sehr von ihr verschieden, denn bei ihm war alles ins Fette geraten. Man wunderte sich, daß er nicht als Frau gekleidet ging, er wurde oft für eine gehalten. Er war ein abgefeimter Schmeichler, er nahm, was man ihm gab, sein Arm war ausgestreckt, die Hand immer offen. Er war der Meinung, daß alles, und noch mehr, ihm zukam, denn er spielte gut Klavier. In seiner Bar war er der Liebling des Publikums, er spielte die gängigen wie die entlegensten Schlager, was er einmal gespielt hatte, vergaß er nicht, er war das lebende Inventar der Nachtgeräusche. Tagsüber schlief er in seinem Kabinett, das gerade ein Bett enthielt. Der Rest der mit bürgerlicher Schwere möblierten Wohnung war vermietet.

Eine Zeitlang war es sein Amt gewesen, die Miete für seine Mutter einzuziehen und sie mit einigen Abzügen nach Belgrad zu überweisen. So lautete sein Auftrag, doch faktisch fraßen die Abzüge die ganze Miete auf und für die Mutter blieb nichts. Alles, was sie bekam, waren unbezahlte Rechnungen, und da sie nicht wußte, wie sie bestreiten – von der glücklichen Ehe war nichts als die Wohnung übrig –, mußte eine bessere Regelung getroffen werden. Ihre Nichte, Veza, übernahm es, sich um die Vermietung der Wohnung und monatlich um die Einziehung der Miete zu kümmern; sie sorgte dafür, daß Rechnungen gezahlt wurden, und nur der Rest wurde Johnnie eingehändigt, im Falle er es brauchte. Er brauchte es immer und für Frau Olga blieb auch weiterhin kein Groschen übrig. Sie beklagte sich nicht darüber, denn sie vergötterte ihren Sohn. »Mein Sohn, der Musiker«, pflegte sie von ihm zu sagen, und da alles, was sie sagte, von ihrem Stolz geprägt war, mochten ihn manche, die ihn nicht kannten, trotz seines Bar-Namens Johnnie, für einen geheimen Schubert halten.

Wir waren es zufrieden, in diese Wohnung einzuziehen, die zwar möbliert, aber immerhin eine eigene Wohnung war. Die Vision der Scheuchzerstraße stand vor uns, und obwohl es nicht Zürich war, mein Paradies, war es immerhin Wien, das der Mutter. Es war nun fünf Jahre her, daß wir dort ausgezogen waren, dazwischen lag die ›Villa Yalta‹ in Zürich bei mir, das Waldsanatorium in Arosa bei der Mutter und später das Pensions- und Inflationsleben in Frankfurt. Es war verwunderlich, daß uns nach alledem noch ein spannungsloses Zusammenleben vorschweben konnte. Wir sprachen alle davon, jeder auf seine Art, als beginne nun eine neue Ära der Gesundheit, des Studiums, des Friedens.

Ein Haken war aber an der Sache und das war Johnnie Ring. Unser Wohn- und Speisezimmer grenzte an sein Kabinett, und wenn die endlich vereinigte Familie beim Essen saß, öffnete sich die Tür, Johnnies füllige Gestalt erschien, in einen alten Schlafrock, aber in sonst nichts gehüllt und eilte, »Küß die Hand!« wünschend, in Pantoffeln an uns vorüber, auf dem Weg in die Toilette. Das Recht auf diese Verrichtung war von ihm ausbedungen, aber es war vergessen worden, die Essenszeiten, während deren wir gern ungestört geblieben wären, davon auszunehmen. So kam er immer pünktlich, sobald wir unsere Löffel in die Suppe tauchten – vielleicht hatten unsere Stimmen ihn geweckt und an seine Not erinnert, vielleicht war er aber auch neugierig und wollte unseren Speisezettel in Erfahrung bringen. Denn er kam nicht bald zurück, sondern richtete es so ein, daß das Hauptgericht schon auf unseren Tellern lag, wenn er ins Kabinett zurückrauschte. Es tönte wirklich wie ein Rauschen, obwohl er nicht in Seide gewickelt war, das Geräusch entstand durch die Art seiner Bewegung und die Aneinanderreihung von gewiß einem Dutzend »Küß die Hand entschuldigen Sie Gnädigste küß die Hand entschuldigen Sie küß die Hand entschuldigen Sie Gnädigste küß die Hand entschuldigen Sie«. Er mußte hinter dem Sitz der Mutter vorbei und zwängte sich mittels einer kunstvollen Pirouette zwischen Buffet und Stuhl durch, wobei er es fertigbrachte, sie kein einziges Mal zu streifen. Sie wartete auf die Berührung seines speckigen Schlafrocks, atmete tief auf, wenn die Gefahr abgewendet und er hinter seiner Tür verschwunden war, und sagte dann immer denselben Satz: »Gottseidank, es hätte mir sonst den Appetit verschlagen.« Wir kannten das Ausmaß ihres Ekels, ohne seine Ursache zu ahnen, aber worüber wir uns alle drei wunderten, war die Höflichkeit, mit der sie seine Worte erwiderte. In der Wahl ihres Grußes: »Guten *Morgen,* Herr Ring!« lag gewiß Ironie, doch war in der Intonation nichts davon zu merken, es klang harmlos, freundlich, ja herzlich. Ihr Seufzer der Erleichterung, nach seiner Passage, war aber nie so laut, daß man ihn hinter der geschlossenen Tür seines Kabinetts zu hören vermocht hätte, und im übrigen ging das Tischgespräch weiter, als sei er gar nicht erschienen.

Zu anderen Zeiten, besonders gegen Abend, verwickelte er die Mutter in ein Gespräch, dem sie sich nicht zu entziehen verstand. Es begann mit Lobreden auf ihre wohlerzogenen drei Buben. »Man möchte es nicht glauben, Gnädigste, so hübsch wie Grafensöhne!« »Meine Söhne sind nicht hübsch, Herr Ring«, kam es empört zurück. »Darauf kommt es bei Männern nicht an.« »Sagen Sie das nicht, Gnädigste, es hilft im Leben! Wenn sie hübsch sind, kommen sie besser vorwärts im Leben. Da könnte ich Ihnen Geschichten erzählen! Bei uns in der Bar verkehrt der junge Tisza. Wer die Tiszas waren – das brauche ich Ihnen nicht zu sagen. In Ungarn sind sie's noch heute. Ein reizender Mensch, dieser junge Tisza! Eine Schönheit, nicht nur fesch, und ein Herzensbrecher! Alles liegt ihm zu Füßen. Für ihn spiel ich, was er sich wünscht, und er bedankt sich jedesmal, er bedankt sich extra für jedes Stück. ›Wunderbar!‹ sagt er und schaut mich eigens an. ›Wunderbar haben Sie das gespielt, lieber Johnnie!‹ Ich lese ihm jeden Wunsch von den Augen ab. Für den könnte ich durchs Feuer gehen. Meinen letzten Schlafrock würde ich mit ihm teilen! Und warum ist er so? Die Erziehung, Gnädigste, an allem ist die Erziehung schuld. Gute Manieren sind das halbe Herz. Auf die Mutter kommt es an. Ja, wer eine solche Mutter hat! Ob Ihre drei Engel ahnen, was sie an einer solchen Mutter haben! Ich hab lange gebraucht, bis ich meiner Mutter Dankschön gesagt habe. Ich will mich nicht mit Ihren drei Engeln vergleichen, Gnädigste!« »Warum sagen Sie immer Engel, Herr Ring, sagen Sie ruhig Lausbuben, ich bin nicht beleidigt. Dumm sind sie nicht, das ist wahr, aber das ist kein Verdienst, ich hab mir genug Mühe mit ihrer Bildung gegeben.« »Sehen Sie, sehen Sie, Gnädigste, jetzt geben Sie's selber zu, *Sie* haben sich die Mühe gegeben! Sie, nur Sie! Ohne Sie, ohne Ihre aufopfernde Mühe wären es vielleicht wirklich nur Lausbuben geworden.«

»Aufopfernd« – das war das Wort, mit dem er sie fing, hätte er gewußt, welche Rolle das Wort »Opfer« in allen Ableitungen bei ihr spielte, er hätte es öfter gebraucht. Schon früh pflegte sie davon zu sprechen, daß sie uns ihr Leben geopfert habe, es war das einzige, was ihr von Religion geblieben war. Als der Glaube an Gottes Präsenz sich allmählich bei ihr abschwächte, als Gott weniger und weniger für sie da war und ihr beinahe entschwand, wuchs in ihren Augen die Bedeutung des Opfers. Es war nicht nur die Pflicht, es war das Höchste des Menschen, sich aufzuopfern, aber nicht auf Gottes Geheiß, der zu weit weg war, um sich darum zu kümmern, es war das Opfer an sich, das Opfer aus eigenem Antrieb, auf das es ankam. Obwohl es diesen konzentrierten Namen trug, war es etwas Zusammengesetztes und Ausgedehntes, etwas, das sich über Stunden, Tage und Jahre erstreckte – das Leben, das sich aus all den Stunden zusammensetzte, in denen man *nicht* gelebt hatte, war das Opfer.

Wenn Johnnie sie einmal damit gefangen hatte, konnte er so lange auf sie einreden, wie er wollte. Sie kam dann nicht los von ihm, *er* war es dann, der wegging, um seinen Wolfshund Nero spazierenzuführen, oder es läutete und er bekam Besuch. Ein junger Mann erschien und verschwand mit Johnnie und Nero im Kabinett und blieb da mehrere Stunden, bis die Zeit für Bar und Klavierspielen gekommen war. Man hörte keinen Laut aus dem Kabinett, Nero, der es gewohnt war, da zu schlafen, bellte nie. Es war nie auszumachen, ob Johnnie und der junge Mann miteinander sprachen. Die Mutter hätte sich nie so weit erniedrigt, an der Tür zu horchen, es war eine pure Annahme von ihr, daß sie gar nicht sprachen. Das Kabinett, in das sie nie einen Blick geworfen hätte – sie mied es wie die Pest –, war eng, für viel mehr als ein Bett war kaum Platz darin, und daß zwei Menschen, von denen der eine der üppige Johnnie war, und ein großer Hund es stundenlang in dieser Enge aushielten, ohne daß ein Laut zu vernehmen gewesen wäre, beschäftigte sie sehr. Sie sprach nicht davon, doch spürte ich, wenn sie daran dachte. Ihre eigentliche Sorge aber war es, daß *ich* daran denken könnte, was mir gar nicht einfiel, es interessierte mich nicht im geringsten. Einmal sagte sie: »Ich glaube, der junge Mann legt sich unters Bett schlafen. Er sieht immer so bleich und müde aus. Vielleicht hat er kein eigenes Zimmer und der Johnnie läßt ihn aus Mitleid ein paar Stunden unterm Bett schlafen.« »Ja, warum nicht auf dem Bett?« sagte ich, in aller Unschuld, »meinst du, der Johnnie ist zu dick und für beide zusammen ist kein Platz?« »*Unterm* Bett hab ich gesagt«, sie sah mich scharf an: »Was hast du für sonderbare Gedanken?« Ich hatte sie gar nicht, aber sie dachte ihnen auf alle Fälle zuvorzukommen und zwängte meine Gedanken in den Raum unterm Bett, so blieb darauf immer noch Platz für den Hund, das mochte ihr harmlos erscheinen. Sie wäre sehr verwundert gewesen, hätte sie in mich hineingesehen, die Vorgänge im Kabinett beschäftigten mich nicht, denn ich war von etwas anderem abgelenkt, das mit der Mutter zusammenhing und mir obszön erschien, obwohl ich dieses Wort dafür damals nicht gebraucht hätte.

Zur Bedienung kam jeden Vormittag eine hochschwangere Frau ins Haus, Frau Lischka. Sie blieb bis nach dem Mittagessen, um noch das Geschirr zu spülen, und machte sich dann auf den Heimweg. Sie kam vor allem für die schweren Arbeiten: zum Wäschewaschen und Teppichklopfen. »Für die leichteren Arbeiten brauche ich sie nicht«, sagte die Mutter, »das könnte ich selber machen.« Niemand wolle ihr Arbeit geben in diesem Zustand, man fürchte, er sei schon zu weit fortgeschritten, sie werde es nicht gründlich genug machen. Aber sie habe beteuert, daß sie gut arbeite, man solle es nur mit ihr probieren. Da habe sich das Mitleid der Mutter geregt und sie habe ihr erlaubt zu kommen. Es sei riskant gewesen, wie unangenehm, wenn ihr plötzlich schlecht würde, oder gar wenn das zu Erwartende über sie käme – darüber sprach die Mutter aus Rücksicht auf unsere jungen Jahre nicht genauer und verschonte uns mit Details. Die Frau habe beteuert, daß es erst in zwei Monaten sein werde, und solange könne sie noch gut alles machen. Es zeigte sich, daß sie die Wahrheit sprach, sie war von erstaunlichem Fleiß. »Da könnten sich Nicht-Schwangere ein Beispiel nehmen«, sagte die Mutter.

Einmal als ich zum Essen nach Hause kam, blickte ich vom Stiegenhaus in den Hof hinunter: Frau Lischka stand da, teppichklopfend, sie hatte Mühe, mit dem Bauch nicht dazwischenzukommen, und vollführte jedesmal, wenn sie zuschlug, eine sonderbar drehende Bewegung. Es sah aus, als ob sie sich mißbilligend vom Teppich wegwende, als ob er ihr so mißfalle, daß sie ihn um keinen Preis sehen wolle. Ihr Gesicht war hochrot, von oben, aus dieser Höhe, hätte man es für Zorn halten können, der Schweiß troff ihr übers rote Gesicht und sie rief etwas, was ich nicht verstand. Da niemand da war, zu dem sie hätte sprechen können, dachte ich, sie muntere sich durch Ausrufe zu den Schlägen auf.

Ich betrat bestürzt die Wohnung und fragte die Mutter, ob sie die Frau Lischka im Hof unten gesehen habe. Sie komme gleich herauf, war die Antwort, heute bekomme sie etwas zu essen, an Tagen, da sie Teppich klopfe, bekomme sie zu essen. Vertraglich sei die Mutter gar nicht dazu verpflichtet – sie gebrauchte das Wort ›vertraglich‹ –, aber die Frau tue ihr so leid. Sie habe ihr zwar gesagt, das sei sie gewöhnt, den ganzen Tag nichts zu essen, abends mache sie sich dann etwas zuhaus. Die Mutter brachte es einfach nicht übers Herz, das mitanzusehen, und an Tagen, an denen sie Teppich klopfe, gebe sie ihr zu essen. Darauf freue sie sich immer und klopfe drum besonders fest. Sie sei in Schweiß gebadet, wenn sie mit den Teppichen oben ankomme, man halte es dann in der Küche nicht aus vor Gestank, drum trage die Mutter an solchen Tagen das Essen selber ins Speisezimmer und lasse die Frau Lischka mit ihrem Hunger in der Küche. Sie gebe ihr einen riesigen Teller voll, keiner von uns dreien, nicht einmal Georg, der Jüngste, könne soviel essen. Es sei dann alles verschwunden, vielleicht packe sie sich's auch ein und nehme es in ihrer Tragtasche mit. Vor ihr, der ›gnä' Frau‹, esse sie nie, sie sei der Meinung, daß sich das nicht gehöre. Wir sprachen bei Tisch darüber. Ich fragte, warum sie nicht immer zu essen bekomme. Wenn sie wasche, kriege sie schon auch etwas, nur nicht so viel. Aber an Tagen, wo die Arbeit leichter sei – nein, vertraglich sei sie zu überhaupt nichts verpflichtet und im übrigen sei die Frau Lischka dankbar für das, was sie bekomme, dankbarer jedenfalls als ich.

»Dankbarkeit« war ein häufiger Gegenstand, wenn ich über etwas empört war und die Mutter kritisierte, war sie gleich mit meiner Undankbarkeit zur Hand. Eine ruhige Diskussion zwischen uns war nicht möglich. Ich sagte schonungslos, was ich dachte, sagte es aber nur, wenn ich aufgebracht war, so klang es immer verletzend. Sie verteidigte sich, so gut sie konnte. Wenn sie sich in die Enge getrieben fühlte, fiel sie auf das Opfer zurück, das sie uns nun schon seit zwölf Jahren brachte und warf mir vor, daß ich gar keine Dankbarkeit dafür zeigte.

Ihre Gedanken richteten sich auf das übervölkerte Kabinett in der Wohnung und die Gefahr, die uns dreien von diesem Treiben drohe, wobei sie offen nur von der Faulheit sprach, vom schlechten Beispiel eines ausgewachsenen Menschen, der tagsüber im Bett lag oder halbnackt in einem schmierigen Schlafrock herumwanderte, während sie insgeheim an alle Laster dachte, von denen ich nichts ahnte. *Meine* Gedanken gingen zu Frau Lischka in die Küche, die dankbar dafür war, daß sie hie und da zu essen bekam, die mich nie traf, ohne freudigst zu beteuern: »Habt's a gute Mutter« und das durch heftiges Kopfwackeln bekräftigte. Uns beiden diente sie als immerwährender Anlaß zur Selbstbestätigung, der Mutter für ihr gutes Herz, denn sie gab ihr ›nichtvertraglich‹ zu essen, mir für ein Anstandsgefühl, das ihre Arbeit in dieser Verfassung als Schuld empfand. Wir stürzten uns in das Turnier der Selbstgerechtigkeit, zwei unermüdliche Ritter. Mit der Kraft, die wir für diese Kämpfe verwendeten, hätten wir alle Teppiche sämtlicher Hausparteien ausklopfen können und für die Wäsche wäre auch noch etwas übriggeblieben. Aber es ging, davon waren wir beide überzeugt, ums Prinzip: um Dankbarkeit ihr, um Gerechtigkeit mir.

So war das Mißtrauen mit uns in die Wohnung gezogen. Für die Mutter war es nicht gut, daß es dieses Geheimnis in der Wohnung gab, Johnnies übervölkertes Kabinett, und die hochschwangere Frau, die sich in Hof oder Küche abplagte, erfüllte *mich* mit Schrecken. Immer fürchtete ich, sie werde zusammenbrechen, wir würden Schreie hören, in die Küche laufen und sie dort in ihrem Blute liegen finden. Die Schreie wären dann die ihres neugeborenen Kindes und Frau Lischka wäre tot.

Das Geschenk

Dieses Jahr in der Radetzkystraße, in dem wir so dicht beisammen lebten, ist das gedrückteste Jahr, das ich in Erinnerung habe.

Ich fühlte mich, kaum betrat ich die Wohnung, unter Beobachtung. Nichts, was ich tat oder sagte, war recht. Es war alles so nah, das kleine Zimmer, in dem ich schlief und in dem meine Bücher standen, in das ich mich so rasch wie möglich zu retten suchte, lag zwischen dem allgemeinen Wohnzimmer und dem Schlafzimmer von Mutter und Brüdern. Es war nicht möglich, ungesehen hinein zu verschwinden, Begrüßungen und Erklärungen im Wohnzimmer bildeten den Anfang jeder Heimkehr. Ich wurde ausgefragt, und ohne daß es gleich zu Beschuldigungen gekommen wäre, verrieten die Fragen Mißtrauen. War ich im Laboratorium gewesen oder hatte ich die Zeit in Vorlesungen totgeschlagen?

Fragen solcher Art hatte ich mir durch Offenheit eingebrockt. Ich pflegte besonders von solchen Vorlesungen zu erzählen, die durch ihren Gegenstand nicht zu weit außerhalb allgemeiner Verständlichkeit lagen. Europäische Geschichte seit der Französischen Revolution lag jedem näher als Pflanzenphysiologie oder Physikalische Chemie. Daß ich über diese schwieg, bedeutete keineswegs einen Mangel an Interesse. Aber nur was ich sagte, galt, es allein hatte Bestand, aus meinem eigenen Munde wurde ich verklagt: der Wiener Kongreß beschäftigte mich mehr als Schwefelsäure! »Du zersplitterst dich«, hieß es, »so kommst du nicht weiter.«

»Ich *muß* in diese Vorlesungen gehen«, sagte ich, »ich ersticke sonst. Ich kann doch nicht alles aufgeben, was mich wirklich interessiert, bloß weil ich etwas studiere, was mir nicht liegt.«

»Aber warum liegt es dir nicht? Du bereitest dich darauf vor, keinen Beruf auszuüben. Du fürchtest, die Chemie könnte dich plötzlich interessieren. Das ist doch ein Beruf, dem die Zukunft gehört – und da baust du vor und verbarrikadierst dich dagegen. Nur nicht sich die Hände schmutzig machen! Das einzig Saubere sind die Bücher. Du gehst in alle möglichen Vorlesungen, bloß um noch mehr Bücher über ihre Gegenstände zu lesen. Das nimmt kein Ende. Weißt du noch immer nicht, wie das bei dir ist? Das hat schon in der Kindheit bei dir begonnene. Für jedes Buch, aus dem du etwas Neues erfährst, brauchst du zehn andere, aus denen du noch mehr darüber erfährst. Eine Vorlesung, die dich interessiert, ist eine Belastung. Ihr Gegenstand wird dich immer mehr interessieren. Die Philosophie der Vorsokratiker! Schön, du wirst ein Rigorosum darin ablegen müssen. Das muß also sein. Du schreibst mit, du hast schon ganze Hefte voll, aber wozu die Bücher, die du dir dazu wünschst? Glaubst du, ich weiß nicht, was du da alles schon auf der Liste hast? Das können wir nicht bestreiten. Selbst wenn wir's bestreiten könnten, es wäre schlecht für dich. Es würde dich weiter und weiter verlocken und von deiner Hauptsache abbringen. Du sagst doch, der Gomperz ist auf diesem Gebiet bekannt, hast du nicht gesagt, daß schon sein Vater für seine ›Griechischen Denker‹ berühmt war?«

»Ja«, unterbrach ich, »in drei Bänden, das wünsche ich mir, das möchte ich haben.«

»Ich brauche nur den Vater deines Professors zu erwähnen und schon ist ein dreibändiges wissenschaftliches Werk auf dem Programm. Du glaubst doch nicht, daß ich dir das wirklich schenken werde. Der Sohn soll dir genügen. Schreib dir's nur auf und lern aus deinen Heften.«

»Das ist mir zu langsam. Das dauert, das dauert, du kannst dir das nicht vorstellen. Ich möchte schon weiterlesen, ich kann nicht darauf warten, bis der Gomperz bei Pythagoras angelangt ist, ich will schon etwas über Empedokles und über Heraklit erfahren.«

»Du hast doch in Frankfurt schon so viele antike Autoren gelesen. Offenbar waren es immer die falschen. Immer lagen diese Bände herum, die so häßlich waren und alle gleich aussahen. Warum waren da die griechischen Philosophen nicht darunter? Du hast dich schon damals für das interessiert, was du später nicht brauchen würdest.«

»Die Philosophen mochte ich damals nicht. Von Plato hielt mich die Ideenlehre ab, die aus der Welt einen Schein macht. Und Aristoteles hab ich nie leiden können. Das ist der Alleswisser um des Einteilens willen. Man kommt sich bei ihm vor, als wäre man in unzählige Schubladen eingesperrt. Hätte ich damals die Vorsokratiker gekannt, du kannst mir glauben, ich hätte jedes Wort von ihnen gelesen. Aber es hat mir nie jemand etwas davon gesagt. Alles fing mit Sokrates an, es war, als hätte sich niemand vorher Gedanken über etwas gemacht. Und weißt du, ich habe Sokrates nie wirklich gern gehabt. Vielleicht habe ich die großen Philosophen gemieden, weil sie seine Schüler waren.«

»Soll ich dir sagen, warum du ihn nicht gern gehabt hast?« Ich hätte es lieber nicht von ihr erfahren. Sie hatte auch über Dinge, von denen sie nicht viel verstand, eine ganz persönliche Meinung, und auch wenn ich wußte, daß es nicht stimmen konnte, was sie sagte, traf es mich jedesmal und legte sich wie ein Mehltau über die Dinge, die ich liebte. Ich spürte, daß es ihre Absicht war, mir Dinge zu verleiden, bloß weil sie mich zu weit fortrissen. Diese Begeisterung für das viele, die bei mir immer auf dem Sprung lag, fand sie in meinem Alter lächerlich und *unmännlich*. Das war das Tadelswort, das ich in der Zeit der Radetzkystraße am meisten von ihr hörte.

»Du hast Sokrates nicht gern, weil er so vernünftig ist, er geht immer vom Alltag aus, er hat etwas Handfestes, er spricht gern von Handwerkern.«

»Aber fleißig war er nicht. Er hat den ganzen Tag *geredet*.«

»Das paßt euch großen Schweigern nicht! Wie ich euch das nachfühle!« Da war er wieder, der alte Hohn, mit dem ich so früh schon Bekanntschaft gemacht hatte, als ich bei ihr Deutsch lernte. »Oder ist es so, daß du nur immer selbst reden möchtest und Leute wie Sokrates fürchtest, die ganz genau prüfen, was so geredet wird und einem nichts durchgehen lassen?«

Sie war so apodiktisch wie ein Vorsokratiker und wer weiß, ob meine Vorliebe für diese, die ich jetzt erst kennenlernte, nicht mit *ihrer* Art zusammenhing, die ich mir ganz zu eigen gemacht hatte. Mit welcher Gewißheit sie ihre Meinungen immer aussprach! Kann man sie überhaupt Meinungen nennen? Jeder Satz, den sie äußerte, hatte die Kraft eines Glaubenssatzes: alles war sicher. Zweifel kannte sie nicht, jedenfalls nicht über sich. Vielleicht war es besser so, denn hätte sie Zweifel gekannt, so wären diese mit derselben Kraft ausgestattet gewesen wie ihre Behauptungen und sie hätte sich in Grund und Boden, in Tod und Verderben gezweifelt.

Ich spürte die Enge und stieß in jede Richtung vor. Ich kehrte zurück in die Enge und holte mir aus dem Widerstand, den ich fühlte, Kraft zu neuen Vorstößen. In der Nacht fühlte ich mich allein. Die Brüder, die ihr sekundierten und ihre Kritik an mir mit eigenen Eskapaden unterstrichen, schliefen dann schon, sie selber war zu Bett gegangen. Da war ich endlich frei, im winzigen Zimmer saß ich am winzigen Tisch und unterbrach, was ich las oder schrieb, mit zärtlichen Blicken auf die Rücken meiner Bücher. Ihre Reihen nahmen nicht mehr sprunghaft zu wie in Frankfurt. Aber ganz versiegte der Zustrom nie, es gab diese oder jene Gelegenheit, bei der man beschenkt wurde, und wer hätte es schon gewagt, mir etwas anderes als ein Buch zu schenken.

Es gab Chemie, Physik, Botanik, auch allgemeine Zoologie, die ich nachts studieren wollte, und es galt nicht als Lichtverschwendung, daß ich mich ihnen nachts noch zuwandte. Aber gerade die Lehrbücher blieben nicht lange aufgeschlagen, statt der Kolleghefte, in denen man den Vorlesungen nachzuhinken pflegte, lagen bald die wirklichen, die eigentlichen Hefte da, in die ich jeden Überschwang, aber auch die Kümmernisse verzeichnete. Die Mutter sah vor dem Einschlafen das Licht aus meinem Zimmerchen unter der Tür, das Verhältnis in der Zürcher Scheuchzerstraße hatte sich umgekehrt. Sie konnte sich vorstellen, was ich an meinem Tischchen trieb, aber da mein Aufbleiben dem Studium galt, das sie ein für allemal gebilligt hatte, mußte sie es anerkennen und unternahm dagegen nichts.

Sie hatte, wie sie glaubte, Grund, meine Schritte zu dieser Zeit zu überwachen. Sie hatte kein rechtes Zutrauen zur Chemie: weder zog sie mich genug an, noch konnte sie mich auf die Dauer interessieren. Daß ich mit Rücksicht auf ihre materiellen Sorgen – obwohl ich fühlte, daß sie unbegründet waren – auf die Medizin verzichtet hatte, bloß weil es zu lange gedauert hätte, nahm sie zwar hin und lobte das Opfer, das sie darin sah. Sie hatte uns ihr Leben zum Opfer gebracht, und ihre periodisch wiederkehrenden Schwächen und Krankheiten waren der Beweis dafür, wie ernst und schwer dieses Opfer war. So war es nun an der Zeit, daß auch ich, als der Älteste, ein Opfer brachte. Ich verzichtete auf die Medizin, die ich mir als uneigennützigen Beruf, als Dienst an der Menschheit vorstellte, und wählte einen Beruf, der nichts weniger als uneigennützig war: der Chemie gehörte, wie sie von allen Seiten hören konnte, die Zukunft. Es gab aussichtsreiche Stellen in der Industrie, die Chemie war nützlich, o so nützlich, wer sich in ihrem Bereich ansiedelte, verdiente gut, sehr gut, und daß ich mich zu dieser Nützlichkeit hergab oder hergeben wollte, erschien ihr als Opfer, das sie anerkannte. Doch mußte ich vier Jahre dabei bleiben, und darüber hatte sie schwere Zweifel. Nur unter einer bestimmten Bedingung hatte ich mich zur Chemie entschlossen, daß nämlich Georg, den ich seit unseren gemeinsamen Monaten in der Praterstraße mehr als jeden anderen Menschen liebte, Medizin statt meiner studieren dürfe. Schon hatte ich ihn mit meiner eigenen Neigung dafür erfüllt und er wünschte sich nichts Besseres, als einmal das zu tun, worauf ich um seinetwillen verzichtet hatte.

Ihre Zweifel waren berechtigt. Ich hatte meine eigene Version von der Sache, es *war* kein Opfer, denn ich studierte nicht wirklich Chemie mit der Absicht, einmal ein gut verdienender Chemiker zu werden. Das Vorurteil gegen Tätigkeiten, die man um des guten Verdienens willen betrieb und nicht aus Gründen innerer Berufung, war unüberwindlich. Ich beruhigte die Mutter, indem ich sie glauben ließ, daß ich eines Tages als Chemiker in eine Fabrik gehen würde. Aber ich sprach nie davon, es war eine stillschweigende Annahme von ihr, die ich duldete. Man hätte es einen Waffenstillstand nennen können: ich versagte mir alle Reden darüber, daß kein Beruf, der nicht eine Berufung sei, es wert sei, ergriffen zu werden und daß kein Beruf zähle, der nicht für die anderen nützlicher sei als für einen selbst. Sie malte dafür die chemische Zukunft nicht aus. Sie hatte nicht vergessen, was im Krieg noch vor wenigen Jahren geschehen war, als Giftgase zur Anwendung kamen, und ich glaube nicht, daß es leicht für sie war, über diesen Aspekt der Chemie hinwegzukommen, denn eine Kriegsgegnerin ist sie auch in der Zeit ihrer Ernüchterung, ihrer Verengung geblieben. So schwiegen wir beide über die häßliche Zukunft, die mir als Folge des ›Opfers‹ bevorstand. Die Hauptsache war, daß ich täglich ins Laboratorium ging und mich durch die regelmäßigen Stunden dort an eine Beschäftigung gewöhnte, die ihre eigene Disziplin erforderte und weder die fressende Wißbegier noch die dichterischen Proklamationen nährte.

Sie ahnte nicht, wie sehr ich sie über die Natur dieses Unternehmens täuschte. Keinen Augenblick nahm ich mir ernsthaft vor, je als Chemiker zu arbeiten. Ich *ging* ins Laboratorium, ich verbrachte den besten Teil des Tages dort, ich tat, was dort geboten war, nicht schlechter als andere; ich erfand eine eigene Begründung dafür, die diese Beschäftigung vor mir rechtfertigte. Noch war es mein Wunsch, *alles* zu erfahren und mir anzueignen, was es an Wissenswertem auf der Welt gab, noch hatte ich den ungebrochenen Glauben, daß das wünschenswert und auch möglich sei. Nirgends sah ich Grenzen, weder in der Aufnahmefähigkeit eines menschlichen Gehirns noch in der monströsen Natur eines Geschöpfs, das aus nichts als Aufgenommenem und der Absicht auf noch Aufzunehmendes bestand. Ich hatte auch noch nicht erfahren, daß irgendein Wissen, auf das ich mich stürzte, sich mir versagt hätte. Wohl hatte ich den einen oder den anderen schlechten Lehrer gehabt, der einem nichts, absolut nichts vermittelt und der einen außerdem noch mit Abneigung für seinen Gegenstand erfüllt hatte. Ein solcher Lehrer war der in Frankfurt für Chemie gewesen. Viel mehr als die Formeln für Wasser und Schwefelsäure war mir von seinem Unterricht nicht geblieben und mit Ekel erfüllten mich seine Bewegungen, während der paar Experimente, die er uns vorführte. Es war, als säße ein verkleidetes Faultier vor uns, das von Stunde zu Stunde langsamer an Apparaten hantierte. So war statt einer kleinen Ahnung von Chemie eine wahrhaftige Wissenslücke geblieben. Diese galt es jetzt aufzufüllen und sie war so groß, daß man zu diesem Zweck sogar Chemie studieren durfte.

Für Selbsttäuschung gibt es keine Grenze und ich entsinne mich wohl, wie oft ich mir diesen Grund vorsagte, wenn zuhause darauf bestanden wurde, daß ich nicht zuviel anderes daneben treibe, daß ich mich auf die Chemie beschränken müsse. Eben das, wovon ich am wenigsten wußte, würde mein gründlichstes Wissen werden. *Das* war das Opfer, das ich einer sträflichen Unkenntnis brachte, und die Medizin, auf die ich verzichtet hatte, war das *Geschenk,* das ich meinem Bruder machte, um ihm meine Liebe zu beweisen. Er war ein Stück von mir, zusammen hätten wir dann das Ganze gewonnen, was es zu wissen gab, und so würde uns auch nichts je voneinander trennen können.

Simsons Blendung

Unter den Vorwürfen, die ich in diesem Jahr oft zu hören bekam, gab es einen, der mir zu schaffen machte: daß ich nicht wisse, wie es im Leben zugehe, daß ich verblendet sei, daß ich es gar nicht wissen *wolle.* Ich hätte Scheuklappen an und sei entschlossen, nie ohne sie zu sehen. Immer suche ich nach dem, was ich von den Büchern her kenne. Sei es daß ich mich zu sehr auf *eine* Art von Büchern beschränkte, sei es daß ich ihnen das Falsche entnähme – jeder Versuch, mit mir über etwas zu sprechen, wie es faktisch vor sich gehe, sei zum Scheitern verurteilt.

»Du willst alles hochmoralisch haben oder gar nicht. Das Wort Freiheit, das du immer im Munde führst, ist ein Witz. Einen unfreieren Menschen als dich gibt es gar nicht. Es ist dir unmöglich, dich *unbefangen* einem Ereignis zu stellen, ohne alle deine Vorurteile davor aufzuwälzen, bis es gar nicht mehr sichtbar ist. Vielleicht wäre das in deinem Alter nicht so schlimm, wenn nicht dieser hartnäckige Widerstand wäre, der Trotz und feste Vorsatz, es dabei zu belassen, ja nie etwas daran zu ändern. Von Entwicklung, von allmählichem Reifen, von Verbesserung und besonders von der Nützlichkeit eines Menschen auch für andere hast du mit all deinen großen Worten keine Ahnung. Das Grundübel ist deine Verblendung. Von Michael Kohlhaas hast du vielleicht auch etwas gelernt. Nur bist du kein interessanter Fall, denn er hat immerhin etwas tun müssen. Was tust du?«

Es war richtig, daß ich nicht lernen wollte, wie es in der Welt zuging. Ich hatte das Gefühl, daß ich mich durch Einsicht in etwas zu Mißbilligendes daran mitschuldig machen würde. Ich wollte es nicht lernen, wenn lernen bedeutete, daß ich denselben Weg gehen müsse. Es war das *nachahmende* Lernen, gegen das ich mich wehrte. Gegen dieses trug ich Scheuklappen, da hatte sie recht. Sobald ich merkte, daß man mir etwas *empfahl,* bloß weil es in der Welt so üblich sei, bockte ich und schien nicht zu verstehen, was man von mir wollte. Auf anderen Wegen kam mir aber die Wirklichkeit doch nahe, viel näher, als sie und vielleicht auch ich selber damals ahnten.

Denn ein Weg zur Wirklichkeit geht über *Bilder*. Ich glaube nicht, daß es einen besseren Weg gibt. Man hält sich an das, was sich nicht verändert, und schöpft damit das immer Veränderliche aus. Bilder sind Netze, was auf ihnen erscheint, ist der haltbare Fang. Manches entschlüpft und manches verfault, doch man versucht es wieder, man trägt die Netze mit sich herum, wirft sie aus und sie stärken sich an ihren Fängen. Es ist aber wichtig, daß diese Bilder auch *außerhalb* vom Menschen bestehen, in ihm sind selbst sie der Veränderlichkeit unterworfen. Es muß einen Ort geben, wo er sie unberührt finden kann, nicht er allein, einen Ort, wo jeder, der unsicher wird, sie findet. Wenn er das Abschüssige seiner Erfahrung fühlt, wendet er sich an ein Bild. Da hält die Erfahrung still, da sieht er ihr ins Gesicht. Da beruhigt er sich an der Kenntnis der Wirklichkeit, die seine eigene ist, obwohl sie ihm hier vorgebildet wurde. Scheinbar wäre sie auch ohne ihn da, doch dieser Anschein trügt, das Bild braucht *seine* Erfahrung, um zu erwachen. So erklärt es sich, daß Bilder während Generationen schlummern, weil keiner sie mit der Erfahrung ansehen kann, die sie weckt.

Stark fühlt sich, wer die Bilder findet, die seine Erfahrung braucht. Es sind mehrere – allzuviele können es nicht sein, denn ihr Sinn ist es, daß sie die Wirklichkeit gesammelt halten, in ihrer Zerstreuung müßte sie zersprühen und versickern. Aber es soll auch nicht ein einziges sein, das dem Inhaber Gewalt antut, ihn nie entläßt und ihm Verwandlung verbietet. Es sind mehrere Bilder, die einer für ein eigenes Leben braucht, und wenn er sie früh findet, geht nicht zuviel von ihm verloren.

Mein Glück war es, daß ich in Wien war, als ich solche Bilder am meisten brauchte. Gegen die falsche Wirklichkeit, mit der man mich bedrohte, die der Nüchternheit, der Starrheit, des Nutzens, der Enge, mußte ich die andere Wirklichkeit finden, die weit genug war, um auch ihrer Härten Herr zu werden und ihnen nicht zu erliegen.

Ich geriet an die Bilder von Breughel. Meine Bekanntschaft mit ihnen begann nicht dort, wo die eigentlichen Herrlichkeiten hängen, im Kunsthistorischen Museum. Zwischen Vorlesungen im Physikalischen und Chemischen Institut fand ich Zeit für einen kurzen Besuch im Liechtenstein-Palais. Von der Boltzmanngasse ging es in raschen Sprüngen die Strudlhofstiege hinunter und schon war ich in der wunderbaren Galerie, die heute nicht mehr besteht, da sah ich meine ersten Breughels. Es kümmerte mich wenig, daß es Kopien waren – den Unerschütterlichen, den Sinne- und Nervenlosen möchte ich sehen, der sich, mit *diesen* Bildern plötzlich konfrontiert, die Frage stellt: Kopien oder Originale? Für mich hätten sie Kopien von Kopien von Kopien sein können, es hätte mich wenig geschert, denn es waren die ›Sechs Blinden‹ und der ›Triumph des Todes‹. Alle Blinden, die ich später sah, entstammen dem ersten dieser Bilder.

Der Gedanke an Blindheit hatte mich verfolgt, seit ich in früher Kindheit an den Masern erkrankte und dabei während einiger Tage das Augenlicht verlor. Jetzt waren sechs Blinde in einer schiefen Reihe da, die einander an Stöcken oder bei der Schulter hielten. Der erste von ihnen, der sie anführte, lag schon im Wassergraben, der zweite, der daran war, ihm nachzustürzen, wandte dem Beschauer sein volles Gesicht zu: die leeren Augenhöhlen und den schreckensoffenen Mund mit den blekkenden Zähnen. Zwischen ihm und dem dritten war der größte Abstand dieses Bildes, noch hielten beide den Stock fest, der sie verband, aber der dritte hatte einen Ruck, eine unsichere Bewegung verspürt und stellte sich leicht zögernd auf die Fußspitzen, sein Gesicht, das man im Profil sieht – nur das eine blinde Auge –, verrät nicht Angst, aber den Ansatz einer Frage, während hinter ihm der vierte noch voller Vertrauen die Hand auf seiner Schulter liegen hat und das Gesicht zum Himmel hinauf gerichtet. Sein Mund ist weit offen, als erwarte er darin von oben etwas zu empfangen, das den Augen versagt ist. Den langen Stock in der Rechten hat er für sich allein, ohne sich auf ihn zu stützen. Das ist der Gläubigste der Sechs, zuversichtlich bis ins Rot seiner Strümpfe, die beiden letzten hinter ihm gehen ergeben seinen Weg, jeder der Trabant des Vordermanns. Auch ihr Mund ist offen, aber weniger, sie sind am weitesten vom Wassergraben weg und erwarten und befürchten nichts und haben keine Frage. Wenn es nicht so sehr um die blinden Augen ginge, wäre einiges über die Finger der Sechs zu sagen, sie greifen und berühren anders als die von Sehenden; und ihre Füße tasten den Boden anders.

Dieses eine Bild hätte für eine Galerie gereicht, aber dann fand ich mich unerwartet – ich fühle noch heute den Schock – vor dem ›Triumph des Todes‹. Hunderte von Toten, in Form von Skeletten, sehr aktive Skelette, sind damit beschäftigt, ebensoviele Lebende zu sich hinüberzuziehen. Es sind Figuren jeder Art, sei es in Massen, seien es einzelne, nach ihrem Stand erkennbar, in ungeheurer Anstrengung, ihre Energie übertrifft um ein Mehrfaches die der Lebenden, denen sie sich zugewandt haben. Man weiß auch, daß es ihnen gelingen wird, doch ist es noch nicht gelungen. Man steht auf der Seite der Lebenden, deren Abwehr man stärken möchte, aber es verwirrt einen, daß die Toten lebendiger erscheinen als sie. Die Vitalität der Toten, wenn man es so nennen will, hat einen einzigen Sinn, nämlich den, die Lebenden zu sich herüberzuholen. Sie zerstreuen sich nicht, unternehmen nicht dies oder jenes, es gibt nur das eine und einzige, das sie wollen, während die Lebenden auf vielfache Weise an ihrem Dasein hängen. Beflissen ist jeder, keiner ergibt sich, einen Lebens*müden* habe ich auf diesem Bild nicht gefunden, man muß jedem entreißen, wozu er sich freiwillig nicht versteht. Die Energie dieser Abwehr, hundertfach abgewandelt, ist auf mich übergegangen und mir war seither oft zumute, als wäre ich alle diese Leute zusammen, die dem Tod widerstehen.

Ich begriff, daß es um Masse geht, auf beiden Seiten, und sosehr der einzelne seinen Tod allein fühlt, für jeden anderen einzelnen gilt dasselbe und darum soll man an sie zusammen denken.

Es ist wahr, daß der Tod hier noch triumphiert, aber es wirkt nicht wie eine Schlacht, die schon ein für allemal geschlagen wurde, sie findet weiter, sie findet wieder statt, und so wie man sie hier erlebt, ist es keineswegs ausgemacht, daß sie immer denselben Ausgang nehmen wird. Dieser ›Triumph des Todes‹ von Breughel ist das erste gewesen, was mich mit Zuversicht für meinen Kampf erfüllt hat. Jedes andere seiner Bilder, die ich im Kunsthistorischen Museum sah, hat mir dann noch ein unverlierbares Stück der Wirklichkeit dazugeschenkt. Ich stand Hunderte von Malen vor jedem von ihnen, ich kenne sie so gut wie meine nächsten Menschen, unter den Büchern, die ich mir vornahm und deren Nicht-Vollendung ich mir vorwerfe, findet sich auch eines, das alle Erlebnisse bei Breughel enthält.

Das waren aber nicht die frühesten Bilder, die ich aufgesucht habe. In Frankfurt durfte man, um zum Städel zu gelangen, den Main überqueren. Man sah den Fluß und die Stadt und schöpfte Atem, es gab einem Mut für das Furchtbare, das einen erwartete. Es war das große Rembrandtbild ›Die Blendung Simsons‹, das mich erschreckt, gepeinigt und hingehalten hat. Ich sah es, als ob es sich vor meinen Augen abgespielt hätte, und da es um den Moment ging, in dem Simson sein Augenlicht verlor, war es eine Zeugenschaft entsetzlichster Art. Vor Blinden hatte ich immer Scheu empfunden und sie nie zu lange angesehen, obschon sie mich faszinierten. Da sie mich nicht sehen konnten, fühlte ich mich vor ihnen schuldig. Hier aber war nicht der Zustand dargestellt, nicht Blindheit, sondern die Blendung.

Simson liegt da, mit nackter Brust, das Hemd heruntergezogen, den rechten Fuß schräg in die Höhe gestreckt, die Zehen in wahnwitzigem Schmerz verkrampft. Ein Kriegsknecht, in Helm und Panzer über ihn gebeugt, hat ihm das Eisen ins rechte Auge gestoßen, Blut spritzt auf die Stirn, sein Haar ist kurzgeschoren, unter ihm liegt ein Kriegsknecht, der seinen Kopf dem Eisen entgegenhält. Ein anderer Häscher nimmt den linken Teil des Bildes ein. Er steht mit gespreizten Beinen da, auf Simson zugeneigt und hält in beiden Händen die Hellebarde, auf Simsons linkes Auge, das fest geschlossen ist, gerichtet. Die Hellebarde reicht durch das halbe Bild, Drohung der Blendung, die wiederholt werden wird. Zwei Augen hat Simson wie jeder, vom Häscher, der die Hellebarde hält, sieht man nur das eine, Simsons blutverschmiertem Gesicht und der Vollendung des Auftrags zugewandt.

Das volle Licht fällt von außerhalb der Gruppe, in der alles sich ereignet, auf Simson. Es ist nicht möglich wegzusehen, diese Blendung ist noch nicht Blindheit, sie *wird* es erst und erwartet weder Rücksicht noch Schonung. Sie will gesehen sein, und wer sie gesehen hat, weiß, was Blendung ist, und sieht sie überall. Es gibt ein Augenpaar auf dem Bild, das der Blendung zugewandt bleibt und sie nie preisgibt, die Augen Dalilas, die im Triumph enteilt, in einer Hand die Schere, in der anderen Simsons abgeschnittenes Haar. Fürchtet sie ihn, dessen Haar sie hält? Will sie sich vor dem einen Auge, solang er's noch hat, retten? Sie sieht auf ihn zurück, Haß und mörderische Spannung auf ihrem Gesicht, auf das soviel Licht fällt wie auf das des Geblendeten. Ihr Mund ist halb offen: »Die Philister über dir, Simson!« hat er eben gerufen.

Versteht er ihre Sprache? Das Wort Philister versteht er, den Namen ihrer Leute, die er schlug und tötete. Zwischen Verstümmelung und Verstümmelung blickt sie auf ihn, sie wird ihm das verbliebene Auge nicht schenken, sie wird nicht »Gnade!« rufen und sich vors Messer werfen, sie wird ihn nicht mit den Haaren, die sie hält, mit seiner alten Kraft bedecken. Worauf blickt sie zurück? Auf das geblendete Auge und auf das, das geblendet werden wird. Sie wartet auf das Eisen, das noch einmal zustößt. Sie ist der Wille, durch den es geschieht. Die Männer im Panzer, der mit der Hellebarde sind ihre Handlanger. Sie hat ihm seine Kraft genommen. Sie hält seine Kraft und haßt und fürchtet ihn noch jetzt und wird ihn hassen, solange sie an diese Blendung denkt, und wird, um ihn zu hassen, immer an sie denken.

An diesem Bild, vor dem ich oft stand, habe ich erlernt, was Haß ist. Ich hatte ihn früh empfunden, viel zu früh, mit Fünf, als ich meine Spielgefährtin mit dem Beil erschlagen wollte. Aber ein Wissen um das Empfundene hat man damit noch nicht, es muß einem erst vor Augen treten, an anderen, damit man es erkennt. *Wirklich* wird erst das Erkannte, das man zuvor erlebt hat. Ohne daß man es nennen könnte, ruht es erst in einem, dann steht es plötzlich da als Bild, und was anderen geschieht, erschafft sich in einem selbst als Erinnerung: jetzt ist es wirklich.

Frühe Ehre des Intellekts

Die jungen Menschen, mit denen ich umging, hatten eines miteinander gemein, sosehr sie sich in allem Übrigen voneinander unterschieden: sie interessierten sich nur für geistige Dinge. Sie wußten über alles Bescheid, was in den Zeitungen stand, aber in Aufregung gerieten sie, wenn von Büchern die Rede war. Einige wenige Bücher standen im Mittelpunkt der Aufmerksamkeit, es wäre verächtlich gewesen, nicht über sie Bescheid zu wissen. Trotzdem kann man nicht sagen, daß irgendeiner allgemeinen oder führenden Meinung nachgeredet wurde, man las solche Bücher selbst, man las einander Stellen daraus vor, man zitierte sie auswendig. Kritik war nicht nur erlaubt, sie war erwünscht, man suchte Angriffspunkte zu finden, die die öffentliche Reputation eines Buches ins Schwanken brachten, und diskutierte sie hitzig durch, wobei auf Logik, Schlagfertigkeit und Witz viel Wert gelegt wurde. Mit Ausnahme von allem, was von Karl Kraus verfügt worden war, stand nichts fest, man liebte es sehr, an den Dingen zu rütteln, die sich zu leicht und zu rasch durchsetzten.

Die Bücher, auf die es besonders ankam, waren solche, die viel Spielraum zur Diskussion ließen. Die Zeiten der Hauptwirkung Spenglers, deren Zeuge ich am Frankfurter Pensionstisch gewesen war, schienen vorüber; oder war seine Wirkung in Wien keine so entscheidende gewesen? Ein pessimistischer Akzent war aber auch hier unverkennbar. Otto Weiningers ›Geschlecht und Charakter‹ – obwohl schon vor 20 Jahren erschienen – kam noch in jeder Diskussion zur Sprache. Die pazifistischen Bücher meiner Zürcher Kriegszeit waren alle durch ›Die letzten Tage der Menschheit‹ verdrängt. Ganz und gar nicht zählte die Literatur der Dekadenz. Hermann Bahr hatte ausgespielt, die Zahl seiner Rollen war zu groß gewesen, nun nahm man keine mehr ernst. Die Haltung zum Krieg ganz besonders *während* des Kriegs war für das Ansehen eines Schriftstellers entscheidend. So blieb Schnitzlers Name unberührt, er hatte keine Dringlichkeit mehr, aber er wurde nicht verhöhnt, er hatte sich – im Gegensatz zu anderen – nie zu Kriegspropaganda hergegeben. Es war auch keine günstige Zeit für Alt-Österreich. Die Monarchie, eben auseinandergefallen, war diskreditiert, Monarchisten gebe es, so sagte man mir, nur noch unter den

Kerzelweibern. Der Verstümmelung Österreichs, des erstaunlichen Weiterbestands Wiens – der nunmehr viel zu großen Hauptstadt – als ›Wasserkopfs‹, war man sich wohl bewußt. Aber man gab den geistigen Anspruch, der zu einer Weltstadt gehört, keineswegs auf. Man interessierte sich für alles, was es auf der Welt gab, noch so, als ob es auch für die Welt von Bedeutung sein könnte, wie man darüber denke, und man hielt an den spezifischen Neigungen Wiens fest, wie sie sich seit langem ausgebildet hatten, insbesondere der Musik. Ob man musikalisch war oder nicht, man ging auf den Stehplatz in Konzerte. Der Kult Gustav Mahlers, in der weiteren Welt als Komponist noch wenig bekannt, hatte hier schon einen ersten Höhepunkt erreicht, seine Größe war unbestritten.

Es gab kaum ein Gespräch, in dem der Name Freud nicht auftauchte, ein Name nicht weniger komprimiert als der von Karl Kraus, durch den dunkleren Diphthong und das ›d‹ am Schluß, aber auch durch seine Bedeutung anziehender. Eine Reihe von einsilbigen Namen war damals im Umlauf, sie hätten für die verschiedensten Bedürfnisse ausgereicht, aber mit Freud hatte es eine besondere Bewandtnis: er war durch einige seiner Wortprägungen schon in den Sprachgebrauch eingegangen. Von den maßgeblichen Figuren der Universität war er noch hochmütig abgelehnt. *Fehlleistungen* aber waren eine Art von Gesellschaftsspiel geworden. Um das beliebte Wort häufig gebrauchen zu können, wurden sie am laufenden Band produziert, in jedem noch so animierten und anscheinend spontanen Gespräch kam ein Moment, da man es dem Partner am Munde absehen konnte: jetzt kommt eine Fehlleistung. Und schon war sie draußen, schon konnte man selbstgefällig zu ihrer Erklärung schreiten, die Prozesse aufdecken, die zu ihrer Bildung geführt hatten, und dabei so ausführlich wie unermüdlich von eigenen Dingen sprechen, ohne aufdringlich privat zu wirken, denn man nahm teil an der Aufklärung eines Prozesses von allgemeinem, sogar wissenschaftlichem Interesse.

Immerhin, das erkannte ich bald, war dieser Teil der Freudschen Lehre der einleuchtendste. Wenn von Fehlleistungen die Rede war, hatte ich nie das Gefühl, daß etwas um jeden Preis zurechtgebogen wurde, um in ein immergleiches und darum bald langweiliges Schema zu passen. Auch hatte jeder seine eigene Art, Fehlleistungen zu erfinden. Es passierten geistreiche

Dinge, manchmal kam es sogar zu einer echten Fehlleistung, der man's anmerkte, daß sie nicht geplant worden war. Ganz anders stand es hingegen mit den Ödipus-Komplexen. Um diese raufte man sich, jeder wollte seinen, oder man warf sie auch Anwesenden an den Kopf. Wer immer bei diesen geselligen Veranstaltungen zugegen war, konnte sich darauf verlassen: wenn er seinen Ödipus nicht von selber zur Sprache brachte, wurde er von einem anderen, nach einem erbarmungslos durchdringenden Blick, damit beworfen. Auf irgendeine Weise kam jeder (sogar posthume Söhne) zu seinem Ödipus, und zum Schluß saß die ganze Gesellschaft gleich schuldig da, potentielle Mutterliebhaber und Vatermörder, durch den mythischen Namen umnebelt, heimliche Könige von Theben.

Ich hatte meine Zweifel an der Sache, vielleicht weil ich mörderische Eifersucht von klein auf kannte und mir ihrer sehr unterschiedlichen Motivationen wohl bewußt war. Aber selbst wenn es einem der zahllosen Vertreter dieses Freudschen Gedankens gelungen wäre, mich von seiner allgemeinen Gültigkeit zu überzeugen, nie hätte ich den Namen für die Sache anerkannt. Ich wußte, wer Ödipus war, ich hatte Sophokles gelesen, das Ungeheure dieses Schicksals ließ ich mir nicht rauben. Zur Zeit meiner Ankunft in Wien war ein Allerweltsgeleier daraus geworden, von dem niemand sich ausnahm, auch der stolzeste Pöbelverächter war sich für einen ›Ödipus‹ nicht zu gut.

Es muß aber zugestanden werden, daß man noch unter dem Eindruck des jüngstverflossenen Krieges stand. Was man da an mörderischer Grausamkeit vor Augen gehabt hatte, war unvergessen. Viele, die aktiv daran teilgehabt hatten, waren nun zurückgekehrt. Sie wußten wohl, wozu sie – auf Befehl – imstande gewesen waren, und griffen begierig nach allen Erklärungen für Mordanlagen, die ihnen die Psychoanalyse bot. Die Banalität des kollektiven Zwangs, unter dem sie gestanden hatten, spiegelte sich in der Banalität der Erklärung. Es war schon merkwürdig, mitanzusehen, wie *harmlos* jeder wurde, der seinen Ödipus abbekam. In seiner Vertausendfachung verflüchtigt sich das furchtbarste Schicksal zum Stäubchen. Der Mythus greift in den Menschen und würgt und schüttelt ihn. Das ›Naturgesetz‹, zu dem der Mythus reduziert wird, ist nicht mehr als das Pfeifchen, nach dem er tanzt.

Die jungen Menschen, mit denen ich es zu tun hatte, waren

nicht im Krieg gewesen. Doch gingen sie alle in die Lesungen von Karl Kraus und kannten – auswendig, möchte man sagen – seine ›Letzten Tage der Menschheit‹. Das war ihre Möglichkeit, den Krieg, der ihre Jugend verdüstert hatte, nun nachzuholen, und eine Methode, die konzentrierter und legitimer zugleich gewesen wäre, um mit ihm Bekanntschaft zu machen, kann es schwerlich geben. So stand er auch ihnen immer vor Augen, und da es ihnen nicht um Vergessen zu tun war, denn sie hatten ihm ja nicht entrinnen müssen, beschäftigte er sie unaufhörlich. Sie forschten nicht der Verfassung von Menschen als Masse nach, durch die diese ergeben und gern in den Krieg gerieten und noch Jahre, nachdem er verloren war – wenn auch auf andere Weise – in ihm gefangen blieben. Es war kaum etwas dazu gesagt worden, eine Theorie dieser Phänomene bestand noch nicht. Was Freud dazu zu sagen hatte, war, wie ich selbst bald herausfinden sollte, völlig unzulänglich. So begnügten sie sich mit der Psychologie individueller Prozesse, wie sie Freud in unerschütterlicher Selbstgewißheit bot. Was immer ich ihnen über das Rätsel der Masse, das mir seit Frankfurt zu schaffen machte, vorbrachte, erschien ihnen indiskutabel, es gab ja keine intellektuelle Formel dafür. Was nicht in eine Formel gebracht war, existierte nicht, es mußte eine Einbildung sein, es hatte keinen Bestand, sonst wäre es, sei es bei Freud, sei es bei Kraus auf irgendeine Weise vorgekommen.

Die Lücke, die ich hier empfand, war vorläufig durch nichts zu füllen. Es dauerte nicht sehr lange, bis im ersten Winter 1924 auf 1925 die ›Erleuchtung‹ kam, die mein ganzes weiteres Leben bestimmte. Ich muß es ›Erleuchtung‹ nennen, denn ihr Erlebnis war mit einem besonderen Licht verbunden, es kam sehr plötzlich über mich, als ein heftiges Gefühl von Expansion. Ich befand mich in rascher und ungewöhnlich energischer Bewegung auf einer Straße Wiens, die solange andauerte wie die ›Erleuchtung‹ selbst. Ich habe nie vergessen, was in dieser Nacht geschah. Wie ein einziger Augenblick ist sie mir gegenwärtig geblieben, nach 55 Jahren, solange genau ist es her, empfinde ich sie als etwas *Unausgeschöpftes*. Wenn der gedankliche Inhalt dieser Illumination so einfach und geting ist, daß ihre Wirkung unerklärlich wäre, so habe ich doch daraus wie aus einer Offenbarung die Kraft bezogen, 35 Jahre meines Lebens, davon 20 ganz, an die Aufklärung dessen zu setzen, was Masse eigentlich ist, wie

Macht aus Masse entsteht und wie sie auf sie zurückwirkt. Es war mir damals nicht bewußt, wieviel ich bei der Art dieses Unternehmens der Tatsache verdankte, daß es einen Menschen wie Freud in Wien gab, daß von ihm so die Rede war, als könne man *selbst*, durch eigenen Willen und Beschluß, auf die Erklärung von Dingen kommen. Da seine Gedanken mir nicht genügten und das mir Wichtigste unerklärt ließen, war ich der ehrlichen, wenn auch naiven Überzeugung, daß es etwas anderes, völlig von ihm Unabhängiges war, was ich unternähme. Es war für mich klar, daß ich ihn als Gegner brauchte. Daß er mir aber auch als eine Art von Vorbild diente, davon hätte mich damals niemand überzeugen können.

Diese Erleuchtung, deren ich mich so deutlich entsinne, fand auf der Alserstraße statt. Es war Nacht, am Himmel fiel mir der rote Widerschein der Stadt auf, den ich mit emporgestrecktem Kopf betrachtete. Ich achtete nicht darauf, wie ich ging, stolperte mehrmals leicht und in einem solchen Augenblick des Stolperns, den Kopf in die Höhe gereckt, den roten Himmel, der mir eigentlich so nicht gefiel, vor Augen, zuckte es mir plötzlich durch den Kopf, daß es einen Massentrieb gab, der immer im Widerstreit zum Persönlichkeitstrieb stand, und daß aus dem Streit der beiden der Verlauf der Menschheitsgeschichte sich erklären lasse. Das kann kein neuer Gedanke gewesen sein, aber mir war er neu, denn er traf mich mit ungeheurer Gewalt. Es schien mir, daß alles, was sich jetzt in der Welt zutrage, sich daraus ableiten lasse. Daß es Masse gab, hatte ich schon in Frankfurt erfahren, ich hatte es in Wien nun wiedererlebt; daß etwas die Menschen dazu zwinge, zu *Masse* zu werden, schien mir offenkundig und unwiderlegbar, daß die Masse zu Einzelnen zerfiel, hatte nicht weniger Evidenz, ebenso daß diese Einzelnen wieder Masse werden wollten. An den Tendenzen zur Masse hin und von ihr weg hatte ich keinen Zweifel, sie schienen mir so stark und blind, daß ich sie als Trieb empfand und so benannte. Was die Masse aber selbst wirklich war, das wußte ich nicht, es war ein Rätsel, das zu lösen ich mir vornahm, es schien mir das wichtigste Rätsel, jedenfalls das vordergründigste unserer Welt.

Aber wie matt, wie erschöpft, wie ausgeblutet klingt, was ich jetzt darüber sage. Ich habe ›ungeheure Gewalt‹ gesagt und genau das war es, denn die Energie, von der ich plötzlich erfüllt war, zwang mich rascher zu gehen, fast zu laufen. Ich brauste durch die Alserstraße hin, ihre ganze Länge bis zum Gürtel, es kam mir vor, als hätte ich ihn im Nu erreicht, ein Sausen in den Ohren, der Himmel unverändert rot, als sei ihm diese Farbe nun für immer zugeteilt, wohl stolperte ich wieder, aber ohne je zu fallen, das Stolpern war wie ein integrierender Teil der Gesamtbewegung. Auf diese Weise habe ich Bewegung nie wieder erlebt, ich kann auch nicht sagen, daß ich sie mir je wieder wünschte, dazu war es zu sonderbar, fremdartig, viel rascher, als es mir gemäß ist, eine Fremdheit, die aus mir selber kam, die ich aber nicht beherrschte.

Patriarchen

Vezas Fremdartigkeit wurde überall empfunden, sie fiel auf, wo immer sie sich befand. Eine Andalusierin, die nie in Sevilla gewesen war, aber davon sprach, als wäre sie dort aufgewachsen. In ›Tausendundeine Nacht‹ war man ihr begegnet, schon als man zum erstenmal darin las. Auf persischen Miniaturen war sie eine vertraute Erscheinung. Dieser orientalischen Allgegenwart zum Trotz war sie keine Traumfigur, die Vorstellung, die man von ihr hatte, war eine sehr bestimmte, ihr Bild zerfloß nicht, es löste sich nicht auf, es behielt seine klaren Umrisse wie sein Leuchten.

Gegen ihre Schönheit, die einem die Rede verschlug, setzte ich mich zur Wehr. Als unerfahrenes Geschöpf, dem Knabenalter kaum entwachsen, schwerfällig, ungeschliffen, ein Caliban neben ihr, wenn auch ein sehr junger, täppisch, unsicher, grob, des einzigen, das mir vielleicht zu Gebote stand, der Rede, eben in ihrer Gegenwart nicht mächtig, suchte ich mir, bevor ich sie sah, die unsinnigsten Beschimpfungen aus, die mir als Panzer gegen sie dienen sollten: »Preziös« war die mindeste, »süßlich«, »höfisch«, eine »Prinzessin«; nur *einer* Hälfte der Sprache mächtig, der feinen, allem Eigentlichen, Rücksichtslosen, Strengen, Unerbittlichen fremd. Es genügte aber, an jene Vorlesung des 17. April zu denken, um diese Beschuldigungen zu entkräften. Der Saal hatte Karl Kraus nicht für seine Feinheit, sondern für seine Strenge zugejubelt, und in der Pause, als ich sie selbst kennenlernte, schien sie beherrscht und gehoben und traf keine

Anstalten, sich durch Flucht dem zweiten Teil des Programms zu entziehen. Seither hatte ich sie in jeder Vorlesung – ich ging nun in alle – verstohlen mit den Blicken gesucht und immer gefunden. Aus der Ferne hatte ich sie gegrüßt, nie mich in ihre Nähe getraut und war bestürzt, wenn sie mich nicht bemerkte, meist hatte sie zurückgegrüßt.

Selbst hier fiel sie auf, die fremdartigste Erscheinung in diesem Publikum. Da sie immer in der ersten Reihe saß, mußte Karl Kraus sie bemerken. Ich ertappte mich bei der Frage, wie sie ihm wohl vorkomme. Sie klatschte nie, auch das konnte ihm nicht entgehen. Aber daß sie jedesmal wieder da war, am selben Platz, war eine Huldigung, die selbst ihm nicht gleichgültig bleiben konnte. Schon während des ersten Jahres, als ich sie trotz ihrer Einladung nicht zu besuchen wagte, spürte ich eine wachsende Irritation über ihren Platz in der ersten Reihe. Da ich keine Einsicht in die Natur dieser Irritation hatte, dachte ich mir die sonderbarsten Dinge aus. Es sei doch viel zu laut dort vorn, wie halte man nur diese Steigerungen aus. Bei manchen Figuren aus den ›Letzten Tagen der Menschheit‹ müsse man doch vor Scham und Schande in den Erdboden versinken; und was tue sie, wenn sie weinen müsse, bei den ›Webern‹, beim ›König Lear‹? Wie vermochte sie das zu ertragen, wenn er ihr beim Weinen zusah? Oder wollte sie das vielleicht? War sie auf diese Wirkung stolz? Huldigte sie ihm damit, daß sie öffentlich weinte? Sie war doch bestimmt nicht schamlos, mir schien, daß sie besonders schamhaft sein müsse, mehr als jeder andere Mensch, und dann saß sie da und führte Karl Kraus alles vor, was er ihr antat. Nach der Lesung trat sie nie näher ans Podium heran, viele suchten sich dann vorzudrängen, sie stand bloß da und schaute. Erschüttert und durcheinandergeworfen, wie ich jedesmal war, verließ auch ich lange nicht den Saal und blieb stehen und applaudierte, bis mich die Hände schmerzten. In dieser Verfassung verlor ich sie aus dem Auge, ohne ihr auffallend gescheiteltes, blauschwarzes Haar hätte ich sie kaum wiedergefunden. Nach der Lesung tat sie nichts, das ich als würdelos empfunden hätte. Sie blieb nicht länger als andere im Saal, wenn er sich verbeugen kam, war sie nicht unter den allerletzten.

Vielleicht war es auch ihr Einverständnis, das ich suchte, denn die Erregung nach diesen Lesungen hielt lange vor, ob es um die ›Weber‹, den ›Timon‹, die ›Letzten Tage der Menschheit‹ ging, es waren Höhepunkte des Daseins. Ich lebte von einer solchen Gelegenheit auf die andere hin, was sich dazwischen ereignete, lag in einer profanen Welt. Im Saale saß ich allein und sprach zu niemand und richtete es so ein, daß ich allein das Gebäude verließ. Ich beobachtete Veza, weil ich sie mied, ich wußte nicht, wie sehr es mein Wunsch war, neben ihr zu sitzen. Ganz unmöglich wäre das gewesen, solange sie für alle sichtbar in der ersten Reihe saß. Ich war eifersüchtig auf den Gott, von dem ich erfüllt war; obwohl ich mich nirgends, an keiner Stelle, gegen ihn zu versperren suchte, obwohl ich an jeder Pore offen für ihn war, gönnte ich ihm nicht das schwarzgescheitelte, exotische, nahe Geschöpf, das für ihn lachte und weinte und sich unter seinem Sturme bog. Ich wollte neben ihr sein, aber nicht vorn, wo sie war, nur dort, wo der Gott sie nicht sah, wo wir einander durch Blicke sagen konnten, was er uns tat.

Schon während ich mich an den stolzen Beschluß klammerte, sie nicht zu besuchen, war ich eifersüchtig auf sie und ahnte nicht, daß ich Kräfte sammelte, um sie dem Gott zu rauben. Während ich zuhause unter den Anfeindungen der Mutter, die ich durch mein Verhalten provozierte, zu ersticken vermeinte, sah ich den Augenblick vor mir, da ich an Vezas Wohnungstür läuten würde. Ich stieß ihn kräftig wie einen Gegenstand von mir weg, aber er rückte näher. Um stark zu bleiben, stellte ich mir vor, wie die Fluten des Asrielischen Geschwätzes über mich herschlagen würden. »Wie war es? Was hat sie gesagt? Hab ich mir gedacht! Das hat sie nicht gern. Natürlich.« Ich hörte schon die Warnungen der Mutter, die alles brühwarm erfahren würde. In eingebildeten Reden und Gegenreden nahm ich vorweg, was später wirklich geschah. Während ich es peinlich vermied, mich Veza zu nähern und mir gar nicht vorstellen konnte, was ich ihr sagen sollte, das nicht zu grob oder zu unwissend war, erfand ich schon alle die bösen, gehässigen Reden, die ich zuhause über sie hören würde.

Ich wußte immer, meinen selbstauferlegten Verboten zum Trotz, daß ich hingehen würde, und jede Vorlesung, bei der ich sie sah, bestärkte mich in diesem Wissen. Aber als es dann dazu kam, an einem freien Nachmittag, war mehr als ein Jahr seit der Einladung vergangen. Niemand erfuhr davon, die Füße fanden wie von selbst den Weg in die Ferdinandstraße, ich zerbrach mir den Kopf über eine plausible Erklärung, die weder unreif noch unterwürfig klang. Sie wäre gern Engländerin, hatte sie damals gesagt, was lag näher, als sie nach englischer Literatur zu befragen? Ich hatte vor kurzem den ›König Lear‹ gehört, eine der großartigsten Lesungen von Karl Kraus, es war von allen Shakespeare-Stücken das, das mich am meisten beschäftigte. Ich wurde das Bild des alten Mannes auf der Heide nicht los. Sie hatte ihn sicher englisch im Kopf. Es gab etwas in ›King Lear‹, das ich nicht verwand. Darüber wollte ich mit ihr sprechen.

Ich läutete, sie öffnete selbst und begrüßte mich, als hätte sie mich erwartet. Es war wenige Tage her, daß ich sie bei der Vorlesung im Mittleren Konzerthaussaal gesehen hatte. Ich war zufällig, wie ich dachte, in ihre Nähe geraten und hatte mit den anderen stehend applaudiert. Ich benahm mich wie ein Rasender, warf die Arme in die Höhe, schrie »Hoch! Hoch! Karl Kraus!« und klatschte. Ich hörte nicht damit auf, niemand hörte auf, ich ließ die Hände erst wieder fallen, als sie schmerzten, und bemerkte jemand neben mir, der wie in einer Trance dastand, aber nicht klatschte. Das war sie, ich wußte nicht, ob sie mich bemerkt hatte.

Sie führte mich durch den dunklen Gang in ihr Zimmer, wo mich ein warmes Leuchten empfing. Unter Bildern und Büchern nahm ich Platz, aber ich sah nicht genauer hin, denn sie saß am Tisch gegenüber von mir und sagte: »Sie haben mich nicht bemerkt. Ich war im ›Lear‹.« Ich sagte ihr, daß ich sie sehr wohl bemerkt hätte und darum gekommen sei. Dann fragte ich sie, warum Lear am Ende sterben müsse. Er sei ein sehr alter Mann, gewiß, und habe schreckliche Dinge erlitten, aber ich wäre gern mit der Vorstellung weggegangen, daß er alles überstanden habe und noch da sei. Er sollte immer da sein. Wenn ein anderer Held, ein junger, in einem Stück sterbe, sei ich bereit, es hinzunehmen, besonders Prahlern und Schlägern, eben was man so Helden nenne, gönne ich ihren Tod, denn ihr Ansehen beruhe darauf, daß sie ihn anderen gehäuft gegeben hätten. Aber Lear, der so alt geworden sei, sollte noch älter werden. Man sollte nie davon wissen, daß er sterbe. So viele andere seien in diesem Stück gestorben. Aber einer sollte bleiben und dieser Eine sei er.

»Aber warum gerade er? Verdient er nicht endlich Ruhe?«

»Der Tod ist eine Strafe. Er verdient zu leben.«

»Der Älteste? Soll der Älteste noch länger leben? und Junge sind ihm in den Tod vorangegangen und um ihr Leben betrogen worden?«

»Mit dem Ältesten stirbt *mehr*. Alle seine Jahre sterben. Es ist viel mehr da, was mit ihm zugrundegeht.«

»Dann wünschen Sie sich Leute so alt wie die Patriarchen der Bibel?«

»Ja! Ja! Wünschen Sie das nicht?«

»Nein. Ich könnte Ihnen einen vorführen. Er haust zwei Türen weiter. Vielleicht macht er sich noch bemerkbar, während Sie da sind.«

»Sie meinen Ihren Stiefvater. Ich habe von ihm gehört.«

»Sie können nichts von ihm gehört haben, das der Wahrheit nahekommt. Die Wahrheit kennen nur wir, meine Mutter und ich.«

Es kam ihr zu rasch, sie mochte nicht gleich von ihm erzählen. Sie hatte es fertiggebracht, ihr Zimmer, ihre Atmosphäre vor ihm zu schützen. Hätte ich geahnt, was es sie gekostet hatte, ich hätte vielleicht dieses Thema der Alten, die immer weiter leben sollten, weil sie nun schon einmal so alt geworden seien, gemieden. Ich war sozusagen blind vom ›Lear‹ zu ihr gekommen; und dankbar dafür, daß wir etwas Wunderbares zusammen erlebt hatten, mußte ich davon sprechen. Ich war in Lears Schuld, denn er hatte mich zu ihr getrieben. Ohne ihn hätte es sicher noch länger gedauert, und nun saß ich da, von ihm erfüllt, wie hätte ich ihm nicht huldigen sollen. Ich wußte, wieviel ihr gerade Shakespeare bedeutete, und war der Überzeugung, daß es nichts gäbe, worüber sie lieber spreche. Ich kam nicht dazu, sie nach ihren Besuchen in England zu fragen und sie dachte nicht an meine Kindheit dort. Ursprünglich hatte sie mich doch eingeladen, damit ich ihr davon erzähle. Ich hatte sie an ihrer wundesten Stelle getroffen, das Leben mit diesem Stiefvater war für beide, ihre Mutter und sie, eine Qual. Er war bald 90 und nun kam ich und schien ihr zu sagen, wenn man so alt sei, sei es das Beste, man lebe immer weiter.

So tief traf ich sie bei meinem ersten Besuch, um ein Haar wäre es der letzte gewesen. Sie faßte sich, weil sie so sichtbar erschrocken war, sie hatte das Gefühl, daß sie sich dafür rechtfertigen müsse, und berichtete mir – es fiel ihr schwer genug – davon, wie sie sich's in der Hölle eingerichtet hatte.

Die Wohnung, in der Veza mit ihrer Mutter lebte, bestand aus drei größeren Zimmern in einer Reihe, deren Fenster auf die

Ferdinandstraße gingen. Sie lag im Mezzanin, gar nicht hoch, es war leicht, sich von der Straße aus bemerkbar zu machen. Von der Wohnungstür aus führte ein Korridor an den Zimmern vorbei, die links von ihm lagen, rechts waren die Küche und die übrigen Nebenräume; hinter der Küche eine kleine, dunkle Dienstbotenkammer, die so versteckt war, daß man nie an sie dachte.

Von den drei Zimmern zur Linken war das erste das Schlafzimmer der Eltern. Vezas Stiefvater, ein hagerer alter Mann gegen 90 lag da zu Bett oder saß im Schlafrock aufrecht vor dem Feuer in der Ecke. Das nächste, das Speisezimmer, wurde meist nur benützt, wenn Gäste kamen. Das dritte war Vezas Zimmer, das sie sich nach eigenem Geschmack eingerichtet hatte, in Farben, wie sie sie mochte, mit Büchern und Bildern, schwebend und ernst zugleich, das man aufatmend betrat und ungern verließ, ein Zimmer, von der übrigen Wohnung so verschieden, daß man zu träumen glaubte, wenn man auf der Schwelle stand – eine strenge Schwelle zu einem blühenden Ort, nur wenigen war es erlaubt, sie zu überschreiten.

Die Bewohnerin dieses Zimmers übte eine Herrschaft über die anderen aus, die ans Unglaubwürdige grenzte. Eine Schrekkensherrschaft war es nicht, alles spielte sich lautlos ab, ein Hochziehen der Braue genügte, um einen Eindringling von der Schwelle zu vertreiben. Hauptfeind war der Stiefvater Mento Altaras. In früheren Zeiten, die ich nicht mehr erlebte, als der Kampf noch offen geführt wurde, die Grenzlinien nicht gezogen waren und es noch unsicher war, ob man je zu einem Friedensschluß gelangen würde, pflegte der Stiefvater plötzlich die Türe aufzureißen und mit seinem Stock mehrmals drohend gegen die Schwelle zu schlagen. Der lange, hagere Mensch in seinem Schlafrock stand da, sein schmaler, finsterer, ausgemergelter Kopf glich dem Dantes, dessen Namen er nie gehört hatte. Er stieß, wenn er mit dem Klopfen vorläufig zu Ende war, furchtbare spanische Drohungen und Flüche aus und blieb, abwechselnd klopfend und fluchend, auf der Schwelle stehen, so lange bis man seinen Wunsch, der sich auf Braten oder Wein bezog, erfüllt hatte.

Als halbwüchsiges Mädchen hatte die Stieftochter sich zu helfen gesucht, indem sie die beiden Türen zu ihrem Zimmer – in das Speisezimmer die eine, gegen den Korridor die andere – von innen absperrte. Dann, als sie größer und anziehender wurde, pflegten die Schlüssel zu verschwinden, und wenn der Schlosser neue brachte, verschwanden auch diese. Die Mutter ging aus, das Dienstmädchen war nicht immer da, der Alte, wenn er auf etwas begierig war, hatte trotz seines Alters Kraft für drei und hätte auch Frau, Stieftochter und Dienstmädchen zusammen überwältigt. Es war Grund zur Furcht. Mutter und Tochter ertrugen nicht den Gedanken einer endgültigen Trennung voneinander. Um in der Wohnung ihrer Mutter bleiben zu können, erfand Veza eine Taktik, den Alten zu bezwingen. Sie erforderte eine Einsicht, Kraft und Beharrlichkeit, die für eine 18jährige unerhört war. Sie bestand darin, daß der Alte nichts bekam, wenn er sein Zimmer verließ. Er konnte klopfen, toben, fluchen, drohen, es war vergeblich. Wein und Braten entzogen sich ihm, bis er wieder in seinem Zimmer saß, wenn er dann nochmals danach verlangte, waren sie sofort zur Stelle. Es war eine Pawlowsche Methode, von der Stieftochter, die nichts von Pawlow wußte, selbst erdacht. Es dauerte etliche Monate, bis er sich in sein Schicksal ergab. Er sah, daß er immer saftigere Beefsteaks, immer ältere Weine bekam, wenn er auf seine Überfälle verzichtete. Packte ihn dann doch wieder einmal der Zorn und erschien er fluchend und tobend an der verbotenen Schwelle, so wurde er bestraft und bekam bis zum Abend nichts zu essen und zu trinken.

Er hatte den größten Teil seines Lebens in Sarajewo verbracht. Da hatte er als Kind auf der Straße heißen Kukuruz verkauft. Von diesen Anfängen wurde gesprochen. Sie fielen noch in die Mitte des alten Jahrhunderts und waren zum wichtigsten Stück seiner Legende, zu ihrem Einsatz nämlich geworden. Über das Spätere erfuhr man nichts, es kam ein ungeheurer Sprung; bevor er sich im Alter von seinen Geschäften zurückzog, war er zu einem der reichsten Männer Sarajewos und Bosniens geworden. Er besaß unzählige Häuser (47 war die Zahl, die man immer wieder hörte) und große Wälder. Seine Söhne, die seine Geschäfte weiterführten, lebten auf großem Fuß, es war nicht zu verwundern, daß sie den Alten von Sarajewo entfernen wollten. Er hielt darauf, daß man frugal und zurückgezogen lebte und seinen Reichtum nicht zur Schau stellte. Für seinen Geiz wie für seine Härte war er berühmt; er verweigerte sich wohltätigen Spenden, was als unerhörte

Schande galt. Er erschien plötzlich unangemeldet bei den großen Gesellschaften, die seine Söhne gaben, und trieb die Gäste mit einem Stock aus dem Haus. Es gelang ihnen, den Witwer, er war über 70, nach Wien zu verheiraten. Eine sehr schöne Witwe, viel jünger als er, Rachel Calderon, war der Köder, dem er nicht widerstehen konnte. Die Söhne atmeten auf, kaum war er in Wien. Der Älteste kaufte sich – das war damals noch ungewöhnlich – ein Privatflugzeug, durch das sich sein Ansehen in der Heimatstadt sehr erhöhte. Von Zeit zu Zeit kam er nun nach Wien und brachte dem Vater Geld mit, dicke Banknotenbündel, der verlangte es in dieser Form.

Während der ersten Jahre ging der Alte noch aus und ließ sich von niemand begleiten. Er zog einen fadenscheinigen Mantel an, der an ihm schlotterte, darunter trug er ausgefranste Hosen, einen zerlumpten Hut – er sah aus wie aus einer Mistkiste – trug er in der Linken; er hob ihn an einem versteckten Orte auf und weigerte sich, ihn putzen zu lassen. Man begriff nicht, wozu er ihn mitnahm, denn er setzte ihn nie auf.

Eines Tages kam das Dienstmädchen zitternd nach Hause und sagte, sie habe eben den Herrn gesehen an einer Straßenecke drüben in der Innenstadt, den Hut offen vor sich und ein Passant habe ihm eine Münze hineingeworfen. Er wurde, kaum war er zurück, zur Rede gestellt und geriet in solchen Zorn, daß man fürchtete, er werde seine Frau mit dem schweren Stock, von dem er sich nie trennte, erschlagen. Sie war eine sanfte, herzensgute Person und wich ihm aus, diesmal aber ließ sie nicht locker. Sie nahm ihm den Hut weg und warf ihn fort. Ohne den Hut ging er nicht mehr betteln. Doch zog er sich auch weiterhin für seine Ausgänge die ausgefransten Hosen und den zerschlissenen Mantel an. Das Mädchen wurde ihm zur Beobachtung nachgeschickt und ging ihm den langen Weg bis zum Naschmarkt nach. Sie fürchtete sich so sehr vor ihm, daß sie ihn da aus den Augen verlor. Er kam mit Birnen in einer Papiertüte zurück und hielt sie triumphierend Frau und Stieftochter hin: das habe er umsonst bekommen, von einer Marktfrau, für nichts, und wirklich, er vermochte so verhungert und heruntergekommen dreinzuschauen, daß hartgesottene Naschmarktweiber sich seiner erbarmten und ihm Obst zusteckten, das nicht einmal verfault war.

Zuhause hatte er auf anderes zu schauen: da mußte er die dicken Banknotenbündel verstecken und zwar im Schlafzimmer, so daß sie immer für ihn erreichbar waren. Die Matratzen der beiden Betten waren damit ausgestopft, zwischen Teppich und Boden hatte sich ein unterer Teppich von Papiergeld angesammelt, unter den vielen Schuhen gab es nur ein Paar, das er anziehen konnte, die übrigen steckten voll Geld. In seinem Wäschekasten gab es ein gutes Dutzend Paar Strümpfe, die niemand anrühren durfte und die er oft auf ihren Inhalt prüfte. Nur zwei Paare, die er abwechselnd trug, waren für seinen Gebrauch bestimmt. Die Frau bekam ein wöchentliches Haushaltungsgeld, genau vorgezählt, es war von seinem Sohn durch ein Abkommen mit ihr festgesetzt worden. Er hatte versucht, sie um einen Teil davon zu betrügen, aber das hatte sich an seinem Wein und seinem Braten, von dem er ungeheure Mengen verzehrte, ausgewirkt, so ließ er es wieder bleiben.

Er aß so viel, daß man für seine Gesundheit fürchtete, und hielt sich nicht an die üblichen Mahlzeiten. Schon zum Frühstück verlangte er Braten und Wein, und zur Zehnerjause, lange vor dem Mittagessen, wieder. Er wollte nichts dazu. Als die Frau es versuchte, seinem Appetit mit Beilagen, mit Reis und Gemüse beizukommen, damit er nicht soviel Fleisch esse, schickte er das Essen verächtlich zurück, und als sie es wieder versuchte, schüttete er es zornig auf den Teppich, aß das Fleisch allein in einem Sitz auf und forderte – man habe ihm viel zu wenig davon gegeben – mehr. Seinem reißenden Hunger, der auf diese einzige blutige Materie ging, war kaum beizukommen. Die Frau ließ einen Arzt holen, einen gelassenen, erfahrenen Mann, der selbst aus Sarajewo stammte, über den Alten informiert war, seine Sprache verstand und sich fließend mit ihm in dieser Sprache unterhalten konnte. Es war ihm trotzdem nicht möglich, ihn zu untersuchen. Es fehle ihm nichts, mager sei er schon immer gewesen, seine einzige Medizin sei Braten und Wein, und wenn er davon nicht so viel bekomme, wie er wolle, werde er auf die Straße gehen und sich's *erbetteln*. Er hatte gemerkt, daß nichts seine Angehörigen so sehr entsetzte wie seine Bettelgelüste. Sie nahmen diese Drohung so ernst wie er; die Mahnung des Arztes, daß er noch höchstens zwei Jahre zu leben habe, wenn er so weiter esse, beantwortete er mit einem furchtbaren Fluch. Er wolle Fleisch, nichts anderes, er habe nie etwas anderes gegessen, er denke nicht daran, mit 80 ein Ochs zu werden, fertig, ya basta!

Statt seiner starb nach zwei Jahren der Arzt. Er freute sich immer, wenn Leute starben, aber diesmal hielt ihn die Freude während einiger Nächte wach, die er mit Braten und Wein feierte. Der nächste Arzt, mit dem man es versuchte, ein Mann von noch nicht 50, rüstig und selbst sehr fleischlich, hatte noch weniger Glück. Er kehrte ihm den Rücken, sprach mit ihm kein Wort und entließ ihn, ohne ihm zu fluchen. Er starb wie sein Vorgänger, doch dauerte es diesmal länger. Von seinem Todesfall nahm der Alte keine Notiz. Das Überleben war ihm nun schon zur Natur geworden, Braten und Wein genügten ihm zur Nahrung, und er brauchte keinen Arzt mehr als Opfer. Wohl kam es noch einmal zu einem Versuch, als die Frau erkrankte und *ihrem* Arzt ihr Leid klagte. Sie habe zu wenig Schlaf, mitten in der Nacht wache der Mann auf und verlange sein Futter. Seit er weniger ausgehe, sei es noch schlimmer geworden. Der Arzt, der tollkühn war, vielleicht wußte er auch nichts vom Schicksal seiner Vorgänger, bestand darauf, sich den Alten anzusehen, der gerade im Nebenbett, unbekümmert um die kranke Frau, sein blutiges Beefsteak verzehrte. Er zog ihm den Teller weg und herrschte ihn an: Was er da im Auge habe? Das sei lebensgefährlich! Ob er wisse, daß er am Erblinden sei? Darüber erschrak er, zum erstenmal, doch wurde der Grund seines Erschreckens erst später offenbar.

An der Art seiner Nahrungsaufnahme änderte sich nichts, wohl aber verzichtete er ganz auf seine Ausgänge und sperrte sich manchmal für ein, zwei Stunden ins Schlafzimmer ein, was er früher nie getan hatte. Auf Klopfen antwortete er nicht, man hörte ihn im Feuer herumstochern, und da man seine Neigung fürs Feuer kannte, nahm man an, er sitze davor und dachte, er würde sich schon melden, wenn es ihn nach dem Üblichen gelüste. Das geschah auch immer, aber einmal nahm die Stieftochter, an das Versteckspiel mit ihren eigenen Schlüsseln gewöhnt, den Schlüssel von der Tür zwischen Schlaf- und Speisezimmer an sich und öffnete plötzlich, als sie ihn im Feuer rumoren hörte. Sie fand ihn mit einem Bündel von Banknoten in der Hand, die er vor ihren Augen ins Feuer warf, einige Bündel lagen neben ihm auf dem Boden, andere waren im Feuer schon zu Asche geworden. »Laß mich«, sagte er, »ich habe keine Zeit. Ich bin noch nicht fertig«, und zeigte auf die unverbrannten Bündel am Boden. Er verbrannte, um es niemand zu hinterlassen, sein

Geld, doch war soviel davon da, daß das Schlafzimmer noch immer von Banknotenbündeln strotzte.

Es war das erste Zeichen von Schwäche, daß der alte Altaras Geld verbrannte. Dieser dritte Arzt – der gar nicht für ihn gerufen worden war, den er unbeteiligt empfing, als ginge er ihn nichts an, dem er durch sein gewohntes Mahl die Gleichgültigkeit für seine Frau und ihre Beschwerden vorführen wollte – hatte ihm durch seine Grobheit Eindruck gemacht und ihn erschreckt. Vielleicht spürte er jetzt doch manchmal Zweifel daran, daß es immer so weitergehen würde, jedenfalls hatte ihn die Drohung mit seinen Augen verwirrt. Er sah sich so oft wie möglich Geld und Feuer an und liebte es über alles, wenn eines im andern aufging.

Seit er entdeckt worden war, gab er sich mit dem Zusperren keine Mühe mehr und setzte sich offen zu seiner Beschäftigung nieder. Es hätte die Stärke von mehreren Männern erfordert, ihn daran zu hindern. Die hilflose Frau wußte sich keinen Rat, sie überlegte sich's eine Weile und schrieb dann dem ältesten Sohn nach Sarajewo, der all seiner Großzügigkeit zum Trotz, über diese mutwillige Vernichtung von Geld empört, gleich nach Wien kam und den Alten ins Gebet nahm. Womit er ihm drohte, haben weder Mutter noch Tochter je erfahren. Es muß etwas gewesen sein, das er mehr fürchtete als die einsamen Ankündigungen des Arztes – vielleicht, daß man ihn entmündigen und in ein Sanatorium stecken würde, wo es dann mit Fleisch und Wein in den gewohnten Mengen zu Ende wäre –, es tat jedenfalls seine Wirkung. Er behielt, was von Notenbündeln in seinen Verstekken übrig war, aber er verbrannte nichts mehr und mußte sich zur Kontrolle das regelmäßige Betreten seines Zimmers gefallen lassen.

Die Rettung ihrer eigenen Atmosphäre vor den Stockschlägen, Drohungen und Flüchen dieses unheimlichen Menschen, die ihr im Alter von 18 Jahren gelungen war, hatte Veza geprägt. Es passierte nun selten, daß er an ihrer Schwelle erschien. Alle paar Wochen einmal kam es noch vor, daß er die Tür aufriß und hoch und hager, aber immer in einiger Distanz, vor ihren Besuchern stand, die aber mehr staunten als erschraken. Den Stock hielt er wohl in der Hand, doch klopfte er nicht damit, er fluchte nicht, er drohte nicht, er kam um Hilfe. Es war die Angst, die ihn jetzt an die verbotene Tür trieb. Er sagte: »Sie haben mir das

Geld gestohlen. Es brennt.« Da er allen unerträglich war, war er viel allein, und die Angstzustände, die ihn überfielen, hatten immer mit Geld zu tun. Seit er es nicht mehr selbst verbrennen durfte, wurde er beraubt, die Flammen griffen in sein Zimmer über, um sich das, was ihnen nicht mehr freiwillig geopfert wurde, mit Gewalt zu holen.

Er kam nie, wenn Veza allein war, sondern wenn er Stimmen aus ihrem Zimmer hörte. Er hörte noch gut, es entging ihm nicht, wenn Besuch zu ihr kam: das Läuten an der Wohnungstür, die Schritte an seinem Zimmer vorbei, die lebhaften Stimmen im Gang und dann bei ihr, in einer Sprache, die er nicht verstand – daß ihm von alledem nichts vor die Augen kam, weckte in ihm die Angst, daß ein heimlicher Überfall auf sein Geld vorbereitet würde. So habe ich ihn, während der ersten Zeit meiner Besuche, zwei- oder dreimal erlebt. Ich war betroffen über seine Ähnlichkeit mit Dante.

Es war, als erscheine dieser aus dem Grab. Wir hatten eben über die ›Göttliche Komödie‹ gesprochen, da wurde plötzlich die Tür aufgerissen und er stand da, wie in weiße Laken gehüllt, einen Stock nicht zur Abwehr, sondern zur Klage hoch erhoben: »Mi arrobaron las paras – sie haben mir das Geld gestohlen!« – nein, nicht Dante, eine Figur aus seiner Hölle.

Der Ausbruch

Am 24. Juli 1925, einen Tag vor meinem 20. Geburtstag, kam der Ausbruch. Ich habe seither nie von ihm gesprochen und es fällt mir schwer, ihn zu schildern.

Eine Fußwanderung mit Hans Asriel durchs Karwendelgebirge war geplant. Wir wollten auf das bescheidenste leben, in Hütten schlafen. Es wäre keine große Ausgabe gewesen. Hans, der bei Herrn Brosig, einem Hersteller von Lederwaren, beschäftigt war, hatte sich von seinem kleinen Gehalt gerade genug erspart. Er war sehr genau, er mußte es sein, er lebte mit seiner Mutter und den beiden Geschwistern in den kümmerlichsten Verhältnissen.

Er rechnete alles für die Tour aus, die Wanderung sollte keine ganze Woche dauern. Danach hätte man sich vielleicht noch auf eine Woche irgendwo niederlassen können, denn ich wollte diese

Zeit auch für Arbeit verwenden, nämlich mit der Arbeit an dem Buch über die Masse beginnen. Dazu wäre ich am liebsten irgendwo ganz allein in den Bergen gewesen. Aber darüber sprach ich nicht zu deutlich, da ich Hans nicht kränken mochte. Um so ausführlicher ergingen wir uns in den Betrachtungen über die Wanderung durch das Karwendel. Hans, sehr methodisch, saß über Karten gebeugt und rechnete jedes Stück Weges und jede Bergspitze aus. Die ersten Juliwochen vergingen in diesen Besprechungen. Ich berichtete zuhause beim Essen davon. Die Mutter hörte sich alles an und sagte weder ja noch nein dazu, aber als die Einzelheiten sich mehrten und es von Karwendel-Namen bei uns nur noch so schwirrte, schien es undenkbar, daß sie etwas dagegen einwenden würde, ja es kam mir beinahe so vor, als nähme sie in Gedanken an der Wanderung teil. Unser Ziel sollte Pertisau am Achensee sein. Einmal erwog sie sogar die Möglichkeit, selbst nach Pertisau auf Ferien zu gehen und uns dort zu erwarten. Aber dieser Plan war nicht ernst und wurde gleich fallengelassen, während die Detailgespräche zwischen Hans und mir weitergingen. Am Morgen des 24. Juli erklärte die Mutter plötzlich, ich solle mir die Sache aus dem Kopf schlagen, die Wanderung sei unmöglich, für Luxus habe sie kein Geld. Ich solle froh sein, daß ich studieren könne, ob ich mich nicht schäme, solche Ansprüche zu stellen, wenn andere nicht einmal wüßten, wovon sie leben sollten.

Es war ein harter Schlag, weil es so plötzlich kam, nach wochenlanger, wohlwollender, ja sogar interessierter Duldung unserer Pläne. Nach fast einem Jahr des Drucks und der Reibungen in der gemeinsamen Wohnung war es für mich notwendig, wegzukommen und mich frei zu fühlen. Der Druck war in der allerletzten Zeit immer schlimmer geworden, nach jedem peinlichen Wortwechsel flüchtete man sich in den Gedanken der Wanderung. Die nackten Kalkfelsen, von denen ich so viel gehört hatte, erschienen mir im strahlendsten Licht, und nun, bei einem Frühstück kam das unerbittliche Fallbeil und schnitt mir Atem und Hoffnung ab.

Ich wollte mit den Händen auf die Wände losschlagen, aber ich beherrschte mich soweit, daß es zu keinem physischen Ausbruch vor den Brüdern kam. Alles was sich doch ereignete, geschah auf Papier, aber nicht wie sonst in verständlichen und vernünftigen Sätzen, ich nahm auch nicht die vertrauten Hefte dazu her, sondern einen großen, beinahe neuen Block Schreibpapier und schrieb in riesigen Buchstaben ein Blatt nach dem anderen voll: »Geld, Geld und wiederum Geld«, und dann auf der nächsten Zeile dasselbe, und auf die nächste Zeile wieder, bis das Blatt vollgeschrieben war, dann wurde es heruntergerissen und mit »Geld, Geld und wiederum Geld« begann das nächste Blatt. Da ich so groß schrieb wie nie zuvor, war jedes Blatt bald voll, die abgerissenen Blätter lagen um mich auf dem großen Tisch im Eßzimmer, es wurden ihrer mehr und mehr, dann fielen sie auf den Boden. Der Teppich um den großen Tisch war übersät von ihnen, ich konnte nicht aufhören zu schreiben, der Block hatte hundert Blätter, ich schrieb jedes einzeln voll. Die Brüder merkten, daß etwas Ungewöhnliches geschah, denn ich sprach aus, was ich schrieb, nicht übermäßig laut, aber doch deutlich vernehmbar, »Geld, Geld und wiederum Geld« tönte es durch die ganze Wohnung. Sie näherten sich mir vorsichtig, hoben die Blätter vom Boden auf und lasen laut vor, was auf ihnen stand: »Geld, Geld und wiederum Geld.« Dann stürzte Nissim, der Mittlere, zur Mutter in die Küche hinaus und sagte: »Der Elias ist verrückt geworden. Du mußt kommen!«

Sie kam nicht und ließ mir durch ihn ausrichten: »Sag ihm, er soll sofort aufhören. Das teure Briefpapier!« – Aber ich hörte ihn nicht und beschrieb die Blätter weiter, in rasender Eile. Vielleicht *war* ich in diesem Augenblick verrückt geworden, aber wie immer man es nennt, das Wort, in dem sich für mich alle Bedrückung und niedrige Gesinnung konzentrierte, war übermächtig geworden und beherrschte mich vollkommen. Ich achtete auf nichts, weder auf die höhnenden Ausrufe der Brüder – wobei der Jüngere, Georg, nur halben Herzens mittat, er war sehr erschrocken –, noch auf die Mutter, die sich schließlich doch zu mir bequemte, sei es, daß sie sich über die Papierverschwendung ärgerte, sei es, daß sie nicht mehr sicher war, ob es sich, wie sie anfangs sagte, um eine ›Komödie‹ handele. Ich beachtete sie nicht, als sie kam, so wenig wie die Brüder, ich hätte keinen Menschen beachtet, ich war von dem einen Wort besessen, das ich für die Essenz aller Unmenschlichkeit hielt. Ich schrieb und die Kraft des Wortes, das mich trieb, wurde nicht geringer, mein Haß galt nicht ihr, er galt diesem Wort allein und solange noch Papier da war, war er durch nichts zu erschöpfen. Am meisten Eindruck machte ihr die rasende Geschwindigkeit, mit der dieser Schreibakt vor sich ging. Wohl war es die Hand, die über die Blätter lief, aber ich war atemlos, als würde ich selber laufen, ich hatte noch nie etwas in solcher Geschwindigkeit getan. »Es war wie ein Schnellzug«, sagte sie später, »so schwer und vollgeladen.« Da war es, das Wort, das sie nicht oft genug sagen konnte, von dem sie wußte, wie sehr es mich quälte, da war es Tausende von Malen, in irrsinniger Verschwendung, seinem Charakter zuwider, beschworen und beschworen, als ob es sich so ausgeben ließe, als könne man damit zu Ende kommen. Es ist nicht ausgeschlossen, daß sie um unser beider Schicksal fürchtete, um meines und um das ihres Haupt-Wortes, das ich mit vollen Händen ausschüttete.

Ich merkte nicht, wie sie das Zimmer verließ, und ich merkte nicht, wie sie zurückkam. Solange der Schreibblock nicht zu Ende war, hätte ich nichts gemerkt. Plötzlich stand Dr. Laub im Zimmer, unser Hausarzt, der alte Medizinalrat. Die Mutter stand halb verdeckt hinter ihm, ihr Gesicht abgewandt, ich wußte, daß sie es war, aber in die Augen sah ich ihr nicht, sie versteckte sich hinter ihm und nun wußte ich, daß es eben laut an der Tür geklopft hatte. »Was hat das Kindchen?« sagte er, in seiner getragenen Sprache. Seine Langsamkeit, die Pausen nach jedem Satz, der nachdrückliche Ton auf jedem seiner Worte, die unsägliche Nichtigkeit seiner gewichtigen Erklärungen, die Wiederanknüpfung an seinen letzten Besuch, als wäre nichts dazwischen gewesen – damals war es Gelbsucht, was war es jetzt? –, alles zusammen tat seine Wirkung und brachte mich zur Besinnung. Obwohl ich noch einige Blätter hatte, hörte ich sofort zu schreiben auf.

»Was schreiben wir da so fleißig?« sagte Dr. Laub, es dauerte eine Ewigkeit, bis er den Satz draußen hatte. Ich fiel aus dem Schnellzug heraus, in dem ich bis jetzt übers Papier gefegt war, und reichte ihm in einem Tempo, das mehr seinem eigenen entsprach, das letzte Blatt. Er las es feierlich. Er sprach es aus, das Wort, wie ich es beim Niederschreiben ausgestoßen hatte, aber in seinem Mund klang es nicht haßerfüllt, sondern bedächtig, als müsse man sich's zehnmal überlegen, bevor man ein so kostbares Wort aus dem Mund entlasse. Da er mit der Zunge anstieß, klang es sparsam, und obwohl ich mir das sagte, blieb ich ruhig, ich wundere mich, daß das meine Wut nicht von neuem entfachte. Er las *alles* vor, was auf diesem letzten Blatt stand, und da es schon mehr als halb vollgeschrieben war und er nie rascher wurde, dauerte es eine hübsche Weile. Kein »Geld«, nicht ein einziges ging verloren, und als er fertig war, mißverstand ich eine Bewegung von ihm und dachte, er wolle ein anderes Blatt von mir, um mit der Verlesung der Gelder fortzufahren. Doch als ich ihm eines hinhielt, wies er mich ab und sagte: »Schön. Jetzt wären wir soweit.« Dann räusperte er sich, legte mir die Hand auf die Schulter und fragte, es träufte ihm wie Honig vom Mund: »Und jetzt erzählen Sie mir: wozu brauchen wir das Geld?« Ich weiß nicht, ob es Klugheit oder Ahnungslosigkeit war, aber es brachte mich zum Reden. Ich erzählte ihm der Reihe nach die ganze Karwendel-Geschichte und wie man sich das wochenlang zuhause angehört habe, ohne den geringsten Einwand, ja sozusagen das Seinige zu den Plänen beigetragen und nun ganz plötzlich alles verweigert habe. Es sei nichts in der Zwischenzeit geschehen, das die Situation verändert habe, es sei reine Willkür, wie das meiste, das bei uns geschehe. Ich wolle weg von zuhause, weit weg bis ans Ende der Welt, wo ich das verdammte Wort nicht mehr hören müsse.

»Aha«, sagte er und wies mit dem Arm auf die Papiere, von denen der Boden übersät war. »Darum haben wir es so oft aufgeschrieben, damit wir auch wissen, was wir nicht mehr hören wollen. Aber bevor wir ans Ende der Welt gehen, wollen wir doch lieber ins Karwendelgebirge fahren. Das wird uns guttun.« Bei dieser Aussicht taute mir das Herz auf, es klang so sicher, als habe er über das Geld zu verfügen, das man zu dieser Fahrt brauche, als sei es in *seiner* Verwahrung. Die Art meiner Aufmerksamkeit änderte sich, ich begann Hoffnung in ihn zu setzen, und vielleicht würde ich mit Dankbarkeit jetzt an ihn denken, wenn er nicht gleich alles durch seine unverzeihliche Weisheit verdorben hätte. »Da steckt etwas anderes dahinter«, erklärte er. »Es geht nicht ums Geld. Es geht um den Ödipus. Ein klarer Fall. Mit Geld hat das nichts zu tun.« Er tätschelte mich und verließ mich. Die Tür zum Vorzimmer blieb offen. Ich hörte die ängstliche Frage der Mutter und seinen Urteilsspruch: »Lassen Sie ihn fahren. Am besten gleich morgen. Das ist gut für den Ödipus.«

Damit war die Sache entschieden. Ärzte waren oberste Autorität für die Mutter. Wenn es um sie selber ging, liebte sie es, die Aussprüche von mehreren einzuholen. So konnte sie sich aus allen Urteilssprüchen zusammen heraussuchen, was ihr paßte, und hatte keinem von sich aus zuwidergehandelt. Für uns mußte *ein* Arzt und *ein* Ausspruch genügen, aber an den hielt man sich. Die Reise war jetzt eine beschlossene Sache, es wurde nicht mehr daran herumgetüftelt. Für vierzehn Tage durfte ich mit Hans in die Berge fahren. Zwei Tage noch war ich in der Wohnung. Es kam zu keinen neuen Beschuldigungen. Ich galt als bedroht, mein Geist war labil, die beschriebenen Blätter waren vom Boden aufgehoben und sorgfältig zusammengelegt und beiseite gebracht worden. Da so viel Papier schon verschwendet worden war, sollten sie als Symptom einer Geistesstörung verwahrt werden.

Ich fühlte mich nicht weniger bedrückt in diesen letzten Tagen zuhause, aber es bestand nun die Aussicht, bald weit weg zu sein. Es gelang mir zu verstummen, was gar nicht meine Art war, und es gelang auch ihr.

Die Rechtfertigung

Am 26. fuhren Hans und ich nach Scharnitz. Da begann unsere Wanderung durchs Karwendelgebirge. Das kahle, zerklüftete Kalkgebirge machte mir großen Eindruck, es tat mir in meinem Zustand gut. Zwar wußte ich noch nicht, in wie übler Verfassung ich war, aber es war, als ließe man alles hinter sich zurück, alles Überflüssige, wozu besonders Familie gehörte, und beginne mit nichts auf kahlem Gestein, mit nichts als einem Rucksack, der wenig enthielt, aber mehr als genug für vierzehn Tage. Vielleicht wäre es ganz ohne Rucksack noch besser gewesen. Immerhin enthielt der Rucksack eine wichtige Sache: zwei Hefte und ein Buch, die für die weitere Woche der Ferien bestimmt waren. Da wollte ich mich an einem Ort, der mir gefiel, niederlassen und die Arbeit am ›Werk‹, wie ich es mit Anspruch nannte, beginnen. In das eine Heft sollten Anmerkungen und Einwendungen eingetragen werden, zum Buch, das ich mithatte, das von Masse handelte. Es war als der Grund zur Arbeit gedacht, die Abgrenzung gegen das, was bereits über den Gegenstand in Umlauf war. Ich wußte, schon nach flüchtiger Bekanntschaft damit, wie wenig es mich befriedigte, und hatte den Entschluß gefaßt, alle ›Kritzeleien‹, wie ich es nannte, von der Masse zu entfernen, sie als reines, unberührtes Gebirge vor mir zu haben und es als erster unvoreingenommen zu besteigen. Im zweiten Heft wollte ich mich von dem angesammelten Druck zuhause befreien und auch verzeichnen, was mich an der neuen Landschaft und den Menschen, die sie bewohnten, berührte.

Für diese ›großen‹ Absichten war es gut, daß sie während der Wanderung noch zurückgedrängt blieben. Die Geräte zu ihrer Ausführung lagen zuunterst im Rucksack, ich holte weder Hefte noch Buch je hervor und sprach zu Hans nicht einmal davon, daß sie bestünden. Dafür nahm ich mit vollen Zügen das Gebirge auf, mit vollen Zügen, als könne man es atmen. Obwohl wir uns um manche Höhen bemühten, war es mir diesmal nicht um Aussichten zu tun, sondern um die unaufhörliche Kahlheit, die wir hinter uns ließen und die sich vor uns erstreckte. Es war alles Stein, es war nichts als Stein, selbst der Himmel erschien mir als nicht ganz zulässige Erleichterung, und wenn wir an Wasser kamen, mißfiel es mir insgeheim, daß Hans sich darauf stürzte, statt daran vorüberzugehen und darauf zu verzichten.

Er konnte nicht wissen, in welcher Verfassung ich diese Wanderung antrat. Von meinen Schwierigkeiten zuhause erfuhr er nichts. Ich war zu stolz, davon etwas preiszugeben, und selbst wenn ich es getan hätte, er hätte mich schwerlich verstanden. Das Prestige der Mutter war bei den Asriels groß, sie galt als gescheite und originelle Frau, mit eigenen Urteilen und Gedanken, die jenseits ihrer bürgerlichen Herkunft lagen. Von der Wirkung, die Arosa auf sie gehabt hatte, wo alles zu ihrer Herkunft Gehörige in ihr wieder zum Leben geweckt worden war, ahnte Alice Asriel nichts. Sie sah die Mutter, wie sie früher gewesen war, als die stolze, eigenwillige junge Witwe unserer ersten Wiener Zeit. Sie hielt sie, wie sie es selber einmal gewesen war, für reich und gönnte es ihr, weil sie nichts von der engen Gesinnung spürte, die zu diesem Reichtum gehörte. Vielleicht verbarg auch die Mutter vor ihr, wie sehr sie sich geändert hatte, denn wie hätte sie vor einer Kindheitsfreundin, die jetzt in bedrängten Verhältnissen lebte, von Geld sprechen können, ohne ihr Hilfe anzutragen? So blieb Geld, das zwischen ihr und mir zum Hauptthema, zum ewigen Geleier und Gezeter geworden war, in ihren Gesprächen mit Alice tabu, und Hans glaubte Grund zu haben, mich um meine ›gesunden‹ häuslichen Verhältnisse zu beneiden.

Wir sprachen über alles andere, unaufhörlich, es war beinahe unmöglich mit Hans zu schweigen. Schon daß er unter dem Zwang stand, mit mir zu wetteifern, brachte es mit sich, daß er mir jeden begonnenen Satz aus dem Mund riß, zu Ende führte und mit Nachsätzen versah, die unaufhörlich schienen. Um mehr zu sagen als ich, sprach er rascher und versagte sich die Zeit, über etwas nachzudenken. Ich war dankbar für die Wanderung, die sein Vorschlag gewesen war, die er vorbereitet hatte, und spielte ein eigentümliches Spiel mit ihm: solange das Gebirge in Worten unberührt blieb, war ich bereit, mit ihm über alles zu reden. Er merkte, wenn er auf Spitzen und Aufstiegsmöglichkeiten kam, daß ich auf Bücher ablenkte, und dachte, daß mich Berggespräche langweilten. Da außer kahlem Gestein, das sich immer gleich blieb, kaum etwas zu sehen war, wären längere Erörterungen darüber wirklich unergiebig gewesen. So wich auch er bald in Worten dem Gebirge aus, das ich mir als Aufgabe intakt erhalten wollte. Nicht daß ich es damals als Aufgabe hätte bezeichnen können, ich versuche nur, verkürzt wiederzugeben, wie es zu jener Zeit in mir aussah. Ich mußte eine kahle Unergiebigkeit vor mir auftürmen, weil ich mich einer Aufgabe, eben dem ›Werk‹ verschrieb, die lange unergiebig bleiben würde. Es war kein Bergwerksbetrieb, nichts durfte von ihr abgetragen werden, es mußte seinen drohenden Gesamtcharakter bewahren und intakt bleiben, ohne mir dadurch lästig oder verhaßt zu werden. Kreuz und quer sollte ich sie befahren, von einem Ende zum anderen, sie an vielen Punkten berühren und doch immer wissen, daß ich sie noch nicht kannte.

So stand das *unbesprochene* Karwendel, das ich knapp nach meinem 20. Geburtstag betrat, am Anfang jener Periode, die die ausgedehnteste und ihrem Gehalt nach wichtigste meines Lebens wurde.

Es ist schon zu verwundern, daß ich damals während fünf oder sechs Tagen jeden Augenblick mit einem Menschen zusammen war, der immerzu sprach, dem ich erwiderte, auf den ich einging – ich glaube nicht, daß es einen Augenblick Ruhe zwischen uns gab –, ohne daß die Räumlichkeit zur Sprache kam, innerhalb derer wir uns bewegten, und ohne daß ich etwas von dem berührte, was mir im Verlauf des vergangenen Jahres zum peinigenden Druck geworden war. Das Buch-Gerede floß leicht und nichtssagend von unseren Lippen, wohl *meinte* ich, was ich sagte, und Hans, soweit er Kraft dazu in sich fand, meinte es auch, aber es war nicht mehr als ein austauschbares Geplätscher. Ebensogut hätten es auch andere Bücher sein können als die, von denen wir gerade sprachen. Ihm bereitete es Genugtuung, daß er mithalten oder gar mir zuvorkommen konnte, mir, daß ich nichts von dem sagte, was mich wirklich erfüllte. Keinen Satz, keine Silbe dieser Wortgeplätscher könnte ich wiederholen; sie waren die eigentlichen Gewässer in jener Wanderung über Kalk, im Kalk sind sie eingesickert und unauffindbar verschwunden.

Es scheint aber, daß Worte nicht ungestraft so mit sich umgehen lassen, denn als wir bei Pertisau an den Achensee gelangten, kam es plötzlich unerwartet zur Katastrophe. Hans streckte sich am See in der Sonne aus, ich, statt dasselbe zu tun, spazierte hin und her. Er hatte die Hände unterm Kopf verschränkt und hielt die Augen geschlossen. Es war heiß, die Sonne stand hoch, ich dachte, er sei eingeschlafen. So kümmerte ich mich nicht um ihn und erging mich nicht weit von ihm am Seeufer. Unter meinen schweren Bergschuhen knirschte der Sand, ich fragte mich, ob ihn das nicht geweckt habe, und blickte zu ihm hin. Da hatte er die Augen weit geöffnet und folgte starr meinen Bewegungen, mit einem Haß, der so stark war, daß ich ihn fühlen konnte. Ich traute ihm kein starkes Gefühl zu, das war es ja, was man so sehr an ihm vermißte, nun wunderte ich mich über diesen Haß und bedachte erst gar nicht, daß er sich auf mich bezog und Folgen haben müsse. Ich blieb am Geländer beim Wasser stehen, so daß ich ihn von der Seite her im Auge behalten konnte: er schwieg und starrte regungslos, und langsam begriff ich, daß er vor Haß nicht imstande war zu sprechen. Sein Schweigen war so neu für mich wie das Gefühl, von dem es diktiert schien. Ich unternahm nichts dagegen, ich respektierte es, alle Worte zwischen uns waren durch ihre Zahllosigkeit entwertet. Dieser Zustand muß eine ganze Weile gedauert haben. Er lag wie gelähmt, aber seine Blicke waren es nicht, ihre Wirkung steigerte sich dermaßen, daß mir das Wort ›Mord‹ einfiel. Ich ging einige Schritte auf meinen Rucksack zu, der neben seinem am Boden lag, hob ihn hoch und entfernte mich, bevor ich ihn mir umschnallte. Er sah, daß die Rucksäcke nun getrennt waren, löste sich aus seiner Starre, sprang auf und holte den seinen. Schon stand er, eine geöffnete Messerklinge, auf der

Straße, schon schritt er aus, schon war er, ohne mich eines Blickes zu würdigen, auf dem Weg nach Jenbach hinunter.

Er ging rasch, ich zögerte, bis er mir aus den Augen entschwunden war, dann schritt ich aus, auf demselben Weg wie er, in Jenbach hatte ich vor, den Zug nach Innsbruck zu nehmen. Bald merkte ich, wie erleichtert ich war, allein zu sein, ganz allein. Kein Wort war zwischen uns gefallen, – ein Wort und es wäre durch andere wiedergutzumachen gewesen, aber das wären dann gleich hunderttausend Worte geworden, bei der bloßen Vorstellung davon fühlte ich einen Brechreiz. So hatte er *geschwiegen* und alles entzweigeschnitten. Ich versuchte nicht, auf einen Grund für dieses Schweigen zu kommen. Ich fühlte auch keine Besorgnis für ihn, er war entschlossen losgeschritten, ohne die Absicht für sein Tun, wie es sonst seine Art war, ausführlichst anzukündigen. Beim Gehen griff ich nach hinten an den Rucksack und fühlte Buch und Hefte. Ich hatte sie ihm nicht gezeigt, ja nicht einmal erwähnt, daß ich sie mithatte. Er wußte, daß ich mich nach der Wanderung für eine Woche an einem Orte niederlassen wollte, um – wie ich sagte – zu arbeiten. Es war nicht davon gesprochen worden, ob er während dieser Woche am selben Ort wie ich bleiben würde. Vielleicht erwartete er eine klare Aufforderung von mir, auch die zweite Woche mit mir zu verbringen. Ich sprach sie nicht aus. In Pertisau war die Wanderung zu Ende, das Karwendel lag hinter uns, der Weg nach Jenbach ins Inntal hinunter war kurz, da stand der Bahnhof, da würde der Zug nach Innsbruck kommen und in entgegengesetzter Richtung sein Zug nach Wien.

So war es auch, ich sah ihn, als ich das Geleise in Jenbach überschritt. Er stand nicht weit von mir und wartete auf dem Bahnsteig, wo der Zug nach Wien angekündigt war. Er schien mir ein wenig unschlüssig, gar nicht mehr so starr, der Rucksack hing erschlafft von seinen schmächtigen Schultern und der Bergstock, so schien mir, hatte seine Spitze verloren. Er machte aber keinen Versuch, sich mir auf meinem Bahnsteig zu nähern. Vielleicht folgte er mir doch, aber dann so, daß er von irgendwelchen Waggons verdeckt blieb. Ich saß in meinem Zug und fuhr ohne jedes schlechte Gewissen in Richtung Innsbruck, der Gefahr einer Versöhnung im letzten Augenblick entronnen, und alles was ich für ihn fühlte, war etwas wie Dankbarkeit, weil er nicht auf *meinem* Geleise stand, wo eine Konfrontation schwer zu vermeiden gewesen wäre. Ich begriff erst viel später, daß es sein eigentliches Unglück war, die Distanzen selbst zu schaffen, die ihn von seinen nächsten Menschen trennten. Er war ein Distanzen-Erbauer, das war sein Talent, und er baute sie so gut, daß es für den anderen wie für ihn selbst unmöglich wurde, sie zu überspringen.

In Innsbruck nahm ich einen Zug nach Kematen, das am Eingang zum Sellraintal lag. Da übernachtete ich und stieg am nächsten Tag ins Sellrain, ich wollte in Gries ein Zimmer finden und dort die Woche des Alleinseins mit den Heften beginnen.

Es war ein regnerischer, beinahe stürmischer Tag, als ich loszog, ich ging durch Nebelwolken, der Regen peitschte mir ins Gesicht, es war zum erstenmal, daß ich allein wanderte, und es war kein freundlicher Beginn. Ich war bald durchnäßt, die Kleider klebten mir am Leib, ich ging zu rasch, um dem Unwetter zu entkommen, und geriet außer Atem. Während der vergangenen Woche in der strahlenden Sonne war es alles zu leicht gewesen. Es schien mir richtig, daß ich einen Preis fürs Alleinsein zu entrichten hätte. Der Regen floß mir übers Gesicht, ich trank die Tropfen, ich sah nur die nächsten paar Schritte weit vor mir. Manchmal war an einem Bauernhaus am Weg ein Spruch zu erkennen, der mich im Unwetter begrüßte. So viel einladende Gottergebenheit wirkt ein wenig wie Spott, wenn man am ganzen Leibe trieft, und ich hütete mich davor, an einem dieser schmucken, spruchverzierten Häuser anzuklopfen. Es dauerte nicht sehr lang, vielleicht zwei Stunden, bis ich die flache höhere Stufe des Tals erreicht hatte. In Gries, dem Hauptort, fand ich bald ein Zimmer bei einem Bauern, der zugleich der Schneider des Ortes war. Da wurde ich freundlich aufgenommen, meine Sachen trockneten, gegen Abend hellte sich's auf, für den nächsten Tag wurde mir schönes Wetter angekündigt und ich konnte meine Vorbereitungen treffen.

Ich erklärte den Wirtsleuten, daß ich in den zehn Tagen, die ich zu bleiben gedachte, studieren müsse, und zwar hätte ich vor, den Vormittag immer auf die Arbeit zu verwenden. Ich bekam ein Klapptischchen, das ich im winzigen Garten nahe dem Haus aufstellen konnte. Ich stand sehr früh auf und setzte mich gleich nach dem Morgenkaffee hinaus, mit Bleistiften, beiden Heften und dem bewußten Buch versehen. Es war ein wunderbar klarer, kühler Morgen, als ich begann. Über das Kopfschütteln der

Wirtsleute wunderte ich mich nicht, eher wunderte ich mich über mich selbst, daß ich es fertigbrachte, hier dieses Buch aufzuschlagen, das mir vom ersten Wort an widerstrebte und das mir noch heute, 55 Jahre danach, nicht weniger widerstrebt: Freuds ›Massenpsychologie und Ich-Analyse‹.

Ich fand darin, wie bei Freud üblich, erst Zitate von Autoren, die sich mit derselben Materie beschäftigt hatten, das meiste von Le Bon. Schon die Art, in der die Sache angegangen war, irritierte mich. Fast alle diese Autoren hatten sich der Masse verschlossen: sie war ihnen fremd oder sie schienen sie zu fürchten, und als sie sich daran machten, sie zu untersuchen, war ihre Geste: Bleib mir zehn Schritt vom Leib! Die Masse schien etwas Aussätziges für sie zu haben, sie war eine Art von Krankheit, es galt, ihre Symptome zu finden und zu beschreiben. Es war für sie entscheidend, mit ihr konfrontiert, klaren Kopf zu bewahren, sich nicht verführen zu lassen, sich nicht an sie zu verlieren. Le Bon, der als einziger eine ausführliche Beschreibung versuchte, hatte die frühe Arbeiterbewegung und wahrscheinlich auch die Pariser Kommune vor Augen. In seiner Lektüre war er von Taine bestimmt, dessen Geschichte der Französischen Revolution hatte es ihm angetan und darin besonders die Geschichte der Septembermorde. Freud stand unter dem widerwärtigen Eindruck einer anderen Art von Masse. Er hatte die Kriegsbegeisterung in Wien erlebt, als gereifter Mann von fast 60 Jahren. Daß er sich gegen diese Art von Masse, die auch ich als Kind gekannt hatte, zur Wehr setzte, war begreiflich. Aber er hatte kein nützliches Handwerkszeug für seine Unternehmung zur Verfügung. Zeit seines Lebens hatte er sich mit Vorgängen im Individuum, im einzelnen beschäftigt. Als Arzt sah er Patienten, die während einer langen Behandlung immer wieder vor ihm erschienen. Sein Leben spielte sich im Ordinations- und Arbeitszimmer ab. Am soldatischen Leben nahm er so wenig teil wie an dem der Kirche. Diese beiden Phänomene, Heer und Kirche, versagten sich den Begriffen, die er bisher geformt und angewandt hatte. Er war zu ernst und zu gewissenhaft, ihre Bedeutung zu übersehen, und unternahm es, in dieser späten Untersuchung ihnen auf den Leib zu rücken. Was ihm aber an eigener Erfahrung fehlte, holte er sich in der Beschreibung von Le Bon, die aus ganz anderen Erscheinungsformen der Masse gespeist war.

Was auf diese Weise zusammenkam, wirkte selbst auf den ungeschulten Leser von 20 Jahren unbefriedigend und inkongruent. Zwar war ich ohne jede theoretische Erfahrung, aber praktisch kannte ich die Masse von *innen*. In Frankfurt zum erstenmal war ich ihr ohne Widerstand verfallen. Seither war mir immer bewußt geblieben, wie *gern* man der Masse verfällt. Ebendas war mir zum Gegenstand des Staunens geworden. Ich sah Masse um mich, aber ich sah auch Masse in mir und mit einer erklärenden Abgrenzung war mir nicht geholfen. In Freuds Abhandlung fehlte mir vor allem die *Anerkennung* des Phänomens. Es schien mir nicht weniger elementar als Libido und Hunger. Es ging nicht darum, es aus der Welt zu schaffen, indem man es auf besondere Konstellationen der Libido zurückführte. Es ging im Gegenteil darum, es voll ins Auge zu fassen, als etwas, das immer bestanden hatte, aber jetzt mehr als je bestand, als eine Gegebenheit, die von Grund auf zu erforschen, nämlich erst zu erleben und dann zu beschreiben war, deren Beschreibung ohne ihr Erlebnis eine Art von Irreführung war.

Ich hatte noch nichts gefunden, alles was geschehen war, war, daß ich mir etwas vorgenommen hatte. Aber hinter diesem Vorsatz stand der Wille, ein ganzes Leben dafür einzusetzen, so viel Jahre und Jahrzehnte, als sich für die Lösung dieser Aufgabe als notwendig erwiesen. Um das Fundamentale und Unentrinnbare der Sache zu bekunden, sprach ich damals von einem *Massentrieb,* den ich als gleichberechtigt neben den Geschlechtstrieb stellte. Die ersten Anmerkungen zur Untersuchung Freuds waren tastend und ungeschickt. Sie bezeugten nicht viel mehr als meine Unzufriedenheit mit dem, was ich las, meinen Widerstand dagegen, meine Entschlossenheit, mich nicht überreden oder gar beschwindeln zu lassen. Denn was ich am meisten fürchtete, war das *Verschwinden* von Dingen, an deren Existenz ich nicht zweifeln konnte, weil ich sie erlebt hatte. Aus den häuslichen Gesprächen war mir bewußt geworden, wie blind man sein konnte, wenn man blind sein wollte. Ich begann zu begreifen, daß es mit Büchern nicht anders steht, daß man *wachsam* sein muß; daß es gefährlich ist, aus Trägheit Kritik auf später aufzuschieben und erst einmal hinzunehmen, was einem vorgesetzt wird.

So erlernte ich während der zehn Vormittage im Sellrain die Wachsamkeit des Lesens. In diese Zeit vom 1. bis 10. August

1925 setze ich den eigentlichen Beginn meines unabhängigen geistigen Lebens. Die Abgrenzung gegen Freud stand am Anfang der Arbeit an dem Buch, das ich erst 35 Jahre später, im Jahre 1960 der Öffentlichkeit übergab.

In diesen Tagen errang ich mir auch meine Unabhängigkeit als Person. Denn die Tage waren lang, ich war allein, zu den fünf Stunden Arbeit am Vormittag kam das Selbstgespräch des übrigen Tages. Es spielte sich auf den Wanderungen des Nachmittags ab. Ich erforschte das Tal, stieg nach Praxmar hinauf und weiter in die Höhe bis zu den Pässen, die in die Nachbartäler führten. Zwei- oder dreimal war ich auf dem Rosskogel oben, dem Berg unmittelbar über Gries. Ich war glücklich über die Mühe und auch über die Erreichung von Zielen, die ich mir gesetzt hatte, denn diese Ziele, im Gegensatz zu jenem großen, das ich in weitester Ferne errichtet hatte, *waren* erreichbar. Ich sprach viel vor mich hin, wohl um das Chaos von Haß, Groll und Beengung, das sich im Lauf des vergangenen Jahres in mir angesammelt hatte, zu artikulieren, in Worte zu fassen, zu gliedern, aus mir zu verbannen. Ich vertraute es der Luft um mich an, in der so viel Platz war, aber auch Klarheit und Richtung des Windes. Es war beglückend, wenn böse Worte im Winde dahinfuhren und einem entschwanden. Es klang nicht lächerlich, weil sie auf keine Ohren stießen. Doch ich hütete mich vor Willkür, ich entließ nichts aus mir, das nicht unter langem Druck nach seiner Gestalt verlangt hatte. Ich erwiderte auf Beschuldigungen, die mich beleidigt und geängstigt hatten, in vollkommener Wahrhaftigkeit, ohne Rücksicht auf einen Hörer, den ich zu schonen gehabt hätte. Alle Antworten, die sich in mir geformt hatten, entließ ich, sie waren wuchtig und neu und hielten sich nicht an vorgegebene Formen.

Der Hauptpartner in allen diesen Widerreden war sie, die mir zum unversöhnlichen Feind geworden war, die es sich zur Aufgabe gemacht hatte, alles aus meinem Erdreich herauszureißen, das sie selbst darin gepflanzt hatte. So kam es mir vor, und es war gut, daß es mir so vorkam, denn woher hätte ich sonst die Kraft genommen, mich zur Wehr zu setzen und nicht zu erliegen. Gerecht war ich nicht, wie hätte ich gerecht sein sollen. In diesem Kampf auf Leben und Tod sah ich nicht, was ich selber angerichtet hatte, wieviel Jahre schon ich mir den Gegner durch die Schroffheit und den grausamen Ernst meiner Überzeugungen herangezüchtet hatte. Es war nicht die Zeit für Gerechtigkeit, es war die Zeit für Freiheit, und hier konnte mir niemand die Worte umwenden und den Atem abschneiden.

Am Abend setzte ich mich ins Gasthaus und schrieb viel davon auf, ins zweite Heft, das für die persönlichen Auseinandersetzungen bestimmt war.

Dieses Heft habe ich gefunden und wiedergelesen. Ich erschrak, als ich nach 54 Jahren darin las. Welche Wildheit, welches Pathos! Ich fand jeden Satz vor, mit dem man mich bedroht und beleidigt hatte. Keiner war vergessen, keiner war ausgelassen, das Peinlichste, dessen ich zu Unrecht beschuldigt wurde, war verzeichnet. Aber ich fand auch die Entgegnung auf Jedes und eine Leidenschaft darin, die weit übers Ziel schoß und mörderische Kräfte verriet, deren ich mir nicht bewußt war. Wäre es bloß dabei geblieben, hätte ich von dieser Zeit an nicht auf allen Seiten um mich gegriffen, nach Wissen, das sich in den Dienst dieser Leidenschaft stellen ließ, es wäre schlimm und gewalttätig ausgegangen und ich wäre nicht mehr da, um jenen ungeheuren Zehn-Tage-Zorn zu rechtfertigen.

Es kamen am Abend viele Leute im Gasthaus zusammen, Bauern und Fremde, es wurde getrunken und gesungen, aber es gelang mir, aus dem Spiel zu bleiben. Ich saß mit einem Glas Wein vor mir, schwieg und schrieb, ein schmächtiger, bebrillter, wenig einnehmender Student, der allen Grund gehabt hätte, durch Fragen und Zutrinken sein unansehnliches Äußeres vergessen zu machen. Aber ich war mit meiner Rechtfertigung beschäftigt, und obwohl ich alles um mich her mit wachem Auge aufnahm, ließ ich mir's nicht anmerken und schien so nachdrücklich in mein Schreiben vertieft, daß schließlich niemand mehr auf mich achtete. Da ich den Muskateller vor mir hatte, wurde mir der Platz nicht geneidet. Ich fühlte, daß ich mich auf irgendwelche Gespräche nicht einlassen durfte. Sie hätten das Selbstgespräch zerrissen und die Kraft der Rechtfertigung geschwächt. Zu diesen vollkommen Fremden durfte ich nicht ich selber sein. Der Haß, von dem ich erfüllt war, wäre ihnen als Aberwitz erschienen; und es war mir auch gar nicht danach zumute, irgendeine Rolle vorzuspielen.

Wohl gewann ich auch unter diesen ungewöhnlichen Umständen Freunde. Es waren Kinder und sie meldeten sich um sechs Uhr morgens vor meinem Fenster. Es waren drei Knaben, der jüngste fünf, der älteste acht Jahre alt. Am ersten Tag hatten sie mich an meinem Tischchen sitzen und schreiben sehen, und das schien ihnen so ungewöhnlich, daß sie mir eine Weile zusahen und schließlich alle zugleich nach meinem Namen fragten. Sie gefielen mir so gut, daß ich meinen Vornamen nannte, mit dem sie aber gar nichts anfangen konnten. Sie wiederholten ihn zweifelnd und schüttelten die Köpfe. Mit diesem Namen war ich ihnen fremder als zuvor. Doch der Älteste hatte einen rettenden Gedanken und erklärte den anderen: »Sell isch an Hundsnamen!« Von diesem Augenblick an war ich ihnen lieb wie ein Hund. Des Morgens waren sie meine Uhr und weckten mich mit meinem Namen. Wenn ich mich zu Freud und Heft zurückzog, standen sie lange in einer Reihe stumm da, ohne mich zu stören. Dann wurde es ihnen langweilig und sie trabten fort, auf der Suche nach anderen, besseren Hunden.

Am Nachmittag, wenn ich zu meinen Unternehmungen loszog, waren sie zur Stelle und kamen ein Stück Weges mit. Ich fragte sie nach den Namen von Tieren und Pflanzen in ihrer Sprache, nach Vater und Mutter und Verwandten. Sie wußten, daß sie nicht zu weit vom Dorf fortgehen durften, und blieben plötzlich wie auf Verabredung stehen. Am liebsten hatten sie das Winken. Als ich es einmal vergaß, machten sie mir am nächsten Morgen Vorwürfe. Sie waren meine Gesellschaft während dieser scheinbar stummen Tage. In meinem exaltierten Zustand, der von den Drohungen, Flüchen und Verheißungen der Rechtfertigung gespeist war, hätte kein Geschöpf mich mehr ergreifen können als diese Kinder, und wenn sie morgens – nicht zu nah, um nicht zu stören – in einer Reihe zu seiten meines Tisches standen und beim Schreiben zusahen, empfand ich sie als eine Art von verdientem Segen.

Teil 3

Die Schule des Hörens

Wien 1926-1928

Das Asyl

Gegen Mitte August kehrte ich nach Wien zurück. An eine Wiederbegegnung mit der Mutter habe ich keine Erinnerung. Die Freiheit, die ich durch die ›Abrechnung‹ in den Bergen gewann, hatte eine umstürzende Wirkung. Ich suchte ohne Scheu und Schuldgefühl den einzigen Menschen auf, zu dem es mich zog, den einzigen, zu dem ich so sprechen konnte, wie mir zumute war. Wenn ich zu Veza ging und wir uns über die Bücher und Bilder unterhielten, die wir liebten, vergaß ich nie, mit welcher Kraft und Entschlossenheit sie sich ihre Freiheit gewonnen hatte: das Zimmer, in dem alles so aussah, wie sie es mochte, in dem sie sich mit den Dingen beschäftigen konnte, die ihr gemäß waren.

Ihr Kampf war viel härter gewesen als meiner: der steinalte Mann, der immer da war, wenn er sich auch nicht mehr durch seine Überfälle bemerkbar machte, war jedermanns Feind, er kannte nur sich, und daß man ihn, um sich seiner Belagerung zu entziehen, selber belagern, immerzu beobachten mußte, entsprach Vezas Natur viel weniger als mir die Kämpfe mit der Mutter, die immerhin echte Kämpfe waren, zwischen Gegnern, die beide sehr wohl begriffen, was sie einander vorwarfen.

Und nun war das Asyl, das Veza sich geschaffen hatte, auch zu meinem Asyl geworden. Ich konnte immer hin, ich kam nie ungelegen, meine Besuche waren erwünscht, ohne daß man mich zu ihnen verpflichtete. Immer wurde über etwas gesprochen, das einen erregte. Man kam, von etwas erfüllt, und ging nicht weniger erfüllt fort. Was einen beschäftigte, war in zwei Stunden wie in einem alchimistischen Prozeß transformiert worden: es schien reiner und klarer, aber nicht weniger dringlich. Es würde einen auf eine andere, überraschende Weise auch während der nächsten Tage beschäftigen, bis so viel neue Fragen da waren, daß sie als Grund zum nächsten Besuch dienten.

Nun kam auch alles zur Sprache, was bei jenem ersten Besuch im Mai durch mein ungestümes Plädoyer für ein nie endendes Leben König Lears versäumt worden war. Es war nicht so, daß ich über die Verhältnisse zuhause klagte. Ich war zu stolz, Veza die Wahrheit darüber zu sagen. Auch klammerte ich mich an das Bild, das die Menschen von der Mutter hatten, als hätte es die Kraft, sie in ihr früheres Selbst zurückzuverwandeln. Sie war erst vierzig, sie galt noch als schön, ihre Belesenheit war unter denen, die von ihr wußten, zur Sage geworden. Ich glaube nicht, daß sie damals noch viel Neues las, aber da sie nichts vergaß, stand ihr alles Frühere immer zu Gebote, und wenn es nicht um etwas ging, das sie durch mich erst erfahren hatte, klang sie im Gespräch mit anderen nobel und gescheit. Nur mir gegenüber ließ sie merken, wie sehr ihre alte Gesinnung erstorben war. Wenn es sehr böse zwischen uns zuging, behauptete sie, *ich* hätte sie getötet.

In den ersten Monaten meiner Besuche bei Veza, vielleicht ein halbes Jahr, erwähnte ich davon nichts. Veza war es recht, daß ich über die Mutter schwieg. Sie stellte sie hoch über sich, von den Fähigkeiten, die sie ihr zuschrieb, begann ich erst etwas zu ahnen, als sie mich einmal beinahe schüchtern fragte, warum sie eigentlich nichts veröffentlicht habe. Sie war der festen Überzeugung, daß sie Bücher schrieb, und als ich es (obwohl ich mich darüber geschmeichelt fühlte) abstritt, ließ sie sich nicht davon abbringen und fand auch eine Erklärung für die Heimlichkeit, in der dieses Schreiben vor sich ginge. »Sie hält uns alle für Schwätzer. Mit Recht. Wir bewundern die großen Bücher und reden nur immer davon. Sie *macht* sie und verachtet uns alle so sehr, daß sie zu niemandem davon spricht. Einmal werden wir's erfahren, unter welchem Pseudonym sie veröffentlicht. Dann werden wir uns schön schämen, daß wir's nie gemerkt haben.« Ich blieb dabei, daß das unmöglich sei, ich müßte es bemerken, wenn sie schreibe. »Sie tut es nur, wenn sie allein ist. In den Sanatoriumszeiten, wenn sie sich von euch zurückzieht. Sie ist dann nicht wirklich krank. Sie verschafft sich bloß Ruhe zum Schreiben. Sie werden noch einmal staunen, wenn Sie die Bücher Ihrer Mutter lesen!«

Ich ertappte mich beim Wunsche, daß es so sei, und war ganz sicher, daß es nicht so sein könne. Veza erfüllte jeden Menschen mit Glauben an sich. Nun gelang es ihr, wenn auch nur halb, mich mit Erwartung für jemand zu erfüllen, an den ich meinen Glauben verloren hatte. Sie wußte nicht, wie sehr sie mir durch diese spaltende Wirkung meinen Abfall erleichterte. Denn wenn die Mutter, die keine Gelegenheit scheute, mir meinen Undank vorzuhalten, ihre eigene Zukunft düster ausmalte: ohne den ältesten Sohn, der sich bis dahin selbst zerstört hätte oder doch so jämmerlich reduziert, daß er für sie nicht mehr vorhanden sei, erwachte in mir das Trugbild ihrer Geheimschriftstellerei; vielleicht ist es doch wahr, dann wird sie sich damit trösten.

Viel wichtiger war es, daß bei diesen Besuchen alles anders war, als ich es je gekannt hatte. Die jüngste Vergangenheit löste sich auf, ich hatte keine Geschichte. Falsche Vorstellungen, die sich festgesetzt hatten, korrigierten sich, doch ohne Kampf. Ich fühlte mich nicht gezwungen, an etwas festzuhalten, bloß weil es angegriffen wurde.

Veza kannte viele Gedichte auswendig, ohne einen damit zu belästigen. Eines war uns gemeinsam: Goethes ›Prometheus‹. Sie wollte es von mir hören, ich las es ihr vor. Sie sprach es nicht etwa mit, was ihr leichtgefallen wäre, sie wollte es wirklich hören, und als sie dann sagte: »Sie haben ihm nichts genommen«, freute ich mich unbändig und merkte erst später, daß sie etwas längeres vorhatte, für das sie mich freundlich stimmen wollte: ›The Raven‹ von Edgar Allan Poe. Davon war sie besessen, das Gedicht ist sehr lang, sie hatte es früh auswendig gelernt und sprach es mir nun in voller Länge vor. Mein Befremden über diese Besessenheit beirrte sie nicht (und sie war sonst für alles, was in anderen vorging, überaus empfindlich). Ich spürte, daß ich sie nicht unterbrechen durfte, und fürchtete, als es mich juckte, »Genug!« zu rufen, daß sie mich nie wieder zu sich einladen würde, wenn ich dieser Regung nachgäbe. So hörte ich ›The Raven‹ bis zu Ende an und war dann selbst davon gefangen. Der Rabe fuhr mir in die Nerven, ich begann im Rhythmus des Gedichts zu zucken, und als sie zu Ende war und ich noch ein wenig weiter zuckte, sagte sie fröhlich: »Jetzt hat Sie's auch erwischt. So ist es mir damals auch gegangen. Man sollte Gedichte immer laut sprechen und nicht nur stumm für sich lesen.«

Es war bald von Karl Kraus die Rede, natürlich. Sie fragte mich, warum ich sie bei den Vorlesungen so meide. Sie glaube den Grund zu wissen, wenn er es wirklich wäre, müsse sie ihn respektieren. Ich sei dort so ergriffen, daß ich mit niemand sprechen möge. Ich wolle alles unzerspalten und unberedet mit fortnehmen. Sie gehe auch gerne allein hin, doch wäre ihr eine

Aussprache danach lieber als Schweigen. Man sei doch nicht mit allem einverstanden, was dort gesagt werde. Sie habe die höchste Verehrung für Karl Kraus, aber sie lasse sich von ihm nicht vorschreiben, was man lesen dürfe und was nicht. Sie zeigte mir Heines ›Französische Zustände‹. Ob ich das kenne? Das sei eines der unterhaltsamsten und gescheitesten Bücher. Vor drei Jahren, nach einem Besuch in Paris, habe sie es vorgenommen und jetzt lese sie es schon zum zweitenmal.

Ich weigerte mich, den Band in die Hand zu nehmen. Nichts hatte Karl Kraus so sehr verpönt wie Heine. Ich glaubte ihr nicht, ich dachte, sie mache sich einen Scherz mit mir und selbst über den Scherz war ich erschrocken. Aber sie bestand darauf, mir ihre Unabhängigkeit zu beweisen. Sie hielt mir den Titel unter die Nase, las ihn laut vor, blätterte dann noch die Blätter vor mir auf und sagte: »Stimmt's?« »Aber gelesen haben Sie das nicht! Es ist schon schlimm genug, daß Sie es da liegen haben!« »Ich hab den ganzen Heine: da, sehen Sie!« Sie öffnete die Tür eines Bücherschranks, der ihre engere Bibliothek enthielt, »die Bücher, ohne die ich nicht leben möchte«, sagte sie, und da stand, wenn auch nicht zuoberst, der komplette Heine. Nach diesem Hieb, den sie mir gern versetzte, zeigte sie mir, was ich erwartete, Goethe, Shakespeare, Molière, Byrons ›Don Juan‹, Victor Hugos ›Les Misérables‹, ›Tom Jones‹, ›Vanity Fair‹, ›Anna Karenina‹, ›Madame Bovary‹, ›Der Idiot‹, ›Die Brüder Karamasow‹ und als eine ihrer allerliebsten Lektüren die Tagebücher von Hebbel. Das war nicht alles, das war nur, was sie heraussuchte, das Wichtigste. Die Romane bedeuteten ihr viel, die, die sie mir zeigte, hatte sie immer wieder gelesen, und auch damit bewies sie ihre Unabhängigkeit von Karl Kraus. »Er interessiert sich nicht für Romane. Er interessiert sich auch nicht für Bilder. Er interessiert sich für nichts, was seinen Zorn schwächen könnte. Das ist großartig. Aber das kann man nicht nachmachen. Der Zorn muß *in* einem sein, den kann man sich nicht ausleihen.«

Es klang vollkommen natürlich, und doch war es für mich ein Schock. Ich sah sie vor mir, in der ersten Reihe bei Karl Kraus, blitzend und voller Erwartung, und dabei hatte sie vielleicht noch knapp vorher im Heine, in den ›Französischen Zuständen‹ gelesen. Wie wagte sie es, ihm so unter die Augen zu treten? Jeder seiner Sätze war eine Forderung, wenn man ihr nicht nachkam, hatte man dort nichts zu suchen. Seit anderthalb Jahren ging ich in jede Vorlesung und war davon erfüllt wie von einer Bibel. An keinem seiner Worte zweifelte ich. Nie, unter keinen Umständen, hätte ich ihm zuwidergehandelt. Er war meine Gesinnung. Er war meine Kraft. Ohne den Gedanken an ihn hätte ich die idiotischen Kochkünste des Laboratoriums keinen Tag ertragen. Wenn er aus den ›Letzten Tagen der Menschheit‹ las, bevölkerte er für mich Wien. Ich hörte nur seine Stimmen. Gab es denn andere? Nur bei ihm fand man Gerechtigkeit, nein, man fand sie nicht, er *war* sie. Ein Runzeln seiner Stirn, und ich hätte mit dem besten Freund gebrochen. Ein Wink, und ich hätte mich für ihn ins Feuer gestürzt.

Das sagte ich ihr, ich mußte es sagen, ich sagte noch mehr, ich sagte alles. Es war eine ungeheure Schamlosigkeit, die über mich kam und die mich zwang, mit den geheimsten sklavischen Regungen herauszurücken. Sie hörte es an, sie unterbrach mich nicht, sie hörte es bis zu Ende an. Ich wurde immer heftiger, sie war todernst, als sie plötzlich – ich weiß nicht, woher sie sie nahm – eine Bibel in der Hand hielt und sagte: »*Das* ist meine Bibel!«

Ich spürte, daß sie sich rechtfertigen wollte. Sie war nicht gegen die Unbedingtheit, mit der ich mich zu meinem Gott bekannte. Aber sie nahm, obwohl sie nicht eigentlich gläubig war, das Wort ›Gott‹ ernster als ich und gestand keinem Menschen das Recht zu, zum Gott zu werden. Die Bibel war das Buch, in dem sie am häufigsten las. Sie liebte darin die Geschichten, die Lobpreisungen, die Sprüche, die Propheten. Mehr als alles liebte sie das Hohelied. Sie kannte sich gut aus, ohne je daraus zu zitieren. Sie belästigte damit niemand, aber im Grunde maß sie Literatur daran und nach ihren Forderungen maß sie auch das Verhalten von Menschen.

Es ist aber ein farbloses Bild, das ich von ihr gebe, wenn ich die geistigen Inhalte ihres Lebens nenne. Die Titel berühmter Bücher in ihrer Aneinanderreihung klingen wie Begriffe. Man müßte *eine* einzelne Figur hernehmen und sie so umschreiben, wie sie allmählich aus ihrem Mund entstand, um eine Vorstellung davon zu geben, was für ein blühendes und eigensinniges Leben sie in ihr führte. Keine entstand auf einmal, sie bildete sich aus vielen Gesprächen und erst nach etlichen Besuchen hatte man das Gefühl, daß man eine Figur, auf die sie sich berief, wirklich gut kannte. Nun waren keine Überraschungen mehr zu erwarten, ihre Reaktionen waren bestimmt, man konnte sich an sie halten und das Geheimnis der Figur war in dem Vezas vollkommen aufgegangen.

Ich hatte seit meinem zehnten Lebensjahr das Gefühl, aus vielen Figuren zu bestehen, aber es war ein vages Gefühl, ich hätte nicht sagen können, welche es eben war, die aus mir sprach, und warum eine die andere ablöste. Es war ein vielgestaltiger Fluß, der bei aller Bestimmtheit neugewonnener Forderungen und Überzeugungen nie vertrocknete. Ich hatte den Wunsch und die Fähigkeit, mich ihm zu überlassen, aber ich *sah* ihn nicht. Nun lernte ich in Veza einen Menschen kennen, der für *sein* Vielfaches Gestalten der großen Literatur gefunden und eingesetzt hatte. Sie hatte sie in sich eingepflanzt, sie gediehen in ihr, nun hatte sie sie, wann immer es sie danach verlangte, zu ihrer Verfügung. Das Erstaunliche daran war für mich die Klarheit und Bestimmtheit, daß nichts sich mit Zufälligem, nicht wirklich Zugehörigem vermischte. Es war eine Bewußtheit darin, als wären sie von einer hohen Gesetzestafel abzulesen. Da waren sie alle eingeschrieben, die reinen Figuren, jede deutlich abgegrenzt und in die Augen springend und nicht weniger am Leben als man selbst, durch ihre Wahrhaftigkeit allein bestimmt, durch keine Verdammnis auszulöschen.

Es war ein spannendes Schauspiel, Veza zuzusehen, wenn sie sich langsam unter ihren Figuren bewegte. Sie waren ihr Rückhalt gegen Karl Kraus, nie hätte er daran zu rühren vermocht, sie waren ihre Freiheit. Seine Sklavin war *sie* nie, es war großmütig von ihr, mich gelten zu lassen, als ich in Fesseln zu ihr kam. Aber es gab etwas, das man noch viel mehr empfand als ihren verhaltenen Reichtum, das war ihr Geheimnis.

Das Geheimnis Vezas lag in ihrem Lächeln. Sie war sich seiner bewußt und konnte es hervorrufen, aber wenn es einmal erschienen war, vermochte sie es nicht zu widerrufen: es verharrte und war dann, als wäre es ihr eigentliches Gesicht, dessen Schönheit täuschte, solange es nicht lächelte. Manchmal schloß sie im Lächeln die Augen, die schwarzen Wimpern reichten tief und streiften die Wangen. Dann war es, als besähe sie sich von innen, ihr Lächeln als Leuchte. Wie sie sich erschien, das war ihr Geheimnis, doch fühlte man sich, obwohl sie schwieg, nicht von ihr ausgeschlossen. Ihr Lächeln reichte, ein schimmernder Bogen, von ihr bis zum Betrachter. Es ist nichts unwiderstehlicher als die Lockung, den inneren Raum eines Menschen zu betreten. Wenn es einer ist, der seine Worte sehr wohl zu setzen vermag, steigert sein Schweigen die Verlockung aufs höchste. Man unternimmt es, sich seine Worte zu holen und hofft sie hinterm Lächeln zu finden, wo sie den Besucher erwarten.

Vezas Verhaltenheit war nicht zu lösen, denn sie war von Trauer gesättigt. Ihre Trauer nährte sie unaufhörlich, für jeden Schmerz war sie empfindlich, wenn es der Schmerz eines anderen war; unter der Demütigung eines anderen litt sie, als wäre sie ihr selber widerfahren. Sie beließ es nicht bei diesem Mitgefühl, sondern überschüttete Gedemütigte mit Lob und Geschenken.

An solchen Schmerzen trug sie noch, wenn sie längst gestillt waren. Ihre Trauer war abgründig: sie enthielt und bewahrte alles, was ungerecht war. Ihr Stolz war sehr groß und es war leicht, sie zu verletzen. Aber sie billigte jedem dieselbe Verletzlichkeit zu und war in ihrer Vorstellung von empfindlichen Menschen umgeben, die ihres Schutzes bedurften und die sie niemals vergaß.

Die Friedenstaube

Es ist erstaunlich, was zehn Tage der Freiheit ausrichten können. Die Tage vom 1. bis 10. August 1925, an denen ich ganz allein gewesen war, an denen ich meine Grenzen gegen Freud abgesteckt, aber mich auch gegen die Anklagen der Mutter gerechtfertigt hatte – ohne daß sie es erfuhr, so daß es mir Genüge tat, strenger, härter, gültiger, als wenn ein anderer außer mir daran teilgehabt hätte –, als ich erst in den Wind sprach, tagsüber, was ich abends niederschrieb, diese kurze Frist der Freiheit, von der ich ein Leben lang zehrte, bliebe mir schon darum immer gegenwärtig, weil ich mich jederzeit, was auch geschah, auf sie bezog.

Während ich damals meine Anklage niederschrieb, in Sätzen, die so gewalttätig waren, daß ich heute vor ihnen erschrecke, erschien, wie ich dachte, gar nicht hingehörig, ein Gesicht vor mir, dessen Lächeln ich versäumt hatte, das jetzt nicht lächelte, sondern ernst und unbeirrbar von einem Krieg sprach, den es geführt hatte. Es war Vezas Gesicht. Es sprach von *ihrer* Freiheit, und der hagere Alte, den ich erst nur aus ihren schrecklichen Worten über ihn kannte – Worten, die um so schrecklicher waren, weil sie aus ihrem Munde nicht zu erwarten gewesen waren –, der hagere Alte hatte den Krieg gegen sie *verloren*, und wie befremdet ich auch sein Bild wegzuwischen suchte, die Worte kamen aus Vezas Munde und stärkten mich in meinem eigenen Unternehmen. Am Freiheitskampf jener zehn Tage nahm sie durch ihren eigenen teil. Daß es mich nach der Rückkehr zu ihr hintrieb, daß ein nie zu erschöpfendes Gespräch mit ihr begann und ich wieder und wieder hinging, daß dieses Gespräch an die Stelle jenes älteren trat, das zu einem Machtkampf entartet und nun verwüstet war, – das hätte niemand verwundern können, es bestürzte nur den einen Menschen, der dabei verlor, die Mutter.

Im September war sie wieder da, in einer veränderten Atmosphäre. Zwei Monate blieben wir noch zusammen in der Radetzkystraße. Das Feuer, das uns erhitzt hatte, war erloschen. Mein Ausbruch im Juli hatte sie erschreckt, das Verdikt des Arztes damals war gegen sie gegangen. Sie griff mich nicht an, sie schrieb mir nichts vor. Ich kritisierte sie nicht, weil ich mit Veza sprechen konnte. Die Besuche bei ihr verheimlichte ich nicht und sprach ganz offen, wenn auch nicht in allen Einzelheiten, von ihren literarischen Neigungen. Vielleicht war ich zu offen, wenn ich ihre Belesenheit, ihren Geschmack, ihr Urteil lobte. Es wurde vorläufig ohne jede direkte Reaktion darauf hingenommen. Doch zeigte sich die Mutter sehr ärgerlich über die Störungen bei den Mahlzeiten. Wenn Johnnie Ring seine Not aus dem Kabinett trieb und er sich hinter ihrem Stuhl an ihr vorbeidrückte, verzog sie voller Ekel das Gesicht und erwiderte nicht seinen Gruß. Beim Rückweg geriet er ins Stottern, so peinlich war ihm ihr Schweigen, seine Schmeichelreden blieben ihm halb im Halse stecken, sie schwieg weiter, bis er die Türe zum Kabinett hinter sich zugezogen hatte.

Dann aber ging es los gegen Wien, diesen Sündenpfuhl, wo nichts mehr stimmte. Den Vormittag lagen die Leute im Bett oder es waren Ästheten, die nur über Bücher schwatzten. Sie stellten sich am hellichten Tag in Museen vor Bildern auf, schamlose Tagediebe. Es kam alles auf dasselbe heraus, arbeiten wollte niemand und da wunderte man sich noch über die Arbeitslosigkeit, wenn keine Männer da waren, die im Leben standen. Und wenn es nur ein Sündenpfuhl wäre, aber Wien war auch provinziell geworden. In der ganzen Welt gab niemand mehr etwas drauf, was in Wien geschah, man brauchte nur den Namen zu sagen und die Leute verzogen verächtlich den Mund. Sogar Karl Kraus (mit dem sie sonst gar nichts anfangen konnte) wurde als Kronzeuge für die Minderwertigkeit Wiens herbeizitiert. Der wußte schon, worüber er sprach, der kannte sich aus und die Leute, die er meinte, rannten noch alle hin und lachten über ihre eigenen Sünden. Damals, in den großen Tagen des Burgtheaters, war alles anders, da war Wien noch eine Stadt gewesen, die zählte. Vielleicht lag es doch auch am Kaiser, was immer sich gegen ihn sagen ließ, er war ein Mann von Pflichtbewußtsein. Im hohen Alter saß er noch Tag für Tag über den Akten. Aber jetzt? Ob ich einen einzigen Menschen hier wisse, der nicht zuallererst an sein Vergnügen dächte? Und in einer solchen Stadt sollte man junge Menschen zu Männern erziehen? Das war ganz aussichtslos, und in Paris, ja in Paris wäre es anders!

Ich hatte das Gefühl, daß dieser plötzliche Haß gegen Wien einem bestimmten Menschen galt, dessen Namen sie nicht nannte. Es war mir gar nicht geheuer dabei, obwohl sie mich selbst mit Anklagen sorgfältigst verschonte. Schon daß sie zum erstenmal Museen in den Sündenkatalog einbezog und das Herumstehen vor Bildern beanstandete, schien mir verdächtig. Es gab niemand, der Veza nannte, ohne sie mit einem Bilde zu vergleichen, und da die verschiedensten Bilder dafür herangezogen wurden, kam schon ein kleines Museum zusammen. Plötzlich, bei einer dieser zornigen Attacken gegen Wien, würde ihr Name herausspringen. Was täte ich dann? Bei der ersten Beleidigung *dieses* Menschen würde ich die Wohnung verlassen, für immer.

Aber bevor es so weit war, zog sich die Mutter zu Anfang des Winters nach Menton an die Riviera zurück und schrieb mir von dort beschwörende Briefe. Darin schilderte sie ihre Verlassenheit unter den Menschen, daß man sie im Hotel nicht möge, daß man ihr mißtraue, daß Frauen sich vor ihren Blicken fürchteten, besonders wenn sie mit ihren Männern im Speisesaal säßen. Damit beeindruckte sie mich, denn in solchen Schilderungen war etwas von ihrer alten Kraft. Dazu kamen ausführliche Einzelheiten über alle möglichen physischen Beschwerden. Obwohl ich deren oft fiktive Natur seit Arosa kannte, nahm ich diese nicht weniger ernst. Die letzte und höchste Steigerung ihrer Briefe, in die alles mündete, waren Haßausbrüche von solcher

Blindheit und Wildheit, daß ich um Vezas Leben zu fürchten begann.

Denn jetzt in den Briefen nannte sie offen ihren Namen. Sie schrieb ihr die niedrigsten Motive zu und sprach das Abscheulichste über sie hemmungslos aus. Sie hätte meine schwächste Seite erkannt, meine Liebe für Bücher und nützte das nun schamlos aus, indem sie über nichts anderes zu mir spreche. Sie sei eine Frau und hätte nichts zu tun, sie könne sich das Leben einer Ästhetin erlauben. Wenn sie sich davor nicht ekle, sei das ihre Sache, aber einen jungen Menschen da hineinzuziehen, der sich auf den Kampf des Lebens vorbereite, sei ein Verbrechen. Sie tue es aus purer Eitelkeit, bloß um ein neues Opfer in ihren Netzen zu haben, denn was könne ein lächerlich junges Wesen wie ich einer Frau von ihrer Erfahrung bedeuten? Das werde ein schreckliches Erwachen für mich geben, wenn der nächste Mann bei ihr an die Reihe käme. Ich sei so unschuldig und naiv, daß sie nur noch in Unruhe an mich denken könne. Sie sei entschlossen, mich zu retten. Weg, nur weg aus Wien! In diesem Sündenpfuhl der Johnnies und Vezas – nicht umsonst sei sie seine Cousine – hätten wir nichts zu suchen.

Sie habe vor, mit den Brüdern nach Paris zu übersiedeln. Die sollten dort in die Schule gehen und später auch dort studieren. Es sei klar, daß wir nicht mehr zusammen leben könnten. Mit 21 Jahren müsse ich nun meinen eigenen Weg gehen. Aber es gebe genug Städte, in Deutschland zum Beispiel, wo die Atmosphäre nicht von Ästheten verpestet sei und ich weiter studieren könne. Mein Abspringen von der Chemie fürchte sie nicht mehr, da ich zwei Jahre schon durchgehalten hätte. Was sie fürchte, sei Wien, wo ich zugrunde gehen müsse, sei es so oder so. Ich solle ja nicht glauben, daß Veza die einzige sei, in Wien gebe es Tausende ihresgleichen, skrupellose, genußsüchtige Menschen, die sich nicht scheuten, zur Befriedigung ihrer Eitelkeit Mütter und Söhne auseinanderzubringen und diese, sobald sie sie satt hätten, zum alten Eisen zu werfen. Unzählige Fälle dieser Art seien ihr bekannt. Sie habe nie zu mir davon gesprochen, um mich nicht an Frauen irrezumachen, aber jetzt sei es Zeit für mich zu wissen, wie es in der Welt zugehe – ganz anders als in Büchern.

Solange sie in Menton war, bis in den März hinein, antwortete ich auf ihre Briefe. Ich wußte, daß sie da ganz allein war, und ihre Klagen über das Mißtrauen, das man ihr von allen Seiten entgegenbringe, beunruhigten mich. Die Beleidigungen gegen Veza, aus denen ihre Briefe zur Hälfte bestanden, trafen mich schwer. Ich fürchtete, daß sie sich bis zu einer physischen Attacke steigern könnten und unternahm den wenig aussichtsreichen Versuch, sie umzustimmen. Ich berichtete ihr von anderen Dingen, die in Wien passierten, von Diskussionen, die ich mit meiner Nachbarin im Laboratorium hatte, einer russischen Emigrantin, die mir gut gefiel; von einem Zwerg, der gekommen war und auf seine laute, entschlossene Weise den ganzen Saal beherrschte; von jeder einzelnen Vorlesung, die Karl Kraus gab – jetzt hatte sie ihn ja offiziell als Verächter Wiens anerkannt und konnte nicht wie früher, wenn von ihm die Rede war, den Kopf abwenden. Ich machte es ganz klar, in jedem Brief, daß ich entschlossen war, in Wien zu bleiben. Ihre Angriffe auf Veza wies ich zurück und trachtete sie nicht zu ernst zu nehmen. Ein paarmal, nicht zu oft, schrieb ich empört, als der zutiefst Beleidigte, der ich eigentlich während dieser ganzen Zeit war. Dann lenkte sie ein und zügelte ihren Haß vielleicht eine Woche lang. Im übernächsten Brief ging es wieder los und ich war so weit wie zuvor.

Ihr Zustand flößte mir Besorgnis ein, aber viel mehr besorgt war ich um Veza. Ich kannte ihre Empfindlichkeit, sie fühlte sich für alles schuldig, was um sie herum geschah, und für vieles andere auch. Wenn sie das geringste von den Dingen erfuhr, die die Mutter über sie dachte und schrieb, würde sie sich von mir zurückziehen und mich unter keinen Umständen mehr sehen wollen. Solange sie kein Sterbenswort davon erfuhr, ging alles gut. Jede Woche verstörte mich ein Brief aus Menton: ich richtete es so ein, daß ich an diesen Tagen Veza nicht sah, damit sie mir nichts anmerke.

Die Wohnung war schon zu Anfang des Jahres aufgegeben worden, die Brüder kamen zu einer Familie, ich hatte mir ein Zimmer genommen. Im März fuhr die Mutter nach Paris, wo nahe Angehörige und viele gute Bekannte von ihr lebten. Sie sah sich um und bereitete die Übersiedlung für den Sommer vor. Für Ende Mai kündigte sie ihre Ankunft in Wien an. Da wolle sie einen Monat bleiben, um nach dem Rechten zu sehen. Nach einem halben Jahr sei es an der Zeit, daß wir uns endlich wieder *sprächen*.

Ich erschrak, als ich von dieser drohenden Ankunft erfuhr. Nun wurde es ernst, um jeden Preis mußte ich Veza vor der

Mutter schützen, sie durfte auf keinen Fall mit ihr zusammentreffen. Sie durfte aber auch nicht von ihrem Haß erfahren, der sie verstört und alles zwischen uns verändert hätte. Mein Verhalten der Mutter gegenüber konnte ich nicht bestimmen, bevor sie da war. Sie wollte in einer Pension gleich hinter der Oper absteigen, also nicht in der Leopoldstadt, so daß ein zufälliges Zusammentreffen der beiden nicht zu befürchten war. Veza vorzubereiten, hatte ich Zeit. Sie sollte nicht mehr erfahren, als unbedingt nötig war, gerade so viel, daß sie meinem Wunsche nachgab, der Mutter aus dem Weg zu gehen, nicht mehr.

So gestand ich Veza, daß die Mutter es gern sähe, wenn ich von Wien fortginge. Man habe ihr klargemacht, daß es besser für mich sei, wenn ich an eine der großen deutschen Universitäten ginge, zu einem Chemiker, der in der ganzen Welt berühmt sei, und bei ihm zu dissertieren trachte. Einen Mann dieses hohen Ranges gäbe es zur Zeit in Wien nicht. Von der Art der Dissertation hänge mein späteres Schicksal als Chemiker weitgehend ab. Das bedeute nicht, meine sie, daß ich nicht später nach Wien zurückkäme, über die Zukunft wisse niemand etwas Näheres. Nun hätte die Mutter natürlich gemerkt, daß es etwas gebe, was mich in Wien festhalte. Ich hätte ihr geschrieben, daß ich aus Wien nicht wegwolle, auf keinen Fall. Sie käme jetzt, zu einem letzten Versuch entschlossen, und werde alles daransetzen, mich zu überreden. Es werde ihr nie gelingen, die Chemie sei mir vollkommen gleichgültig, ich hätte nicht vor, den Beruf eines Chemikers auszuüben. Veza wisse am besten, was ich sein wolle und was ich unter allen Umständen tun würde.

Warum ich dann eigentlich so beunruhigt sei, fragte sie. Wenn ich nicht weg wolle, könne mich doch niemand dazu zwingen.

»Das ist es nicht«, sagte ich, »du kennst die Mutter nicht gut genug. Wenn sie etwas will, setzt sie jedes Mittel daran, es durchzusetzen. Sie wird *dich* besuchen und darüber mit *dir* sprechen. Sie wird dich davon überzeugen, daß es zu meinem Besten ist, wenn ich Wien verlasse. Sie wird dich so weit bringen, daß *du* mir zur Abreise zuredest. Das könnte ich dir nie verzeihen. Sie wird uns auseinanderbringen. Ich habe die größte Angst davor, daß sie mit dir spricht.«

»Nie. Nie. Nie. Das wird ihr nie gelingen!«

»Aber die Angst ist in mir und ich werde, wenn sie hier ist, keinen Augenblick mehr Ruhe haben. Ich zittere beim Gedanken an ihre Ankunft. Du hast selbst die höchste Meinung von ihren Geistesgaben, von ihrer Willensstärke. Du ahnst nicht, was sie alles vorbringen könnte. Ich auch nicht, es fällt ihr im Augenblick ein, und plötzlich sieht man, wie sehr sie recht hat, und verspricht ihr alles und was – was wird dann aus uns?«

»Ich werde sie nicht sehen. Ich verspreche es dir. Ich schwöre es. Dann kann nichts passieren. Wirst du dann ruhig sein?«

»Ja, ja, dann schon, aber nur dann.«

Sie dürfe weder einen Anruf noch einen Brief von ihr entgegennehmen, sie müsse ihr mit Klugheit und Bedacht aus dem Wege gehen. Die Mutter werde ohnehin im ersten Bezirk wohnen, es werde nicht schwer sein, sie zu meiden. Sollte aber wider Erwarten ein Brief der Mutter an sie kommen, so müsse sie ihn mir uneröffnet übergeben. Ich schöpfte Hoffnung, als ich sah, wie rasch sie mir glaubte. Einen Brief der Mutter würde sie mir nicht nur uneröffnet übergeben, sie würde, wenn ich es so wünschte, ihn auch *nach* mir nie lesen und nie beantworten.

Die Mutter kam an und schon im ersten Gespräch merkte ich, daß ihr selbst daran gelegen war, eine Konfrontation zu vermeiden: sie wollte das Bild, das sie sich von der ›Feindin‹ gemacht hatte, in seiner abstoßenden Intaktheit bewahren. Sie fühlte, daß es sich in nichts auflösen würde, wenn sie die lebende Veza auch nur einmal sah. Aus meinen Briefen, die sie in Paris alle hintereinander wiedergelesen hatte, schloß sie, daß ich Wien auf keinen Fall gleich verlassen würde. Sie glaubte zu erkennen, daß mir an Karl Kraus noch mehr als an Veza lag. In Menton, wo sie sich ausgeschlossen fühlte, weil sie niemanden kannte, hatte sie es für selbstverständlich gehalten, daß ich Veza täglich sah. In Paris, wo sie ihre Verwandten und viele Bekannte hatte, schien ihr das nicht mehr so sicher. Ihr Mißtrauen hatte sich verästelt, es war subtiler geworden, sie las allerhand aus den Briefen, das sie früher nicht bemerkt hatte. Ich hatte ihr von meiner Nachbarin im Laboratorium geschrieben, die mich an Dostojewski erinnere. Es sei eine wahre Wollust, mit ihr über ihn zu sprechen, ihretwegen ging ich sogar gern ins Laboratorium. Jetzt fiel ihr die Wendung »wahre Wollust« auf, die sie in Menton, als sie den Brief empfing, gar nicht beachtet hatte. Sie dachte daran, daß ich den ganzen Tag im Laboratorium stand. Bei den langwierigen Prozeduren, die zur quantitativen Analyse gehörten, gab es unendlich viel Zeit zum Sprechen.

»Siehst du die Eva manchmal«, fragte sie jetzt, »deine Russin im Laboratorium?«

»Ja natürlich, wir gehen doch fast immer zusammen essen. Weißt du, wenn wir gerade über Iwan Karamasow reden, den sie haßt, können wir nicht einfach aufhören. Dann gehen wir zusammen in die Schwemme der ›Regina‹ essen und sprechen weiter darüber, dann die Währingerstraße zurück ins Institut, und hören keinen Augenblick auf, und stehen dann wieder vor unseren Kolben und worüber glaubst du sprechen wir dann?«

»Über Iwan Karamasow! Das sieht euch ähnlich! Sie ist natürlich ganz für Aljoscha! Ich habe angefangen, Iwan zu verstehen, seit einigen Jahren halte ich ihn für den interessantesten der Brüder. »

Sie war so zufrieden über die Existenz dieser Kollegin, daß sie an einem Gespräch über literarische Figuren teilzunehmen begann, wie in alten Zeiten. Sie erinnerte sich an meine Gelbsucht in der Radetzkystraße, vor mehr als einem Jahr. Es war das einzige, woran ich gern dachte; ich lag einige Wochen zu Bett und las den ganzen Dostojewski, alle roten Piper-Bände von Anfang zu Ende. »Da mußt du noch dankbar sein für die Gelbsucht«, sagte sie, »sonst könntest du jetzt nicht vor deiner Eva passieren.« Das ›deiner‹ gab mir einen Stich, es war, als hätte sie sie mir eigenhändig in die Arme gelegt. Sie gefiel mir wirklich, das hatte Konflikte in mir gegeben. Aber ich ließ es hingehen, in einer plötzlichen Anwandlung von Schlauheit, denn ich spürte, wie scharf sie mich dabei beobachtete. Ich sagte sogar:

»Ja, das stimmt. Es ist ein wunderbares Gespräch. Sie *lebt* in Dostojewski und nimmt es alles ganz ernst. Im ganzen Saal ist sonst niemand, mit dem sie darüber sprechen könnte.«

Kaum war die Literatur wieder zwischen uns da, mochte ich die Mutter. Es war zwar nicht zu verkennen, mit welcher Absicht sie dem Gespräch diese Wendung gegeben hatte. Sie wollte etwas erkunden, das Gewicht der anziehenden Kollegin gegen das einer anderen Frau bestimmen. Bedeutete sie mir etwas? Würde sie mir vielleicht noch mehr bedeuten? Sie kam auf Dostojewski zurück und wollte wissen, ob Eva, die Kollegin, etwas mit Frauenfiguren von Dostojewski gemein habe. Das klang schon wie der Vorbote zu neuer Sorge, aber ich konnte sie beruhigen, denn genau das Gegenteil war der Fall. Eva war eine ausnehmend gescheite Person, ihre eigentliche Begabung war die Mathematik, in Physikalischer Chemie kannte sie sich besser aus als alle männlichen Studenten. Sie hatte – das stand in Widerspruch zu ihrer intellektuellen Anlage – ein sehr reiches Gefühlsleben, aber ihre Gefühle *behielten* ihre Richtung, das Umkippen ins Gegenteil, an das die Mutter bei ihrer Frage gedacht hatte, schien ihr fremd.

»Bist du so sicher?« sagte die Mutter, »da kann man sich schrecklich irren. Hättest du je früher gedacht, daß du mich einmal hassen würdest?«

Ich überging diese erste ausfällige Bemerkung seit ihrer Ankunft in Wien und blieb lieber beim eigentlichen Gegenstand unseres Gespräches.

»Natürlich bin ich sicher«, sagte ich, »ich verbringe Tag für Tag viele Stunden mit ihr. Das geht jetzt schon so seit bald einem Jahr. Glaubst du, es gibt irgend etwas, worüber wir noch nicht gesprochen hätten?«

»Ich dachte, es ist nur Dostojewski.«

»Das ist es meistens, darüber sprechen wir am liebsten. Kannst du dir eine bessere Art denken, einen Menschen kennenzulernen, als wenn man *alles* mit ihm bespricht, was in Dostojewski vorkommt?«

Beide klammerten wir uns an diese Friedenstaube. Eva Reichmann wäre erstaunt gewesen, hätte sie gewußt, welche Rolle ihr die Mutter zudachte. Es wäre ihr gar nicht recht gewesen, so als Gesprächsgegenstand zu dienen, denn eigentlich ging es uns nur darum, den anderen Gegenstand zu vermeiden. Aber ich sagte nichts über sie, das ich nicht meinte, und durch meine Worte wurde sie mir immer lieber. Obwohl die Mutter so sehr auf ihr bestand, faßte ich keinen Widerwillen gegen sie. Sie war wirklich unsre Friedenstaube. Ich hatte nach der halbjährigen Abwesenheit der Mutter, nach dem abenteuerlichen Briefwechsel zwischen uns einen argen Zusammenstoß erwartet. Es war deutlich zu spüren, wie wir beide uns von Abneigung und Angst *entluden*.

»Revenons à nos moutons«, sagte sie plötzlich, eine Redensart, an der sie hing und die sie in den letzten Jahren unserer Kämpfe nicht *einmal* gebraucht hatte. »Du sollst doch wissen, was ich vorhabe.« Für den Sommer sei die Übersiedlung nach Paris angesetzt. Das werde eine anstrengende Zeit für sie sein. Um sie gut zu überstehen, wolle sie vorher eine Kur machen und zwar wie voriges Jahr in Bad Gleichenberg, das habe ihr gutgetan. Ob ich für diese Zeit die Brüder übernehmen wolle? Die müßten richtige Ferien haben, denn gleich danach kämen die Schwierigkeiten für sie: das Einleben in ihre neuen französischen Schulen und zwar in ziemlich hohen Klassen, gar nicht mehr weit vom ›bachot‹ entfernt, der französischen Matura. Wir könnten alle drei zusammen ins Salzkammergut fahren, das würde sie sehr beruhigen, so würde ich ihr und den Brüdern einen wirklichen Dienst erweisen.

Ich merkte, worauf sie's abgesehen hatte, und willigte ohne zu zögern ein. Nichts wäre mir lieber. Ich würde die Brüder dann vielleicht ein Jahr nicht sehen. Ich selber möchte ja schließlich auch irgendwohin in die Ferien fahren. Wir würden schon einen schönen Ort für uns finden. Sie stutzte. Ich spürte die Frage, die ihr auf der Zunge schwebte. Sie sprach sie nicht aus. Beinahe hätte ich es für sie getan. Es kam zu einer Art von Kompromiß. Sie sagte: »Du hast doch nichts anderes für den Sommer vor?« Ich sagte: »Was sollte ich denn sonst für den Sommer vorhaben?«

So hätte dieses Gespräch enden können und es hätte für beide Teile gut geendet. Meine einzige, meine zentnerschwere Sorge war gewesen, daß sie Veza verletzen und gefährden könnte. Nun war sie nicht *einmal* genannt worden. Was aber würde in den nächsten Gesprächen geschehen, während der vier Wochen oder mehr, die sie in Wien verbringen würde. Es war eine lange Zeit. Ich wollte ganz sicher sein und vorbeugen. Ich war unter dem angenehmen Eindruck der Gespräche über die Kollegin. War es der Teufel, der mich ritt, oder war es wirklich die Angst um Veza? Ich sagte: »Weißt du, die Eva, die Kollegin hat mich gefragt, ob ich im Sommer in die Berge gehe. Ich habe ihr nichts Bestimmtes gesagt. Hättest du etwas dagegen, wenn sie in dieselbe Gegend kommt? Nicht an denselben Ort natürlich, vielleicht so in einer Stunde Entfernung. Dann könnten wir hie und da einen Ausflug zusammen unternehmen. Sie hätte bestimmt einen guten Einfluß auf die Buben. Ich würde sie nur manchmal sehen, vielleicht ein- oder zweimal die Woche und die übrige Zeit ganz den Buben widmen.«

Von diesem Vorschlag war sie begeistert. »Warum sollst du sie nicht auch öfters sehen? Du hattest dir also doch etwas für den Sommer vorgenommen. Ich bin sehr froh, daß du mir's noch gesagt hast. Das läßt sich wunderbar vereinen. Sie ist doch ein feiner Mensch. Man kann es ihr nicht übelnehmen, daß sie dich zuerst gefragt hat. Das wäre früher undenkbar gewesen. Aber heute sind die Frauen eben so.«

»Nein, nein«, sagte ich. »Du stellst dir etwas Falsches vor. Es ist wirklich nichts zwischen uns.«

»Was nicht ist, kann werden«, sagte sie. Sehr taktvoll war sie nicht, so etwas hatte ich von ihr noch nie erlebt. Was hätte sie nicht getan, um mich von Veza abzubringen. Ich aber war durch meinen plötzlichen Einfall auf die einzige Möglichkeit gekommen, Veza vor ihr zu schützen. Ich mußte von anderen Frauen sprechen. Diesmal hatte eine Kollegin ausgeholfen, die zufällig im Laboratorium neben mir arbeitete. Ich mochte sie wirklich und es war unanständig von mir, die Vorstellung in der Mutter zu nähren, daß sie meine Freundin war oder es vielleicht werden könnte. Selbst wenn ich zu ihr davon sprach und sie sich nachträglich, hilfsbereit und verständnisvoll wie sie war, mit meinem Vorgehen einverstanden erklärte – etwas Peinliches blieb an der Sache. Es war jetzt geschehen und es brachte mich darauf, daß etwas anderes geschehen mußte: ich mußte Frauen *erfinden* und die Mutter mit Geschichten über sie unterhalten. Nie mehr durfte sie etwas über Veza und mich erfahren. Sie wäre weit weg in Paris und Veza in Wien und ich hätte Veza vor allen furchtbaren Dingen, die sie ihr antun könnte, gerettet.

Frau Weinreb und der Henker

Frau Weinreb, bei der ich in der Haidgasse ein schönes, geräumiges Zimmer mietete, war die Witwe eines Journalisten, der als sehr alter Herr gestorben war. Sie war viel jünger als er gewesen und hatte ihn nun schon lange überlebt. In der Wohnung hingen überall seine Bilder, ein großväterlicher Herr mit wohlwollendem Bart. Die Frau mit ihrem dunklen Hundegesicht, die immer ergeben von ihrem Mann sprach, so als wäre er ihr noch als Verstorbener geistig und sittlich turmhoch überlegen, übertrug einen kleinen Teil dieser Verehrung auf Studenten. Aus jedem von ihnen konnte etwas wie ein Herr Dr. Weinreb werden, sie nannte ihren Mann nie anders, mit Herr und Doktor. Auf Gruppenbildern mit seinen Kollegen, vor denen ich mich aufstellen und eine Weile verharren mußte, stach er nicht nur durch den Bart, sondern auch durch seine zentrale Position hervor. Sie sagte selten ›mein Mann‹, auch so lange nach seinem Tod war sie über die Ehre dieser Heirat noch nicht hinweggekommen und wenn es ihr je über die Lippen kam, brach sie erschrocken ab, als hätte sie sich eine Lästerung herausgenommen, zögerte ein wenig und fügte dann wie berauscht den vollen Namen samt Titel ›Herr Dr. Weinreb‹ hinzu. Sie muß ihn lange so genannt haben, bevor sie ihn heiratete, und vielleicht blieb es dann auch während der Ehe dabei.

Ich hatte durch eine befreundete Familie von diesem Zimmer erfahren, deren Sohn ein Jahr da gewohnt hatte. Es war schlecht ausgegangen, man wird erfahren, warum. Der schüchterne junge Mann, für seine Sanftmut bekannt, war in eine peinliche Lage geraten und sogar vor Gericht geschleppt worden. Man hatte mich gewarnt, nicht vor der Witwe, sondern vor ihren zwei Mitbewohnerinnen. Ich erwartete eine Art von Lasterhöhle, doch ich wollte in dieser Gegend, nicht zu weit, aber auch nicht gar zu nahe von Veza wohnen, und da hätte mir die Haidgasse, die eine Seitengasse der Taborstraße war, gut gepaßt – kein Satellit der Praterstraße, von deren Umgebung mein Leben damals beherrscht war, aber ihr benachbart. Als ich das Zimmer besichtigen kam, war ich erstaunt über die Sauberkeit und Ordentlichkeit der Wohnung, bürgerlicher hätte sie gar nicht sein können, überall das Bild des würdigen alten Herrn und vor jedem die lobpreisende Witwe. Auch das Zimmer, das ich bewohnen sollte, war nicht frei von ihm, immerhin kam er an diesen Wänden spärlicher vor, drei- oder viermal im ganzen. Ich bekam zu hören, daß man einen Studenten als Mieter vorzöge. Mein Vorgänger war Bankbeamter gewesen, gewiß verdiente er schon und war von der Mutter unabhängig, aber auf bescheidene Weise, und ohne ein Studium konnte bestimmt nicht viel aus ihm werden. Frau Weinreb hütete sich aber, mehr über ihn zu sagen, er wurde erwähnt, weil er vor mir da gewohnt und das Zimmer seither leer gestanden hatte, doch sie nahm weder für noch gegen ihn Partei. Ihre Wächterin, die die Anstifterin des Prozesses gegen ihn gewesen war, stand nahebei in der Küche. Alle Türen waren offen, und Frau Weinreb sagte nichts, ohne gleich abzubrechen und ängstlich in die Richtung der Küche zu horchen.

Sehr bald, noch während dieses Antrittsbesuches, spürte ich, daß sie unter einem Druck stand, von dem nichts sie befreien konnte. Da jeder zweite Satz, manchmal jeder, ihrem verstorbenen Mann galt, dachte ich, dieser Druck hänge mit ihrer Witwenschaft zusammen. Vielleicht hatte sie den alten Mann nicht ganz so gut gepflegt, wie er sich's wünschte. Zwar kam mir das nicht sehr wahrscheinlich vor, kein anderer Mann hatte in ihrem Leben eine Rolle gespielt, dessen war ich sicher. Aber sie horchte immer auf eine Stimme, von deren Befehlen sie abhing, und es war nicht die Stimme des Toten.

Die Haushälterin, mit der sie zusammen wohnte, hatte mir die Wohnungstür aufgemacht, mich ihrer Herrin übergeben und war dann gleich in die Küche verschwunden. Sie war eine starke, massive Person in mittleren Jahren: sie sah so aus, wie ich mir damals einen Henker vorstellte. Sie hatte stark vorspringende Backenknochen und ein grimmiges Gesicht, das noch viel gefährlicher wirkte, weil es lächelte. Es hätte mich nicht gewundert, wenn sie mich zum Empfang geohrfeigt hätte. Statt dessen machte sie ein Katzengesicht, aber eines, das ihrer Größe gemäß und darum unheimlich war. Sie war es, vor der man mich gewarnt hatte.

Als Frau Dr. Weinreb mir die Tür zu dem Zimmer, das zu vermieten war, mit großem Schwung öffnete – sie ging immer so, als würde sie im nächsten Augenblick nach vorn umfallen – und dann gleich nach mir selbst eintrat, überzeugte sie sich davon, daß die Tür hinter ihr weit offen blieb, rief noch, was mir sinnlos schien, »gleich, gleich!« hinaus, etwa so wie eine Dienerin einer Herrin ruft: ›ich komme gleich!‹ und begann dann mir die Vorzüge des Zimmers, besonders aber die Bilder ihres verstorbenen Mannes anzupreisen. Sie sagte keinen Satz, ohne auf Bestätigung oder Aufmunterung zu warten.

Ich dachte erst, daß sie das von mir erwarte, kam aber bald darauf, daß es sich um eine Bestätigung von außen handelte, und da ich niemand anderen in der Wohnung gesehen hatte, bezog ich es auf die nicht ganz geheure Person, die mich empfangen hatte, und hatte sie, sehr gegen meinen Willen, während der Besichtigung in meiner Vorstellung immer vor Augen. Sie blieb aber in der Küche und griff in die Beratungen nicht ein.

Ich fragte mich, wo die dritte Person war, die hier noch wohnen sollte, um die es in der Gerichtsaffäre meines Vorgängers eigentlich ging. Aber sie zeigte sich nicht, vielleicht wohnte sie nicht mehr hier, vielleicht hatte man sie eben wegen des Skandals, der um sie entstanden war und der eine neue Vermietung des Zimmers schwierig machte, entfernt. Von ihrer bäurischen Schönheit, von ihren mächtigen blonden Zöpfen – ihr Haar reichte offen, so hieß es, beinahe bis an den Boden –, von ihren Verführungskünsten hatte ich viel, wenn auch nicht sehr Klares gehört. Ihr Name, der mir gefiel, war mir gut in Erinnerung geblieben, ich mochte böhmische Namen und Ružena mochte ich besonders. Ich hatte wohl gehofft, daß sie mir die Tür öffnen würde, statt dessen stand ihre Tante, der Henker, vor mir und die Ohrfeige, die ich von dieser erwartete, hatte ich für meine Neugier auf Ružena verdient. Vielleicht war der grimmige Empfang eine Warnung. Die Affäre war in die Zeitung gekommen und der Gedanke lag nahe, daß Leute sich melden würden, die gar nicht das Zimmer, sondern Ružena besichtigen wollten.

Nun war es mir aber doch sehr recht, daß von Ružena keine Spur zu sehen war, ich konnte das Zimmer, das mir gefiel, ohne Befürchtungen vor Komplikationen mieten. Frau Weinreb war es zufrieden, daß ich gleich einziehen wollte, sie schien erleichtert, weil ich mir keine Bedenkzeit ausbat und sagte noch: »Sie werden sich in seiner Atmosphäre wohl fühlen, er war ein studierter Herr.« Jetzt wußte ich schon, wen sie meinte, ohne daß sie den Namen hinzufügte. Sie führte mich hinaus, rief in die Küche: »Der junge Mann kommt gleich, er geht nur sein Gepäck holen.« Die Haushälterin, deren Namen ich vergessen habe, da sie für mich von Anfang an ›der Henker‹ hieß, erschien und sagte, immer lächelnd: »Der braucht sich net fürchten, bei uns beißt ihm niemand was ab.« Sie stand in der Öffnung der Küchentür, die sie, groß und massiv wie sie war, ganz ausfüllte, und stemmte sich mit beiden Armen nach rückwärts gegen die Türpfosten, als hätte sie vor, auf einen loszuspringen. Ich achtete nicht mehr auf sie und ging meine Sachen holen.

Während der ersten Tage, die ich im neuen Zimmer verbrachte, war es sehr still in der Wohnung. Morgens früh ging ich fort, ins Chemische Laboratorium, mittags blieb ich in der Nähe der Universität, da aß ich gewöhnlich in der Schwemme der ›Regina‹. Abends, wenn das Laboratorium schloß, holte mich Veza ab. Dann gingen wir zusammen spazieren oder ich ging zu ihr, erst spät, vielleicht war es schon 11, kam ich in die Haidgasse nach Hause. Ich fand mein Bett immer aufgeschlagen vor, ohne zu wissen, wer es mir fürs Schlafengehen richtete. Ich dachte darüber nicht nach, ich hielt es wohl für selbstverständlich, daß die Haushälterin sich darum kümmerte. Nachts hörte ich kein Geräusch. Frau Weinreb, die im Zimmer nebenan wohnte und schlief, bewegte sich lautlos in weichen Filzschlapfen, auf ihnen, so stellte ich mir vor, glitt sie von einem Bild zum anderen und verrichtete ihre Andacht.

Am Ende der Woche kam ich eines Abends früh nach Haus, ich war ins Theater eingeladen und wollte mich umziehen. Ich spürte, daß jemand in meinem Zimmer war, trat ein und erstarrte. Vor meinem Bett stand tief gebückt eine Bäuerin, die üppigen weißen Arme fest in mein Federbett geschlagen, das sie hochklopfte. Sie schien mein Kommen nicht zu hören, denn sie bückte sich noch tiefer, kehrte mir eine geradezu ungeheure Hinterseite zu und schlug wieder und wieder kräftig ins Federbett, fast so, als ob sie's verprügeln wolle. Ihre strahlendgelben Haare waren zu dicken Zöpfen geflochten und auf den Kopf gebunden, der in dieser gebückten Stellung das hohe Federbett eben berührte. Das Bäurische an ihr war der Faltenrock, der bis zum Boden reichte. Ich konnte nicht umhin, ihn zu bemerken, ich hatte ihn vor der Nase. So schlug sie noch ein paarmal ins Federbett hinein, als hätte sie keine Ahnung davon, daß ich hinter ihr stand. Da ich ihr Gesicht nicht sah, mochte ich nicht als erster etwas sagen und räusperte mich verlegen, das beschloß sie zu hören, richtete sich auf und drehte sich rasch herum, mit einer so vollen schwingenden Bewegung, daß sie mich beinahe streifte. Da standen wir nun ganz dicht einander gegenüber, vielleicht hätte ein Blatt Papier zwischen uns noch Platz gehabt, mehr nicht. Sie war größer als ich und sehr schön, wie eine nördliche Madonna, die Arme hielt sie so, als würde sie an Stelle des Federbetts mich im nächsten Augenblick umfangen, doch ließ sie sie langsam fallen und errötete. Ich spürte, daß es ihr gegeben war, mit Absicht zu erröten. Ein Geruch wie von Hefe ging von ihr aus. Ich fühlte sehr wohl ihre Schönheit, und wäre sie so gewesen wie ihre Arme, nackt, ich hätte, so nah bei ihr, den Kopf verloren, jeder andere auch, aber ich blieb regungslos und sagte nichts. Da öffnete sie schließlich den sehr kleinen Mund und sagte mit einer piepsenden Stimme: »Ich bin die Ružena, gnä' Herr.« Wohl wirkte der Name auf mich, mit dem ich mich schon eine Weile trug, und auch der ›gnä' Herr‹ war nicht umsonst, denn mir hätte nicht mehr als ›*junger* gnä' Herr‹ gebührt. Ihre Anrede machte etwas Erfahrenes aus mir, dem man ohne jeden Widerstand zu willen war. Aber die piepsende Stimme machte die Wirkung ihrer Erscheinung und ihrer Hingegebenheit völlig zuschanden. Es war, als versuche ein winziges Küken zu reden, und alles was früher dagewesen war, die kräftigen weißen Arme, die das Federbett bearbeiteten, die leuchtenden Flechten der Haare, der hochgetürmte Berg ihres Hinterns, der etwas Rätselhaftes hatte, obwohl er keine Lokkung für mich war, alles löste sich in die kläglichen Laute auf, und selbst der Name, der mich mit Erwartung erfüllt hatte, bestand nicht mehr, er hätte irgendwie lauten können. Ruženas Zauber war ganz und gar zerstört, es mußte schon ein klägliches Wesen sein, das sie mit dieser Stimme verführen konnte.

Das ging mir durch den Kopf, noch bevor ich ihr den Gruß zurückgab, was so kalt und gleichgültig geschah, daß sie, diesmal rascher piepsend, sich dafür entschuldigte, daß sie in meinem Zimmer war. Sie habe nicht stören wollen, sie habe nur mein Bett gemacht, sie habe es jeden Abend schon gemacht und nicht gedacht, daß ich so früh nach Hause komme. Ich wurde immer schnöder, ich sagte nur »Ja, ja«, und während sie sich, für ihr Gewicht ziemlich behend, entfernte, fiel mir nochmals die ganze Geschichte ein, wie sie in der Zeitung stand, und was man mir außerdem mündlich noch erzählt hatte.

Der junge Mann (mein Vorgänger) war eines Abends von der Bank nach Hause gekommen und hatte sie vor dem Bett gefunden. Da hatte sie ihn in ein Gespräch verwickelt und auf der Stelle verführt. Er war sehr schüchtern und unerfahren, er hatte, ein rarer Fall in Wien, noch nie eine Freundin gehabt. Die Tante hatte seine Hilflosigkeit erkannt und ihn wegen eines Eheversprechens, das er gebrochen habe, vor Gericht gebracht. Er leugnete alles ab und so wie er beschaffen war, hätte man ihm seine Unschuld vor Gericht geglaubt, aber Ružena war schwanger und er wurde zu einer Entschädigung an sie verurteilt. Seine Hilflosigkeit machte ihn zum allgemeinen Gespött, alle hielten ihn für unschuldig, aber eben deswegen erregte die Sache Aufsehen. Man fand es komisch, daß ausgerechnet dieser Mensch wegen Verführung und gebrochenem Eheversprechen verklagt und schuldig gesprochen wurde.

Ružena versuchte es noch zwei-, dreimal mit dem abendlichen Bettmachen. Aber sie wußte, wie aussichtslos die Sache war, ihre Tante hatte längst herausgebracht, daß ich eine Freundin hatte, die mich abends manchmal abholte, und als sie sah, daß es immer dieselbe war, erwartete sie nicht mehr viel von Ruženas Bettmachen. Die wenigen Versuche, die noch folgten, waren nicht mehr als Routine. Ich vergaß es bald alles und erst als ich einige Wochen später ein Erlebnis in der Wohnung hatte, über das ich sehr erschrak, begann ich wieder über Ružena nachzudenken.

An einem Nachmittag – ich war früher nach Hause gekommen – hörte ich heftige Geräusche aus der Küche. Ein Aufklatschen wie auf Fleisch, ein Piepsen und Quietschen, Bitten und Betteln, ein pfeifendes Sausen und Klatsch! Klatsch! Klatsch!, dazwischen eine tiefe, sehr strenge Stimme, deren Worte ich erst verstand, als ich ihren Besitzer erkannte. Sie tönte wie die eines Mannes, aber es war die Stimme der Tante: »Da hast du! Da hast du! Da! Da! Da!« Das Winseln und Piepsen klang höher und höher, es hörte nicht auf, es nahm eher zu, auch die Drohungen der tiefen Stimme verstärkten und beschleunigten sich. Ich dachte, es würde aufhören, und blieb erst ganz still, aber es hörte nicht auf, es wurde nur schlimmer. Ich stürzte in die Küche, da kniete Ružena vor dem Tisch, den Oberkörper entblößt, neben ihr die Tante, eine Peitsche in der Hand und hob sie eben und schlug mit ihr Klatsch! auf Ruženas Rücken.

Sie waren so gruppiert, daß der Eintretende beide voll zu Gesicht bekam, es war nichts zu übersehen: Ruženas Brüste und Ruženas Rücken, der zornwütige Ausdruck auf der Fratze des Henkers, die sausende Peitsche. Es hörte sich nur nicht so schrecklich an wie in meinem Zimmer, denn sobald ich es sah und nicht mehr bloß hörte, *glaubte* ich es nicht, es war wie auf dem Theater, aber sehr viel näher und zu gut gestellt, so, daß man nichts übersehen konnte. Auch wußte ich, daß es jetzt gleich aufhören müsse, denn ich verstand es, mich dem Lärm zum Trotz bemerkbar zu machen. Statt die Peitsche sinken zu lassen, hielt sie die Tante noch eine Weile erhoben, Ružena aber irrte sich und piepste los, als hätte die Peitsche sie wieder getroffen. Die Tante herrschte sie an: »Schamst di net! Nackt!« und wandte sich dann mir voll zu: »Schlimmes Kind. Folgt Tante net. Muß Strafe sein.«

Ružena hatte zu piepsen aufgehört, preßte, sobald ihr Scham

befohlen worden war, beide Hände gegen die Brüste, die durch diese Bewegung aufquollen und noch sichtbarer wurden, dann kroch sie so langsam wie möglich hinter den Tisch, ein wahres Boden-Ungetüm, das der vor mir festgewurzelten Tante an Massenhaftigkeit nicht nachstand. Diese setzte die Kinderschelte fort, die als Erklärung der Szene dienen sollte. »Soll folgen, Kind. Muß lernen hat Tante nur niemand auf ganze Welt. Schlimmes Kind. Verloren ist ohne Tante. Aber Tante schaut! Tante paßt auf!« Das kam nicht etwa rasch, sondern schwer und wuchtig, und nach jedem Satz zuckte die hilfreiche Peitsche. Doch schlug sie nicht zu, den Rücken des schuldigen Kindes, das jetzt auf der anderen Seite des Tisches kauerte, hätte sie nicht erreicht. Ihre Entblößtheit war in ihrem Versteck noch spürbarer, und aufreizend weiblich war sie gewiß, aber durch das Kindergerede, das dem strotzenden Geschöpfe galt, wurde sie zu etwas Idiotischem reduziert. Ihre Ergebenheit, die zur Szene gehörte, die vielleicht das Wichtigste war, was vor Augen geführt werden sollte, ekelte mich nicht weniger als das Henkergehaben der Tante. Ich verließ die Küche, als *glaubte* ich der Szene: das unfolgsame Kind hatte seine Strafe abbekommen. Als ich, ohne meine Verlegenheit merken zu lassen, aus der Küche verschwand und in mein Zimmer zurückging, war für die beiden *ich* zum Idioten geworden, und das war es, was mich vor ihren weiteren Anschlägen rettete.

Nun hatte ich Ruhe und sah die beiden nicht mehr, nicht zusammen und auch Ružena nicht allein. Die Tante hörte ich manchmal im Zimmer neben mir mit Frau Weinreb sprechen. Schläge gab es da keine, aber ich war sehr verwundert, daß sie in denselben Tönen zu ihr sprach, wie zu einem Kinde. Doch klang es mehr beschwichtigend als drohend. Es war offenkundig, daß Frau Weinreb etwas tat, was sie nicht tun sollte, aber ich konnte mir nicht denken, was es war, und ließ es vorläufig dabei bewenden. Angenehm war es nicht, die Stimme des Henkers nur durch eine Wand von mir getrennt zu hören, und auf einen peinlichen Ausbruch war ich immer gefaßt. Doch kam weder ein Piepsen noch ein Gewinsel, man hörte nur etwas, das wie ein Beteuern klang. Frau Weinreb hatte eine tiefe, dunkle Stimme, ich hätte sie gern noch eine Weile weiter gehört, es tat mir beinahe leid, als sie verstummte.

Eines Nachts erwachte ich und sah jemand in meinem Zimmer. Frau Weinreb im Schlafrock stand vor dem Bild ihres Mannes, hob es vorsichtig von der Wand und blickte, als ob sie etwas suche, dahinter. Ich sah sie ganz deutlich, das Zimmer war von der Straßenbeleuchtung draußen hell, die Vorhänge waren nicht zugezogen. Sie glitt mit der Nase ganz nahe an der Wand entlang, sie schnüffelte und hielt unterdessen vorsichtig das Bild mit beiden Händen fest. Dann beschnüffelte sie ebenso langsam die Rückseite des Bildes. Es war so still im Zimmer, daß man das Schnüffeln hörte. Ihr Gesicht, das ich jetzt nicht sah, sie kehrte mir den Rücken zu, war mir immer wie das eines Hundes vorgekommen. Mit einer raschen Bewegung tat sie das Bild an seine Stelle zurück und glitt an die benachbarte Wand, zum nächsten. Dieses Bild war viel größer, es hatte einen schweren Rahmen, ich fragte mich, ob sie die Kräfte hätte, es allein zu halten. Aber ich sprang nicht aus dem Bett, um ihr zu helfen, ich dachte, sie sei im Schlaf, ich mochte sie nicht erschrecken. Sie hängte auch dieses Bild ab und hielt es sicher in den Händen, nur war das Schnüffeln an der Wand dahinter nicht mehr so leicht, ich hörte sie vor Anstrengung schnaufen und etwas stöhnen. Dann stolperte sie, es sah aus, als würde sie das Bild fallen lassen, doch gelang es ihr, es auf den Boden abzusetzen, mit der Rückseite nach vorn, ohne es aber ganz loszulassen. Sie streckte sich wieder in die Höhe, und während die Fingerspitzen noch die obere Leiste des Rahmens berührten, schnüffelte sie die Stelle des Bildes an der Wand weiter ab. Als sie damit zu Ende war, kauerte sie sich auf den Boden nieder und machte sich an die Rückseite des Bildes. Ich dachte, sie schnüffle wieder, es war dasselbe Geräusch, an das ich mich in der kurzen Zeit schon gewöhnt hatte. Aber nun sah ich staunend, daß sie die Rückseite des Bildes ableckte. Sie tat das geflissentlich, ihre Zunge hing weit heraus, wie die eines Hundes, sie war zum Hund geworden und schien es zufrieden. Es dauerte ziemlich lange, bis sie fertig war, das Bild war groß. Sie stand auf, hob es mit einiger Anstrengung in die Höhe, und ohne einen Versuch zu machen, die Vorderseite zu sehen oder damit in Berührung zu kommen, hängte sie es an seinen Nagel und glitt lautlos und eilig zum nächsten. In meinem Zimmer hingen vier Bilder des Herrn Dr. Weinreb, sie vergaß keines davon, sie absolvierte alle. Die beiden anderen waren zum Glück nur so groß wie das erste, so konnte sie ihre Übung stehend verrichten, und da sie nicht mehr am Boden kauerte, kam sie nicht mehr zum Lecken und begnügte sich mit Schnüffeln.

Dann verließ sie mein Zimmer. Ich dachte an die vielen Bilder ihres verstorbenen Mannes drüben bei ihr und daß dieselbe Prozedur leicht die halbe Nacht in Anspruch nehmen könnte. Ich fragte mich, ob sie nicht schon früher bei mir gewesen sei, zum selben Zweck, und ich nur infolge meines festen Schlafes nichts davon gemerkt hätte. Ich nahm mir vor, mich an einen leichteren Schlaf zu gewöhnen, damit das nicht wieder geschah, ich wollte wach sein, wenn sie da war.

Backenroth

Mit dem dritten Semester wechselte ich aus dem alten, ›verräucherten‹ Institut zu Anfang der Währingerstraße ins neue Chemische Institut Ecke Boltzmanngasse hinüber. Auf die qualitative Analyse der ersten beiden Semester folgte jetzt die quantitative, unter Anleitung von Professor Hermann Frei. Er war ein kleiner, schmächtiger Mann, der, ohne andere damit zu quälen, zu einem guten Teil aus Ordnungssinn bestand und sich so sehr zur quantitativen Analyse eignete. Er hatte behutsame, fast zierliche Bewegungen, führte einem gern vor, wie sich etwas auf besonders saubere Weise bewerkstelligen ließ, und schien, da es bei diesen Analysen um minimale Mengen Materie ging, kaum ein Gewicht zu haben. Seine Dankbarkeit für Gutes, das er empfangen hatte, überstieg die landesüblichen Maße. Es war ihm nicht gegeben, seine Studenten mit wissenschaftlichen Sätzen zu beeindrucken, seine Sache war das Praktische, die eigentlichen Verrichtungen der Analyse, da war er geschickt und sicher und flink und hatte bei aller Zartheit etwas, das wie Entschlossenheit wirkte.

Von seinen Äußerungen machten einem am meisten Eindruck seine Ergebenheitsbekundungen, die sich nicht selten wiederholten. Er war Assistent bei Professor Lieben gewesen, der ihn gefördert hatte und berief sich manchmal auf ihn, aber nie anders als auf folgende emphatisch-umständliche Weise: »Wie mein hochverehrter Lehrer, Professor Dr. Adolf Lieben, zu sagen pflegte. . .« Dieser Chemiker hatte einen guten Namen hinterlassen, eine Gesellschaft war gegründet worden, die seinen

Namen trug und sich die Förderung der Wissenschaft und ihrer Adepten angelegen sein ließ. In Professor Freis Mund wurde Lieben zu einer mythischen Figur, ohne daß er viel über ihn gesagt hätte, bloß durch die Art der Nennung seines Namens. Doch gab es eine Figur der Vergangenheit, die ihm noch viel mehr bedeutete, obwohl er seltener von ihr sprach und sie auch dann nie beim Namen nannte. Es war ein bestimmter, immer gleichbleibender Satz, in dem er sich auf sie bezog, und die Inbrunst, die seine kleine, schmächtige Person bei solchen Gelegenheiten erfüllte, war derart, daß man ihn dafür bestaunte, obwohl weit und breit im Chemischen Institut niemand war, der seinen Glauben teilte.

»Wenn mein Kaiser kommt, rutsch ich auf den Knien bis Schönbrunn!« Er war der einzige, der die Rückkehr des Kaisers erwartete und sich wünschte, und wenn man bedenkt, daß zehn Jahre zuvor der alte Kaiser noch am Leben gewesen war, mag man sich darüber wundern, daß niemand, buchstäblich niemand diesen Wunsch auch nur verstand. Allen, seinen Assistenten wie seinen Studenten, erschien jener Glaubenssatz wie ein Zeichen von Narretei, und vielleicht wurde er darum mit solcher Heftigkeit und Entschlossenheit geäußert, denn darüber gab sich auch Professor Frei, seiner Treuherzigkeit zum Trotz, keiner Täuschung hin: mit seinem inbrünstigen Wunsch nach der Rückkehr des Kaisers stand er mutterseelenallein. Ich fragte mich, wen er meine, wenn er ›mein Kaiser‹ sagte: den jungen Karl, mit dem sich keine klare Vorstellung verband, oder doch den zum Leben zurückgekehrten Kaiser Franz Joseph.

Vielleicht hing es mit seinem hochverehrten Lehrer, Professor Dr. Adolf Lieben, zusammen, der einer angesehenen jüdischen Bankiersfamilie entstammte, daß Professor Frei nicht die geringste Animosität gegen Juden verspüren ließ. Er war um Gerechtigkeit bemüht und behandelte jeden nach Verdienst. Das ging so weit, daß er auch die Namen galizischer Juden nie anders aussprach als andere Namen, während es den einen oder anderen Assistenten gab, dem solche Namen unwiderstehlich komisch erschienen. Wenn er nicht zugegen war, konnte es passieren, daß man einen solchen Namen dehnte und genüßlich auf der Zunge zergehen ließ. Da war einer, man denke, der Josias Kohlberg hieß, ein fideler, pfiffiger Bursche, der sich die Laune durch keine fragende Dehnung seines Namens verderben ließ, seine

Arbeit flink und tüchtig erledigte, sich niemandem anbiederte, vor niemandem kroch und nicht die geringste Lust verspürte, mit irgendeinem der Assistenten anders als strikt beruflich zu verkehren. Alter Horowitz, der neben ihm arbeitete, war sein melancholischer Gegenpart, seine Stimme war gedämpft, seine Bewegung langsam. Während man bei Kohlberg immer an einen Fußballer dachte, stellte man sich Alter Horowitz über ein Buch gebeugt vor, obwohl ich ihn kein einziges Mal mit einem Buch sah, das er nicht für chemische Zwecke benötigte.

Die beiden ergänzten sich gut und waren unzertrennlich, sie unternahmen alles gemeinsam, wie ein Zwillingspaar, und man hätte denken können, daß sie niemanden sonst brauchten. Aber das war ein Irrtum, denn in ihrer nächsten Nähe arbeitete ein Dritter, der auch aus ihrer Heimat Galizien stammte: Backenroth. Seinen Vornamen habe ich nie gekannt oder er ist mir entfallen. Das war der einzige *schöne* Mensch in unserem Saal, groß und schlank, mit sehr hellen, tief leuchtenden Augen und rötlichen Haaren. Er sprach selten zu jemandem, denn er konnte kaum Deutsch und blickte einem selten ins Gesicht. Aber wenn das doch einmal geschah, dachte man an den jungen Jesus, wie er manchmal auf Bildern dargestellt wird. Ich wußte nichts über ihn und empfand Scheu in seiner Nähe. Seine Stimme kannte ich, zu seinen beiden Landsleuten sprach er auf jiddisch oder auf polnisch und wenn ich merkte, daß er etwas sagte, rückte ich unwillkürlich näher, um die Stimme zu hören, von der ich nichts verstand. Sie war weich und fremd und überaus zärtlich, so daß ich mich fragte, ob es nicht die Zwitscherlaute des Polnischen seien, die so viel Zärtlichkeit vortäuschten. Doch klang sie, wenn er jiddisch sprach, nicht anders, ich sagte mir, daß auch das eine zärtliche Sprache sei, und war so klug wie zuvor.

Ich merkte, daß Horowitz und Kohlberg zu ihm anders sprachen als zueinander. Horowitz ließ sich dann in seiner Traurigkeit nicht gehen und klang sachlicher als sonst, Kohlberg machte keine Späße und wirkte ein wenig, als stünde er mit dem Fußball in der Hand vor Backenroth Habtacht. Es war klar, daß beide ihn über sich stellten, aber ich getraute mich nie zu fragen, warum sie ihn so respektierten oder schonten. Er war größer als sie, aber auch unschuldiger und empfindlicher, es war, als hätten sie ihn in gewisse Situationen des Lebens einzuweihen und vor diesen zu beschützen. Aber nie verlor er das Licht, das von ihm ausging. Ein befreundeter Kollege, mit dem ich darüber sprach und der sich dieser Wirkung, die auch er spürte, entziehen wollte, versuchte es mit Spott und meinte, es sei nichts anderes als die Farbe der Haare, nicht eigentlich rot, nicht eigentlich blond, etwas dazwischen, das wie Sonnenstrahlen wirkte. Übrigens hatten auch die Assistenten vor Backenroth Scheu. Ihr Verkehr mit ihm spielte sich wegen seiner sprachlichen Schwierigkeiten meist über Horowitz oder Kohlberg ab, und es war merkwürdig, wie anders, wie zurückhaltend, ja wie scheu sein Name in ihrem Mund klang, während sie sich über ›Horowitz‹ und ›Kohlberg‹ eher spöttisch verbreiteten.

Es war unverkennbar, daß die beiden, besonders aber Kohlberg, Backenroth vor Beleidigungen zu schützen suchten, deren *sie* sich erwehren konnten, an die *sie* gewöhnt waren. Ich fragte mich, ob das wirklich notwendig sei. Er schien mir durch seine Unkenntnis der Sprache geschützt, aber auch durch etwas, das ich als Glanz zu bezeichnen mich ein wenig scheue, denn ich war damals von keinerlei Hoheit, weder weltlicher noch religiöser eingenommen und neigte dazu, sie zu bekratzen und zu bekritteln. Aber ich betrat nie das Laboratorium, ohne mich zu vergewissern, daß Backenroth an seinem Platze stand, im weißen Kittel, mit Kolben und Brennern beschäftigt, die wenig zu ihm paßten. Bei seiner Tätigkeit im Laboratorium sah er fast so aus, als wäre er verkleidet, ich traute dieser Verkleidung nicht und wartete darauf, daß er sie abwerfe und in seiner wahren Gestalt dastünde. Aber eine klare Vorstellung von dieser wahren Gestalt hatte ich nicht, nur eins war sicher, daß er in diese vielgeschäftige chemische Umgebung, in der aufgelöst, gekocht, destilliert und gewogen wurde, nicht hineinpaßte. Er war ein Kristall, aber kein unempfindlicher, harter, er war ein fühlender Kristall, den niemand in die Hand nehmen durfte.

Wenn ich zu diesem Platz hinschaute und er stand da, war ich beruhigt, aber nur vorläufig, schon am nächsten Tag war ich wieder unsicher und fürchtete sein Ausbleiben. Meine Nachbarin, Eva Reichmann, jene Russin aus Kiew, mit der ich über alles sprach, war die einzige, der ich meine Befürchtungen über Backenroth mitteilen konnte. Ich spielte ein wenig mit diesen Ängsten, ich nahm sie nicht ganz ernst und sie, die von betörender Ernsthaftigkeit war – alles, was Menschen betraf, war ihr heilig –, verwies es mir und sagte: »Sie reden so, als ob er krank wäre. Aber er ist gar nicht krank. Er ist nur schön. Warum sind Sie von männlicher Schönheit so beeindruckt?« »Männlich? Männlich? Er hat die Schönheit eines Heiligen. Ich weiß nicht, was er hier sucht. Was hat ein Heiliger in einem chemischen Laboratorium zu suchen? Er wird plötzlich verschwinden.«

Wir erwogen des längeren, wie er verschwinden würde. Würde er in rotfarbige Dünste vergehen und wieder zur Sonne aufsteigen, von der er stammte? Oder würde er der Chemie entsagen und zu einer anderen Fakultät hinüberwechseln? Zu welcher? Eva Reichmann hätte ihn gern als einen neuen Pythagoras gesehen. Die Verbindung von Geometrie mit den Sternen und Sphärenklängen schien ihr die richtige für ihn. Sie wußte viele russische Gedichte auswendig, die sie mir gern vorsprach und ungern übersetzte. Sie war eine ausgezeichnete Studentin, und leichter als jedem ihrer männlichen Kollegen fiel ihr die physikalische Chemie. »Das ist das Leichteste«, pflegte sie über Mathematik zu sagen, »sobald die Mathematik hineinkommt, wird es ein Kinderspiel.«

Sie war groß und üppig, keine Frucht hatte eine Haut so verführerisch wie ihre. Während sie mit berückender Leichtigkeit mathematische Formeln von sich gab, so als gehörten sie zur Konversation – nicht feierlich etwa wie Gedichte –, wäre man ihr zu gern über die Wangen gestrichen, an die Brust, die sich bei unseren Wortzusammenstößen stürmisch hob, wagte man gar nicht zu denken. Vielleicht waren wir ineinander verliebt, doch da alles in einem Roman von Dostojewski und nicht in dieser Welt spielte, gestanden wir's uns nie, erst heute, nach 50 Jahren, erkenne ich an ihr wie an mir alle Zeichen der Verliebtheit. Unsere Sätze verwickelten sich ineinander wie Haare, Stunden und Stunden dauerten die Umarmungen unserer Worte, die langwierigen chemischen Verrichtungen ließen uns Zeit genug dazu, und so wie Liebende anderen Menschen in ihrer Nähe ihr Eigengewicht nehmen, indem sie sie in ihr Liebesgespräch einbeziehen und zur Steigerung ihrer Erregung mißbrauchen, so kreisten unsere Vorstellungen um Backenroth. Wir sprachen immerwährend besorgt davon, daß wir ihn *verlieren* würden, und darüber verflüchtigte sich die Gefahr, in der er wirklich schwebte.

Ich fragte Eva Reichmann, ob sie nicht mit ihm sprechen möchte. Sie schüttelte entschieden den Kopf und sagte: »In welcher Sprache?«

Sie war russisch erzogen worden. Sie war zwölf, als ihre Familie, die zu den wohlhabendsten der Stadt gehörte, Kiew verließ. In Czernowitz, wohin sie kam, war sie in eine deutsche Schule gegangen, aber ihr Deutsch klang immer noch weich wie das einer Russin. Ihre Familie hatte das meiste, wenn auch keineswegs alles verloren, aber sie sprach nicht mit Groll von der russischen Revolution und pflegte mit tiefster Überzeugung zu sagen: »*So* reich dürfte niemand sein«, und obwohl von irgendwelchen Inflationsgewinnern des damaligen Österreich die Rede war, spürte man, wie sehr sie dabei an den vergangenen Reichtum ihrer eigenen Familie dachte. Jiddisch hatte sie zuhause nie gesprochen. Ich hatte den Eindruck, daß ihr diese Sprache so fremd war wie mir, sie betrachtete sie weder als etwas Besonderes, noch mit der Zärtlichkeit, die man für eine Sprache hat, die daran ist verlorenzugehen. Ihr Schicksal war die große russische Literatur, sie war von ihr vollkommen besetzt, sie dachte und fühlte in den Figuren der russischen Romane, und obwohl man schwerlich einen Menschen gefunden hätte, der natürlicher und spontaner empfand, nahm alles die Formen an, die ihr aus russischen Büchern vertraut waren. Hartnäckig widersetzte sie sich meinem Vorschlag, es mit dem Polnisch von Backenroth aufzunehmen (ich war der Meinung, daß ein Russe mit einigem guten Willen Polnisch verstehen müsse), sei es, daß sie wirklich Polnisch nicht verstand, sei es, daß sie mit ihrer Muttermilch Dostojewski und dessen Vorurteile gegen alles Polnische aufgenommen hatte. Jede dringliche Bitte, die ich in diesem Sinne vorbrachte, schlug sie mit meinen eigenen Waffen ab: »Wollen Sie, daß ich mit ihm radebreche? Die Polen legen viel Wert auf ihre Sprache. Ich kenne ihre Literatur nicht. Aber sie haben eine. Die Russen auch.« Das letzte kam nur kurz heraus, da sie im Prinzip gegen alle Chauvinismen war, mehr als »Die Russen auch« brachte sie darum nicht heraus.

Sie mied das Gespräch mit Backenroth, weil es kein Medium dafür gab. Bei der ›hohen‹ Vorstellung, die auch sie von ihm hatte, störte es sie ein wenig, wenn sie ihn mit Kohlberg oder Horowitz reden hörte. Kohlberg verachtete sie, weil er wie ein Fußballer aussah und immer ein Liedchen pfiff, Horowitz fand sie uninteressant, denn er sah aus »wie jeder Jude«. Ernst nahm sie die Juden, die sich kraft der zugehörigen Literatur einer Sprache vollkommen assimiliert hatten, ohne dabei zu nationalen Berserkern zu werden, und da sie sich Vorurteile nationaler Art konsequent versagte, blieben ihr nur welche gegen Juden übrig, die auf dem Wege zu dieser freien Gesinnung steckengeblieben waren. Sie war keineswegs sicher, daß Backenroth es so weit gebracht hatte. »Vielleicht ist er nur ein junger chassidischer Rebbe«, sagte sie mir einmal, zu meiner Betroffenheit, »aber einer, der es noch nicht weiß.« Es stellte sich heraus, daß sie keine Freundin der Chassidim war. »Das sind Fanatiker«, sagte sie. »Sie sind ihrem Wunderglauben ergeben, trinken und hüpfen herum. Die haben noch keine Mathematik im Leib.« Daß die Mathematik *ihr* Wunderglaube war, bedachte sie nicht. Aber sie nährte das Gespräch über Backenroth zwischen uns. Er war das Liebesgespräch, das wir uns *erlaubten*. Denn ich gehörte zu einer anderen Frau, die sie gesehen hatte, wenn sie mich vom Laboratorium abholen kam. Eva Reichmann war viel zu stolz, um einer Neigung für jemanden nachzugeben, der merken ließ, daß er sich gebunden fühlte. Solange wir von Backenroth sprachen, blieb unsere Neigung unbenannt und die Furcht, daß er plötzlich verschwunden sein könnte, wurde zur Furcht um das Erlöschen dieser Neigung.

Eines Morgens war er nicht da, an seinem Platz stand niemand. Ich dachte, er habe sich verspätet, und sagte nichts. Dann merkte ich, wie Eva unruhig wurde und meinen Blicken auswich. »Sie sind alle drei nicht da«, sagte sie schließlich, »es muß etwas passiert sein.« Auch an den Plätzen von Kohlberg und Horowitz stand niemand, und mir war das entgangen, sie sah ihn nicht so isoliert wie ich, sie sah ihn immer mit den beiden zusammen, den einzigen, zu denen er sprach. Das beruhigte sie ein wenig, sie mochte seine Einsamkeit, die ich fürchtete, nicht ganz wahrhaben.

»Sie sind zusammen bei einer religiösen Feier«, sagte ich. Jetzt versuchte ich ein günstiges Zeichen darin zu sehen, daß alle drei ausblieben, nicht er allein. Sie aber schien eben dadurch verstört. »Das ist ein schlechtes Zeichen«, sagte sie. »Es ist ihm etwas passiert und die beiden sind um ihn.« »Sie meinen, er ist krank«, sagte ich etwas ärgerlich, »aber deswegen würden sie doch nicht beide vom Laboratorium wegbleiben.« »Schon gut«, sie suchte mich zu beschwichtigen, »wenn er krank ist, wird der eine nach ihm schauen und der andere wird herkommen.« »Nein«, sagte ich, »die beiden trennen sich nicht voneinander. Haben Sie schon gesehen, daß einer von ihnen etwas ohne den anderen tut?« »Drum wohnen sie wohl auch zusammen. Waren Sie schon bei ihnen im Zimmer?« »Nein, aber ich weiß, daß sie ein Zimmer zusammen haben. Er wohnt ganz nah bei ihnen, drei Häuser weiter.« »Was Sie schon herausgebracht haben! Sind Sie ein Detektiv?« »Ich bin einmal hinter ihnen hergegangen, als sie vom Laboratorium nach Hause gingen. Kohlberg und Horowitz haben ihn bis an sein Haus begleitet. Dann haben sie sich wie von einem Fremden ganz förmlich von ihm verabschiedet und sind die paar Schritte zurück bis in ihr Haus gegangen. Mich haben sie nicht bemerkt.« »Warum haben Sie das gemacht?« »Ich wollte wissen, ob er allein lebt. Vielleicht, dachte ich, ist er schließlich allein, dann stehe ich plötzlich wie zufällig neben ihm und begrüße ihn. Ich hätte ganz erstaunt getan, er wäre es wirklich gewesen und so wären wir bestimmt ins Gespräch gekommen.« »Aber in welcher Sprache?« »Das ist nicht schwer. Ich kann mich mit Leuten verständigen, die kein Wort Deutsch können. Das hab ich von meinem Großvater gelernt.« Sie lachte: »Sie reden mit den Händen. Das ist nicht schön. Das paßt nicht zu Ihnen.« »Ich tu's auch sonst nicht. Aber so hätten wir das Eis gebrochen. Wissen Sie, wie lange ich mir schon wünsche, mit ihm zu sprechen!« »Vielleicht hätte ich's doch mit Russisch versuchen sollen. Ich hab nicht gewußt, daß Ihnen so viel dran liegt.«

So sprachen wir weiter, von nichts anderem als ihm, und die Plätze drüben blieben leer. Der Vormittag verging und wir trachteten es zu vergessen. Ich lenkte ab und sprach von einem Buch, das ich tags zuvor zu lesen begonnen hatte: Erzählungen von Poe, sie kannte sie nicht, und ich berichtete ihr von einer, ›Das verräterische Herz‹, die mir einen wahren Schrecken eingejagt hatte. Aber während ich mich von diesem Schrecken durch Weitererzählen der Geschichte zu befreien suchte, spürte ich bei jedem Blick nach dem leeren Platz, wie meine Angst stieg und stieg, bis Fräulein Reichmann plötzlich sagte: »Mir ist schlecht vor Angst.«

In diesem Augenblick erschien Professor Frei im Saal, mit seiner Begleitung (gewöhnlich waren es zwei, diesmal stellten sich vier Leute hinter ihm auf), machte ein undeutliches Zeichen, daß wir näherkommen sollten, wartete ein wenig, bis die meisten im Saal vor ihm standen, und sagte: »Etwas Trauriges ist geschehen. Ich muß es Ihnen sagen. Herr Backenroth hat sich heute nacht mit Zyankali vergiftet.« Er blieb noch ein wenig stehen. Dann schüttelte er den Kopf und sagte: »Er scheint sehr einsam gewesen zu sein. Hat niemand von Ihnen etwas gemerkt?« Er bekam keine Antwort, die Nachricht war zu entsetzlich, es gab niemand im Saal, der sich nicht schuldig fühlte, und doch hatte niemand ihm etwas getan. Das war es, es hatte niemand etwas versucht.

Sobald der Professor mit seinem Gefolge den Saal verlassen hatte, verlor Fräulein Reichmann alle Beherrschung und schluchzte herzbrechend, als hätte sie ihren Bruder verloren. Sie hatte keinen Bruder und nun war er es geworden. Ich wußte, daß nun auch zwischen uns etwas geschehen war, aber gemessen am Tod des 21jährigen hatte das wenig zu bedeuten. Ich wußte auch, so gut wie sie, daß wir die unheimliche Erscheinung des jungen Menschen zu unserem Gespräch mißbraucht hatten. Monat um Monat war er zwischen uns gestanden, an seiner Schönheit hatten wir uns erhitzt, er war unser Geheimnis, das wir vor uns selber hüteten, aber auch vor ihm. Beide hatten wir nicht zu ihm gesprochen, weder sie noch ich, und welche Ausflüchte hatten wir nicht erfunden, um dieses Schweigen voreinander zu rechtfertigen. Unsere Freundschaft zerbrach an der Schuld, die wir fühlten. Ich vergab mir nie, aber auch ihr vergab ich nicht. Wenn ich heute in der Erinnerung ihre Sätze wieder höre, deren fremder Ton mich verzaubert hatte, faßt mich der Groll und ich weiß, daß ich das einzige versäumt habe, das ihn gerettet hätte: sie zur Liebe für ihn zu bereden statt mit ihr zu spielen.

Die Rivalen

Es gab noch einen im Laboratorium, der kaum je sprach, aber in seinem Fall lag es nicht an der Unkenntnis der Sprache. Er kam vom Land, ich glaube aus einem Dorf in Oberösterreich, und wirkte schüchtern und verhungert. Die ärmlichen Kleider, die er trug, immer dieselben, schlotterten an ihm, vielleicht hatte sie ihm jemand geschenkt, der sie abgelegt hatte. Aber vielleicht war er auch sehr abgemagert, seit er in der Stadt war, denn er hatte bestimmt nichts zu essen. *Seine* Haare leuchteten nicht, es war ein fahles, müdes Rot, das zu seinem krankhaft bleichen Gesicht paßte. Er hieß Hund, aber was war das für ein Hund, der nie den Mund öffnete, nicht einmal den »Guten Morgen« gab er einem zurück; wenn er überhaupt vom Gruß Notiz nahm, nickte er bloß mürrisch, meistens blickte er weg. Er kam auch nie um Hilfe, er borgte sich nichts aus und bat um keine Auskunft. Er fällt gleich zusammen, dachte ich, wann immer ich in seine Richtung sah. Er war gar nicht geschickt und machte sich lange an seinen Analysen zu schaffen, aber seine Bewegungen waren so knapp und dürftig, daß man ihnen nicht anmerken konnte, wie schwer er sich plagte. Er nahm zu nichts einen Anlauf, sondern gab sich einen kleinen Ruck, und kaum hatte er damit eingesetzt, war es schon zu Ende.

Einmal fand er ein Butterbrot auf seinem Platz, noch eingepackt, das hatte ihm jemand unbemerkt hingelegt. Ich hatte Fräulein Reichmann im Verdacht, die ein mitleidiges Herz hatte. Er öffnete das Paket, sah, was es enthielt, packte das Butterbrot wieder ein und ging damit von einem zum anderen. Er hielt es jedem hin, sagte gehässig: »Gehört das Ihnen?« und ging zum nächsten. Er ließ keinen aus, es war das einzige Mal, daß er zu jedem im Laboratorium sprach, aber er sagte nicht mehr als dieselben drei Worte. Keiner bekannte sich zum Paket. Als er beim letzten angelangt war und sich das letzte Nein geholt hatte, hob er das kleine Paket in die Höhe und rief mit drohender Stimme: »Hat jemand Hunger? Das kommt in den Papierkorb!« Niemand meldete sich, schon um nicht als Urheber der fehlgegangenen Tat zu gelten, Hund schleuderte das kleine Paket – plötzlich schien er überschüssige Kraft zu haben – wütend in den Papierkorb, und als einige Stimmen zu vernehmen waren, die sich getrauten, »schade« zu sagen, zischte er: »Sie können's ja herausholen!« Dieses Maß an Artikuliertheit, aber auch an Entschiedenheit hatte ihm niemand zugetraut. So hatte sich Hund Achtung verschafft und die milde Gabe war nicht umsonst gewesen.

Wenige Tage später kam er mit einem Päckchen in den Saal, das er an die Stelle jenes Butterbrotes neben sich legte. Eine Weile ließ er es ungeöffnet liegen und machte sich an einige seiner langen, unnützen Verrichtungen. Ich war nicht der einzige, der sich fragte, was das Päckchen enthielt. Die Vermutung, daß er sich selbst ein Butterbrot verschafft hatte und nun vorführen wollte, ließ ich bald fallen, das Päckchen sah aus, als ob es etwas Eckiges enthielte. Dann nahm er es in die Hand und kam zu mir heran, schlenkerte damit vor meinen Augen und sagte: »Photos! Schaun 'S!« Es klang wie ein Befehl und war mir sehr recht. Es war allen unerwartet, daß er einem etwas zeigen wollte, und so wie sie früher bemerkt hatten, daß er gar nichts tat, was sich auf andere bezog, so faßten jetzt alle gleich auf, daß er ein Angebot machte, kamen zu meinem Platz herüber und bildeten einen Halbkreis um ihn. Er wartete ruhig, als ob es eine häufige Erfahrung von ihm wäre, bis alles sich versammelt hatte, öffnete das Päckchen und hielt uns nun ein Bild nach dem andern hin, ausgezeichnete Aufnahmen von allen möglichen Dingen, von Vögeln, Landschaften, Bäumen, Menschen und Gegenständen.

Aus einem verhungerten armen Teufel verwandelte er sich so in einen besessenen Photographen, der alles Geld an seine Passion wandte und *darum* so schlecht angezogen war und *darum* hungerte. Man hörte Ausrufe des Lobes, die er mit neuen Bildern quittierte, er hatte Dutzende von Bildern, dieses erste Mal mochten es 50 bis 60 gewesen sein und sie überraschten durch ihre Kontraste, es gab einige wenige gleichartige und dann plötzlich ganz unerwartet etwas anderes. Auf seine Weise hatte er uns nun in der Gewalt, und als eine Kollegin sagte: »Aber Herr Hund, Sie sind doch ein Künstler!« und es meinte, lächelte er und widersprach nicht, man konnte sehen, wie der ›Künstler‹ ihm die Kehle hinabrutschte, keine Speise und kein Getränk wären so köstlich gewesen. Als die Vorstellung zu Ende war, tat es allen leid. Die Kollegin sagte: »Wie kommen Sie nur auf alle Ihre Motive, Herr Hund?« Sie meinte ihre Frage ernst, so ernst, wie sie gestaunt hatte, und er erwiderte würdevoll, aber kurz: »Das macht die Übung!«, worauf ein Liebhaber von Redensarten mit »Übung macht den Meister« herausplatzte, aber niemand lachte.

Hund war also ein Meister und brachte seiner Kunst jedes Opfer. Essen war ihm nicht wichtig, solange er photographieren konnte, und auch das Studium schien er mit wenig Lust zu betreiben. Es vergingen ein, zwei Monate, bis er mit einem neuen Päckchen kam. Gleich versammelten sich die Kollegen, man staunte willig, es war wieder so abwechslungsreich wie das erstemal, und bald war es zur ausgemachten Sache geworden, daß Hund nur ins Laboratotium kam, um uns, sein Publikum, von Zeit zu Zeit mit neuen Photos zu überraschen.

Nicht lange nach dieser zweiten Vorstellung von Hund zog

ein Neuankömmling im Laboratorium die Aufmerksamkeit auf sich: Franz Sieghart, ein Zwerg. Er war wohlproportioniert, von feinem, eher zartem Wuchs, statt auf der Tischplatte, die ihm zu hoch war, baute er seine Apparaturen auf dem Boden auf. Mit seinen geschickten kleinen Fingern wurde er damit rascher fertig als wir anderen, und während er sich unten ans Kochen und Destillieren machte, sprach er mit eindringlicher, etwas krächzender Stimme zu uns unaufhörlich, unermüdlich, und suchte uns davon zu überzeugen, daß er alles erlebt hatte, wovon ein ›Großer‹ wußte und einiges mehr. Er kündigte uns den Besuch seines Bruders an, der größer sei als wir alle, 1,89, Hauptmann im Bundesheer, sie sähen sich zum Verwechseln ähnlich, sie seien nicht auseinanderzuhalten, wenn der in der Uniform daherkäme, wüßte man nicht, wer der Chemiker und wer der Offizier sei. Man glaubte Sieghart, der alles besser wußte, viel, seine Reden hatten eine Überzeugungskraft, um die man ihn beneidete, doch an der Existenz des Bruders wurde gezweifelt.

»Wenn er 1,65 groß wäre«, sagte Fräulein Reichmann, »aber 1,89! Das glaub ich nicht. Und warum soll er in Uniform zu uns kommen?« Schon nach ein paar Stunden im Laboratorium, als er am Boden unten hantierte, hatte sich Sieghart bei uns durchgesetzt, und es dauerte nicht lange, bis er den Assistenten mit dem Ergebnis seiner ersten Analyse beeindruckte. Er war rascher damit fertig geworden, als bei diesen ziemlich langwierigen Arbeiten üblich war, sein Tempo war der Geschicklichkeit seiner Finger angemessen – aber mit der frühen Ankündigung des Bruders beging er einen Fehler. Der Besuch ließ auf sich warten. Zwar war niemand so taktlos, ihn daran zu erinnern, aber er schien die Gedanken seiner Nachbarn zu erraten, denn von Zeit zu Zeit sagte er selbst etwas, was sich auf den Bruder bezog. »Die Woche kann er nicht kommen. Bei denen ist der Dienst streng. Ihr wißt nicht, wie gut ihr's habt! Der hat es schon oft bereut, daß er zum Bundesheer gegangen ist. Aber das sagt er nicht. Ja was hätte er sonst tun sollen mit seiner Länge!« In vielerlei Variationen kamen die Schwierigkeiten zur Sprache, die der Bruder mit seiner Größe hatte. Eigentlich tat er Franz Sieghart leid, aber er ließ ihn doch gelten und fand Worte der Anerkennung dafür, daß er es zum Hauptmann gebracht hatte, ein so junger Mensch.

Schließlich wurde es aber langweilig und man hörte nicht mehr hin. Kaum kam der Bruder aufs Tapet, verschlossen sich die Ohren. Sieghart, der es gewohnt war, sich Gehör zu verschaffen, spürte plötzlich die blanke Wand um sich und wechselte rasch den Gegenstand seiner Größe. Es gab nicht nur den Bruder, es gab auch Mädchen. Alle Mädchen, die Sieghart kannte, waren, wenn nicht von riesenhaftem Wuchs wie der Bruder, so doch von natürlicher Größe. Hier kam es aber mehr auf Abwechslung und Zahl an als auf Höhe. Nicht daß er unfein gewesen wäre und intime Einzelheiten über ihr Aussehen preisgegeben hätte, er war der perfekte Kavalier und stellte sich schützend vor jedes seiner Mädchen. Er nannte sie nicht bei Namen, doch um sie zu unterscheiden und damit man wisse, von wem er eben spreche, numerierte er sie und setzte den Aussprüchen, die er von ihnen berichtete, jeweils ihre Nummer voran. »Meine Freundin Nr. 3 hat mir einen Korb gegeben, die muß heute länger im Büro arbeiten. Ich tröst mich und geh mit der Nr. 4 ins Kino.«

Er habe Photos von allen. Er nehme jede auf. Das hätten seine Mädchen am liebsten: sich von ihm aufnehmen lassen. Bei jedem Rendezvous sei das die erste Frage. »Du, machst du heut ein paar Photos von mir?« »Nur Geduld, nur Geduld«, pflege er dann zu sagen. »Alles hat seine Zeit. Jede kommt dran.« Besonders auf Aktphotos hätten die's abgesehen. Alles dezente Aufnahmen. Aber die könne er nur herzeigen, wenn man das Gesicht nicht sähe. Er mache sich keiner Indiskretion schuldig. Er werde uns schon welche zeigen. Einmal werde er uns einen ganzen Haufen mitbringen. Lauter Aktphotos von seinen Mädchen. Aber damit beeile er sich nicht. Da müßten wir uns schon ein wenig gedulden. Wenn er einmal damit angefangen habe, werde man ihn damit sekkieren. »Sieghart, haben Sie neue Aktphotos?« Er könne aber nicht nur an solche Sachen denken, er habe auch was anderes im Kopf als seine Mädchen. Und wir müßten es lernen, unsere Ungeduld zu bezähmen. Wenn es so weit sei, werde er die Kolleginnen bitten, beiseitezutreten, das sei nichts für ihre keuschen Augen. Das sei strikt für Männer. Aber bitte, er betone: er mache nur dezente Aufnahmen.

Sieghart verstand es, die Neugier des Saals zu steigern. Er brachte eine wohlverschnürte Schuhschachtel ins Laboratotium und sperrte sie erst einmal in seinen Schrank. Dann war er mit ihrer Lage nicht zufrieden, nahm sie wieder heraus, steckte sie wieder hinein, überlegte, sagte: »So ist es besser«, nahm sie nochmals heraus und erklärte: »Ich muß aufpassen damit. Ich sollte euch ja nichts sagen. Da sind lauter Aktbilder drin. Es wird doch kein Dieb unter euch sein.« Er fand immer wieder Gründe, die Schachtel vor unseren Augen hin und her zu drehen. »Daß mir das keiner hinter meinem Rücken aufmacht. Ich weiß, wie ich's zusammengeschnürt habe. Ich kenn's genau. Wenn das Leiseste damit geschieht, nehme ich die Schachtel wieder nach Haus, und dann ist's aus mit dem Herzeigen! Hat das jeder verstanden?« Es klang wie eine Drohung, und es war eine, denn nun glaubte jeder an den Inhalt der Schachtel. Fräulein Reichmann, die prüde war, konnte lange sagen: »Wissen Sie, Herr Sieghart, Ihre Schuhschachtel interessiert niemanden!« »Oha!« sagte drauf Sieghart und zwinkerte jedem männlichen Wesen im Saale zu, einige zwinkerten zurück und alle wußten, warum es sie nach dem Inhalt der Schachtel gelüstete.

Sieghart hielt uns viele Wochen hin. Er hatte vom Meisterphotographen unter uns, von Hund gehört und ließ sich dessen Sujets von uns auf das genaueste schildern. Dazu rümpfte er die Nase und erklärte: »Altmodisch! Das ist alles altmodisch! Früher hat's auch solche Photographen gegeben. Bitte, ich bin auch für die Natur. Aber das kann jeder. Da braucht man nur ins Freie hinaus und knips knips knips hat man gleich ein Dutzend Bilder. Das nenn ich altmodisch. Leicht ist das! Meine Mädchen, die muß ich mir erst immer suchen. Die muß man erst einmal finden. Dann muß ich ihnen den Hof machen. Bitte, im Sommer, beim Baden ist das nicht schwer. Aber im Winter, da muß man so einer erst warm machen. Sonst sagt sie einfach nein und es geht nicht. Also ich hab Erfahrung, ich hol mir keinen Korb. Von mir läßt sich jede aufnehmen. Jetzt glaubt ihr vielleicht, das ist, weil ich klein bin, die halten mich für ein Kind. Falsch! Weit gefehlt. Ich laß die schon merken, wieviel es bei mir geschlagen hat. Für die bin ich genauso ein Mann wie der und jener. Da haben sie erst den Triumph vor der Kamera – *den* Stolz müßtet ihr sehen! – und dann kriegen sie erst noch ein Bild! Je eines, nicht mehr, von jeder Aufnahme *eines*, wenn sie gut gelungen ist. Dafür verlange ich nichts. Aber den Kostenpunkt muß ich auch bedenken. Wenn eine mehr Kopien will, muß sie dafür zahlen. Das kommt schon vor, für ihre Freunde, da verdiene ich noch ganz gut, ich sag halt, Geld ist nicht zu verachten.«

So klärte sich die große Zahl von Sieghart's Freundschaften auf. Die ›Freundschaft‹ bestand darin, daß er ihr Leibphotograph war, aber er achtete darauf, daß über diesen Punkt nichts deutlicher wurde, und hatte für diesen Zweck eine originelle Wendung: »Bitte, Genaueres wird keine Seele von mir erfahren. Es gibt ja so etwas wie Diskretion. Für mich ist Diskretion Ehrensache. Das wissen auch meine Freundinnen. Die kennen mich so genau, wie ich sie kenne!«

Eines Morgens stand ein Riese in Uniform in der Tür und fragte nach Franz Sieghart. Wir hatten in Erwartung der Mädchenphotos den Bruder ganz vergessen und staunten über den langen Hauptmann, der oben in einem ganz kleinen Kopf endete und vorn – wie eine Maske – das Gesicht des Franz Sieghart trug, nach dem er fragte. Einer wies ihm den Platz zum Kleinen, der kniete eben am Boden und führte vorsichtig einen kleingeschraubten Bunsen-Brenner unter einen Kolben mit Alkohol. Als er die Beine des Bruders erkannte, in der Uniform, sprang er auf und krähte: »Servus. Willkommen bei uns. Die Chemie, Saal für quantitative Analyse, begrüßt dich. Darf ich dich mit den Kollegen bekanntmachen. Die Damen zuerst, na zier dich nicht, das kennt man!« Der Hauptmann war errötet. »Er ist nämlich schüchtern«, erklärte der Zwerg. »Die Jagd auf Aktphotos – das wäre nichts für ihn!«

Mit dieser Anzüglichkeit hatte er den Bruder vollends verschüchtert. Er hatte eben den Versuch gemacht, sich vor einer unserer Damen zu verbeugen, da brachte der Zwerg die Aktphotos aufs Tapet, und der Hauptmann schnellte mitten in seiner Verbeugung zurück, puterrot, so rot hätte unser Zwerg nie werden können, jetzt waren die Gesichter der beiden deutlich verschieden. »Fürcht dich nicht«, sagte der Kleine, »ich werd dich schonen. Höflich ist der, das könnt ihr euch gar nicht vorstellen. Das muß alles am Schnürchen laufen, wie auf der Parade. Das war also die griechische, und das ist die russische Dame. Und hier zur Abwechslung eine Wienerin, Fräulein Fröhlich. Macht ihrem Namen Ehre, immer lacht sie, auch ohne daß man's kitzelt. Solche Witze hat aber die russische Dame nicht gern. Der traut sich keiner die Waden zu kitzeln, nicht einmal ich, obwohl ich die richtige Höhe dazu hätte.« Fräulein Reichmann verzog das Gesicht und wandte sich ab. Der Hauptmann drückte durch ein leichtes Zucken der Schulter sein Bedauern über das freche Benehmen seines Bruders aus, und schon hatte dieser bemerkt, daß Fräulein Reichmanns Zurückhaltung dem Hauptmann Gefallen einflößte: »Das ist eine feine Dame. Hochgebildet, aus bester Familie. Da gibt's nichts. Was glaubst du. Da möcht jeder anbeißen. Da heißt's sich beherrschen. Nimm dich bitte zusammen. Das bist du eh gewöhnt als Offizier.«

Dann kamen *wir* an die Reihe. Doch hielt er den Bruder fest an der Leine und ließ ihn nie für lange los. Jeder von uns wurde mit ihm bekanntgemacht, für jeden fand er eine treffende satirische Formel. Es zeigte sich, daß er uns gut beobachtet hatte, und wenn auch die Art seiner Einführung bissig eher als kollegial war, so folgte sich doch alles so rasch, Schlag auf Schlag, daß man aus dem Lachen gar nicht herauskam, man blieb damit im Rückstand, man lachte noch, da war er mit seinen Bemerkungen schon zwei Leute weiter. Man empfand es als Glück, daß Hund an diesem Tag nicht im Laboratorium war. Er harte Sieghart von Anfang an mit unverhohlen gehässigen Blicken betrachtet, noch bevor von den Aktphotos die Rede war. Es war, als hätte Hund schon beim ersten Anblick des Zwerges geahnt, welches Unglück sich mit dessen eifrigen Aktivitäten für ihn vorbereitete. Zwar harte Sieghart nie das Wort direkt an ihn gerichtet, obwohl er sich nach der Art seiner Photos erkundigt hatte und aus seiner Verachtung für sie kein Hehl machte. Aber jetzt hätte er ihn beim Namen nennen und etwas über ihn sagen müssen, denn der Bruder wurde mit jedem bekanntgemacht, selbst mit Wundel, unserem Dorftrottel, der ein ziemlich unterirdisches Dasein führte. Es wäre also nicht zu vermeiden gewesen, auch etwas über Hund zu sagen, und das wäre bei seiner offenkundigen Empfindlichkeit schlecht ausgegangen.

Eigentlich dauerte die ganze Vorstellung gar nicht lange, Sieghart schien uns wie seinen Bruder alle in der Tasche zu haben, da zog er einen nach dem anderen heraus und stellte ihn, sobald er das Seine abbekommen hatte, wieder auf die Seite. Der Bruder aber kam aus dem Regen in die Traufe, auf ihn allein fiel so viel Hohn wie auf uns alle zusammen. Ich begann zu begreifen, warum er in Uniform war. Er hatte sich vor der Herrschsucht und dem ewigen Spott des Zwergs ins Bundesheer gerettet, da ging es wenigstens erwartungsgemäß nach Befehl zu und er brauchte sich vor den unabsehbaren Einfällen des Kleinen nicht zu fürchten. Ich fragte mich, warum er überhaupt zu uns gekommen war, er mußte doch wissen, was er von seinem Bruder hier zu gewärtigen hatte. Ich bekam die Antwort darauf, gleich nachdem er sich verabschiedet hatte.

»Ich hab ihm gesagt, er soll kommen und sich die Chemie anschauen, wenn er die Schneid dazu hat. Da geht es nämlich nicht so brav wie im Bundesheer zu, da kann man bei der Arbeit noch reden. Aber er, er meint immer, bei der Arbeit muß Ruhe herrschen. Da soll jeder das Maul halten, so wie bei den Rekruten. Was glaubt's ihr, wie oft ich ihm zugeredet hab zu kommen! Feig bist, ja, das bist, feig! hab ich ihm gesagt. Du kennst das wirkliche Leben nicht. Im Bundesheer, da steht ihr unter Denkmalschutz. Da kann keinem was passieren. Der Krieg ist aus. Neue Kriege wird's nie wieder geben. Wozu braucht man da eine Armee? Man braucht sie für Feiglinge, die sich vorm Leben fürchten. 1 Meter 89 ist das groß und fürchtet sich vor der Chemie! Errötet vor jedem Weibsbild. Fünf Damen haben wir im Saal und fünfmal ist er errötet. Da käm ich aus dem Erröten gar nicht mehr heraus, mit meinen acht Nummern, genau soviel sind's jetzt. Übrigens hab ich ihm von unseren Damen erzählt. Besonders von der feinen russischen Dame. Die ist was für dich, hab ich gesagt, die schaut nicht nach rechts, die schaut nicht nach links, aber aus *Bildung*, nicht aus Feigheit! Na, er hat sich lange genug gefürchtet, aber schließlich ist er doch gekommen, und jetzt habt's ihr ihn gesehen, den Lackel, 1 Meter 89 groß, man muß sich ja beinahe *schämen* mit so einem langen Bruder. Was der sich fürchtet! Vor mir hat er Angst! Wie wir Kinder waren, hab ich ihn zum Weinen gebracht, so eine Angst hat er vor mir gehabt. Jetzt läßt er sich's nicht so anmerken. Aber er hat noch immer Angst vor mir. Hat jemand von euch das bemerkt: er *fürchtet* sich vor mir! So ein Angsthase! Der Herr Hauptmann fürchtet sich! Man möcht ja lachen! Ich fürcht mich nicht. Der könnt noch was von mir lernen.«

Sieghart's Großsprechereien in ihrer Lautstärke waren mitunter lästig, aber seiner Arbeit taten sie keinen Abbruch. Flink und geschickt kam er mit seinen Analysen voran, aber er hatte auch Verständnis für Wundel, den Schwindler, der wie ein Dorftrottel aussah und vorsichtig grinsend durch den Saal schlich, die kleine Glasdose mit der Substanz in der gekrümmten Hand, die Hand in der rechten Tasche des Kittels verborgen. Ganz leise bewegte er sich von einem zum anderen, auf Zickzackwegen, nicht in der zu erwartenden Reihenfolge und stand dann plötzlich unerwartet vor einem, blickte einem bittend und nah ins Gesicht und sagte: »Herr Kollege, kennen S' des! Des riecht nach Wald.« Er hielt einem das geöffnete Döschen unter die Nase, man zog den Geruch tief ein, sah sich die Substanz an und sagte: »Ja, natürlich, das hab ich gehabt«, oder: »Nein, das kenn ich nicht.« Im ersteren Falle wollte Wundel wissen, wie man es gemacht habe, und erbat sich das Heft mit den Wägungen und Berechnungen, das man ihm für kurz überließ. Dann schrieb er sich heimlich die Resultate ab und machte sich voller Zuversicht an die Arbeit, deren Resultate er nun zum vorhinein kannte.

Alle wußten, daß er schwindelte, doch niemand verriet ihn. Er richtete es nämlich so ein, daß niemand alles über ihn wußte. Wenn er seine Apparaturen aufgebaut hatte und es in seinen Kolben brodelte, wenn er mit zugekniffenen Lippen seine Tiegel wog, nahm man an, daß auch er seine Arbeit verrichte und ihre Ergebnisse durch die zusammengebettelten Zahlen bloß kontrolliere. Hätte man gewußt, daß alle seine Arbeitsprozesse von Anfang bis zu Ende vorgetäuscht waren, daß er nie mehr tat, als den *Anschein* seiner Arbeit zu bieten, man hätte doch davor zurückgescheut, ihn so konsequent zu unterstützen. Er ging nie zum selben Kollegen, seine Zickzackwege waren davon bestimmt, daß er solche, die ihm schon einmal nützlich gewesen waren, mied, und obwohl man ihn alle paar Wochen einmal hin und her schleichen sah, war man sich über die Ergebnisse seiner diskreten Nachforschungen nicht immer im klaren. Seine Begabung lag in der Geschicklichkeit, mit der er sich unterschätzen ließ. So viel System in der Schlauheit war das letzte, was man diesem grinsenden Fladen zugetraut hätte. Denn so und nicht anders sah die Maske aus, die er trug. Seine Augen waren wie die eines Pilzsammlers immer auf den Boden gerichtet, das Grinsen paßte so wenig dazu wie die hohe schleppende Stimme.

Da er bei seinem Treiben leise sein mußte, mied er Sieghart, der nie anders als laut sprach, doch konnte er nicht verhindern, daß dieser ihn sehr bald als Pilzsammler erkannte und begrüßte. »Wir kennen uns, Herr Kollege!« sprang er ihn klingend an – Wundel zuckte erschrocken zusammen –, »und wissen Sie, woher wir uns kennen? Wir kennen uns schon lange! Und jetzt raten Sie einmal von wo! Kommen Sie net drauf? Ich merk mir alles. Ich vergiß nix.« Wundel machte hilflose Bewegungen, so als möchte er aus dem Saal davonschwimmen, aber es nützte ihm nichts, Sieghart hielt ihn an einem unteren Knopf seines Kittels fest und fragte ein paarmal wieder. »No, wissen S' es no net? Vom Schwammerlsuchen natürlich, von wo denn sonst! Im Wald, da seh ich Sie immer beim Schwammerlsuchen. Aber Sie schaun immer auf den Boden, Sie kennen nix wie Schwammerln. No ja, darum haben Sie ja auch immer den Korb voll mit Schwammerl. Ich aber auch, ich auch, weil ich so nah am Boden bin. Ich weiß gar net, wer mehr Schwammerl im Korb hat, Sie oder ich. Aber ich schau mir auch die Leut gut an, ich bin ein neugieriges Luder, das kommt vom Photographieren. Jetzt was täten Sie sagen, wenn ich Ihnen ein Photo von Ihnen zeig, wie ich Sie grad beim Schwammerlsuchen erwischt hab?« Das Wort ›erwischt‹ hörte Wundel nicht gern, die leutseligen Reden des Zwergs waren eine Qual für ihn. Er tat sein Bestes, um ihm in Zukunft durch eine geeignetere Anlage seiner Zickzackwege auszuweichen, es gelang nicht immer. Sieghart hatte einen Narren an ihm gefressen. Wen er mit Hilfe eines besonderen Einfalls apostrophiert harte, den ließ er nie wieder los, und Wundel, wirklich ein Pilzkenner, war eins seiner Lieblingsopfer.

Doch das war ein Scharmützel. Wundel war ihm eher sympathisch, vielleicht spürte er seine Schlauheit, denn wenn irgendwer verächtlich von ihm als ›Dorftrottel‹ sprach, erklärte er entschieden: »Der? Der ist kein Dorftrottel. Der weiß, was er will. Der verbrennt sich nicht den Mund.« Wohl aber hatte er es auf einen im Saal abgesehen, den er aus dem Feld schlagen wollte, bloß weil er als Photograph galt.

Die verheißungsvolle Schuhschachtel lag nun schon lange bei ihm im Schrank. Zwar nahm er sie von Zeit zu Zeit heraus und drehte sie ausgiebig hin und her, ja, manchmal begann er sie aufzuschnüren, sie war vielfach verknotet, aber kaum hatten Kollegen davon Notiz genommen und ein, zwei Schritte auf die Schachtel zu hingetan, als er wie in einer plötzlichen Eingebung innehielt und sagte: »Nein, heut mag ich nicht. Ihr verdient's noch nicht. Das müßt ihr euch erst einmal richtig verdienen!« Er gab keine Auskunft darüber, worin ein solches Verdienst bestünde. Er wartete auf etwas, niemand wußte worauf, und begnügte sich damit, den Narren des Saals durch Aufschnüren der Schachtel den Mund wäßrig zu machen. Sie war bald wieder zugeschnürt und verstaut, und auch Sätze wie: »Ah was, es ist eh nix drin in der Schachtel!« vermochten ihn nicht zu beirren.

Dann, eines Tages, kam Hund wieder mit einem Paket, ein recht dickes diesmal, und klatschte es neben sich auf den Tisch. Das war gar nicht seine Art, er hatte von Sieghart gelernt, der imponierte vielen, seine auftrumpfende Art machte im Saale Schule. Hund wartete ein wenig, aber nicht so lange wie die Male zuvor und sagte dann, lauter als üblich: »Ich hab Photos! Wer will sie sehen?« »*Ob* ich die sehen will!« krähte der Kleine, rannte als erster hin zu Hund und stellte sich seitlich von ihm auf. »Ich warte!« sagte er herausfordernd, während die anderen, viel langsamer, sich um Hund gruppierten. Diesmal kamen alle, wer immer nur seine Arbeit stehenlassen konnte, kam. »Da hab ich den besten Platz erwischt«, sagte der Kleine, das sollte fröhlich wirken, aber es klang gehässig und ebenso gehässig war die Replik, die Hund darauf gab: »Stellen S' Ihna nur vorn hin, sonst sehen Sie ja nix mit der Figur!«

»Auf die Figur kommt's net an, aber auf die Bilder. Da bin ich gespannt. Gleich dann mach ich meine große Schachtel auf. Lauter Aktphotos von jungen Damen. Jetzt haben Sie sich net am End auch auf Akte spezialisiert, Herr Kollege, das tät mir leid – oder halten wir noch bei der Natur? Ein Kätzchen im Fenster oder eine Silberpappel im Wind? Eine Schneelandschaft im Gebirg vom vergangenen Winter? Ich wünscht' mir ein liebes Dorfkirchlein mit dem Gottsacker ringsum und so ein paar fromme Kreuze. No ja, die Toten wollen nicht vergessen sein oder habn S' gar ein' Hahn auf dem Mist, womit ich nicht sagen will, daß es ein Mist ist, was Sie uns zeigen wollen, Herr Kollege, bitte verstehn S' mich nur nicht falsch, ich meine einen wirklichen Hahn auf einem wirklichen Mist!«

»Wenn Sie jetzt nicht weggehn, zeig ich gar nichts«, sagte Hund. »Gehn S' weg von meinem Platz oder ich zeig gar nichts.« »Gar nix zeigt er, und wie sollen wir das verschmerzen! Ja da bleibt mir nichts übrig« – jetzt schrie der Zwerg –, »als Sie mit den Aktphotos von meinen jungen Damen zu entschädigen! Kommt's herüber zu mir, Herrschaften, da gibt's jetzt was, das zahlt sich aus, net so!«

Sieghart packte zwei der Kollegen am Arm und nahm sie, kräftig zwickend, mit zu sich hinüber. Die anderen folgten. Jetzt kam endlich, worauf man so lange gewartet hatte. Wen interessierte das schon, die kämpfenden Buchfinkenmännchen des Hund. Ein einziger blieb noch bei Hund stehen und ein anderer auf halbem Wege, der sich unentschlossen zu ihm zurückwandte.

»Gehn S' nur!« sagte Hund, »jetzt zeig ich gar nichts. Heut hätt ich was Besondres gehabt, geht's nur und schauts euch dem seinen Dreck an!«

Er stieß den einzigen, der ihm – vielleicht aus Mitleid – treu geblieben war, mit dem Ellbogen fort und ruhte nicht, bis er selber mutterseelenallein wie immer an seinem Platz stand. Er machte auch keine Anstalten, Sieghart's Vorstellung zu stören. Er stand finster und still vor seinem Paket, auf das er die rechte Hand gelegt hatte, als hätte er es vor einem frechen Zugriff zu schützen.

Sieghart war indessen beim Aufschnüren. Das ging blitzschnell, schon war die Schuhschachtel offen, schon nahm er einen ganzen Haufen Photos und streute sie, als wäre es nichts, über die Tischplatte aus.

»Bitte sich zu bedienen, meine Herrschaften, Damen für jeden Geschmack, da kann sich jeder seine Damen holen. Da gibt's gleich ein paar für jeden. Nur keine falsche Bescheidenheit! Da darf sich jeder seinen Harem zusammenstellen. Ja, was ist denn das? Traut sich keiner ins Glück hineinzugreifen? Muß ich den Herrschaften die Hand führen? So feig, meine Herren? Das hätte ich nicht gedacht. Jetzt stellen Sie sich vor, daß ich alles in natura vor mir gehabt habe! Da hieß es zupacken und knipsen, ja, was glauben S' denn, wenn ich da nicht rasch entschlossen geknipst hätte – ein zweitesmal hätten sich die jungen Damen nicht ausgezogen, was hätten die sich von mir gedacht! Und was denken sich die jungen Damen jetzt von Ihnen, wenn Sie nicht zugreifen!«

Er packte die Hand eines Studenten, der ihm zunächst stand, und führte sie mitten in den Haufen der Bilder, wobei er eine zittrige Bewegung mit ihr vollführte, als schrecke sie vor den Herrlichkeiten, in die sie hineingreifen wollte, zurück. Er legte ihm ein gutes Dutzend Bilder in die Hand und rief: »Der nächste Herr bitte!« Nun kamen die anderen schon von selber, und bald gaffte alles blöd auf die ausgezogenen Mädchen, die sich gar nicht verführerisch, hausbacken und schelmisch den Blicken darboten. Ein wenig riskant schien es allen Beschauern, was würde geschehen, wenn ein Assistent oder gar der Professor mit seinem Gefolge daherkäme? Aber unanständig konnte man diese Bilder nicht nennen, sonst hätten manche sich nicht getraut, sie vor den anderen in die Hand zu nehmen. Nur daß die weiblichen Studenten davon ausgeschlossen waren, war etwas peinlich, und vor Fräulein Reichmann, die gar nicht weit davon ihren Platz hatte – sie blickte vor sich hin in die Luft und tat, als höre sie nichts –, fühlte sich jeder schuldig.

Hund aber hatte man ganz vergessen, man wußte nicht einmal mehr, daß er sich noch im Saal aufhielt. Plötzlich stand er da, mitten unter Studenten und Bildern, spuckte aus und schrie: »Huren, lauter Huren!« Dann verschwand er, aber es war nicht mehr dasselbe. Sieghart fühlte sich für seine Freundinnen beleidigt. »Das haben meine Freundinnen nicht verdient«, sagte er und sammelte die Photos rasch wieder ein. »Wenn ich das gewußt hätte, hätte ich nichts mitgebracht. Wenn meine Freundinnen das erfahren, ist es aus zwischen uns. Ich muß die Herren um äußerste Diskretion bitten. Kein Sterbenswort darf aus diesem Saal kommen. Eine Entschuldigung würde nicht genügen, auch wenn wir uns korporativ bei den Damen melden und sie immer wieder zusammen im Chor um Entschuldigung bitten, würde das nichts nützen. Da gibt es nur Schweigen. Ich kann mich doch auf Ihre Diskretion verlassen, meine Herren? Es ist hier nichts ausgepackt worden und das bestimmte beleidigende Wort ist nicht gefallen. Auch ich werde schweigen. Ich erzähl's nicht einmal meinem großen Bruder.«

Ein roter Mormone

Den Sommer 1926 verbrachte ich mit meinen Brüdern in St. Agatha, einem Ort zwischen Goisern und dem Hallstätter See. Da gab es ein altes, schönes Gasthaus, die frühere Schmiede, mit einer geräumigen Wirtshausstube. Es hätte sich als Aufenthalt für halbwüchsige Buben nicht geeignet, doch gleich daneben stand ein viel kleineres, neueres Haus, das von einer alten Dame als Pension ›Agathenschmiede‹ geführt wurde. Die Zimmer waren schmal und bescheiden, auch das Speisezimmer hatte ähnliche Maße, da standen nicht mehr als drei oder vier Tische. An einem saßen wir zusammen mit der Inhaberin, einer festen Dame, die strenger aussah, als sie dann sprach, denn es zeigte sich, daß sie keine Vorurteile gegen Liebespaare hatte.

Die eigentlichen Gäste neben uns waren ein Paar: ein Regisseur in mittleren Jahren, dunkel und buschig, etwas verlebt, witzelnd, mit seiner blutjungen schlanken Freundin, die viel größer war als er, aschblond, nicht reizlos und sehr beeindruckt von seinen unaufhörlichen Reden. Er erklärte immerzu alles, es gab nichts, was er nicht besser wußte. Er ließ sich gern mit mir in Gespräche ein, denn ich stand ihm Rede, er hörte auf das, was ich sagte, er schien es sogar ernst zu nehmen. Aber sehr bald legte er dann selber los, fegte alles, was ich gesagt hatte, beiseite, spottete, witzelte, höhnte, zischte, lauter einzelne Rollen wie aus dem Theater – und endete nie, ohne herrscherhaft Affi, seine Freundin, voll ins Auge zu fassen. Ihr schien es selbstverständlich, daß er das letzte Wort behielt, mir nicht. Während sie nie den Versuch machte, etwas zu sagen, versuchte ich's noch ein paarmal. Kaum hatte er mich zu Boden geschlagen, sprang ich unerwartet auf und widerlegte ihn, was dann seine beißende Widerlegung zur Folge hatte. Herr Brettschneider war aber nicht bösartig, es gehörte nur zu seinem ungestörten Besitz Affis, daß sie kein anderes männliches Wesen zu lange sprechen hörte, nicht einmal ein halbwüchsiges. Frau Banz, die Besitzerin, hörte schweigend zu, sie war auf keiner Seite, nicht mit dem leisesten Zucken ihres Gesichts verriet sie, wem sie recht gab, und doch wußte man, daß sie jeder Wendung des Gesprächs folgte.

Herr Brettschneider und Affi wohnten in einem Zimmerchen neben meinem, die Wände waren dünn, ich hörte jeden Laut von drüben: Pfiffe, Neckereien, Gekicher und oft ein zufriedenes Grunzen. Nur still war es nie, vielleicht verstummte Herr Brettschneider manchmal im Schlaf, aber wenn das je der Fall war, merkte ich's nicht, denn dann schlief ich selber.

Es war kein Wunder, daß unsere Gedanken um das ungleiche Paar kreisten, sie waren außer uns die einzigen Gäste. Aber etwas anderes beschäftigte mich in diesen Wochen mehr: das waren die Schwalben, es gab ihrer unzählige, sie hatten ihre Nester in der prächtigen alten Schmiede. Wenn ich am Holztisch im Garten saß und in meinen Heften schrieb, schossen sie über mich hin, ganz nah an mir vorbei. Stunden und Stunden sah ich ihnen zu, ich war von ihnen verzaubert. Manchmal, wenn die Brüder sich auf den Weg machen wollten, sagte ich: »Geht nur voraus, ich komm schon nach, ich muß noch etwas fertig schreiben«, aber ich schrieb nur wenig, meist sah ich den Schwalben zu und mochte mich von ihnen nicht trennen.

Während zweier Tage wurde in St. Agatha Kirchweih gefeiert, es ist das Ereignis, das mir am leuchtendsten in Erinnerung geblieben ist. Die Buden standen um die mächtige Linde auf dem Platz vor der alten Schmiede, aber sie reichten auch bis vor das Haus, in dem wir wohnten. Unmittelbar unter meinem Fenster hatte ein junger Mann einen Tisch aufgestellt, auf dem ein großer Haufen von Männerhemden aufgestapelt lag. Der Verkäufer warf die Hemden mit einer raschen, heftigen Bewegung durcheinander, hob das eine oder andere, meist aber zwei, drei von ihnen zusammen in die Höhe und ließ sie auf den Haufen herunterklatschen. Dazu rief er:

»Heut ist mir alles eins,
Ob i a Geld hab oder a keins!«

Er rief es mit Überzeugung, mit einer nervösen Geste, als wolle er nichts mehr damit zu tun haben, als werfe er es alles weg. So kamen auch immer Bäuerinnen an seinen Stand, um etwas von den weggeschleuderten Geschenken für sich zu erhaschen. Manche prüften zweifelnd ein Hemd, wie wenn sie etwas davon verstünden, er riß es ihnen aus der Hand und warf es ihnen wieder hin, als ob er's herschenken würde, und keine, die ein Hemd in der Hand gehabt hatte, versäumte es mitzunehmen, es war, wie wenn es ihnen an den Händen kleben bliebe. Wenn sie zahlten, schien er das Geld gar nicht zu sehen, auch das warf er weg, in eine große Schachtel, die sich sehr rasch füllte, die Stöße von Hemden nahmen in kürzester Zeit ab. Ich sah ihm von meinem Fenster gleich über ihm zu, ich hatte noch nie etwas so Rasches gesehen, und immer wieder hörte man seinen Ruf dazu:

»Heut is mir alles eins
Ob i a Geld hab oder a keins!«

Ich merkte, daß der scheinbare Leichtsinn, den seine Worte enthielten, sich auf die Bäuerinnen übertrug, sie rückten mit ihrem Geld heraus, wie wenn es nichts wäre – plötzlich war kein einziges Hemd mehr da, sein Stand war kahlgefegt, er hob den rechten Arm in die Höhe, rief »Halt! Einen Moment!« und verschwand mit der Pappschachtel voller Geld um die Ecke. Ich konnte von mir aus nicht sehen, wohin er ging, ich dachte, es sei nun aus, und zog mich vom Fenster zurück, aber ich war noch gar nicht bis an die Tür meines kleinen Zimmers gelangt, als ich, womöglich noch kräftiger als zuvor, den Ruf wieder hörte:

»Heut is mir alles eins, usw.« Da lagen schon wieder Stöße von Hemden auf seinem Tisch, die er mit bitterer Miene hochhob und höhnisch zurückwarf. Von allen Seiten näherten sich die Bäuerinnen und gingen ihm auf den Leim.

Es war kein großer Jahrmarkt, wenn ich zwischen den Buden unten herumging, fand ich mich immer wieder bei ihm, niemand verstand sich aufs Verkaufen so gut wie er. Er bemerkte mich sehr wohl, er hatte mich schon am Fenster oben bemerkt und in einem der seltenen Augenblicke allein an seinem Stand, fragte er mich, ob ich Student sei. Das wunderte mich nicht, er sah wie ein Student aus, und schon zückte er ein Meldungsbuch der Universität Wien und hielt es mir vor die Nase. Er war Student der Rechte im vierten Semester und verdiente sich auf Jahrmärkten sein Brot. »Sie sehen, wie leicht das ist«, sagte er, »ich könnte alles verkaufen. Aber Hemden ist am besten. Diese blöden Weiber glauben, man schenkt ihnen was.« Er verachtete seine Opfer, nach einer Woche, sagte er, sei das Zeug schon zerrissen, vier- oder fünfmal könne man so ein Hemd tragen, aber dann ... ihm sei das wurscht, wenn die drauf kämen, sei er schon über alle Berge. »Und nächstes Jahr?« fragte ich. »Nächstes Jahr! Nächstes Jahr!« Er war fassungslos über diese Frage. »Nächstes Jahr bin ich krepiert. Wenn ich nächstes Jahr noch nicht krepiert bin, bin ich woanders. Glauben Sie, ich komm wieder her? Ich werde mich hüten. Kommen Sie vielleicht nächstes Jahr wieder her? Sie werden sich auch hüten. Sie wegen Langeweile und ich wegen den Hemden.« Ich dachte an die Schwalben und daß ich um ihretwillen wiederkommen würde, aber ich hütete mich, ihm das zu sagen, und er behielt recht.

Es gab auch sonst allerhand auf der Kirchweih zu sehen, aber der einzige, mit dem ich Freundschaft schloß, war ein rothaariger Mann mit einem Holzbein, der auf den Stufen vor dem alten Gasthof saß, eine Krücke neben sich, das Holzbein vor sich ausgestreckt. Ich fragte mich, was er da tat, es wäre mir nicht eingefallen zu denken, daß er bettelte. Aber dann merkte ich, daß man ihm hie und da eine Münze gab und er, ohne sich etwas zu vergeben, »Vergelt's Gott!« sagte. Ich hätte ihn gern gefragt, wo er her sei, er wirkte fremdartig mit seinem ungeheuren roten Schnurrbart, der schien noch röter als die Haare seines Kopfs, aber das ›Vergelt's Gott‹ sagte er ganz wie ein Einheimischer. Ich genierte mich, ihn als Bettler zu fragen, ich tat, als hätte ich nichts gemerkt, gab ihm einstweilen nichts und nahm mir vor, es später nachzuholen. Es klang bestimmt nicht herablassend, als ich ihn nach seiner Herkunft fragte, aber er nannte weder einen Ort noch ein Land, sondern sagte zu meiner größten Verwunderung: »Ich bin Mormone.«

Ich wußte nicht, daß es in Europa Mormonen gab. Aber vielleicht war er in Amerika gewesen und hatte dort unter Mormonen gelebt. »Wie lange waren Sie denn in Amerika?« »Nie war ich da!« Er wußte, daß seine Antwort mich überraschen würde, und wartete ein wenig ab, bevor er mich darüber aufklärte, daß es auch in Europa und sogar in Österreich Mormonen gebe und gar nicht so wenige noch dazu. Sie hätten ihre Versammlungen und stünden in Verbindung miteinander. Er könne mir ihre Zeitung zeigen. Ich hatte das Gefühl, daß ich ihn bei der Arbeit störe, er mußte doch auf die Leute achten, die ins Gasthaus gingen oder herauskamen, und so verließ ich ihn und sagte, ich käme später wieder. Aber dann war er verschwunden, und ich begriff nicht, daß ich ihn beim Weggehen nicht bemerkt hatte. Er war mit Holzbein und Krücke und Feuerröte unmöglich zu übersehen.

Ich ging ins Wirtshaus hinein, das gesteckt voll war, und da in der großen Gaststube sah ich ihn plötzlich, unter vielen anderen Leuten an einem großen Tisch, ein Gläschen Wein vor sich von der Farbe seiner Haare. Er schien allein zu sein, niemand sprach mit ihm oder vielleicht sprach er mit niemandem. Es war verwunderlich, daß er sich wie jeder andere unter die Gäste des Lokals mischte, vor dem er eben noch gebettelt hatte. Er wirkte nicht so, als ob er sich etwas daraus mache, er saß ruhig und aufrecht da, vielleicht war etwas mehr Platz zu seinen beiden Seiten als zwischen den anderen. Mit seinen feurigen Haaren und dem Schnurrbart besonders stach er unter allen hervor, er wäre mir als einziger an seinem Tische aufgefallen, auch wenn ich nicht mit ihm früher schon gesprochen hätte. Er wirkte streitlustig, aber niemand stritt mit ihm. Sobald er mich bemerkte, winkte er freudig und lud mich an den Tisch. Er mußte nur wenig rücken, um mir Platz zu machen, sogar ein Stuhl fand sich in der Nähe, da jemand aufstand und ging. Schließlich saßen wir eng beisammen wie alte Kumpane und er bestand darauf, mich auf einen Wein einzuladen.

Er habe das Gefühl, sagte er, er legte gleich damit los, daß ich mich für die Mormonen interessiere. Alle Leute seien gegen die Mormonen. Mit ihm wolle keiner etwas zu tun haben, nur deswegen. Die dächten alle, er habe viele Frauen. Das sei alles, was die Leute über die Mormonen wüßten, wenn sie schon überhaupt etwas über sie wüßten. So ein Blödsinn sei das, er habe gar keine Frau, die sei ihm durchgegangen, und ebendeswegen sei er zu den Mormonen gekommen. Das seien gute Leute, da arbeite jeder; da liege keiner faul herum, da tränke keiner Alkohol, das gebe es bei denen gar nicht, nicht wie hier, er wies zornig auf mein Glas – seines war schon leer oder er hatte es vergessen – und umfaßte mit einer Armbewegung alle Gläser des Raums. Er spreche gern darüber, er sage es immer wieder, die Mormonen, das seien gute Menschen. Aber die Leute ärgerten sich nur darüber, kaum tue er den Mund auf, heiße es »Halt die Goschen!« oder »Geh nach Amerika zu deine Mormonen!«. Er sei schon aus Gaststuben hinausgestoßen worden, bloß weil er ihnen damit gekommen sei. Alle hätten etwas gegen ihn, nur deswegen. Er wolle doch nichts von den Leuten, er nehme nie etwas, von niemandem, wenn er drin sei, nur draußen, das gehe die doch nichts an, tue ihnen das vielleicht weh? Aber die hielten das nicht aus, daß einer etwas Gutes an den Mormonen finde, die seien für sie wie Heiden oder Ketzer und man habe ihn sogar schon gefragt, ob alle Roten Mormonen seien. Seine Frau habe ihm schon immer gesagt: »Komm mir nicht in die Nähe, mit deinen roten Haaren. Du bist besoffen. Du stinkst.« Damals habe er noch viel gesoffen, und da ist es schon passiert, daß er auf die Frau einen Zorn gekriegt hat und ihr mit der Krücke ein paar versetzt habe. Drum sei sie ja weg von ihm. Der Alkohol war schuld, da habe ihm einer einmal gesagt: die Mormonen, die gewöhnten den Leuten das Saufen ab, da trinke keiner was, keiner von denen. Da sei er zu ihnen gegangen und das sei wahr, die hätten ihn kuriert, jetzt rühre er keinen Tropfen Alkohol mehr an, und wieder starrte er wütend auf mein Glas, das ich gar nicht auszutrinken wagte.

Ich spürte das Mißfallen der anderen, die am selben Tisch saßen. Auf ihre Gläser starrte er zwar nie, aber um so deutlicher war er zu hören. Seine Predigt gegen den Alkohol wurde lauter und heftiger, er hatte längst ausgetrunken und bestellte nichts. Ich wagte es nicht, ihm ein Glas anzutragen. Ich ging für einen Augenblick hinaus und bat die Kellnerin, ihm ein neues Glas zu bringen, aber nicht gleich, sondern erst wenn ich schon eine Weile wieder sitze. Ich spürte ihre Frage auf den Lippen, kam ihr aber zuvor und zahlte sofort. Dann stand plötzlich wieder das volle Glas vor ihm, er sagte »Vergelt's Gott«, trank es in einem Zug aus, auf die Gesundheit müsse man trinken, das schon, das sei sogar bei den Mormonen so. Das könne man sich gar nicht vorstellen, was für gute Leute das seien, da gebe jeder etwas her, die hätten noch ein Herz für arme Teufel, da bestelle ein ganzer Tisch immer wieder ein Glas für einen armen Teufel und trinke so lange auf seine Gesundheit, bis sie alle besoffen seien, aber aus *Erbarmen*, das sei etwas anderes, aus *Erbarmen* dürfe man trinken. Warum ich denn nicht mit ihm anstoße, er habe mir aus Erbarmen einen Wein bestellt und jetzt habe ihm jemand anderer aus Erbarmen einen Wein geschickt, da dürften wir ruhig trinken, das sei bei den Mormonen auch so und die seien streng, und wenn diese strengen Leute es erlaubten, könne niemand etwas dagegen sagen.

Es fiel aber gar niemandem ein, etwas zu sagen; sobald er trank, feindete man ihn nicht mehr an. Die Blicke der Männer am Tisch – es waren auch ein paar starke junge Kerle darunter und sie hatten nicht übel Lust verspürt, ihn zu verprügeln – wurden freundlicher und harmloser. Man stieß mit ihm auf Amerika an. Er sagte, ich käme von dort, ein Besuch für ihn, ich solle doch etwas sagen, damit die merkten, wie gut ich die Sprache kenne. Ich brachte, in großer Verlegenheit, einige englische Sätze vor, sie stießen mit mir an, vielleicht um zu erproben, ob ich wirklich trinke, denn in Verbindung mit ihm hielten sie mich, das war sicher, für einen Abgesandten der Mormonen.

Die Schule des Hörens

Wenn ich nach Hause kam, in die Haidgasse zu Frau Weinreb, horchte ich gegen meinen Willen, ich konnte nicht anders, auf die bösen Laute des ›Henkers‹ in der Küche. Seit dem nächtlichen Besuch der Frau Weinreb schlief ich leichter, neuer Ereignisse derselben Art gewärtig. Es war besonders die hektische Beziehung zu den Bildern ihres Mannes, die überall hingen, was mir keine Ruhe ließ. Es waren so viele, außer in Größe und Aufmachung unterschieden sie sich wenig voneinander, aber jedes einzelne war von Bedeutung, jedes tat seine Wirkung. Es gab einen Turnus, in dem Frau Weinreb ihre Andacht vor ihnen verrichtete, aber da ich tagsüber nicht zuhause war, konnte ich ihn nicht bestimmen. Ich hatte das Gefühl, daß sie täglich in meinem Zimmer war, wie hätte sie die Bilder, die in meinem Zimmer hingen, vernachlässigen können.

Bei Nacht, als sie gekommen war, war sie in einer Art von Trance gewesen; wie war es bei Tag, wenn der Henker nicht schlief und alles, was sie unternahm, verfolgte und kontrollierte? Vielleicht war sie immer im gleichen Zustand, vielleicht war er durch den Anblick der Bilder bestimmt, die sie zu jeder Zeit an jeder Wand vor Augen hatte. Ein Augenpaar löste das andere ab, es waren dieselben Augen und sie waren immer auf sie gerichtet. Auf allen Bildern war Herr Weinreb alt, es schien keine Jugendaufnahmen von ihm zu geben, ohne Vollbart hatte sie ihn wohl nicht gekannt, und sollten sich doch Jugendbildnisse von ihm bei seinem Tod gefunden haben, so waren sie als die eines Fremden beiseite geschafft worden. Es wäre verfehlt anzunehmen, daß er streng dreinsah, er hatte einen gütigen, milden Blick, immer denselben. Auch wo er im Kreise seiner Kollegen abgebildet war, sah er nicht bedrohlich drein, sondern begütigend, ein Friedensstifter, ein Vermittler, ein Schlichter. Um so unbegreiflicher erschien mir die Unruhe der Frau Weinreb. Was war es, das sie rastlos von Bild zu Bild trieb, welchen Befehl hatte er in ihr hinterlassen, der sie auf den Beinen hielt und sich wie in einer ›multiplen‹ Hypnose vor jedem seiner Augenpaare erneuerte?

Wenn ich sie im Vorzimmer einmal traf und ein paar Worte mit ihr wechselte, mußte ich mir Gewalt antun, um sie nicht nach dem Befinden von Herrn Weinreb zu fragen. Sie aber beteuerte jedesmal, was für ein lieber, guter, feiner, was für ein studierter Herr Herr Dr. Weinreb gewesen sei. Ich sagte einmal bedauernd: »Wie schade, daß er schon so lange nicht mehr am Leben ist«, worauf sie erschrocken einfiel: »Es ist nicht so lang her.« »Ja wie lang denn?« sagte ich und versuchte so freundlich wie er auszusehen, was mir aber ohne Bart nicht gelang. »Das kann ich nicht sagen«, sagte sie, »ich weiß es nicht«, und verschwand rasch in ihr Zimmer. Ich war, sobald ich die Wohnung betrat, wie sie in Unruhe, doch zeigte ich es nicht und trachtete die Bilder nicht zu sehen, gegen die ich Abneigung empfand. Ihre

Rahmen waren immer abgestaubt und die Glasplatte davor frisch abgewaschen. Ich sah sie so an, als ob sie nur aus Rahmen und Glasplatte bestünden. Ich glaube, ich wartete auf eine Katastrophe, eine Zerstörung der Bilder als schreckliche Lösung.

Einmal träumte ich davon, daß der Henker in meinem Zimmer war, die Köchin, Ruženas Tante, die eigentlich sonst nie mein Zimmer betrat, und daß sie mit feixendem Gesicht, ein ungeheuer großes brennendes Zündholz in der Hand, von einem Bild des Herrn Weinreb zum anderen ging und es in aller Ruhe anzündete. Dabei hielt sie Arme, Hand und Zündholz immer in gleicher Höhe und glitt mehr als sie ging. Ihre Füße sah ich nicht, unter dem langen Rock, der bis zum Boden reichte, blieben sie verborgen. Die Bilder brannten gleich, aber ganz still, wie Kerzen. Der Raum verwandelte sich in eine Kirche, ich wußte aber, daß mein Bett da stand und daß ich drin lag und erwachte voller Schrecken, daß ich lästerlich in einer Kirche zu Bette lag.

Von diesem Traum erzählte ich Veza, die Träume ernst nahm, ohne sie durch herumliegende Deutungen zu entkräften. Es war ihr nicht entgangen, wie unheimlich mir der Bilderdienst der Frau Weinreb war. »Vielleicht«, sagte sie, »ist es der Henker, der diesen Kult fordert. Sie weiß davon und hält ihre Herrin mit Hilfe dieser Bilder in Abhängigkeit von sich. Es ist die Kirche des Satans und du wohnst und schläfst mittendrin und wirst dich nie mehr ruhig fühlen, solange du dort bleibst.« Ich spürte, daß sie mit wenig Worten den Traum in unsere vertrautere Sprache übersetzt hatte, ohne etwas von seinen feineren Zusammenhängen zu verwirren.

Ich wußte, daß ich weg mußte, aus diesem Zimmer, dieser Wohnung, dieser Gasse, dieser Gegend. Es war aber nicht mehr als zehn Minuten von da zur Ferdinandstraße, wo Veza wohnte, und das war der eigentliche Grund gewesen, warum ich dieses Zimmer gemietet hatte. Ich konnte unerwartet auf der Straße vor Vezas Zimmer erscheinen und zu ihr hinaufpfeifen, ich konnte so, unruhig wie ich war, eine Art Kontrolle über sie ausüben. Nicht nur wußte ich, ob sie zuhause war oder ausgegangen, ob sie allein war oder Besuch hatte – auch wenn sie für sich las oder studierte, zu jeder Zeit, wann ich eben zu erscheinen beliebte, mußte sie mich hinaufbitten. Sie gab mir nie das Gefühl, daß ich sie störte, vielleicht störte ich wirklich nie, aber es war doch ein Zwang – für sie, weil sie nie sicher sein konnte, ob ich nicht plötzlich auftauchte, für mich, weil es mich auch aus unwürdigen Motiven hinzog, nämlich um genau zu wissen, was sie trieb.

Es hätte mich auf alle Fälle hingezogen, denn nichts war schöner als bei ihr zu sein, sie zu bewundern und mitten in dieser Bewunderung ihr zu sagen, was man gedacht oder getan hatte. Sie hörte zu, nichts entging ihr, sie hütete alle Worte, doch ihr Urteil behielt sie sich vor, es war durch nichts zu verwirren. Was sie gescheit fand, merkte sie sich, es kam im Gespräch wieder auf. Es war nicht müßig, sich mit geistigen Dingen zu beschäftigen, auch nicht hochmütig, sondern vollkommen natürlich. Es gab Gedanken anderer, die einem wie Echos erwiderten und die einen bestärkten. Sie kannte sie, sie schlug Hebbels Tagebücher auf und zeigte einem, was man eben gesagt hatte, und man schämte sich nicht, denn man hatte es nicht gekannt. Ihre Zitate waren nie lähmend, sie kamen nur, wenn ihre Wirkung eine belebende war. Sie dachte sich auch selber etwas, angeregt durch das viele, das ihr vertraut war. Sie war es, die damals Lichtenberg in mein Leben brachte. Gegen anderes opponierte ich, so merkte ich bald, daß sie eine Art von Chauvinismus für alles Weibliche hatte. Frauen-Verherrlichern erlag sie ohne Widerstand, und Peter Altenberg, den sie oft gesehen hatte – schon als kleines Mädchen war sie ihm manchmal im Stadtpark begegnet –, vergötterte sie so, wie er selbst Frauen und kleine Mädchen vergöttert hatte. Das fand ich lächerlich und nahm mir kein Blatt vor den Mund. Es war gut, daß es Dinge gab, die mir zu einer Abgrenzung gegen sie verhalfen, sonst wäre ich ihrer Belesenheit allmählich erlegen. Gegen ihren Altenberg setzte ich meine Schweizer: Gotthelfs ›Schwarze Spinne‹ und Kellers ›Die drei gerechten Kammacher‹.

Wir hatten einige wichtige Gegensatzpaare: sie liebte Flaubert, ich Stendhal. Wenn sie Streit mit mir suchte, weil sie sich über mein Mißtrauen oder die Maßlosigkeit meiner Eifersucht (die sie in kleinen Dosen goutierte) geärgert hatte, stieß sie mich mit Tolstoi vor den Kopf. Anna Karenina war ihr die liebste aller Frauenfiguren, und sobald es um sie ging, konnte sie so heftig werden, daß sie sich zu einer Kriegserklärung gegen Gogol verstieg, *meinen* großen Russen. Sie forderte eine Ehrenerklärung für Anna Karenina, die mich langweilte, weil sie so gar nichts mit Veza gemein hatte, und da ich nicht nachgab – in solchen Dingen war ich standhaft wie ein Blutzeuge und hätte mich eher in Stücke reißen lassen als vor einer falschen Göttin zu opfern –, griff sie ohne Scheu zu ihren Folterwerkzeugen und machte sich statt über mich über Gogol her. Sie kannte seine Schwächen und so ging sie gleich auf ›Taras Bulba‹ los, den Kosaken, der sie so sehr an Walter Scott erinnere.

Ich hütete mich wohl davor, Taras Bulba zu verteidigen, aber wenn ich auf die großen, die ungeheuren Dinge abzulenken suchte, auf den ›Mantel‹, auf ›Die toten Seelen‹, bedauerte sie heuchlerisch, daß vom zweiten Teil dieses Romans so wenig erhalten sei. Vielleicht wäre dieser Teil nach den ersten Kapiteln besser geworden, und was ich denn überhaupt von diesen russischen Jahren Gogols nach seiner Rückkehr in die Heimat halte, als er über seine Wirkung erschrak und um jeden Preis beweisen wollte, wie fromm und wie regierungsfromm er war, die jämmerlichen ›Briefe an seine Freunde‹ schrieb und sein eigentliches Werk ins Feuer warf.

In der ganzen Geschichte der Weltliteratur kenne sie nichts Schrecklicheres als diese letzten Jahre Gogols, dabei war er erst 43, als er starb. Ob man einen solchen Ausbund an Feigheit – selbst wenn es Angst vor dem Feuer der Hölle gewesen sei – noch achten könne? Und was ich verglichen damit von der späteren Entwicklung Tolstois halte, der doppelt so alt geworden sei und auch nach der Vollendung von ›Anna Karenina‹, von der ich absolut nichts verstünde, Verschiedenes zustande gebracht habe, was sogar ich als eingefleischter Frauenfeind respektieren müsse. Ganz besonders aber habe er bis in die letzten Stunden seines Lebens eine Hartnäckigkeit, einen Mut, sogar eine Großmut ohnegleichen bewiesen, das was die Engländer ›spirit‹ nennen. Einen Menschen, der Gogol über Tolstoi stelle, könne sie nicht ernst nehmen.

Ich war zwar vernichtet, aber auch vernichtet gab ich nicht nach. Ich fragte sie, was denn Tolstoi, dem Grafen, bei all seinem Mut *passiert* sei? Ob er je ins Gefängnis gekommen sei, ob man ihm den Prozeß gemacht habe? Ob er sein Herrenhaus habe verlassen müssen? Ob er in der Verbannung gestorben sei?

Passiert ist ihm die *Frau,* sagte sie, und er hat sein ›Herrenhaus‹ verlassen und ist in einer Verbannung gestorben.

Ich machte auch den Versuch einer Ehrenrettung Gogols. Er

habe sich weiter vorgewagt. In denen seiner Werke, die zählen, sei er kühner als jeder andere. Da er es nicht gewußt habe, wie kühn er war, sei er plötzlich damit konfrontiert worden und über sich selbst zu Tode erschrocken. Er habe sich als das angesehen, was er angegriffen habe, und sei von den Zeloten, die ihn nach seiner Rückkehr umgaben, mit der Hölle bedroht worden, und zwar mit der Höllenstrafe für alle seine Figuren zusammen. Sein schreckliches Ende sei es, das die Gewalt und auch die Neuheit seiner Figuren beweise. Sie könne über ihn spotten, aber dann spotte sie über seinen Glauben. Was aber sei es anderes als sein Glaube, was sie am alten Tolstoi so verehre?

Es war ihr gar nicht recht, daß ich den schrecklichen Zelotenglauben orthodoxer Bischöfe, die auf Gogol einwirkten, in einem Atem mit dem selbsterworbenen, einer unaufhörlichen Gewissensprüfung unterworfenen Glauben Tolstois nannte. Es handle sich da um völlig inkommensurable Dinge. Unsere bittere und langausgezogene Fehde mündete in eine Art von Kompromiß, der dem literarischen Gegenstand entsprechend wieder ein literarisches Werk war, aber eines, daß wir beide gleichermaßen bewunderten: Gorkis Aufzeichnungen über den alten Tolstoi, die ich ihr zu lesen gegeben hatte. Es war das Beste, was er je geschrieben hatte, lockere Aufzeichnungen, die er lange liegen ließ, bevor er sie herausbrachte, ohne sie durch eine falsche, äußerliche Vereinheitlichung zu zerstören.

Dieses Bild des alten Tolstoi hatte Veza sehr bewegt. Sie nannte es das schönste Geschenk, das ich ihr gemacht hätte. Wenn wir in *seine* Nähe gerieten, wußten wir beide, daß das Schlimmste vorüber war. Sie konnte dann etwas sagen, das mir das Herz zerriß: »Das ist es, was ich mir am meisten auf der Welt wünsche: daß du einmal so schreibst.«

Das war kein Ziel, das man sich stellen konnte. Es wäre nicht nur unerreichbar gewesen. Vieles ist unerreichbar und man kann versuchen, in seiner Richtung zu segeln. Aber die Größe dieser Aufzeichnungen war durch ihren Gegenstand noch mehr bestimmt als durch ihren Schreiber. Gab es heute auf der Welt einen Tolstoi? Und wenn es ihn gab, würde man wissen, daß er es sei? Und selbst wenn man je so werden könnte, daß man's verdiente, würde man ihm begegnen? Es war ein vermessener Wunsch und vielleicht hätte sie ihn nicht äußern dürfen. Aber obwohl ich nie an diesen Satz von ihr gedacht habe, ohne denselben scharfen Schmerz zu fühlen, den er mir damals verursachte, glaube ich, daß es richtig ist, das Unerreichbare zu sagen. Man kann danach nichts mehr billig geben und es bleibt unerreichbar.

Verwunderlich an diesen Gesprächen war, daß wir einander nicht beeinflußten. Sie blieb bei den Dingen, die sie sich selbst erworben hatte. Manches machte ihr Eindruck, das ich ihr bot: aber nur wenn sie es in sich vorfand, machte sie sich's zu eigen. Es gab Kämpfe, doch nie einen Sieger. Die Kämpfe zogen sich über Monate fort und wie sich später zeigte, über Jahre; doch es kam nie zu einer Kapitulation. Man *erwartete* die Stellungnahme des anderen, doch ohne sie vorwegzunehmen. Wäre, was zu sagen war, von der falschen Seite ausgesprochen worden, es hätte sich im Keim erstickt. Veza gab sich Mühe, ebendas zu vermeiden, durch ihre geheime Sorgfalt, eine zärtliche Fürsorge von ihr, aber nicht wie die einer Mutter, denn man war auf gleich und gleich. Trotz der Heftigkeit ihrer Worte gab sie sich nie überlegen. Aber sie hätte sich auch nie unterworfen und nie hätte sie sich's verzeihen können, wenn sie um des Friedens willen oder aus Schwäche ihre Meinung verschwiegen hätte. Vielleicht ist ›Kampf‹ ein falsches Wort für unsere Dispute, denn es war eine volle Kenntnis des andern mit im Spiel und nicht bloß eine Einschätzung seiner Schlagfertigkeit und seiner Kräfte. Unmöglich war es ihr, mich in böser Absicht zu verwunden. Ich hätte sie um die Welt nicht verletzen mögen. Doch bestand ein Zwang zu geistiger Wahrhaftigkeit, der nicht geringer war, als der, den ich in früheren jungen Jahren gekannt hatte.

Das Erbteil an Intoleranz, das ich mitbekommen hatte, wurde ich auch hier nicht los. Doch ich lernte den intimen Umgang mit einem *denkenden* Menschen, wobei es darauf ankommt, daß man jedes Wort nicht nur hört, sondern auch zu begreifen versucht und dieses Begreifen bezeugt, indem man genau und ohne Verzerrung entgegnet. Die Achtung vor Menschen beginnt damit, daß man sich nicht über ihre Worte hinwegsetzt. Ich möchte es die *stille* Lehre dieser Zeit nennen, obwohl sie sich in so viel Worten abspielte, denn die andere, ihr entgegengesetzte Lehre, in die ich zugleich ging, war laut und eklatant.

Daß man mit den Worten anderer alles machen kann, erfuhr ich von Karl Kraus. Er operierte mit dem, was er las, auf atemberaubende Weise. Er war ein Meister darin, Menschen in ihren eigenen Worten zu verklagen. Das bedeutete nicht, daß er ihnen dann seine Anklage in *seinen* ausdrücklichen Worten ersparte. Er lieferte beides und erdrückte jeden. Man genoß das Schauspiel, weil man das Gesetz anerkannte, von dem diese Worte diktiert waren; aber auch weil man mit vielen anderen zusammen war und die ungeheuerliche Resonanz empfand, die sich Masse nennt, wo man sich an seinen eigenen Grenzen nicht mehr wund reibt. Keines dieser Erlebnisse mochte man missen, keines von ihnen ließ man sich je entgehen. In diese Vorlesungen ging man auch krank und mit hohem Fieber. Man frönte damit auch dem Hang zur Intoleranz, der von Haus aus stark war und sich nun sozusagen legitim auf beinah unvorstellbare Weise steigerte.

Viel wichtiger war, daß man gleichzeitig das *Hören* erlernte. Alles, was gesprochen wurde, überall, jederzeit, von wem immer, bot sich zum Hören an, eine Dimension der Welt, von der man bis dahin nichts geahnt hatte, und da es um die Verbindung von Sprache und Menschen ging, in all ihren Varianten, war es vielleicht die bedeutendste, jedenfalls die reichste. Diese Art des Hörens war nicht möglich ohne Verzicht auf eigene Regungen. Sobald man in Gang gebracht hatte, was sich hören ließ, trat man zurück und nahm nur noch auf und durfte sich darin durch kein Urteil, keine Empörung, kein Entzücken hindern lassen. Wichtig daran war die unverfälschte, reine Gestalt, daß sich keine dieser akustischen Masken (wie ich sie später nannte) mit der anderen vermischte. Lange war man sich der Größe des Vorrats, den man sammelte, gar nicht bewußt. Man empfand nur eine Gier nach Redeweisen, die man sich sauber und deutlich abgegrenzt wünschte, die man wie einen Gegenstand in die Hand nehmen konnte, die einem plötzlich, ohne daß man ihren Zusammenhang mit etwas erkannte, einfielen, so daß man sie sich laut vorsagen mußte; nicht ohne Staunen über ihre Rundgeschliffenheit und die sichere Blindheit, mit der sie alles andere ausschlossen, was es sonst auf der Welt zu sagen gab, das allermeiste, alles, denn ihnen selbst blieb eine einzige Eigenschaft: daß sie sich immer und immer wiederholen mußten.

Ein Bedürfnis nach solchen Masken, ihre Selbständigkeit sozusagen, unabhängig von denen, die ich aus den ›Letzten Tagen der Menschheit‹ von Karl Kraus zu hören bekam und nun auch schon auswendig kannte, empfand ich, glaube ich, in St. Agatha zum erstenmal, im Sommer 1926, als ich den Schwalben Stunden um Stunden zusah, ihrer raschen, leichten Bewegung und die immergleichen Laute hörte, die sie dabei von sich gaben. Diese Laute ermüdeten mich trotz ihrer Wiederholung nie, so wenig wie die wunderbaren Regungen ihres Flugs. Vielleicht hätte ich sie später vergessen, aber dann kam die Kirchweih mit dem Hemdenverkäufer unter meinem Fenster und sein immergleicher Ausruf: »Heut is mir alles eins, ob i a Geld hab oder a keins!« Ausrufer hatte ich als Kind schon gern gehört und mir gewünscht, daß sie in der Nähe blieben und nicht so bald weitergingen. Dieser hier blieb, während zwei Tagen, an derselben Stelle, unverrückbar unter meinem Fenster. Wenn ich aber, eben wegen dieses Lärms, mich in den kleinen Garten an den Holztisch zurückzog, wo ich zu schreiben pflegte, fand ich wieder die Schwalben, die sich vom Jahrmarktstrubel nicht im geringsten stören ließen, dieselben Flüge vollführten, dieselben Laute von sich gaben. *Eine* Wiederholung schien wie die andere, alles war Wiederholung, die Laute, von denen man nicht loskam, bestanden aus Wiederholung, und obwohl es eine *falsche* Maske war, die der Hemdenverkäufer sich aufsetzte, obwohl er sich im Gespräch, das ich mit ihm hatte, als Jus-Student entpuppte, der sehr wohl wußte, was er wollte und sagte, machte mir doch sein konsequenter Gebrauch dieser Maske, in Verbindung mit den immergleichen, aber natürlichen Lauten der Schwalben einen solchen Eindruck, daß die Suche nach Redeweisen später, sobald ich wieder in Wien war, zu rastlosen nächtlichen Gängen durch die Straßen und Lokale der Leopoldstadt führte.

Schon am Ende dieses Jahres wurde mir das Revier zu eng. Ich begann mir längere Straßen, weitere Wege, andere Menschen zu wünschen. Wien war sehr groß, aber der Weg von der Haidgasse zur Ferdinandstraße war kurz, die Praterstraße, wo ich einige Monate mit meinem Bruder gewohnt hatte, schien erschöpft. Die Wege hier waren zur Routine geworden. In der Haidgasse erwartete ich Nacht für Nacht eine Katastrophe. Vielleicht hatte ich auch darum oft böse Gedanken und lief vor Vezas Fenster in die Ferdinandstraße, um mich am Licht in ihrem Zimmer zu beruhigen. Wenn es dunkel blieb und sie ausgegangen war, grollte ich ihr, obwohl sie mir's vorher angekündigt hatte. Etwas in mir schien zu erwarten, daß sie immer dazusein habe, gleichgültig welche Verpflichtungen sie hatte.

Allmählich erkannte ich, daß die Möglichkeit einer Kontrolle, die Nähe des Wegs zu ihr, die Versuchung, jeder Regung dieser Art nachzugeben, mein Mißtrauen steigerte und zu einer Gefahr für uns wurde. Es mußte eine Distanz zwischen uns geschaffen werden, ich mußte aus der Haidgasse weg, und am besten wäre es, wenn ganz Wien zwischen uns läge, so daß jeder Weg zu ihr hin und von ihr weg die Möglichkeit für mich böte, alle Gassen, Tore, Fenster, Lokale der Stadt kennenzulernen, ihre Stimmen alle zu hören, vor keiner zu erschrecken, mich ihnen auszuliefern, sie mir einzuverleiben und doch für immer neue offenzubleiben. Ich wollte mir ein eigenes Quartier finden und erschaffen, am anderen Ende der Stadt, und sie sollte mich, manchmal wenigstens, dort besuchen, frei von der Tyrannei des gezähmten bösen Greises, auf den sie mit halbem Ohr immer hören mußte, denn wer wußte, ob er sich nicht plötzlich einmal von seinem Feuer losriß und aus seiner Hölle in den heiligen Bezirk einbrach.

Die Erfindung von Frauen

Während der Osterferien 1927 fuhr ich nach Paris zu Mutter und Brüdern. Sie waren nun seit bald einem Jahr dort installiert und hatten es sich gar nicht schlecht eingerichtet. Es war den Brüdern gelungen, sich in ihre neuen Schulen einzuleben, die Sprache, die sie – viel jünger noch – während zwei Jahren in einem Lausanner Knabenpensionat erlernt hatten, bereitete ihnen keine Schwierigkeiten. Sie fühlten sich wohl hier und besonders Georg, der Jüngere, der nun Georges genannt wurde, entwickelte sich so, wie ich es mir gewünscht hatte. Er war ein großgewachsener, dunkeläugiger, wortgewandter junger Mensch, der sich besonders im philosophischen Unterricht auszeichnete. Seine Neigung zu logischen Distinktionen überraschte mich (auf meinen Einfluß war sie bestimmt nicht zurückzuführen) und verlieh ihm mit seinen 16 Jahren eine gewisse Selbständigkeit, die er in langen Briefen an mich und während des Besuches auch in unseren Gesprächen mit Glück ins Treffen führte. Er war subtil und findig, in seiner Schule nahm man an, er werde sich ganz der Philosophie zuwenden. Die französische Sprache lag ihm so sehr wie mir die deutsche, und doch waren sie keinem von uns erste Sprachen gewesen. Wir redeten aber

Deutsch miteinander, auch er war ein treuer Leser der ›Fackel‹, die ich ihm von Wien immer schicken mußte, und zu seinen respektablen Eigenschaften gehörte es, daß er jede Sprache, die er beherrschte – mit der Zeit wurden es ziemlich viele –, nicht anders als ein Einheimischer sprach, meist besser.

Bei aller Schärfe und Klarheit des Denkens war er ein zärtlicher Mensch, der sich in seiner Fürsorge für die Mutter nicht genugtun konnte. Er ersetzte ihr, was sie an mir verloren hatte, und vermied jeden Konflikt mit ihr. Es war ihm bewußt, wie tief ich sie getroffen hatte. In einer seelischen Reife, die weit über seine Jahre ging, begriff er, was zwischen uns geschehen war, und hatte es immer vor Augen. Ihren harten Anklagen gegen mich hörte er geduldig zu, ohne ihr zu widersprechen, aber auch ohne ihr so sehr recht zu geben, daß ein Weg zur Aussöhnung ganz versperrt erschien. Es war, als hätte er meine frühere Liebe zu ihr übernommen, um seine Zärtlichkeit, die mir abging, bereichert und verfeinert. Es war ein Glück für die Familie, daß ich ausgeschieden war, und es war ein Glück für mich. Aber um es vollzumachen, für sie wie für mich, mußte ich ihr den tiefsten Stachel aus dem Herzen ziehen, und dieser Stachel hatte einen Namen.

Vor ihrer Übersiedlung hatte ich begriffen, daß es ein einziges Mittel gab, die Pein der Mutter zu lindern und, woran mir noch mehr lag, Veza vor ihrem Haß zu schützen: die Erfindung von Frauen. Damit hatte ich in Briefen den Anfang gemacht und bald an den wechselnden Geschichten Geschmack gefunden. Es mußten *mehrere* Frauen sein, jede, die ich zu ernst nahm, jede, die sich behauptete, hätte sie geängstigt und ihren Haß geweckt. Sie hätte ihren Einfluß auf mich gefürchtet und eine satanische Figur aus ihr gemacht, die ihr den Schlaf genommen hätte, und so war Abwechslung auf jeden Fall geboten. Nach einiger Erfahrung kam ich auf die glücklichste Lösung: es mußten zwei sehr verschiedene Frauen sein, zwischen denen ich schwankte, von denen die eine nicht in Wien lebte und die andere auch nicht zu nahe, so daß das Studium nicht unter dieser Beanspruchung litt, aber auch so, daß keine den Sieg über die andere erringen konnte, denn das hätte ihr wieder ein gefährliches Übergewicht verliehen; ich wäre ihr, wie sie schrieb, ausgeliefert gewesen. Ich machte mir kein Gewissen daraus, diese Geschichten zu erfinden, ich empfand sie nicht als Lügen im ordinären Sinn des Wortes, Odysseus, der mein Vorbild immer geblieben war, half mir über das Peinliche der Situation hinweg. Was man gut erfand, war eine Geschichte, keine Lüge, und daß der Zweck des Unternehmens ein guter, ja ein wohltätiger war, erwies sich bald an der Wirkung.

Das Schwierigste daran war, daß ich Veza informieren mußte. Ohne daß sie davon wußte, ohne ihr Einverständnis konnte ich diese Geschichten weder erfinden noch weiterspinnen, und so war es nicht zu vermeiden, daß ich ihr nach und nach, in kleinen Dosen, so schonungsvoll wie möglich über die tiefe Animosität der Mutter gegen sie die Wahrheit sagte. Sie hatte zum Glück genug gute Romane gelesen, um zu verstehen, was passiert war. Da ich mein Unternehmen schon begonnen hatte, bevor sie davon wußte, hätte sie es auch gar nicht mehr ungeschehen machen können. Sie fürchtete, daß die Mutter durch andere die Wahrheit erfahren könnte: das würde nur zu einer Verschlimmerung der Lage führen. Ich wandte dagegen ein, wie gut ein *Zeitgewinn* sei. In späteren Jahren, wenn sie sich an mein selbständiges Leben gewöhnt hätte, wenn es gar ein Buch von mir gäbe, das sie mit Überzeugung anerkennen könne, würde sie die Einsicht in die wirkliche Situation viel weniger treffen. Es gelang mir, Veza zu überzeugen, sie spürte auch, ohne daß ich es aussprach, wie sehr ich einen tätlichen Eifersuchtsakt der Mutter gegen sie fürchtete.

Eines allerdings hatte ich nicht bedacht: den belebenden Effekt meiner gar nicht so breit ausgesponnenen Geschichten auf die Phantasie der Mutter. Als ich zu Ostern in Paris ankam, gab es laut meinen Briefen eine ›Maria‹ in Salzburg und ›Erika‹, eine Geigerin, die in Rodaun zuhause war, während ich Veza kaum mehr sah und sie auch nicht mehr mochte. Ich stand noch im Vorzimmer der Pariser Wohnung, man hatte mir noch nichts gezeigt und mich flüchtig begrüßt, als die Mutter nach der Erika fragte, und erst als wir einen Augenblick allein waren, ohne die Brüder, sagte sie: »Davon habe ich den Buben nichts gesagt; aber was macht die Maria? Kommst du direkt aus Wien oder hast du in Salzburg Station gemacht?« Sie hielt es nicht für richtig, daß die Brüder von dieser Doppelliebe erfuhren, es könnte sie demoralisieren. Von der Erika habe sie ihnen erzählt, das mache mir doch hoffentlich nichts, so sei das Schreckgespenst der Veza für alle in der Familie gebannt und man könne ohne zu große Sorge an mich in Wien denken.

So stand es also jetzt und ich hatte die Neugier der Mutter zu befriedigen, die unzählige Fragen stellte. Alles wollte sie wissen, aber ihre Fragen unterschieden sich, je nachdem, ob die Brüder anwesend waren oder nicht. Es bereitete ihr unendlichen Spaß, daß Maria, die Salzburgerin, ein Geheimnis zwischen uns beiden war. Sie riet mir auch, vor niemandem in der weiteren Familie Erwähnung davon zu tun, es könnte meinem Ruf schaden. Es sehe doch ein wenig wie Liederlichkeit aus, während sie selbst mir sagen müsse, daß sie mir soviel Weisheit in einer praktischen Frage des Lebens nie zugetraut hätte. Aber wahrscheinlich habe es sich einfach so ergeben und sie sollte mich gar nicht für etwas loben, das nur ein Zufall war.

Als ich dann einige Tage später mit Georg auf unseren ersten großen Spaziergang ging – er wollte mir Dinge zeigen, die ich trotz früheren Aufenthalten in Paris bestimmt noch nicht gesehen hätte –, sagte er mir, nachdem wir erst über andere, »wirkliche«, nämlich geistige Dinge gesprochen hatten, daß es der Mutter viel besser ginge. Es habe Wunder bei ihr gewirkt, daß die Geschichte mit der Veza zu Ende sei. Dann sah er mich sehr ernst an und zögerte, als wolle er mit etwas nicht recht herausrücken. Ich drängte in ihn, obwohl ich ahnte, was nun kommen würde. »Was *ich* darüber denke, brauchst du nicht zu fragen«, sagte er. »Ich hoffe, du wirst nicht immer mit Menschen so spielen wie mit der Veza.« Er zögerte wieder. »Weißt du überhaupt, wie es ihr geht? Hast du keine Angst, daß sie sich etwas antun könnte?«

Ich hatte ihn immer sehr gern gehabt, jetzt liebte ich ihn noch mehr. Ich nahm mir vor, ihm als erstem die Wahrheit zu sagen. Jetzt war es noch zu früh. Es war schlimm, es drückte mich sehr, ihn in der Meinung zu belassen, daß mir das Schicksal eines Menschen, der mir so nahe war, weniger bedeutete als ihm, der sie noch kaum kannte. Diesen Aspekt der dummen Lügengeschichte hatte ich gar nicht bedacht, es war gut, daß ich jetzt auch damit konfrontiert wurde.

Georg dachte immer daran, wenn ich mit ihm allein war. Er war überzeugt davon, daß ein Mensch, den man so schnöd im Stich lasse, gefährdet sei und besonderer Fürsorge bedürfe. Die Behutsamkeit und Einfühlung, die er für das Leben der Mutter in Paris aufbrachte, hatte er in Gedanken auch für das der Veza in Wien. Er suchte mich mit Wärme für sie zu erfüllen, ohne von ihr zu sprechen oder mir gar Ratschläge zu erteilen. Im Louvre, wo wir manchmal zusammen waren, blieb er vor Leonardos ›Heiliger Anna Selbdritt‹ stehen, sah sich die Anna lange an und dann mich. Ihr Lächeln erinnerte ihn an das Vezas, so gut entsann er sich ihrer, er hatte sie gesehen, aber keine zwei Worte mit ihr gewechselt. Er fragte mich, als sprächen wir jetzt über Maler und sonst über nichts, ob ich Leonardo möge. Manche Leute fänden das Lächeln in den Gesichtern Leonardos süßlich, er nicht. Das hänge davon ab, sagte ich, ob man Menschen kenne, die dieses Lächelns fähig seien, ohne daß ihr Leben von süßlichen Anlässen bestimmt wäre. Er war es zufrieden. Ich spürte, daß er meine wahre Meinung über Veza wissen wollte, gegen die ich mich, wie er dachte, so schlecht benahm; aber auch, daß es ihm um Gerechtigkeit für sie zu tun war, denn zuhause hatte er die abscheulichsten Dinge über sie gehört und dazu geschwiegen, obschon er es besser zu wissen meinte.

Wir kamen zu Géricaults ›Floß der Medusa‹, das uns beide faszinierte. Ich wunderte mich, daß er sich davon nicht losreißen konnte, mit seinen 16 Jahren. »Du weißt, warum diese Köpfe so *wahr* sind«, sagte er und erzählte mir dann, daß Géricault die Köpfe von Hingerichteten gemalt habe, um sich für Figuren auf seinem ›Floß‹ zu schulen. »Das hätte ich nie können«, sagte ich, es war mir neu. »Darum bist du auch nicht Arzt geworden. Zu einer Autopsie wärst du nie imstande gewesen.« Da wußte ich, daß er den Gedanken nicht aufgegeben hatte, Medizin zu studieren, und war sehr glücklich, bei der Philosophie, die jetzt im Vordergrund stand, würde es nicht bleiben. Seine Teilnahme, seine Erkenntnis des Schmerzes, seine Fähigkeit, den Anblick des Todes zu ertragen, ohne ihm zu verfallen, seine Geduld, aber auch seine Gerechtigkeit, die jedem das Seine an Beachtung zubilligte – das alles sprach mir dafür, daß er zum Beruf eines Arztes geschaffen war, und worin ich versagt hätte, trotz der Ehrfurcht, die ich für diese Tätigkeit empfand, darin würde er bestehen.

An Gründlichkeit nahm es jeder von uns mit dem anderen auf, und es war ein wenig komisch, wie wir uns beide bei Bildern aufhielten, die uns gleichgültig waren, während es uns zu anderen hinzog, die wir gut kannten, weil wir sie besonders mochten. Er hatte die Höflichkeit, mich zu fragen, ob mir an einem Besuch der babylonischen Altertümer gelegen sei, womit er auf meine Leidenschaft für Gilgamesch anspielte. Auch das hatte er nicht vergessen, nichts hatte er vergessen, die Wirren der Radetzkystraße hatten nichts Früheres in ihm gelöscht. Als ich auf die Babylonier verzichtete, die ihn langweilten, führte er mich zur Belohnung vor die ›Vier Krüppel‹ einen sehr schönen kleinen Breughel. »Damit du uns wieder besuchst«, sagte er. »Glaubst du, ich weiß nicht, warum du von Wien nicht wegkommst. Es sind die Breughels und Karl Kraus und. . .« Das letzte, das er früher gesagt hätte, brachte er nicht über die Lippen.

Wir waren uns näher als je, seine Sorge um den Menschen, der mir der wichtigste gewesen war, an dem ich mich versündigt hatte, erleichterte mich. Wohl wußte ich, daß ich schuldlos war, denn wie hätte es anders kommen können, trotzdem fühlte ich mich schuldig, und nur wenn ich mit der Mutter allein war und erlebte, wie sie unter ihren Fragen nach ›Maria‹ aufblühte, weil ich sie ausführlich beantwortete, fühlte ich mich frei von Schuld. Sie interessierte sich nur für Maria und nicht für die Geigerin, die schon Konzerte gab und von der Kritik beachtet wurde. Sie bedauerte Maria, weil sie so weit von mir, in Salzburg leben mußte, und doch tat ihr gerade diese Distanziertheit wohl. Sie war beeindruckt von ihrer Schönheit und pries mich glücklich, sie wunderte sich nicht zu sehr darüber, daß Maria mich mochte, obwohl ich verglichen mit unserem Jüngsten, Schönen, wahrhaftig nicht anziehend war. »Du bist eben ein Dichter«, sagte sie plötzlich, eben während ich diese Geschichte für sie weiterdichtete. »Du kannst etwas erfinden. Du bist nicht langweilig, wie so viele junge Leute. In einer Stadt wie Salzburg sind die Leute für Dichter empfänglich. Sie sieht dich nicht als Chemiker. Das ist dein Glück.«

Drei Wochen war ich in Paris, in der Wohnung Rue Copernic, und es verging kein Tag, an dem sie nicht etwas Neues über Maria aus mir herauslockte. Sie hatte eine Art zu fragen, der ich nicht widerstehen konnte. Ich verschwieg manches nicht, das bedenklich war, den abscheulichen Geiz der Mutter Marias zum Beispiel, unter der diese litt. »Das kommt in den besten Familien vor«, bekam ich darauf zu hören, »denk nur an den Stiefvater der Veza!« – Schon das sprach für ein Umschlagen ihrer Stimmung. Sie mußte also manchmal auch daran gedacht haben, unter welchem furchtbaren Druck Veza zuhause lebte. Beim Abschied aber, eine halbe Stunde, bevor wir das Taxi bestellten, das mich zum Bahnhof fahren sollte, hatte sie eine großmütige Regung und sprach so, wie sie früher gesprochen hätte. »Sei nicht hart zu ihr, mein Sohn!« – sie meinte Veza. »Sie ist jetzt geschlagen und liegt am Boden. Erzähl ihr nicht alles. Sie muß nicht wissen, wie schön deine beiden Lieben sind. Vergiß nicht, daß sie jetzt allein weiterleben muß. Es ist schwer für eine Frau, nach einer solchen Niederlage ihre Selbstachtung zu bewahren. Am schwersten ist es für eine Frau, allein zu leben. Sie hat dir nichts Böses getan, denn du bist aus ihren Netzen entkommen. Sie wird keinen zweiten wie dich finden, der sich in ihren Netzen fängt, denn so unschuldig, wie du damals warst, ist keiner. Ich habe euch rein erzogen und sie hat es gleich erkannt. Es spricht für sie, daß *du* es warst, mein Sohn, auf den sie ihr Auge warf. Mach ihr von Zeit zu Zeit einen Besuch, nicht zu häufig, sonst nährst du ihren Schmerz. Sag ihr, daß du nicht kommen kannst, weil das Studium dich mehr in Anspruch nimmt als früher – du bereitest dich jetzt für das Leben vor, es wird ernst und da kannst du deine Zeit nicht vertändeln.«

Diese Rede hatte ich im Kopf, als ich sie verließ. Ich freute mich, daß das Burgtheater in ihr noch nicht ganz erstorben war. Aber noch mehr freute ich mich, daß ihr Haß in Mitleid umgeschlagen war. Von meiner Erzählung war sie so erfüllt, daß sie einer der beiden Frauen ohne Scheu den Vorzug gab. Es war gar nicht ausgemacht, welche *ich* lieber hatte, aber sie warf ihr volles Gewicht in die Waagschale für Maria. Es sei immer besser, an jemand in der Ferne zu denken. In der Nähe reibe man sich aneinander wund, alles werde schal, auch bringe die Geige etwas Falsches in die Beziehung hinein. Man liebe schließlich einen Menschen und nicht sein Instrument, sonst könnte man sich gleich mit seinen Konzerten begnügen. Doch solle ich nicht glauben, daß sie Maria kennenlernen wolle. Sie halte es für möglich, daß ich bis zum Ende meines Studiums, also noch zwei Jahre an ihr festhalten würde, eben weil sie in Salzburg sei und nicht in Wien. Neugierig sei sie schon auf sie, gewiß, ich sei ein Übertreiber und vielleicht fände sie sie gar nicht so schön wie ich. Aber eine Bekanntschaft mit der Mutter würde ihr in ihren eigenen Augen ein Gewicht geben, das ihr nicht zukomme. Nur nicht sich binden, das Leben stünde offen vor mir, ein Narr, wer sich heutzutage mit 22 binde.

Der Blick auf Steinhof

In Kolmar stand ich einen ganzen Tag lang vor dem Altar, ich wußte nicht, wann ich gekommen war, und ich wußte nicht, wann ich ging. Als das Museum schloß, wünschte ich mir Unsichtbarkeit, um über Nacht im Museum zu bleiben. Ich sah den Leib Christi ohne Wehleidigkeit, der entsetzliche Zustand dieses Leibes erschien mir wahr, vor dieser Wahrheit wurde mir bewußt, was mich an Kreuzigungen verwirrt hatte: ihre Schönheit, ihre Verklärung. Die Verklärung gehörte ins Engelkonzert, nicht ans Kreuz. Wovon man sich in der Wirklichkeit mit Grauen abgewandt hätte, das war im Bilde noch aufzufassen, eine Erinnerung an das Entsetzen, das die Menschen einander bereiten. Krieg und Gastod waren damals, im Frühjahr 1927, noch nah genug, um die Glaubwürdigkeit dieses Bildes zu bewirken. Vielleicht ist die unentbehrlichste Aufgabe der Kunst zu oft in Vergessenheit geraten: nicht Reinigung, nicht Trost, nicht ein Verfügen über alles, so als ob es gut ausgehen würde, denn es geht nicht gut aus. Pest und Geschwür und Qual und Grauen – und für die Pest, die verwunden ist, erfinden wir schlimmeres Grauen. Was können noch die tröstlichen Täuschungen bedeuten vor dieser Wahrheit, sie ist sich immer gleich und sie soll vor Augen bleiben. Alles Entsetzliche, das bevorsteht, ist hier vorweggenommen. Der Finger des Johannes, ungeheuerlich, weist darauf hin: das ist es, das wird es wieder sein. Und was bedeutet das Lamm in dieser Landschaft? War dieser faulende Mensch am Kreuz das Lamm? Ist er großgewachsen und Mensch geworden, um ans Kreuz geschlagen zu werden und Lamm zu heißen?

Als ich dort war, stand ein Maler davor, der Grünewald kopierte. Er schien nicht bedrückt und nicht befangen und überlegte sich lange jeden Pinselstrich. Ich wünschte ihn weg, es war sonst niemand dort, und ich dachte, er würde ein Gespräch mit mir beginnen: aber er begann gar kein Gespräch, er wollte selber Ruhe, das einzig Auffällige an ihm war, daß er einen nicht beachtete. Ich suchte mir seine Kopie wegzudenken. Ich stellte mich so auf, daß ich sie nicht sah. Aber es war unmöglich, nicht an sie zu denken. Auch genierte ich mich, daß ich so lange blieb. Ohne etwas zu tun, stand ich immer da, ein wenig wie er, auch er ging nie, aber er hatte den Pinsel in der Hand und gab sich

Mühe. Er war ein fester Mann, von mittleren Jahren, sein Gesicht war ausdruckslos und nicht von Schmerz gezeichnet, es war kaum zu glauben, daß dieses Gesicht neben dem auf dem Bilde dastand, daß es zu gleicher Zeit da war, im gleichen Raum, und mit dem Unermeßlichen, das es nie aus dem Auge ließ, als Handwerk beschäftigt.

Ich schämte mich so sehr vor dem Kopisten, daß ich von Zeit zu Zeit nach hinten verschwand, als wollte ich andere Teile des Altars besichtigen. Es war notwendig, der Kopie der Kreuzigung, aber auch ihr selbst zu entkommen, und der Maler mußte denken, daß man Rücksicht auf ihn nehme. Vielleicht veränderte er sich, wenn er allein war, vielleicht schnitt er Grimassen, um diese Konfrontation auszuhalten. Er wirkte erleichtert, wenn ich von hinten wieder hervorkam, mir schien, er lächle. Ich beobachtete ihn, wie er mich beobachtete. Ist es zu verwundern, daß man in dieser Gegenwart einen wirklichen Menschen bemerkt? Man braucht ihn, weil er nicht am Kreuze hängt. Solange er mit der Kopie beschäftigt ist, kann ihm nichts geschehen. Das war der Gedanke, der mich am meisten frappierte. Vor dem, was man sah, gab es nur Schutz, wenn man nie davon absah. Die Rettung besteht darin, daß man den Kopf *nicht* wegwendet. Es ist keine feige Rettung. Es ist keine Verfälschung. Aber wäre dann der Kopist die Vollkommenheit in der Rettung? Nein, denn so wie er sehen muß, *zerlegt* er. Er rettet sich in Teile, deren Zugehörigkeit zum Ganzen aufgeschoben ist. Solange er an ihnen malt, gehören sie nicht dazu. Sie werden wieder dazugehören. Aber es gibt Zeiten, in denen er das Ganze gar nicht sehen kann, da er von einer Einzelheit eingenommen ist, auf deren Genauigkeit es ankommt. Der Kopist ist ein Schein. Er ist nicht wie der Finger des Johannes. Sein Finger zeigt nicht, sondern bewegt sich und führt aus. Am unbefangensten ist hier, wie er *sieht*, nämlich so, daß es ihn nicht verändert. Würde es ihn verändern, er brächte die Kopie nicht zustande.

Ich vergaß den Kopisten erst nach einigen Jahren, als es mir gelang, die großen Lichtdrucke zu finden, die ich in meinem Zimmer aufhing. Bei meiner Rückkehr aus Kolmar mußte ich erst das Zimmer suchen, in dem die Lichtdrucke hängen würden. Ich fand es bald, auf den ersten Anhieb sozusagen und ohne ermessen zu können, wozu es mir eigentlich dienen würde.

Ich wollte Bäume haben, viele Bäume, und die ältesten Bäume, die ich in der Wiener Umgebung kannte, fanden sich im Lainzer Tiergarten. Die erste Annonce, an die ich geriet, verwies auf die Nähe des Tiergartens. Ich fuhr nach Hacking, bis zur Endstation der Stadtbahn, kreuzte den jämmerlichen Flußlauf, der sich die Wien nannte, von dessen gefährlicher Vergangenheit man sich die unglaubwürdigsten Geschichten erzählte, und stieg den Hang hinauf, überquerte die Erzbischofgasse (die von hier einer Mauer entlang bis nach Ober-St. Veit lief, ich hatte für sie immer schon eine Zuneigung gehabt) und bog in die Hagenberggasse ein. Gleich zu Beginn auf der Rechten den Hang hinauf war es das zweite Haus, in dem das ausgeschriebene Zimmer lag.

Die Hausfrau führte mich in den zweiten Stock hinauf, der nur aus diesem Zimmer bestand, und öffnete das Fenster. Beim ersten Blick hinaus war mein Entschluß gefaßt: hier mußte ich wohnen, hier würde ich lange wohnen. Über einen freien Spielplatz und die Erzbischofgasse hinaus ging der Blick auf Bäume, viele, große Bäume, ich nahm an, daß sie zum erzbischöflichen Garten gehörten. Über ihnen aber sah ich auf der anderen Seite des Wien-Tales, auf einem Hügel gegenüber, die Stadt der Irren, Steinhof: von einer langen Mauer umgeben, innerhalb deren in früheren Zeiten Platz für eine Stadt gewesen wäre. Sie hatte ihren eigenen Dom, die Kuppel der Kirche von Otto Wagner glänzte bis zu mir herüber, die Stadt bestand aus vielen Pavillons, die aus der Ferne wie Villen wirkten. Seit ich in Wien war, hatte ich von Steinhof sprechen gehört, in dieser Stadt der Irren lebten sechstausend Menschen. Es war nicht eigentlich nah, schien aber doch sehr deutlich, ich versuchte mir einzubilden, daß ich zu den Fenstern in die Säle hineinsehen könnte.

Die Hausfrau, die meinen Blick zum Fenster hinaus gewiß mißdeutete, – sie mochte 60 Jahre alt sein, ihr Rock reichte bis zum Boden –, hielt mir eine geschlossene Rede über die Jugend von heute und die Kartoffeln, die bereits das Doppelte kosteten. Ich hörte sie bis zu Ende an, ich unterbrach sie nicht, vielleicht spürte ich, daß ich diese Rede in Zukunft noch öfters hören würde, aber um keine Mißverständnisse aufkommen zu lassen, erklärte ich gleich, nachdem sie zu Ende war, daß ich das Recht haben müsse, Besuch von meiner Freundin zu empfangen. Sie nannte sie gleich »das Fräulein Braut« und bestand darauf, daß es nur ein einziges Fräulein Braut sein dürfe. Ich sagte, daß ich auch meine Bücher bringen müsse, ich hätte viele Bücher. Das schien sie zu befriedigen, das gehöre sich so bei einem Herrn Studenten. Schwieriger war es dafür mit den Bildern, die ich an den Wänden aufhängen wollte, von den Reproduktionen der Sixtina, die ich seit der ›Villa Yalta‹ in Zürich um mich hatte, mochte ich mich nicht trennen. »Müssen es Reißnägel sein?« sagte sie, gab aber nach, den Preis für die Miete, der nicht hoch war, hatte ich gleich akzeptiert und mit den Büchern hatte ich ihr Vertrauen eingeflößt, sie wechselte nicht gern die Mieter, und wer viele Bücher mitbrachte, der wollte bleiben.

Mit den Bildern der Sixtina kam ich also, aber ich vergaß nie, was ich eigentlich vorhatte, nach Lichtdrucken des Isenheimer Altars zu suchen und sie in allen Details, deren ich habhaft werden konnte, an die Wände zu nageln. Es dauerte sehr lang, bis ich fand, was ich suchte. In diesem Zimmer habe ich sechs Jahre gewohnt und schrieb hier, sobald die Reproduktionen von Grünewald um mich hingen, die ›Blendung‹.

Ich sah die Hausfrau, die mit Mann und erwachsenen Kindern im Erdgeschoß wohnte, nicht häufig: einmal im Monat, wenn ich ihr die Miete einhändigte und gleich danach, wenn sie mir die Bestätigung in mein Zimmer hinaufbrachte. Es kam aber auch vor, daß jemand mich aufsuchen wollte, während ich aus war; dann fing sie mich bei der Rückkehr an der Haustüre unten ab und ich bekam einen ausführlichen Bericht über Aussehen, Art und Wünsche des Besuchers. Sie mißtraute jedem, der kam, und wenn es jemand aus der Gegend war, den ich zufällig kennengelernt hatte und der sich etwas zum Lesen holen wollte, warnte sie mich nachdrücklich vor Leuten mit schlechten Absichten, die bloß kämen, um auszukundschaften, was es zu stehlen gäbe. Was immer es war, das die Hausfrau mir zu sagen hatte, es endete in der Rede über die Jugend von heute.

Zuunterst, im Kellergeschoß des Hauses, wohnte, als eine Art Hausbesorgerin, die Witwe eines Försters, die den größten Teil ihres Lebens mit ihrem Mann mitten im Tiergarten verbracht hatte. Ihre Aufgabe war es, mein Bett zu machen und das Zimmer aufzuräumen. An Tagen, an denen ich nicht ins Laboratorium ging und während des Morgens etwa zuhause blieb, sah ich sie und sie sprach zu mir von ihrer Zeit im Lainzer Tiergarten. Frau Schicho war eine freundliche, alte Frau, weißhaarig, sehr dick, mit einem roten Gesicht, bei der kleinsten Anstrengung, bei jeder Bewegung geriet sie ins Schwitzen, und wenn ich während des Aufräumens zugegen war, was nicht allzuhäufig geschah, war das Zimmer bald von einem starken Geruch erfüllt, obschon Fenster und Türe offen blieben und ein Durchzug entstand, in dem das Zimmer sich auslüften sollte. Es war kein abstoßend scharfer Geruch, es roch nach Butter, die nicht mehr ganz frisch, aber auch noch nicht ranzig war. Ich wäre fortgegangen, schon um diesem Geruch auszuweichen, aber Frau Schicho hatte eine Art zu erzählen, der ich nicht widerstehen konnte. Es war nicht der Wald mit ihrem Forsthaus, von dem sie sprach, es sei denn, daß ich sie über Eber und Uhus befragte, worüber sie willig, aber ohne Bewegung Auskunft gab. Viel eher gingen ihre Gedanken zu den hohen Gästen zurück, die im Gefolge des Kaisers den Tiergarten besuchten. Stolz, doch nicht feierlich sprach sie vom Drei-Kaiser-Tag, als der russische und der deutsche Kaiser hoch zu Pferd neben dem Kaiser Franz Joseph vorm Forsthaus hielten und sie ihnen einen Willkommenstrunk reichte. Sie sah alle drei vor sich, als stünden sie noch da, sie schilderte ihre Federbüsche, ihre Uniformen, ihre Gesichter, sie wußte noch, auf was für Pferden sie ritten und mit was für Worten sie sich für den Trunk bedankten. Es klang nicht servil, eher so, als ob es noch alles zugegen wäre, und während sie mit den Armen hinauflangte, um mir zu zeigen, wie sie jedem der Kaiser seinen Willkommenstrunk bot, schien sie ein wenig darüber verwundert, daß niemand sich anschickte, den Becher von ihr entgegenzunehmen. Es war alles verschwunden, wo waren die Kaiser, wie war es möglich, daß nichts davon übriggeblieben war, und obwohl sie das nie aussprach und auch kein Bedauern darüber verriet, spürte ich, daß ihr's nicht weniger ein Rätsel war als mir und daß sie um dieses Rätsels willen mit solcher Kraft und Anschaulichkeit davon erzählte.

Ich nahm kein Frühstück in diesem Zimmer, ich verwahrte da nicht einmal Obst oder Brot. Ich hatte mir immer einen Ort gewünscht, der von Essen frei war, der durch nichts gestört wurde, das ich als unerheblich oder lästig empfand. Ich nannte das spaßhalber meine ›Stubenreinheit‹, und Veza, wenn sie zu Besuch kam, verstand das und machte nie auf Frauenart den Versuch, eine Hauswirtschaft bei mir einzurichten. Sie deutete meinen Wunsch, mein Zimmer von solchen Dingen reinzuhalten, auf ihre originelle und einschmeichelnde Weise: es sei mein Respekt vor den Propheten und Sibyllen, die noch an den Wänden hingen, und vielleicht mein Respekt vor Michelangelo, der unendlich lang arbeiten konnte, ohne an Essen zu denken.

Aber das bedeutete nicht, daß ich mir etwas abgehen ließ oder gar hungerte. In der Auhofstraße, fünf Minuten von mir den Hügel hinunter, war eine Molkerei, in der man Joghurt, Brot und Butter bekam, die man am einzigen Tischchen des Ladens, auf dem einzigen Stuhl sitzend, in Ruhe zu sich nehmen konnte. Da aß ich mein Frühstück, bevor ich ins Laboratorium fuhr. Wenn ich zuhause blieb, kam ich auch später untertags und lebte in diesen Jahren gerne von Joghurt und Butterbrot, denn was immer ich mir ersparen konnte, blieb für Bücher.

Frau Fontana, die diese Filiale der Molkerei betrieb, hatte nichts mit Frau Schicho gemein. Ihre Stimme war so spitz wie ihre Nase, die sie in alles hineinsteckte. Während meines Mahls erfuhr ich Details über jeden Kunden, der das Lokal verließ, und über jeden, der voraussichtlich erscheinen würde. Wenn diese Gegenstände erschöpft waren, was gar nicht so rasch geschah, kam ihre Ehe an die Reihe, es war da von Anfang an nicht ganz mit rechten Dingen zugegangen. Frau Fontanas erster Mann war in russische Kriegsgefangenschaft geraten und nach Sibirien gekommen, wo er einige Jahre verbrachte und dann an einer Krankheit starb. Ein Freund von ihm war spät von dort zurückgekommen, mit letzten Grüßen, seinem Ehering und einem Photo, einem Gruppenbild, auf dem man den Verstorbenen, seinen Freund, und andere Gefangene sah, es war ein kostbares Bild, von dem der Besitzer sich nie trennte, obwohl er es gern herzeigte. Alle hatten sich Bärte wachsen lassen und zu erkennen war keiner. Der Besitzer pflegte auf einen Bart zu zeigen, den zweiten unten von rechts, und sagte: »Des war i! Kennen S' mi net? Ja, das waren Zeiten!« Dann nahm er eine feierliche Miene an und zeigte auf einen anderen Bart, den zweiten unten von links, und erklärte: »Und das war mein Freund und Vorgänger, sagen S' ruhig der erste Herr Fontana, aber natürlich hat er anders g'heißen. Da fragen S' besser die Frau. Die weiß ein hohes Lied von ihm zu singen.«

Denn über den zweiten Mann wußte Frau Fontana kein hohes Lied zu singen. Sie stand sehr früh auf, das Geschäft öffnete früh; er schlief den ganzen Vormittag, er kam spätnachts mit der letzten Stadtbahn um eins, manchmal noch später zu Fuß, aus seinem Stammcafé in der Stadt zurück, die Frau schlief dann längst und er sah sie nicht. Am Nachmittag, während sie in ihrer Filiale war, stand er auf und fuhr zu seinen Spezis wieder in die Stadt hinein.

Sie geriet leicht ins Keifen, er mied sie, so gut er konnte. Aber am frühen Nachmittag, bevor er in die Stadt hineinfuhr, löste er sie doch manchmal im Geschäft ab. Auf diese Weise lernte ich ihn kennen und er erzählte mir von Sibirien. Nach etwa zwei Jahren war die Spannung zwischen den beiden so groß geworden, daß sie ihn aus der Wohnung verwies. Es sei überhaupt keine Ehe, sie hätten nichts miteinander zu schaffen. Er benütze ihre Wohnung nur als Schlafstätte. Sonst spräche er nicht einmal mit ihr. Immer wenn sie wach sei, schlafe er, und kaum schlafe sie ein, wache er wieder auf.

Schließlich ging er und sie teilte es mir am nächsten Morgen befriedigt und erbittert zugleich mit. Er hatte kaum etwas mitgebracht, er hatte ja nichts, aber was er hatte, das nahm er wieder mit, sogar ein paar rostige Nägel. »Stellen Sie sich vor, die rostigen Nägel hat er mitgenommen, net einen Nagel hat er mir dagelassen.« Es klang so, als hätte sie gern einen rostigen Nagel von ihm behalten – zum Andenken? zum Ärger? –, und er hatte ihr nicht einmal einen Nagel gegönnt. Wenn sie noch neu gewesen wären, aber das waren sie nicht, es waren alte, rostige Nägel.

Herr Fontana war sehr klein und ging eingeknickt und vornübergebeugt, als hätte er einen schweren Bruch. Er hatte kein Haar mehr, sah hager und ramponiert aus, die Augen wirkten so, als ob sie im nächsten Moment triefen würden, doch sie troffen eigentlich nicht. Wenn er im Geschäft war, fügte es sich, daß die prächtige, üppige Gräfin, die mit ihrer Familie gleich in der Nähe wohnte, hereinkam, eine große, starke Frau, reitbewußt, jagdgeschult – obwohl ich sie nie zu Pferde oder auf der Jagd gesehen hatte –, sie hatte eine laute Stimme und kaufte so ein, als sei das Milchgeschäft nur um ihretwillen vorhanden. Doch war es gar nicht so viel, was sie kaufte, denn sie hatte nie genug Geld mit sich. Manchmal brachte sie ihre drei kleinen Kinder mit, wobei man sofort an ihren hervorragenden Busen denken mußte, dem Herrn Fontana fielen die Augen aus den müden Höhlen heraus. Er bediente die Gräfin bereitwillig und nicht gehässig, sonst ärgerte er sich über jeden, der in seiner Zeit hereinkam. Sie war noch kaum ganz aus der Türe heraus, als er sich an mich wandte und begeistert und nun wirklich triefend sagte: »A Mords-Stuten! A Mords-Stuten!«

Ich glaube, er kam nur, um sie zu sehen, zu dieser Zeit in den Laden – vielleicht hätte er sonst noch länger geschlafen –, und sie, wie auf Verabredung, kam immer zur selben Zeit und ließ sich nur von ihm bedienen. Manchmal sammelte sich vor ihr auf der Theke des Milchgeschäfts alles, was sie verlangt hatte, an, dann – sie war eine sehr schlechte Rechnerin – begann sie nachzurechnen. Herr Fontana, der sie gern aufhielt, um sie länger betrachten zu können, half ihr beim Zusammenzählen. Immer hatte sie viel zu wenig Geld, aber trotz seinem Wohlgefallen an ihr bekam sie nie Kredit, und so mußte einer der verlangten Gegenstände nach dem andern von der Theke wieder verschwinden. Sie schämte sich nie für diese Operation, daß sie nicht rechnen konnte, war keine Schande, denn sie verstand sich dafür auf Pferde. So gab sie, ohne je Unmut zu zeigen, eine Sache nach der anderen zurück, Herr Fontana erlaubte sich, ihre Hand mit einem zärtlichen Druck zu öffnen, im Nu übersah er, was sie an Geld bei sich hatte, er war es, der dann plötzlich ihrer Rückgabe von Gegenständen ein Ende machte und sagte: »Jetzt stimmt's. So viel haben S' gerade!«

Sie vermißte ihn, als er ging, denn nun wurde sie von Frau Fontana bedient, die für ihre Unfähigkeit im Rechnen weniger Verständnis zeigte und insgeheim betrügerische Absichten dahinter vermutete. Auch sie hatte ihre Aussprüche, wenn die Dame mit den Kindern den Laden verließ, und sagte dann: »Die war auf keiner Schul'. Die kann no net zählen und schreiben kann's a net. Jetzt stellen S' sich bloß vor, daß so eine Person mein' Laden führete!« Die Gräfin, die nicht unempfindlich für diese Feindseligkeit war, sagte *mir* draußen: »Schade, daß der feine Mensch fort ist! Das *war* ein feiner Mensch!« Es war klar, daß sie von den rostigen Nägeln nichts gehört hatte.

Auch ich vermißte Herrn Fontana, besonders die Gespräche über Sibirien. In Wirklichkeit lebte er noch dort. Die Kumpane in seinem Stammcafé hörten ihn gern an, wenn er von Sibirien erzählte. Er *müsse* täglich hin, sagte er zu mir, die warteten auf ihn, die wollten, daß er weiter erzähle. Da gebe es noch viel, er sei noch lange nicht damit fertig. Er könne ein Buch über

Sibirien schreiben. Aber es falle ihm leichter, mündlich davon zu erzählen. Die Frau sei gleich das erstemal eingeschlafen, als er etwas über Sibirien sagte. Für die war alles: der Ehering. Das habe ihm schon sein Freund, ihr erster Mann, gesagt: um Gottes willen, bring ihr den Ehering zurück, die hat sonst keine ruhige Stunde! Für die ist das ein Wertgegenstand. Er hätte ihn ja behalten können. Aber was er einem toten Freund versprochen hat, das hält er. Und wenn's eine Million gewesen wäre, er hätte sie gegen Finderlohn abgegeben. Und was hat er von seiner ganzen Treuherzigkeit? Jetzt hat er eine Milchfrau am Hals statt einer Gräfin.

Ein Jahr, nachdem er gegangen war, tauchte Sibirien wieder in der Gegend auf.

Unter Totenmasken

An Ibby Gordon zog mich ihr Geist und ihre Heiterkeit an, sie sprach in Einfällen. Einen erwarteten Satz habe ich nie von ihr gehört, es kam immer ein anderer. Sie war Ungarin, aber sie verstand es, einen auch damit zu überraschen, so daß aus jedem Fehler ein Einfall wurde. Mancher Worte wurde man sich durch sie zum erstenmal bewußt; wenn ihr ein deutsches Wort besonders gefiel, unterschlug sie es und es kam nur noch in Neubildungen zum Vorschein, die daran erinnerten, daß es verschwunden war und nun in immer wieder anderer Art auf das Verlorene zurückverwiesen. Sie sprach nicht rasch, nichts, was sie sagte, ging unter, jede Silbe hatte ihren Ton. Kein Wort ließ sich vom nächsten bedrängen und weiterstoßen, aber da sie rasch *dachte*, wartete vieles in ihr darauf, an die Reihe zu kommen, und spiegelte sich in seiner Freude an sich, bevor es sichtbar wurde. Viele Freuden, lauter neue, reihten sich aneinander, und in der nie endenden Heiterkeit, die sich daraus ergab, war kein Platz für Schrecken, Trauer, Verdruß oder Angst. Wenn man mit ihr beisammen war, glaubte man nicht, daß es Trauer irgendwo gab, denn was davon ihr vor Augen kam oder zugetragen wurde, setzte sich in etwas um, das seine Schwere verlor und Flügel hatte, und da sie sich über nichts beschwerte, was ihr selber geschah, verargte man ihr's weniger, daß sie sich über die Schrecken anderer lustig machte.

Sie sah aus wie eine Figur von Maillol, eine bäurisch-klassische Gestalt, und hatte ein Gesicht wie eine Frucht, die in ihrer Reife bald schimmern wird. Alles Inkongruente und Groteske, das sie sah, war ihre Nahrung. Man hätte sie für erbarmungslos halten können, doch sie war es auch gegen sich. Man wunderte sich, daß ihr geistvoller und unterhaltsamer Spott ihr so gut anschlug. Dieses Bild glücklichster Gesundheit hatte oft nichts zu essen, worüber sie aber kein Wort verlor, es sei denn, sie hatte eine Geschichte darüber zu erzählen: wie wohlgenährt sie männlichen Blicken erschien, die sich an der Pracht ihrer Schultern nicht satt sehen konnten.

Alle Dinge der Herkunft, der Ordnung, des geregelten täglichen Lebens waren an ihr spurlos abgeglitten. Was sie von ihrer Vergangenheit erzählte, war so gleichgültig, als wäre es nie gewesen. Den Namen des Ortes, von dem sie stammte – Marmaros Sziget im östlichen Ungarn, am Fuße der Karpaten –, merkte ich mir, weil er mich an den Marmor erinnerte, aus dem Maillol sie schlug. Ihr Name Ibolya, ungarisch Veilchen, erschien lächerlich, man dachte zum Glück nie daran, weil man sie kurz Ibby nannte. Ihr Mädchenname Feldmesser gefiel mir besser, sie genierte sich für ihn, vielleicht hing das mit ihrer Familie zusammen, über die ich nichts wußte. Als Dichterin hatte sie sich den Namen Gordon zugelegt, daran hing sie, es schien das einzige an ihr, wofür sie ein Herz hatte.

In Budapest war sie Friedrich Karinthy begegnet, einem ungarischen Satiriker, der in seinem Lande berühmt war; ich hatte nichts von ihm gelesen, was sie über seine Sachen erzählte, erinnerte an Swift. Sie wurde seine Freundin, sie schrieb Gedichte, die ihm gefielen, es hieß, er sei diesen wie ihrer Schönheit verfallen. Aranka, seine Frau, eine heftige Person, eine dunkle Zigeunerschönheit, wie Ibby sagte, stürzte sich aus Eifersucht vom dritten Stock auf die Straße und blieb, obwohl schwerverletzt, durch ein Wunder am Leben. Ihr Verzweiflungsakt beeindruckte Karinthy so sehr, daß er beschloß, sich von Ibby auf der Stelle zu trennen; und um das Leben seiner Frau zu retten, wurde Ibby von ihm aus Budapest und Ungarn *verbannt*.

Ein Freund von ihm brachte sie über die Grenze nach Wien, wo sie ohne jedes Gepäck mit einer Zahnbürste ankam, die sie gern vorführte. Es war ein hartes Schicksal, doch sie sprach davon ohne Klage. Für Aranka hatte sie so wenig Mitleid wie für sich selbst, alles was sie empfand, war das Lächerliche ihrer Situation. Der berühmte Schriftsteller hatte seinen verläßlichsten Freund zu ihrer Eskorte bestimmt. Er hatte darauf zu achten, daß sie nicht über die Grenze nach Ungarn zurückschlüpfte. Er nahm ein Zimmer in der Strozzigasse für sie, jeden Tag mußte sie sich in einem Kaffeehaus bei ihm melden. Dann ging er gleich ans Telefon und tief Karinthy in Budapest an: »Ibby ist in Wien. Ibby ist nicht verschwunden.« Dann bekam sie etwas zu essen. Die Miete wurde für sie bezahlt, sonst hatte sie nichts, man fürchtete, sie könnte sich eine Fahrkarte nach Budapest lösen. Wenn sie sich nicht meldete, erschien der Freund bei ihr in der Strozzigasse zur Kontrolle, aber dann bekam sie nichts zu essen. So stand sie vor mir, als ich sie das erstemal sah: die Göttin Pomona, statt des Apfels eine Zahnbürste in der Hand.

Es dauerte einige Wochen und Ibby fand sich inmitten eines Kreises der Wiener Jeunesse dorée, ein Gegenstand des Streites zwischen zwei Brüdern. In diesem Kreis hatte es jeder auf sie abgesehen, und weil es viele waren und alle zugleich um sie warben, gelang es ihr, unter Aufbietung größter Schlauheit, einen gegen den anderen auszuspielen und alle Angriffe abzuwehren. Besonders mit den Brüdern hatte sie es schwer, beiden war es ernst. Sie blieb fast ein Jahr in Wien, in dieser Zeit sah ich sie oft, wir trafen uns im Kaffeehaus, wo sie mir in ihrer ruhigen, unbeteiligten Art, kalt und strahlend und hinreißend komisch alles erzählte, was um sie herum geschah. Ich *mußte* es hören, aber sie mußte es auch sagen. Sie war dankbar dafür, daß ich nicht mein eigenes Süppchen kochte. Sie ruhte sich bei mir, wie sie sagte, von ihrer Unschulds-Schönheit aus, sie spürte, daß ich diese Schönheit so empfand wie sie selbst, als Last, deren Wirkungen man hilflos gegenüberstand.

Von den beiden Brüdern führte der eine die große Buchhandlung, die er nach dem Tod seines Vaters übernommen hatte, während der andere, der als der Gescheitere und Wissendere galt, allerhand studiert hatte, er wechselte gern und hielt gerade bei Philosophie. Rudolf der Buchhändler war ein kleines Nichts von einem Menschen, schmal und unscheinbar und gab sich Mühe, durch sorgfältige Kleidung und Frisur weniger restlicher Haare Eindruck zu machen. Er war Ibby ebenso hörig wie sein Bruder, aber bei seiner trockenen, phantasielosen Art hatte er es viel schwerer, sie zu interessieren als dieser, der Leute gern anhörte und ihnen dann leicht stotternd, aber unablässig Ratschläge gab. Rudolf, der selber Ratschläge brauchte und nie welche gab, mußte sich auf neue Bücher verlassen, Kunstbücher insbesondere, die ihm aus seiner Buchhandlung zugänglich waren, mit denen er Ibby überraschte und beschäftigte. Einmal brachte er ihr ›Das ewige Antlitz‹ mit, eine Sammlung von Totenmasken, die soeben erschienen war. Ich kam dazu, als Ibby daran war, es aufzuschlagen, und bald, nach wenigen Seiten, waren sie und ich davon kaptiviert. Es geschah, was bis dahin zwischen uns undenkbar gewesen wäre, wir verstummten. Wir setzten uns nebeneinander, Rudolf, der das Einverständnis dieses Schweigens nicht ertrug, ließ uns das Buch und verschwand.

Ich hatte noch nie Totenmasken gesehen, sie waren etwas vollkommen Neues für mich. Ich spürte, daß ich dem Augenblick nahe war, über den ich am wenigsten wußte.

Den Titel des Buches, in dem sie sich fanden, ›Das ewige Antlitz‹, nahm ich hin, ohne über ihn nachzudenken. Von der Verschiedenartigkeit der Menschen war ich immer fasziniert, aber ich hatte nie erwartet, daß diese Verschiedenartigkeit sich bis in den Augenblick des Todes steigert. Ich staunte auch darüber, daß so viel sich erhalten läßt. Unter dem Schwinden der Toten hatte ich von klein auf gelitten. Die Bewahruug des Namens, der Werke genügte mir nicht. Es war mir auch um ihre Körperlichkeit zu tun, um jeden Zug und jedes Zucken auf ihrem Gesicht. Wenn ich die Stimme dessen hörte, der mir immer im Ohre blieb, suchte ich vergebens nach seinem Gesicht; im Traum erschien es, wenn ich es nicht herbeigewünscht hatte, aber willentlich zu beschwören war es nicht. Auch wenn ich es – selten genug – sah, war es ein anderes geworden, eigenen Gesetzen der Auflösung unterworfen. Und nun sah ich die, mit deren Gedanken und Werken ich lebte, die ich für ihre Taten liebte, für ihre Untaten haßte, unveränderlich vor mir, ihre Augen geschlossen – als wären sie noch zu öffnen gewesen, als wäre noch nichts Irreparables geschehen –, *hatten* sie sich noch, hörten sie noch, was man ihnen allein sagte? Ich torkelte von einem zum anderen, als müßte ich jeden einzeln fangen und halten. Es leuchtete mir nicht ein, daß sie nun in diesem Buch beisammen waren. Ich fürchtete, sie würden in die verschiedensten Richtungen auf und davon gehen, jeder in eine andere. Nur wenige erkannte ich, ohne auf ihre Namen zu achten. Sie waren in Hilflosigkeit verstoßen ohne Namen. Aber sobald man sie an ihre Namen gebunden hatte, fühlten sie sich vor Zerfall gesichert. Ich blätterte weiter und blätterte dann unvermutet zurück, und da waren sie noch, jeder einzelne von ihnen, keiner hatte sich davongemacht, keiner grollte dem Zusammenhang der Reihe, in die er aufgenommen worden war, der Zufall, der dieses Buch gebündelt hatte, war ihrer nicht unwürdig.

Das letzte vor dem Zerfall: als hätte einer alles, was er sein kann, noch einmal an sich genommen und zu dieser letzten Präsentation seine Einwilligung gegeben. Dieses *Einverständnis* gilt aber nicht für alle Masken: es gibt solche, die einen verwunden, enthüllende Masken. Ihr Sinn liegt in einer schrecklichen Wahrheit, die sie aufreißen, das Beherrschende nämlich, in das dieses bestimmte Leben münden mußte: die Last auf Walter Scott, der spitze Schwachsinn des alten Swift, die entsetzliche, auszehrende Krankheit Géricaults. Man könnte in allen Masken nur das Schreckliche suchen, das Schreckliche des Todes. Es wären dann Mord-Masken. Aber das wäre eine Verfälschung: es ist noch etwas daran, das über den Todesmord hinausgeht.

Es ist das Anhalten des Atems, doch so, als bliebe er bewahrt. Der Atem ist das Kostbarste, das der Mensch besitzt, am kostbarsten zum Schluß, und dieser allerletzte Atem wird in der Maske bewahrt, als Bild.

Aber wie kann Atem zum Bild werden? Die Maske, die ich aufschlug, suchte und immer wiederfand, war die von Pascal.

Hier hat der Schmerz seine Vollendung erreicht, hier hat er seinen langgesuchten Sinn gefunden. Schmerz, der Gedanke bleiben soll, ist zu mehr nicht imstande. Wenn es ein Sterben jenseits der Klage gibt, so ist man hier mit ihm konfrontiert. Eine allmählich erworbene Nähe zum Tod, in unsäglich kleinen, in winzigen Schritten, vom Wunsch nach Überschreitung seiner Schwelle getragen, um hinter ihm Unbekanntes zu gewinnen. Man kann viel von Gläubigen und Märtyrern lesen, die um des jenseitigen Lebens willen von diesem erlöst sein wollen, aber hier hat man das Bild eines von ihnen vor sich, im Augenblick, da er es erlangt, und es ist einer, der sich zwar auch zu kasteien verstand, aber noch unendlich viel mehr gedacht als sich kasteit hat. So hat alles, was er gegen dieses Leben getan hat, sich in seinem Denken gespiegelt. *Sein* Antlitz darf man ein ewiges nennen, denn es drückt ebendie Ewigkeit aus, um die es ihm zu tun war. Er *ruht* in seinem Schmerze, den er nicht verlassen will. Er will so viel Schmerz, als die Ewigkeit aufzunehmen bereit ist, und wenn er das volle Maß erlangt hat, das sie ihm erlaubt, bringt er ihn ihr dar und betritt sie.

Der 15. Juli

Wenige Monate, nachdem ich in das neue Zimmer eingezogen war, geschah etwas, das auf mein späteres Leben den tiefsten Einfluß hatte. Es war eines von jenen nicht zu häufigen öffentlichen Ereignissen, die eine ganze Stadt so sehr ergreifen, daß sie danach nie mehr dieselbe ist.

Am Morgen des 15. Juli 1927 war ich nicht wie sonst immer im Chemischen Institut in der Währingerstraße, sondern fand mich zu Hause. Ich las im Kaffeehaus in Ober-St. Veit die Morgenzeitung. Ich spüre noch die Empörung, die mich überkam, als ich die ›Reichspost‹ in die Hand nahm; da stand als riesige Überschrift: »Ein gerechtes Urteil.« Im Burgenland war geschossen, Arbeiter waren getötet worden. Das Gericht hatte die Mörder freigesprochen. Dieser Freispruch wurde im Organ der Regierungspartei als ›gerechtes Urteil‹ bezeichnet, nein ausposaunt. Es war dieser Hohn auf jedes Gefühl von Gerechtigkeit noch mehr als der Freispruch selbst, was eine ungeheure Erregung in der Wiener Arbeiterschaft auslöste. Aus allen Bezirken Wiens zogen die Arbeiter in geschlossenen Zügen vor den Justizpalast, der durch seinen bloßen Namen das Unrecht für sie verkörperte. Es war eine völlig spontane Reaktion, wie sehr, spürte ich an mir selbst. Auf meinem Fahrrad fuhr ich schleunigst in die Stadt hinein und schloß mich einem dieser Züge an.

Die Arbeiterschaft, die sonst gut diszipliniert war, die Vertrauen zu ihren sozialdemokratischen Führern hatte und es zufrieden war, daß die Gemeinde Wien von ihnen in vorbildlicher Weise verwaltet wurde, handelte an diesem Tage *ohne* ihre Führer. Als sie den Justizpalast anzündete, stellte sich ihnen der Bürgermeister Seitz auf einem Löschwagen der Feuerwehr mit hocherhobener Rechten in den Weg. Seine Geste blieb wirkungslos: der Justizpalast *brannte*. Die Polizei erhielt Schießbefehl, es gab neunzig Tote.

Es sind 53 Jahre her, und die Erregung dieses Tages liegt mir heute noch in den Knochen. Es ist das Nächste zu einer Revolution, was ich am eigenen Leib erlebt habe. Seither weiß ich ganz genau, ich müßte kein Wort darüber lesen, wie es beim Sturm auf die Bastille zuging. Ich wurde zu einem Teil der Masse, ich ging vollkommen in ihr auf, ich spürte nicht den leisesten Widerstand gegen das, was sie unternahm. Es wundert mich, daß ich in dieser Verfassung dazu imstande war, alle konkreten Einzelszenen, die sich vor meinen Augen abspielten, aufzufassen. Eine davon will ich erwähnen.

In einer Seitenstraße, nicht weit vom brennenden Justizpalast, aber doch eben abseits, sich sehr deutlich von der Masse absetzend, stand ein Mann mit hochgeworfenen Armen, der überm Kopf verzweifelt die Hände zusammenschlug und ein übers andere Mal jammernd rief: »Die Akten verbrennen! Die ganzen Akten!« »Besser als Menschen!« sagte ich zu ihm, doch das interessierte ihn nicht, er hatte nur die Akten im Kopf, mir fiel ein, daß er vielleicht selbst mit den Akten dort zu tun hätte, ein Archivbeamter, er war untröstlich, ich empfand ihn, sogar in dieser Situation, als komisch. Aber ich ärgerte mich auch. »Da haben sie doch Leute niedergeschossen!« sagte ich zornig, »und Sie reden von den Akten!« Er sah mich an, als wär ich nicht da, und wiederholte jammernd: »Die Akten verbrennen! Die ganzen Akten!« – Er hatte sich zwar abseits gestellt, aber es war für ihn nicht ungefährlich, seine Wehklage war unüberhörbar, ich hatte sie ja auch gehört.

In den Tagen und Wochen tiefster Niedergeschlagenheit unmittelbar danach, als man an nichts anderes denken konnte und die Ereignisse, deren Zeuge man gewesen war, sich immer wieder vor einem abspielten – sie verfolgten einen Nacht für Nacht bis in den Schlaf –, gab es noch *einen* legitimen Zusammenhang mit Literatur, und das war Karl Kraus. Meine abgöttische Verehrung für ihn erreichte damals ihren höchsten Stand. Diesmal war es Dankbarkeit für eine ganz bestimmte öffentliche Tat, ich wüßte nicht, wem ich je für etwas so dankbar gewesen wäre. Er hatte, unter dem Eindruck des Massakers dieses Tages, überall in Wien Plakate anschlagen lassen, in denen er den Polizeipräsidenten Johann Schober, der für den Schießbefehl und neunzig Tote verantwortlich war, aufforderte »abzutreten«. Er tat es allein, er war die einzige öffentliche Figur, die es tat, und während die übrigen Berühmtheiten, an denen es in Wien nie mangelte, sich nicht exponieren oder vielleicht auch nicht lächerlich machen wollten, fand er allein den Mut zu seiner Empörung. Seine Plakate waren das einzige, was einen in diesen Tagen aufrechterhielt. Ich ging von einem zum anderen, blieb vor jedem stehen, und es war mir, als sei alle Gerechtigkeit dieser Erde in die Buchstaben seines Namens eingegangen.

Schon vor einiger Zeit habe ich diesen Bericht über den 15. Juli und seine Folgen niedergeschrieben. Ich zitiere ihn hier wörtlich, vielleicht gibt er eben in seiner Kürze eine Vorstellung vom Gewicht des Geschehens.

Ich habe seither öfters versucht, mich diesem Tag zu nähern, der vielleicht seit dem Tode des Vaters der einschneidendste meines Lebens war, ich muß »mich nähern« sagen, denn ihm beizukommen ist sehr schwer, es ist ein ausgebreiteter Tag, der sich über eine ganze große Stadt erstreckt, ein Tag der Bewegung auch für mich, der ich in ihm kreuz und quer herumfuhr. Meine Empfindungen an diesem Tag waren alle in *einer Richtung* gebündelt. Es ist der *deutlichste Tag,* dessen ich mich entsinne, deutlich aber nur, weil das Gefühl von ihm, während er ablief, unablenkbar blieb.

Wer den ungeheuren Aufmärschen aus allen Bezirken der Stadt dieses Ziel ›Justizpalast‹ setzte, weiß ich nicht. Man möchte denken, daß es von selbst geschah, obwohl das nicht gut stimmen kann. Irgendwer muß zuerst das Wort »zum Justizpalast« ausgestoßen haben. Aber es ist nicht wichtig zu wissen, wer das war, denn das Wort teilte sich jedem mit, der es hörte, es wurde ohne Zögern, Bedenken, Überlegung, ohne Aufenthalt und Aufschub von jedem aufgenommen und zog ihn in ein und dieselbe Richtung.

Es könnte sein, daß die Substanz des 15. Juli in ›Masse und Macht‹ ganz eingegangen ist. Dann wäre eine Rückführung auf das ursprüngliche Erlebnis, auf die sinnlichen Elemente jenes Tages in irgendeiner Vollständigkeit unmöglich.

Da war der weite Weg auf dem Fahrrad in die Stadt. Ich kann mich an den Weg nicht erinnern. Ich weiß nicht, wo ich zuerst auf Menschen stieß. Ich *sehe* mich nicht gut an diesem Tag, aber ich *fühle* noch die Erregung, das Vorrennen und Ausweichen, das Flüssige der Bewegung. Alles ist beherrscht durch das Wort ›Feuer‹, dann durch dieses selbst.

Ein *Stoßen* im Kopf. Es mag Zufall gewesen sein, daß ich keine Angriffe auf Polizisten selbst sah. Wohl aber erlebte ich, wie auf die Menge geschossen wurde und Leute fielen. Die Schüsse waren wie Peitschen. Das Rennen der Menschen, in Seitengassen, und wie sie dann gleich wieder erscheinen und sich wieder zu Massen formieren. Ich sah Leute fallen und Tote am Boden liegen, war aber nicht in ihrer nächsten Nähe. Furchtbare Scheu besonders vor diesen Toten. Ich näherte mich ihnen, aber ich *mied* sie, sobald ich nähergekommen war. In meiner Erregung war mir, als ob sie sich *vergrößerten*. Bis der Schutzbund kam, der sie vom Boden hob, war gewöhnlich leerer Raum um sie, als erwarte man, daß gerade hier wieder Schüsse einschlagen würden.

Die Berittenen machten einen besonders schrecklichen Eindruck, vielleicht weil sie selber Angst hatten.

Ein Mann vor mir spuckte aus und wies mit dem Daumen der Rechten halb nach rückwärts. »Da hängt aner! Dem haben s' d' Hosen auszogen!« Wovor spuckte er aus? Vor dem Ermordeten? Oder vorm Mord? Ich sah nicht, worauf er zeigte. Eine Frau vor mir schrie gellend: »Peppi! Peppi!« Sie hatte die Augen geschlossen und schwankte. Alle begannen zu rennen. Die Frau fiel um. Sie war aber nicht getroffen worden. Ich hörte Pferdegetrappel. Ich ging nicht zur Frau, die am Boden lag. Ich rannte mit den anderen. Ich spürte, daß ich mit ihnen rennen mußte. Ich wollte unter ein Haustor flüchten, konnte mich aber nicht von den Rennenden trennen. Ein sehr großer, starker Mensch, der neben mir lief, schlug sich mit der Faust auf die Brust und brüllte beim Rennen: »Da schießt's eini! Da! Da! Da!« Plötzlich war er weg. Umgefallen war er nicht. Wo war er?

Das war vielleicht das Unheimlichste: daß man Leute sah und hörte, in einer starken Geste, die alles andere verdrängte, und dann waren gerade diese wie vom Erdboden verschwunden. Alles gab nach und überall öffneten sich unsichtbare Löcher. Doch der Zusammenhang des Ganzen riß nicht ab; selbst wenn man sich plötzlich irgendwo allein fand, spürte man, wie es an einem riß und zerrte. Das kam daher, daß man überall etwas *hörte*, es war etwas Rhythmisches in der Luft, eine böse Musik. Musik kann man es nennen, man fühlte sich davon gehoben. Ich hatte nicht das Gefühl, daß ich mit eigenen Beinen ging. Man war wie in einem klingenden Wind. Ein roter Kopf tauchte vor mir auf, an verschiedenen Stellen, auf und ab, auf und ab, hob und senkte sich, als schwimme er auf Wasser, ich suchte mit den Augen nach ihm, als hätte ich seinen Direktiven zu folgen, ich hielt es für rote Haare, dann erkannte ich ein rotes Kopftuch und suchte nicht weiter.

Ich traf und erkannte niemanden, soweit ich zu Menschen sprach, waren es immer Unbekannte. Aber ich sprach mit wenig Menschen. Ich hörte viel, es war immer etwas in der Luft zum Hören, am schneidendsten die Pfuirufe, wenn in die Menge hineingeschossen wurde und Leute fielen. Da waren die Pfuirufe unerbittlich, besonders die weiblichen, die deutlich herauszuhören waren. Es kam mir vor, als würden die Salven durch Pfuirufe hervorgerufen. Aber ich merkte auch, daß das nicht stimmte, denn die Salven gingen weiter, auch wenn keine Pfuirufe zu hören waren. Die Schüsse hörte man überall, auch weiter weg, Peitschenhiebe immer wieder.

Die Beharrlichkeit der Masse, die, eben vertrieben, im Nu aus Seitengassen wieder hervorquoll. Das Feuer ließ die Menschen nicht los, der Justizpalast brannte während Stunden, und die Zeit, während der er brannte, war auch die Zeit der größten Erregung. Es war ein sehr heißer Tag, auch wo man das Feuer selbst nicht sah, war der Himmel weithin rot und es roch nach verbranntem Papier, von tausend und abertausend Akten.

Der Schutzbund, den man überall sah, an Windjacken und Armbinden erkennbar, hob sich ab von der Polizei, er war unbewaffnet. Tragbahren waren seine Waffen, auf denen Verletzte und Tote abgeholt wurden. Ihre Beflissenheit zu helfen sprang in die Augen, von der Wut der Pfui-Rufe stachen sie ab, als gehörten sie nicht zur Masse. Auch waren sie überall zur Stelle, ihr Erscheinen signalisierte oft Opfer, bevor man sie gesehen hatte.

Das Anzünden des Justizpalastes hatte ich selbst nicht gesehen, doch erfuhr ich davon, bevor ich Flammen sah, durch die Änderung im Ton der Masse. Man rief einander zu, was geschehen war, ich verstand es erst nicht, es klang freudig, nicht gellend, nicht gierig, es klang befreit.

Das Feuer war der Zusammenhalt. Man fühlte das Feuer, seine Präsenz war überwältigend, auch dort, wo man es nicht sah, hatte man's im Kopf, seine Anziehung und die der Masse waren eins. Die Salven der Polizei lösten Pfuirufe aus, die Pfuirufe neue Salven: aber wo immer man sich unter der Einwirkung von Salven fand, scheinbar geflüchtet war – der je nach der Lokalität offenbare oder geheime Zusammenhang mit den anderen blieb wirksam, auf Umwegen, da es schließlich nicht anders möglich war, zog es einen in den Herrschaftsbereich des Feuers zurück.

Dieser Tag, der von einem einheitlichen Gefühl getragen war, – eine einzige, ungeheuerliche Woge, die über die Stadt schlug und sie in sich aufnahm: als sie verebbte, war es kaum glaublich, daß die Stadt noch da war –, dieser Tag bestand aus unzähligen Details, deren jedes sich eingrub, deren keines einem entschwand. Sie sind jedes für sich da, klar erinnerlich und erkennbar und doch bildet jedes auch einen Teil der ungeheuren Woge, ohne die alles hohl und sinnlos erscheint. Was man fassen müßte, wäre die Woge, nicht diese Details, oft habe ich es versucht, während des Jahres unmittelbar danach und später immer wieder, aber es ist mir nie gelungen. Es konnte nicht gelingen, denn nichts ist geheimnisvoller und unverständlicher als die Masse. Hätte ich sie ganz begriffen, so hätte ich mich nicht mehr als dreißig Jahre damit getragen, sie zu enträtseln und so wie andere menschliche Phänomene möglichst vollkommen darzustellen und nachzuvollziehen.

Auch wenn ich alle konkreten Details aneinanderreihen würde, aus denen dieser Tag für mich bestand, hart, ungeschminkt, ohne Verringerung und ohne Übertreibung – gerecht werden könnte ich ihm nicht, denn er bestand aus mehr. Immer war das Brausen der Woge vernehmbar, das diese Einzelheiten an die Oberfläche spülte, und nur wenn die Woge lesbar und darstellbar wäre, könnte man sagen: wirklich, es ist nichts verringert.

Statt mich einzelnen Details zu nähern, könnte ich aber von den Auswirkungen sprechen, die dieser Tag auf mein späteres Denken hatte. Von den Erkenntnissen, die in das Buch über die Masse eingegangen sind, verdanke ich einige der wichtigsten diesem Tag. Was ich in weit auseinanderliegenden Quellenwerken suchte, hervorholte, prüfte, herausschrieb, las und wie unter Zeitlupe später wiederlas, konnte ich gegen die Erinnerung an dieses zentrale Ereignis halten, die frisch blieb, was immer auch später in größerem Maßstab geschah, mehr Menschen einbezog und für die Welt folgenreicher war. Die Isoliertheit des 15. Juli, seine Beschränkung auf Wien, gab ihm für die Betrachtung späterer Jahre, als Erregung und Empörung nicht mehr die gleiche Wucht hatten, etwas wie Modell-Charakter: ein Ereignis, das örtlich wie zeitlich umgrenzt war, einem unbestreitbaren Anlaß entsprang und seinen klaren und unverwechselbaren Ablauf hatte.

Ein für allemal hatte ich hier erlebt, was ich später eine *offene* Masse nannte, ihre Bildung durch das Zusammenfließen von Menschen aus allen Teilen der Stadt, in langen, unbeirrbaren, unablenkbaren Zügen, deren Richtung bestimmt war durch die Position des Gebäudes, das den Namen der Justiz trug, aber durch den Fehlspruch das Unrecht verkörperte. Ich hatte erlebt, daß die Masse zerfallen muß und wie sie diesen Zerfall fürchtet; daß sie alles daransetzt, nicht zu zerfallen; daß sie sich selbst im Feuer sieht, das sie entzündet, und um ihren Zerfall herumkommt, solange dieses Feuer besteht. Jeden Löschversuch wehrt sie ab, von der Lebensdauer des Feuers hängt ihre eigene ab. Sie läßt sich durch Angriffe in die Flucht schlagen, zersprengen und vertreiben, aber obwohl Getroffene, Tote und Verwundete vor aller Augen auf den Straßen liegen, obwohl sie selbst keine Waffen hat, sammelt sie sich wieder, denn das Feuer brennt noch und sein Schein erleuchtet den Himmel über Plätzen und Gassen. Ich sah, daß die Masse auf der Flucht sein kann, ohne in Panik zu geraten; daß Massenflucht und Panik wohl zu unterscheiden sind. Solange sie auf der Flucht nicht zu Einzelnen zerfällt, die nur noch von der Sorge um sich selbst, um ihre eigenste Person erfüllt sind, besteht die Masse weiter, auch in der Flucht, und wenn diese zum Stehen kommt, kann sie sich wieder zum Angriff wenden.

Ich erkannte, daß die Masse keinen *Führer* braucht, um sich zu bilden, den bisherigen Theorien über sie zum Trotz. Einen Tag lang hatte ich hier eine Masse vor Augen, die sich *ohne Führer* gebildet hatte. Hie und da, sehr selten gab es Leute, Redner, die sich in ihrem Sinne aussprachen. Ihre Bedeutung war minimal, sie waren anonym, zur Entfachung trugen sie nicht das geringste bei. Jede Darstellung, die ihnen eine zentrale Position zuweist, verfälscht die Ereignisse. Wenn es etwas Herausragendes gab, das die Masse entfachte, so war es der Anblick des brennenden Justizpalastes. Die Salven der Polizei peitschten sie nicht auseinander, sie peitschten sie zusammen. Der Anblick fliehender Menschen auf der Straße war ein Schein: denn auch im Rennen faßten sie sehr wohl auf, daß welche fielen, die sich nicht wieder erhoben. Diese fachten den Zorn der Masse nicht weniger an als das Feuer.

An diesem hellerleuchteten, entsetzlichen Tage gewann ich das wahre Bild dessen, was als Masse unser Jahrhundert erfüllt. Ich gewann es so sehr, daß ich aus Zwang wie aus freiem Willen zu seiner Betrachtung zurückkehrte. Immer wieder war ich dort und habe hingeschaut, und noch jetzt verspüre ich, wie schwer es mir fällt, mich davon loszureißen, da mir nur der geringste Teil dessen gelungen ist, was ich mir vorgenommen habe: ihre Erkenntnis.

Die Briefe im Baum

Das Jahr, das diesem Ereignis folgte, war völlig davon beherrscht. Bis in den Sommer 1928 kreisten meine Gedanken um nichts anderes. Mehr als je war ich entschlossen, herauszufinden, was die Masse, die mich von innen und außen überwältigt hatte, eigentlich sei. Scheinbar setzte ich zwar das Chemiestudium fort und begann die Arbeit an der Dissertation, aber die Aufgabe, die man mir stellte, war so uninteressant, daß sie kaum die Haut meines Geistes ritzte. Jeden freien Augenblick verwandte ich auf das Studium der Dinge, die mir wirklich wichtig waren. Auf den verschiedensten, scheinbar sehr abliegenden Wegen suchte ich mich dem zu nähern, was ich als Masse erlebt hatte. Ich suchte sie in der Geschichte, aber in der Geschichte *aller* Kulturen. Mehr und mehr faszinierte mich die Geschichte und frühe Philosophie Chinas. Mit den Griechen hatte ich schon viel früher, in der Frankfurter Schulzeit begonnen. Ich vertiefte mich nun in antike Historiker, Thukydides ganz besonders. Es war natürlich, daß ich die Revolutionen studierte, die englische, französische, russische, aber auch die Bedeutung von Massen in Religionen begann mir zu dämmern, und jene Begierde nach einer Kenntnis aller Religionen, die mich seither nie verlassen hat, setzte zu dieser Zeit ein. Ich las Darwin in der Hoffnung, etwas bei ihm über Massenbildungen unter Tieren zu finden, und gründlich Bücher über Insektenstaaten. Ich muß wenig geschlafen haben, denn ich las ganze Nächte durch. Etliches schrieb ich auf und versuchte mich an einigen Abhandlungen.

Es waren alles tastende Vorarbeiten für das Buch über die Masse, aber sie waren noch kaum von irgendeiner Bedeutung, denn sie waren von zu spärlichen Kenntnissen getragen.

In Wirklichkeit war es der Beginn einer neuen Ausbreitung in viele Richtungen zugleich, und das Gute daran war, daß ich mir keine Grenzen setzte. Wohl war ich auf etwas Bestimmtes aus, ich wollte Zeugnisse für Bestand und Wirkung der Masse in allen Lebensbereichen finden, aber da wenig darauf geachtet worden war, waren diese Zeugnisse spärlich, und das eigentliche Ergebnis war, daß ich dabei von allem Möglichen erfuhr, das mit Masse gar nichts zu tun hatte. Chinesische und bald auch japanische Namen wurden mir vertraut, ich begann mich frei unter ihnen zu bewegen wie in der Schulzeit schon unter den Griechen. Unter den Übersetzungen chinesischer Klassiker stieß ich auf Dschuang Dsi, der mir zum vertrautesten aller Philosophen wurde, und unter dem Eindruck seiner Lektüre begann ich damals eine Abhandlung über das Tao zu schreiben. Um eine Entschuldigung vor mir dafür zu haben, daß ich so weit von meinem Hauptthema abirrte, suchte ich mich davon zu überzeugen, daß ich die Masse nie verstehen würde, ohne zu erfahren, was extreme *Isolierung* sei. Der eigentliche Grund für meine Faszination durch diese originellste Richtung der chinesischen Philosophie war aber, ohne daß ich es mir damals klar eingestanden hätte, die Bedeutung, die *Verwandlungen* darin haben. Es war, so sehe ich es heute, ein guter Instinkt, der mich zu den Verwandlungen trieb, die Beschäftigung mit ihnen bewahrte mich davor, der Welt der Begriffe zu verfallen, an deren Rand ich immer blieb.

Es ist sonderbar, mit welchem Geschick, ich kann es nicht anders sagen, ich der abstrakten Philosophie aus dem Wege ging. Von dem, was ich als Masse suchte, einem ebenso konkreten wie potenten Phänomen, fand ich damals in der Philosophie keine Spur. Die Verkleidungen der Masse und die Form, in der sie doch auch bei manchen Philosophen erscheint, habe ich erst viel später begriffen.

Ich glaube nicht, daß irgend etwas von dem vielen, das ich auf diese vorwärtsdrängende, stürmische Weise erfuhr, an der Oberfläche blieb, es hat alles Wurzeln geschlagen und sich in Nachbargegenden ausgebreitet. Die Verbindungen zwischen Dingen, die weit abseits voneinander lagen, wurden unterirdisch geschaffen. Sie blieben mir lange verhüllt, was sein Gutes hatte, denn sie traten dann Jahre später mit um so größerer Kraft und Sicherheit zutage. Ich bin nicht der Meinung, daß es von Gefahr ist, sich zu weit anzulegen. Verengungen bringt der Lebensprozeß ohnehin mit sich, und wenn eine Verengung auch nicht ganz zu verhindern ist, so kann man sie doch aufhalten und ihr entgegenwirken, indem man sich möglichst weit ansiedelt.

Die Verzweiflung, unmittelbar nach dem 15. Juli, eine Art Lähmung durch Entsetzen, die mich manchmal mitten in der Arbeit überkam und ihre Weiterführung unmöglich machte, hielt während sechs oder sieben Wochen vor, bis in den Anfang des Septembers. Das Plakat von Karl Kraus, das um diese Zeit angeschlagen wurde, hatte die Wirkung einer Katharsis und erlöste mich von dieser Lähmung. Aber für die Stimme der Masse behielt ich ein empfindliches Ohr. Von tosenden Pfuirufen war jener Tag beherrscht gewesen. Es waren tödliche Pfuirufe, sie wurden mit Schüssen erwidert und sie steigerten sich, wenn Menschen getroffen zu Boden fielen. In manchen Gassen verklangen sie, in anderen schwollen sie an, am unauslöschlichsten waren sie in der Nähe des Brandes.

Gar nicht lange danach verpflanzten sie sich in die Nähe der Hagenberggasse. Eine schwache Viertelstunde Weges von meinem Zimmer, auf der anderen Talseite in Hütteldorf drüben, lag der Sportplatz Rapid, wo Fußball-Kämpfe ausgetragen wurden. An Feiertagen strömten große Menschenmengen hin, die sich ein Match dieser berühmten Mannschaft nicht leicht entgehen ließen. Ich hatte wenig darauf geachtet, da mich Fußball nicht interessierte. Aber an einem Sonntag nach dem 15. Juli, es war ein heißer Tag wie damals, ich erwartete Besuch und hatte die Fenster offen, hörte ich plötzlich den Aufschrei der Masse. Ich dachte, es seien Pfuirufe, und so erfüllt war ich noch vom Erlebnis des furchtbaren Tages, daß ich mich einen Augenblick verwirrte und Ausschau hielt nach dem Feuer, von dem er erleuchtet war. Doch da war kein Feuer, in der Sonne glänzte die goldene Kuppel der Kirche von Steinhof. Ich kam zur Besinnung und überlegte: das mußte vom Sportplatz kommen. Als Bestätigung wiederholten sich bald die Laute, in ungeheurer Anspannung horchte ich hin, es waren keine Pfuirufe, aber es war der Aufschrei der Masse.

Drei Monate wohnte ich schon hier und hatte nie darauf geachtet. Schon oft vorher mußte es ebenso kräftig und sonderbar zu mir herübergetönt haben, doch ich war taub dafür gewesen und erst der 15. Juli hatte mir die Ohren geöffnet. Nun rührte ich mich nicht von der Stelle und hörte dem ganzen Match zu. Die Triumphrufe galten einem Tor, das geschossen wurde, und kamen von der siegreichen Seite. Es war auch, er tönte anders, ein Aufschrei der Enttäuschung zu vernehmen. Sehen konnte ich von meinem Fenster aus nichts, Bäume und Häuser lagen dazwischen, die Entfernung war zu groß, aber ich hörte die Masse, und sie allein, als spiele sich alles in nächster Nähe von mir ab. Ich konnte nicht wissen, von welcher der beiden Seiten die Rufe kamen. Ich wußte nicht, wer sie waren. Auf ihre Namen achtete ich nicht und trachtete nicht, sie zu erfahren. Ich vermied es, in der Zeitung etwas darüber zu lesen, und ich ließ mich während der Woche auf keine Gespräche darüber ein.

Aber während der sechs Jahre, die ich dieses Zimmer bewohnte, versäumte ich keine Gelegenheit, diese Laute zu hören. Den Zustrom der Menschen sah ich unten bei der Stadtbahnstation. Wenn er um diese Tageszeit dichter als üblich erschien, wußte ich, daß ein Match angesetzt war, und begab mich auf den Platz am Fenster meines Zimmers. Es fällt mir schwer, die Spannung zu beschreiben, mit der ich dem unsichtbaren Match aus der Ferne folgte. Ich war nicht Partei, da ich die Parteien nicht kannte. Es waren zwei Massen, das war alles, was ich wußte, von gleicher Erregbarkeit beide und sie sprachen dieselbe Sprache. Damals, vom Orte ihres Anlasses abgelöst, von hundert Umständen und Details nicht beeinträchtigt, bekam ich ein Gefühl für das, was ich später als Doppel-Masse begriff und zu schildern versuchte. Manchmal, wenn ich von etwas stark in Anspruch genommen war, saß ich während des Ereignisses am Tisch in der Mitte meines Zimmers und schrieb. Aber was immer es war, was ich schrieb, kein Laut vom Rapid-Platz entging mir. Ich *gewöhnte* mich nie daran, jeder einzelne Laut der Masse wirkte auf mich ein. In Manuskripten jener Zeit, die ich bewahrt habe, glaube ich noch heute jede Stelle eines solchen Lautes zu erkennen, als wäre er durch eine geheime Notenschrift bezeichnet.

Es ist sicher, daß diese Lokalität das Interesse an meinem eigentlichen Vorhaben wachhielt, auch während ich mich anderen Dingen zugewandt hatte. Es war eine laute Nahrung, die ich auf diese Weise empfing, in nicht zu großen Abständen. In der

Absonderung am Rande der Stadt, die ich mit gutem Grund gesucht hatte, der ich das wenige verdanke, das ich in den Wiener Jahren zustandebrachte, blieb ich immer, auch wenn ich es nicht gerade wollte, in Verbindung mit jenem vordringlichsten, unabgeklärten, rätselhaften Phänomen. Zu irgendwelchen Zeiten, die ich selbst nie gewählt hatte, sprach es auf mich ein und warf mich auf das Vorhaben zurück, von dem ich sonst vielleicht zu bequemeren Aufgaben entkommen wäre.

Vom Herbst an ging ich täglich wieder ins Chemische Laboratorium, zur Arbeit an der Dissertation, die mich nicht im geringsten interessierte. Ich empfand sie als Nebenbeschäftigung, der ich mich bloß unterzog, weil ich sie schon einmal begonnen hatte. Daß ich alles Begonnene einmal fertig machen würde, war ein mir unerklärliches Grundgesetz meiner Natur, selbst die Chemie, die ich damals zu verachten vorgab, hätte ich nicht abbrechen mögen, da ich nun einmal so weit war. Ein geheimer Respekt vor ihr spielte bei alledem mit, den ich mir nie eingestanden hatte: die Kenntnis der Gifte. Seit dem Tode Backenroths hatte ich sie immer im Kopf, ich betrat das Laboratorium nie, ohne daran zu denken, wie leicht es für jeden von uns war, sich Zyankali zu beschaffen.

Im Laboratorium gab es manche, die nicht ganz offen, aber doch unmißverständlich die Auffassung vertraten, daß Kriege etwas Unvermeidliches seien. Diese Meinung war keineswegs nur auf solche beschränkt, deren Sympathien schon bei den Nationalsozialisten lagen. Von diesen gab es bereits viele, ohne daß die, die man in der näheren Umgebung, im Laboratorium kannte, etwa aggressiv oder feindselig zu einem gewesen wären. In dieser täglichen Arbeitsumgebung rückten sie fast nie mit ihren Überzeugungen heraus. Persönlich bekam ich höchstens eine gewisse Zurückhaltung zu spüren, die aber manchmal in Herzlichkeit umschlug, wenn man meinen Ekel vor jeder Geldgesinnung bemerkte. Es gab ländliche Figuren unter unseren Studenten von äußerster Sparsamkeit, die anders gar nicht hätten studieren können, die fassungslos vor Glück waren, wenn man ihnen diesen oder jenen Gegenstand überließ, ohne sich dafür bezahlen zu lassen. Es machte mir Spaß, das verdutzte Gesicht eines Burschen vom Lande zu erleben, der mich kaum kannte und in mir – allem äußeren Anschein zum Trotz – eine gutverborgene Viehhändler-Natur erwartete.

Ich lernte aber auch Studenten kennen, an deren Offenheit und Unschuld ich heute noch mit Staunen denke. In einer Vorlesung traf ich einen Burschen, der mir durch seinen leuchtenden Blick und durch seine kräftige und doch behutsame Art der Bewegung im Gedränge auffiel. Wir kamen ins Gespräch und trafen uns dann manchmal wieder. Er war der Sohn eines Richters und vertraute, wie er mir sagte, im Unterschied zu seinem Vater, auf Hitler. Er hatte seine eigenen Gründe für diesen Glauben, die er mit vollkommener Offenheit, ja beinahe hätte ich gesagt mit Anmut vertrat: es solle nie wieder Krieg geben, Krieg sei das Schlimmste, was über die Menschheit kommen könne, und der einzige Mensch, der die Welt vor Krieg bewahren werde, sei Hitler. Wenn ich von meiner gegenteiligen Überzeugung sprach, beharrte er darauf, daß er ihn reden gehört habe, und *er habe es selbst gesagt*. Das sei der Grund, warum er für ihn sei, und niemand werde ihn je davon abbringen können. Ich war so fassungslos darüber, daß ich ihn deswegen wiedersah und dieses selbe Gespräch einige Male mit ihm führte. Er sagte dann die gleichen oder noch schönere Sätze über den Frieden. Ich sehe ihn vor mir, sein flammendes Friedensgesicht eines Apostels und wünsche ihm, daß er nicht mit seinem Leben für diesen Glauben gezahlt hat.

Ich lebte so sehr *neben* der Chemie, daß ich an diese Zeit nicht denken kann, ohne daß mir Gesichter und Gespräche einfallen, die nichts mit ihr zu tun haben. Vielleicht war ein Grund für mein pünktliches Erscheinen im Laboratorium, für den regelmäßigen Besuch der entsprechenden Vorlesungen eben das Zusammentreffen mit so viel jungen Menschen, die ich nicht eigens aufzusuchen brauchte, die von selber da waren. Ich lernte dadurch alle Einstellungen der Zeit nebenher und auf natürliche Weise kennen, ohne ein Wissens-Wesen daraus zu machen. Im allgemeinen dachte damals niemand wirklich an Krieg, oder wenn, dann nur an den vergangenen. Mit Entsetzen erfüllt mich die Erinnerung daran, wie fern man sich damals, 1928, von jedem neuen Krieg fühlte. Daß er so plötzlich wieder und zwar als *Glaube* da sein konnte, hing mit der Natur der Masse zusammen, und es war durchaus kein falscher Instinkt, der mich dazu trieb, dieser Natur auf ihre Schliche zu kommen. Wieviel ich selbst im Laboratorium in scheinbar unsinnigen oder unwichtigen Gesprächen lernte, war mir damals nicht bewußt. Ich kam mit Trägern aller Gesinnungen in Berührung, die damals ihre Wirkung in der Welt taten, und wäre ich, wie ich mir fälschlich einbildete, schon für alles Konkrete offen gewesen, ich hätte aus solchen vermeintlich nichtigen Gesprächen eine ganze Reihe wichtiger Erkenntnisse gewinnen können. Aber noch war der Respekt vor dem Buch zu groß und den Weg zum eigentlichen Buch, jedem einzelnen, in sich selbst eingebundenen Menschen hatte ich kaum angetreten. –

Der Weg zu Veza war nun weit, seit ich in der Hagenberggasse wohnte, ganz Wien in seiner größten Erstreckung lag zwischen uns. Sonntags kam sie am frühen Nachmittag zu mir hinaus und wir gingen in den Lainzer Tiergarten. Der Ton unserer Gespräche veränderte sich nicht, ich übergab ihr noch immer jedes neue Gedicht, sie verwahrte sie alle sorgsam in einer kleinen Strohtasche, sie schrieb mir in der Woche schöne Briefe darüber, die ich nicht weniger sorgsam bei mir verwahrte. Es war viel Luft zwischen uns und es kam zu einem wahren Baumkult im Tiergarten. Da gab es prachtvolle Exemplare, die wir uns mit Kennermiene aussuchten und zu deren Füßen wir uns niederließen.

Einer dieser Bäume spielte eine nicht alltägliche Rolle. Durch Ibby Gordon, den heitersten aller Menschen, hatte ich die Totenmasken kennengelernt. Sie beschäftigten mich so sehr, daß ich das Buch Veza schenkte. Das war, was ich nicht bedachte, eine große Taktlosigkeit von mir, denn alles, was mit Tod zusammenhing, gehörte zu Vezas Reich. Als ich ihr das Buch, von dem ich ihr erzählt hatte, überbrachte, machte sie ein böses Rabengesicht und warf es zornig zu Boden. Ich hob es auf, sie warf es wieder hin, sie weigerte sich, es aufzuschlagen. Das gehöre nicht ihr, das gehöre der anderen Person, die sich für eine Dichterin ausgebe und immer grinste, durch die sei ich doch auf diese Masken gekommen. Sie sagte wirklich »grinste«, sie kannte sie nicht, aber ich hatte ihr von ihrer Heiterkeit erzählt, und da es das war, was Veza am meisten abging, dachte sie, ich halte sie aus diesem Grunde allein, bloß um ihrer Heiterkeit willen, für eine Dichterin, und verwand es nicht, daß sie dann noch mit diesen Totenmasken bei ihr eindrang.

Ich nahm das Buch wieder mit, sie drohte es zum Fenster hinauszuwerfen und hätte es auch getan. Mir gefiel ihre Eifersucht, die ich noch nie erlebt hatte. Ich erzählte ihr alles, ich war ganz offen zu ihr, sie wußte und glaubte, daß mich nichts mehr mit Ibby verband als Gespräche. Aber zu diesen Gesprächen gehörte es, daß Ibby mir ihre Gedichte auf ungarisch vorsagte. Eines Tages kam ich voller Begeisterung zu Veza und erging mich über die Schönheiten der ungarischen Sprache, deren Klang ich früher nicht gemocht hatte. Ich sagte ihr, daß es ohne jeden Zweifel eine der schönsten Sprachen sei, und berichtete dann auch von den Übersetzungen der Gedichte, die Ibby in ihrem komischen Deutsch versuchte. Ich hatte dieses unmögliche, von Fehlern strotzende Deutsch in Ordnung gebracht und Ibby hatte sich dann die verbesserten Versionen aufgeschrieben. Es seien sehr witzige Gedichte, gar nicht wild und frenetisch wie meine eigenen, sie seien immer kühl und geistreich, aus einer bestimmten, jeweils wechselnden Rolle heraus geschrieben. Das hörte sich Veza ausführlich an, und obwohl ich deutlich machte, was meiner damaligen Wahrheit entsprach, daß ich diese Gebilde gar nicht als Gedichte anerkennen könne, war mir anzumerken, wie gern ich sie anhörte und verbesserte.

Das war eine Weile so gegangen, bis es zum Eklat mit den Totenmasken kam, und es fällt mir nicht leicht, über das Weitere zu berichten. Ich müßte davon sprechen, wie Veza einmal in die Hagenberggasse kam und in mein Zimmer hinaufging – ich war nicht da –, wie sie ihre Briefe alle wegnahm, sie wußte, wo ich sie aufhob, und mit ihnen in den Lainzer Tiergarten ging. Sie mußte ziemlich weit gehen, bis sie eine schadhafte Stelle in der Mauer fand, die sie ohne große Mühe übersteigen konnte. Dann suchte sie nach einem Baum, der etwa in der Höhe ihrer Augen gegabelt war und eine Höhlung hatte, da steckte sie das große Paket mit ihren Briefen hinein. Sie kam dann zurück in die Hagenberggasse und jetzt war ich zuhause. Ich merkte, daß sie in sehr aufgeregtem Zustand war, und brachte es bald aus ihr heraus: ihre Briefe waren fort, und sie gab zu, daß sie sie weggenommen habe; sie sagte, im Wald habe sie sie weggeworfen. Ich geriet in Panik und bestürmte sie, mir die Stelle zu zeigen, sicher sei noch niemand dagewesen, der Tiergarten war an diesem Tag geschlossen, sicher konnten wir ihre Briefe finden und retten. Meine Panik tat ihr wohl, es war nicht zu verkennen, wieviel mir an ihren Briefen lag, so ließ sie sich erweichen und führte mich sofort, ich drängte sehr, den ziemlich langen Weg zurück in den

Tiergarten. Wir kletterten über die Mauer, sie fand den Baum, den hatte sie sich gut gemerkt, sie sagte mir, ich solle in die Gabelung langen, das tat ich, und da stießen meine Finger auf Papier. Ich wußte gleich, daß das ihre Briefe seien, ich holte sie heraus, ich umarmte und küßte sie, die Briefe. Ich tanzte mit ihnen über die Mauer den Weg in die Hagenberggasse zurück. Veza selber ging mit, aber unbeachtet, alle Aufmerksamkeit war auf die wiedererlangten Briefe gerichtet, ich hielt das Paket in den Armen wie ein Kind, ich sprang die Treppen in mein Zimmer hinauf und legte das Paket in die Lade, in die es gehörte. Sie war über die ganze Prozedur sehr bewegt, ihre Eifersucht war verflogen, sie glaubte mir, wie sehr ich sie liebe.

Es ist möglich, daß ich Ibby danach seltener sah, aber ich sah sie, und wenn wir uns im Kaffeehaus trafen, fragte ich sie nach neuen Gedichten. Sie sprach sie gern, immer wollte ich sie zuerst auf ungarisch hören und dann, wenn ich von ihrem Klang verzaubert war, bemühten wir uns zusammen um eine Übersetzung. ›Selbstmörder auf der Brücke‹ hieß eines oder ›Der kranke Kannibalenchef‹, ›Bambuswiege‹, ›Pamela‹, ›Emigrant am Ring‹, ›Städtischer Beamter‹, ›Déjà vu‹, ›Mädchen mit Spiegel‹. Mit der Zeit hatte sie einen kleinen Vorrat von deutschen Fassungen beisammen, aber solange sie in Wien blieb, geschah nichts damit, wir waren die beiden einzigen, die unseren Spaß daran hatten. Hätte ich sie nicht zuerst in einer Sprache gehört, von der ich kein Wort verstand, sie hätten mir vielleicht gar nichts bedeutet. Aber das Schwerelose gefiel mir daran, das Fehlen jedes höheren oder tieferen Anspruchs, das Parlando mit leichten, immer unerwarteten Wendungen, lauter Dinge, die ich früher nie mit Gedichten in Zusammenhang gebracht hätte. Ich hatte Scheu davor, ihr je ein Gedicht von mir zu zeigen. Aus der Art unserer Gespräche, die einfallsreich und bunt waren, schloß sie, daß es sich um unerhörte Dinge handeln müsse, deren sie nicht ganz würdig sei. Sie hielt es für pure Rücksicht von mir, daß ich sie damit verschonte. Ich wollte sie damit nicht beschämen, so dachte sie, und war dankbar dafür und unterhielt mich mit allen Geschichten über die dummen Männer, die ihr den Hof machten und sie vergeblich bedrängten.

Das dauerte bis in den Frühling des neuen Jahres. Dann wurde es ihr zuviel. Zwischen den beiden Brüdern besonders war ein

Kampf um sie entbrannt, der ernste Ausmaße angenommen hatte. Das fiel ihr lästig, denn es langweilte sie, eines Tages war sie aus Wien verschwunden. Fast zwei Monate hörte ich nichts von ihr. Dann kam, ich hatte sie beinah schon aufgegeben, ein Brief aus Berlin. Es ging ihr gut, die Übersetzungen ihrer Gedichte hätten ihr Glück gebracht. Ich weiß nicht, von wem sie Empfehlungen nach Berlin mitbekommen hatte, darüber hat sie auch später nie ein Sterbenswort verraten, aber sie fand sich plötzlich unter lauter interessanten Leuten, sie kannte Brecht und Döblin, Benn und George Grosz, ihre Gedichte wurden vom ›Querschnitt‹ und der ›Literarischen Welt‹ angenommen und würden bald erscheinen. Sie schrieb wieder und redete mir sehr zu, auch nach Berlin zu kommen, wenigstens für die Sommerferien. Von Juli bis Oktober hätte ich doch Zeit, ganze drei Monate. Ein Freund von ihr, ein Verleger, würde mich gern zu sich einladen, er brauche jemand, der ihm bei der Zusammenstellung von Material für ein Buch behilflich sein könne. Ich könne es spielend mit den Leuten dort aufnehmen, und sie hätte so viel zu erzählen, daß auch drei Monate dafür nicht ausreichen würden.

Die Briefe wurden häufiger und dringlicher, je näher der Sommer rückte. Ob ich denn immer in die Berge fahren müsse? Die dürfte ich schon endlich kennen, und was gäbe es Langweiligeres als Berge? Berge hätten die schreckliche Eigenschaft, sich nie zu verändern, die würden mir also nicht davonlaufen. Aber ob Berlin noch lange so interessant bleiben würde, wie es eben jetzt sei, das sei doch eine große Frage. Und was solle sie machen, wenn sie keine Gedichte mehr habe? Niemand könne das so gut wie ich, es sei gar keine Arbeit, wir seien einfach zusammen und sprächen und plötzlich seien die Gedichte da. Ob ich es wirklich übers Herz bringen könne, sie dort verhungern zu lassen, wenn sie endlich die Möglichkeit habe, von ihren Gedichten zu leben?

Wahrscheinlich dachte sie wirklich auch an die Übersetzung ihrer Gedichte, aber ich glaube, es war ihr noch mehr an unseren Gesprächen gelegen, daß sie mir alles sagen konnte, nach Herzenslust spotten, ohne sich's mit ihren Freunden dort zu verderben. Wie sollte sie es fertigbringen, über so unendlich vieles zu schweigen. Einmal schrieb sie, ich würde in der Zeitung nächstens die schreckliche Nachricht von der Explosion einer schweigsamen Dichterin in Berlin lesen, wenn ich nicht bald käme.

Ihre Briefe waren so dosiert, daß sie auffällig etwas verschwiegen: was man nicht schreiben könne, das werde sie mir mündlich in Berlin erzählen. Es gäbe da die aufregendsten und absonderlichsten Dinge, man könne nicht glauben, was man mit eigenen Augen sehe.

Meine Neugier wuchs mit jedem ihrer Briefe. Kein Mensch kam darin vor, der nicht für irgend etwas berühmt war. Von den Dichtern, die sie nannte, hatte ich noch kaum etwas gelesen, doch wußte ich wie jeder, wer sie waren. Mehr als alle Dichter bedeutete mir George Grosz. Die Vorstellung, daß ich ihn sehen würde, war für mich bestimmend.

Am 15. Juli 1928, das Semester war eben zu Ende gegangen, fuhr ich über den Sommer nach Berlin.

Teil 4

Das Gedränge der Namen

Berlin 1928

Die Brüder

Wieland Herzfelde hatte eine Dachwohnung im Hause Kurfürstendamm 76. Das Haus lag mitten im Trubel, aber so hoch oben schien es ruhig, da dachte man wenig an den Lärm. Für den Sommer wohnte er mit seiner Familie in Nikolassee draußen, einen Teil der Stadtwohnung hatte er vermietet, einen weiteren Teil stellte er mir für die Arbeit zur Verfügung. Ich bekam ein kleines Schlafzimmer und gleich daneben ein Arbeitszimmer mit einem schönen, runden Tisch. Da lag alles aufgehäuft, was ich für die Arbeit brauchte. So blieb ich, was mir sehr lieb war, ungestört. Ich mußte nicht in den Verlag, wo es eng und laut war. Er kam auf ein paar Stunden vom Verlag zu mir und besprach mit mir, was er vorhatte. Es war ihm um eine Biographie Upton Sinclairs zu tun, der zu dieser Zeit seinen 50. Geburtstag feierte. Der Malik Verlag war dafür bekannt, daß er die Zeichnungen von George Grosz herausbrachte. Aber er war auch an der neuen russischen Literatur interessiert, und nicht nur an der neuen. Neben einer Gesamtausgabe von Gorki erschien auch eine von Tolstoi, dann gab er vor allem Autoren heraus, die erst seit der Revolution bekannt geworden waren. Für mich war der wichtigste Isaak Babel, den ich nicht weniger bewunderte als George Grosz.

Nun hatte aber der Malik Verlag nicht nur einen guten Namen, er hatte auch das Glück eines äußeren Erfolgs, und das verdankte er seinem Hauptautor Upton Sinclair. Seit seinen Enthüllungen über die Schlachthäuser von Chikago war er zu einem der gelesensten Autoren Amerikas geworden. Er schrieb sehr viel und bemühte sich, immer neue Gegenstände zu finden, die es wert waren, von ihm an den Pranger gestellt zu werden. Es war kein Mangel daran, er war fleißig und mutig, jedes Jahr kam ein neues Buch von ihm heraus, sie wurden immer dicker. Man sprach, besonders in Europa, mit Respekt von Sinclair. Zu dieser Zeit, um seinen 50. Geburtstag, gab es schon so viel Bücher von ihm, daß sie ihrem Umfang nach für das Lebenswerk eines anderen ausgereicht hätten. Es ist auch erwiesen, daß sein Chikago-Buch zur Behebung einiger Mißstände in den Schlachthäusern führte. Nicht weniger wichtig für seine Reputation war die Tatsache, daß die moderne ametikanische Literatur, die die Welt erobern sollte, noch im Entstehen war. Upton Sinclairs Ruhm war ein ›materieller‹ Ruhm, er war an die Materie Amerika gebunden, und es ist nicht ohne Bedeutung, daß gerade er, der so ungefähr alles angriff, der eigentliche ›muck-raker‹ Amerikas, das Interesse an seinem Lande am weitesten verbreitete, ja zur Mode ›Amerika‹, die damals in Berlin grassierte, der Brecht wie George Grosz und andere verfallen waren, das meiste beitrug. Dos Passos, Hemingway, Faulkner, Schriftsteller unvergleichlich höheren Ranges, taten ihre Wirkung erst später.

Es war damals, im Sommer 1928, Wieland Herzfelde nicht zu verdenken, daß er Upton Sinclair ernst nahm und gar eine Biographie über ihn schreiben wollte. Da er mit seinem Verlag sehr beschäftigt war, brauchte er eine Hilfe für diese Arbeit und lud mich auf Ibbys Empfehlung für die Sommermonate nach Berlin zu sich ein.

Da war ich also in Berlin, ich ging keine zehn Schritte, ohne jemand zu begegnen, der berühmt war. Wieland kannte jeden und machte mich gleich mit jedem bekannt. Ich war hier niemand und war mir dessen wohl bewußt, ich hatte nichts getan, mit 23 bestand ich aus nichts als Zuversicht. Aber es war erstaunlich, wie man behandelt wurde: nicht mit Mißachtung, sondern mit Neugier, und ganz besonders nicht mit einem Verdammungsurteil. Ich selbst, seit vier Jahren unter dem Einfluß von Karl Kraus, war von all seinen Verachtungen und Verdammungen erfüllt und anerkannte nichts, das von Selbstsucht, Gier und Leichtfertigkeit bestimmt war. Alle Gegenstände der Verdammung waren von Kraus vorgeschrieben. Es war einem nicht einmal erlaubt, sie ins Auge zu fassen, denn das hatte er schon für einen besorgt und entschieden. Es war ein *sterilisiertes* geistiges Leben, das man so in Wien führte, eine besondere Art von Hygiene, die einem jede Vermischung verbot. Kaum war etwas allgemein, kaum war es in die Zeitungen geraten, war es schon verfemt und unberührbar.

Und plötzlich nun das Gegenteil davon in Berlin, wo Berührungen jeder Art, unaufhörliche, zum eigentlichen Lebensinhalt geworden waren. Diese Art der Neugier muß mir entsprochen haben, ohne daß ich es gewußt hatte, ich gab ihr naiv und in aller

Unschuld nach, und so wie ich bald nach der Ankunft in Wien in den Rachen der Tyrannis hineinspaziert war, wo ich von allen Versuchungen hübsch ferngehalten wurde, so war ich nun in Berlin für einige Wochen wehrlos dem Sündenbabel ausgeliefert. Immerhin war ich nicht allein, ich hatte zwei Führer und sie waren voneinander so verschieden, daß sie mir zur doppelten Hilfe wurden: Ibby und Wieland.

Wieland kannte jeden, weil er schon lange da war. Er war noch vor dem Krieg, als 17jähriger, nach Berlin gekommen und hatte die Freundschaft der Else Lasker-Schüler gewonnen. Durch sie lernte er die meisten Dichter und Maler kennen, besonders die Leute um den ›Sturm‹. Er schuldete ihr noch mehr, den Namen des Verlages nämlich, den er als 21jähriger, mit Grosz und seinem Bruder zusammen gründete, und es ist nicht nur meine Meinung, daß der exotische Name Malik für das Bekanntwerden des Verlags von Bedeutung war. Zu jedermanns Staunen hatte sich Wieland als guter Geschäftsmann entpuppt. Seine Tüchtigkeit stand in solchem Gegensatz zu seiner knabenhaften Frische, daß sie ein wenig unglaubhaft wirkte. Er war nicht wirklich ein Abenteurer, gewann aber viele durch die Abenteuerlust, die man ihm zutraute. Er kam Menschen rasch nahe, wie ein Kind, verfiel ihnen aber nicht und löste sich leicht wieder. Man hatte nicht das Gefühl, daß er ganz zu jemand gehörte. Er hätte jederzeit, so schien es einem, auf und davon gehen können. Man hielt ihn für ungebunden und fragte sich, woraus er seine Kraft beziehe. Denn er war immer auf dem Sprung, agil und rege, von keinem überflüssigen Wissen belastet, üblicher Bildung abgeneigt, durch Schnuppern informiert, nicht durch abstrakten Lesefleiß, aber dann, wenn es darum ging, etwas herauszubringen, erstaunlich genau, plötzlich eigensinnig wie ein Alter. Beide Haltungen, die knabenhafte und die eines erfahrenen Alten, liefen gleichzeitig nebeneinanderher und sprangen alternierend dort ein, wo sie ihm angebracht schienen.

Einen Menschen gab es, der mehr als sein Angehöriger war. Mit diesem verband ihn eine Nabelschnur, die vielleicht gar nicht so geheim war, aber man bemerkte sie lange nicht, weil die Verschiedenheit der beiden so Verbundenen so groß war, als stammten sie von getrennten Planeten: John Heartfield, sein Bruder, der um fünf Jahre älter war. Wieland war gern weich und gerührt, man hätte ihn für sentimental halten können, was er aber nur zeitweilig war. Er hatte verschiedene Tempi zur Verfügung, die ihm alle natürlich waren, und nur eines davon, das der Rührung, war ein langsames. Heartfield war immer rasch, seine Reaktionen so spontan, daß sie ihn übermannten, er war mager und sehr klein, und wenn ihm etwas einfiel, sprang er in die Höhe. Er sagte seine Sätze heftig, als fiele er einen mit seinem Sprung an, er summte dann zornig wie eine Wespe um einen herum. Das erstemal erlebte ich das mitten auf dem Kurfürstendamm: ich ging ahnungslos zwischen ihm und Wieland und versuchte diesem, der mich danach gefragt hatte, etwas über Termiten zu erklären: »Sie sind ganz blind«, sagte ich, »und bewegen sich nur in unterirdischen Gängen« – da sprang John Heartfield neben mir hoch und zischte mich an, als wäre ich an der Blindheit der Termiten schuld, vielleicht auch, als hätte ich sie wegen ihrer Blindheit verklagt: »Du Termite du! Selbst eine Termite!« und nannte mich seither nie anders als ›Termite‹. Damals erschrak ich, ich dachte, ich hätte ihn beleidigt, ich wußte nicht womit, ich hatte doch nicht ihn als Termite bezeichnet. Es dauerte eine Weile, bis ich erkannte, daß er auf alles, was ihm neu war, so reagierte. Es war seine Art zu lernen, er konnte nur aggressiv lernen und ich glaube, es ließe sich zeigen, daß das auch das Geheimnis seiner Montagen ist. Er brachte zusammen, er konfrontierte, woran er erst hochgesprungen war, und die Spannung dieser Sprünge ist in seinen Montagen erhalten.

John war, meine ich, der Unbedachteste aller Menschen. Er bestand aus spontanen und heftigen Augenblicken. Er dachte nur, wenn er mit einer Montage beschäftigt war. Da er nicht immer an etwas herumrechnete wie andere Menschen, blieb er frisch und cholerisch. Es war schon eine Art von Zorn, womit er reagierte, aber es war kein selbstsüchtiger Zorn. Er lernte nur von dem, was er als Angriff empfand, und um etwas Neues zu erfahren, mußte er's für einen Angriff halten. Andere lassen Neues an sich abgleiten oder schlucken es wie Sirup. John mußte es wütend schütteln, um es halten zu können, ohne es zu entkräften.

Erst allmählich kam ich drauf, wie unentbehrlich diese beiden Brüder füreinander waren. Wieland ktitisierte nie etwas an John. Er entschuldigte sein ungewöhnliches Verhalten nicht, er suchte es auch nicht zu erklären. Es war ihm selbstverständlich, und erst als er von seiner Kindheit sprach, begriff ich, was die beiden verband. Sie waren Waisenkinder, zu viert, zwei Brüder und zwei Schwestern, und waren von Zieheltern in Aigen bei Salzburg ins Haus genommen worden. Wieland hatte Glück mit den Zieheltern, Helmut, der Ältere (so hieß John, bevor er diesen englischen Namen annahm) hatte es schwerer. Sie waren sich immer dessen bewußt, daß sie ihre wirklichen Eltern nicht hatten, und schlossen sich sehr eng aneinander an. Wielands eigentliche Kraft war die Bindung an diesen Bruder. Zusammen faßten sie Fuß in Berlin. Aus Protest gegen den Krieg hatte Helmut seinen Namen offiziell in John Heartfield ändern lassen. Es gehörte Mut dazu, da das noch im Krieg geschah. George Grosz, auf den sie damals stießen, wurde beiden ein gleich naher Freund. Als der Malik Verlag gegründet wurde, war es selbstverständlich, daß John Heartfield die Umschläge für die Bücher entwarf. Sie hatten ihre Familien, sie lebten getrennt, sie bedrängten und beengten einander nicht, aber es gab sie zugleich, im turbulenten, unerhört aktiven Berliner Leben waren beide zusammen da.

Brecht

Das erste, was mir an Brecht auffiel, war die Verkleidung. Ich wurde mittags zu Schlichter geführt, das Restaurant, in dem das intellektuelle Berlin verkehrte. Da kamen besonders viele Schauspieler hin, dieser und jener wurde einem gezeigt, man erkannte sie auf der Stelle, durch die Illustrierten gehörten sie zum Bild, das man sich von öffentlichen Dingen machte. Es ist aber zu sagen, daß an ihrer Erscheinung, an Begrüßungen und Bestellungen, an Herunterschlingen, Schlucken, Zahlen nicht übermäßig viel Theater war. Es war ein buntes Bild, aber ohne die Buntheit der Bühne. Der einzige, der mir unter allen *auffiel*, und zwar durch seine proletarische Verkleidung, war Brecht. Er war sehr hager, er hatte ein hungriges Gesicht, das durch die Mütze etwas schief wirkte, seine Worte kamen hölzern und abgehackt, unter seinem Blick fühlte man sich wie ein Wertgegenstand, der keiner war, und er, der Pfandleiher, mit seinen stechenden schwarzen Augen, schätzte einen ab. Er sagte wenig, über das Ergebnis der Schätzung erfuhr man nichts. Unglaublich schien es, daß er erst dreißig war, er sah nicht aus, als wäre er früh gealtert, sondern als wäre er immer alt gewesen.

Die Vorstellung eines alten Pfandleihers hat mich in jenen Wochen nicht losgelassen. Sie verfolgte mich schon darum, weil sie so widersinnig schien. Sie wurde dadurch gespeist, daß Brecht nichts so hochhielt wie Nützlichkeit und auf jede Weise merken ließ, wie sehr er ›hohe‹ Gesinnungen verachtete. Er meinte eine praktische, eine handfeste Nützlichkeit und hatte darin etwas Angelsächsisches, in der amerikanischen Spielform. Der Kult des Amerikanischen hatte damals Wurzeln geschlagen, besonders bei den Künstlern der Linken. An Lichtreklamen und Autos tat es Berlin New York gleich. Für nichts verriet Brecht soviel Zärtlichkeit wie für sein Auto. Die Bücher Upton Sinclairs, die Mißstände aufdeckten, hatten eine zwiespältige Wirkung. Wohl teilte man die Gesinnung, die diese Mißstände geißelte, aber das amerikanische Lebenssubstrat, aus dem auch sie hervorwuchsen, nahm man zu gleicher Zeit als Nahrung in sich auf und hängte seine Wünsche an sein Umsichgreifen und seine Zunahme. Es traf sich auch, daß Chaplin damals in Hollywood war, und seinem Erfolg, selbst in dieser Atmosphäre, konnte man mit gutem Gewissen applaudieren.

Zu den Widersprüchen in der Erscheinung Brechts gehörte, daß er in seinem Aussehen auch etwas Asketisches hatte. Der Hunger konnte auch als Fasten erscheinen, als enthalte er sich mit Absicht der Dinge, die Gegenstand seiner Gier waren. Ein Genießer war er nicht, er fand im Augenblick nicht Genüge und breitete sich in ihm nicht aus. Was er sich holte (und er holte sich von rechts und links, von hinten und vorn zusammen, was ihm dienlich sein konnte), mußte er sogleich verwenden, es war sein Rohmaterial und er produzierte damit unaufhörlich. So war er einer, der immer etwas fabrizierte, und das war das Eigentliche, worauf er aus war.

Die Reden, mit denen ich Brecht reizte, ganz besonders die Forderung, daß man nur aus einer Gesinnung heraus schreiben dürfe und nie für Geld, mußten im damaligen Berlin geradezu lächerlich erscheinen. Er wußte sehr wohl, was er wollte, und war so sehr von seiner Absicht bestimmt, daß es gar nicht darauf ankam, ob er auch Geld dafür nahm. Es war im Gegenteil nach einer Zeit materieller Bedrängnis als Zeichen von Erfolg zu werten, wenn er Geld bekam. Er wußte Geld sehr wohl zu schätzen, wichtig war nur, *wer* es war, der es bekam, und nicht, woher es stammte. Er war sicher, daß nichts ihn von seiner

Absicht abbringen könnte. Wer ihm dabei half, war auf seiner Seite (oder er schnitt sich ins eigene Fleisch). Berlin wimmelte von Mäzenen, sie gehörten zur Szenerie. Er benutzte sie, ohne ihnen zu verfallen.

Die Reden, mit denen ich ihn belästigte, wogen weniger als ein Faden dagegen. Ich sah ihn kaum allein. Immer war Ibby dabei, deren Witz er für Zynismus hielt, wie es ihm entsprach. Er merkte, daß sie mich mit Respekt behandelte, nie schlug sie sich auf seine Seite; es reizte ihn, mich zu erschrecken oder mit Hohn zu bewerfen, während sie mich in seiner Gegenwart um eine Auskunft befragte. Es kam vor, daß er in irgendeiner unwichtigen Sache einen Fehler machte, dann ließ sie sich durch ihn nicht beirren und nahm meine Auskunft an, schloß sie als endgültig ins Gespräch ein, ohne mit der Wimper zu zucken, allerdings auch ohne Spott, der sich nun gegen ihn gerichtet hätte. Daran, daß sie in seiner Gegenwart nicht über ihn spottete, mußte er erkannt haben, daß ihr der Umgang mit ihm nicht gleichgültig war. Auf ihre Weise war sie der penetranten Avantgarde-Atmosphäre um ihn erlegen.

Er hielt wenig von Menschen, aber er nahm sie hin, er achtete die, die ihm beharrlich nützlich waren, die anderen beachtete er, soweit sie seine etwas monotone Auffassung von der Welt bekräftigten. Diese war es, die den Charakter seiner Dramen mehr und mehr bestimmte, während er in den Gedichten so lebendig wie keiner seiner Zeit begann und später – doch das gehört noch nicht hierher – mit Hilfe der Chinesen zu einer Art Weisheit fand.

Es wird überraschend klingen, wenn ich sage, wieviel ich ihm, bei aller Feindschaft, die ich gegen ihn empfand, zu verdanken habe. Zur selben Zeit, in der es – beinahe täglich – zu kurzen Zusammenstößen mit ihm kam, las ich die ›Hauspostille‹. Von diesen Gedichten war ich hingerissen, ich nahm sie, ohne an ihn zu denken, in einem Zug auf. Es gab Dinge darunter, die mir durch Mark und Bein gingen, wie die ›Legende vom toten Soldaten‹ oder ›Gegen Verführung‹, aber auch anderes: ›Erinnerung an die Marie A.‹, ›Vom armen B. B.‹. Vieles, das meiste traf mich. In Staub und Asche versank, was ich selber geschrieben hatte. Es wäre zuviel, zu sagen, daß ich mich dafür schämte, es war einfach nicht mehr vorhanden, nichts blieb davon übrig, nicht einmal Scham.

Seit drei Jahren speiste sich mein Selbstbewußtsein aus den

Gedichten, die ich schrieb. Ich hatte sie niemand außer Veza gezeigt, aber ihr zeigte ich beinahe jedes. Ihre Aufmunterung hatte ich ernst genommen, ihrer Meinung vertraut. Von manchen war ich so erfüllt gewesen, daß ich mir weit wie der Weltraum vorkam. Ich hatte alles mögliche andere, nicht nur Gedichte geschrieben, aber diese waren es, was für mich zählte – neben der Absicht zu einem Buch über die Masse. Doch das war noch Absicht, das konnte Jahre dauern, und jetzt jedenfalls war kaum etwas davon da, ein paar Aufzeichnungen und Vorarbeiten, manches, was ich in Hinsicht darauf gelernt hatte, aber das Gelernte war nicht das eigene, das sollte erst entstehen. Für das eigene hatte ich die vielen abgeschlossenen Stücke, kurze und lange Gedichte gehalten, und jetzt war das alles mit einem Schlag zertrümmert. Ich hatte kein Mitleid für das Zeug, ich kehrte es ohne jedes Bedauern weg, Schutt und Staub, und ich lobte mir nicht den Mann, der die wahren Gedichte geschrieben hatte, von seinem Zwang zur Verkleidung bis zu seiner hölzernen Sprache stieß mich alles an ihm ab, aber ich bewunderte, ich liebte die Gedichte.

So groß war meine Abneigung gegen seine Person, daß ich ihm kein Wort über die Gedichte sagte, wenn ich ihn sah. Bei seinem Anblick, ganz besonders aber bei seinen gesprochenen Sätzen packte mich jedesmal die Wut. Ich ließ sie mir nicht anmerken, so wenig wie die Begeisterung über die ›Hauspostille‹. Kaum hatte er einen zynischen Satz von sich gegeben, erwiderte ich mit einem strengen, hochmoralischen. Einmal sagte ich – in jenem Berlin muß es komisch geklungen haben –, daß ein Dichter sich *abschließen* müsse, um etwas zu machen. Er brauche Zeiten in der Welt und Zeiten *außer* ihr, in stärkstem Kontrast zueinander. Brecht sagte, er habe das Telefon immer auf dem Tisch und könne nur schreiben, wenn es oft läute. Eine große Weltkarte hänge vor ihm an der Wand, auf die schaue er hin, um nie aus der Welt zu sein. Ich gab nicht nach und, zerschmettert wie ich war von der Einsicht in die unnütze Erbärmlichkeit meiner Gedichte, bestand ich dem Manne gegenüber, der die besten Gedichte schrieb, auf meinen Ratschlägen. Die Moral war eines und die Sache war etwas anderes, und wenn er zugegen war, der nur auf die Sache etwas gab, zählte für mich nichts als die Moral. Ich hielt mich über die Reklamen auf, von denen Berlin verseucht war. Ihn störten sie nicht, im Gegenteil,

Reklame habe ihr Gutes. Er habe ein Gedicht über Steyr-Autos geschrieben und dafür ein Auto bekommen. Das war für mich, als käme es aus dem Munde des Teufels. Mit diesem Geständnis, das er wie eine Prahlerei vorbrachte, schlug er mich nieder und brachte mich zum Schweigen. Kaum hatten wir ihn verlassen, sagte Ibby: »Er fährt gern Auto«, als wäre es nichts. Mir – überspannt wie ich war – kam er vor wie ein Mörder, ich hatte die ›Legende vom toten Soldaten‹ im Kopf, und er hatte sich an einem Preisausschreiben für Steyr-Autos beteiligt! »Er schmeichelt seinem Auto jetzt auch«, sagte Ibby, »er spricht von ihm wie von einer Geliebten. Warum soll er ihm nicht *vorher* schmeicheln, um es zu bekommen?«

Ibby gefiel ihm, ihre witzige, unsentimentale Art, die in solchem Gegensatz zu ihrem blühend-ländlichen Aussehen stand, ließ er gelten. Sie störte ihn auch durch keinen Anspruch, sie wetteiferte mit niemandem, als Pomona war sie in Berlin aufgetaucht und konnte jeden Augenblick wieder verschwinden. Da war mein Fall ein anderer, ich kam mit hohen Tönen aus Wien, der Reinheit und Strenge von Karl Kraus verschrieben, dem ich nach seinem Plakat zum 15. Juli im vergangenen Jahr mehr als je verfallen war. Auch behielt ich seinen stärkenden Pomp nicht für mich, ich *mußte* damit herausrücken. Zwei, drei Jahre waren es erst her, daß ich den häuslichen Geld-Reden entkommen war, die Zeit ihrer Wirkung war durchaus noch nicht vorüber: ich sah Brecht kein einziges Mal, ohne meine Verachtung für Geld zu äußern. Ich *mußte* meine Fahne hochziehen und Farbe bekennen: man schrieb nicht für Zeitungen, man schrieb nicht für Geld, für jedes Wort, das man schrieb, stand man mit der ganzen Person ein. Das irritierte Brecht aus mehr als einem Grund: ich hatte nichts veröffentlicht, er hatte nie etwas von mir gehört, hinter meinen Worten steckte für ihn, der viel auf Realitäten gab, nichts. Da mir niemand etwas angeboten hatte, hatte ich nichts refüsiert. Keine Zeitung hatte mir vorgeschlagen, für sie zu schreiben, also hatte ich auch keiner widerstanden. »Ich schreibe nur für Geld«, sagte er trocken und gehässig. »Ich habe ein Gedicht über Steyr-Autos geschrieben und dafür ein Steyr-Auto bekommen.« Da war es wieder, es kam häufig vor, er war stolz auf dieses Steyr-Auto, das er zuschanden fuhr. Nach einem Unfall, den er damit hatte, verstand er es, sich durch einen Reklametrick wieder ein neues zu verschaffen.

Aber meine Situation war noch komplizierter, als man nach dem Bisherigen denken könnte, denn der Mann, der mir Glaube und Gesinnung war, den ich unter allen Menschen auf der Welt am höchsten verehrte, ohne dessen Zorn und Eifer ich nicht hätte leben mögen, dem mich zu nähern ich nie gewagt hätte (ein einziges Mal nur, nach dem 15. Juli, hatte ich ein Gebet an ihn gerichtet, keine Bitte, ein Dankgebet, und nahm nicht einmal an, daß er's erhören könnte) – Karl Kraus also war zu dieser Zeit in Berlin und er war mit Brecht befreundet, den er häufig sah, und durch Brecht lernte ich ihn, einige Wochen vor der Premiere der ›Dreigroschenoper‹ kennen. Ich sah ihn nicht allein, immer in Gesellschaft von Brecht und anderen, die an dieser Aufführung interessiert waren. Ich richtete nicht das Wort an ihn, ich scheute mich, ihn merken zu lassen, wieviel er mir bedeutete. Seit dem Frühjahr 1924, seit meiner Ankunft in Wien, war ich in jeder seiner Vorlesungen gewesen. Aber das wußte er nicht, und selbst wenn Brecht, der sicher spürte, was es bei mir geschlagen hatte, eine spaßhafte Bemerkung darüber zu ihm gemacht hatte (was nicht sehr wahrscheinlich war), so ließ er sich doch nichts anmerken. Auf jenen überschwenglichen Dankbrief für sein Plakat nach dem 15. Juli hatte er nicht geachtet, mein Name sagte ihm nichts, er mußte zahllose ähnliche Briefe bekommen und weggeworfen haben.

Es war mir viel lieber, daß er nichts von mir wußte. Ich saß neben Ibby in der Runde und verhielt mich still. Ich war erdrückt von der Vorstellung, am Tische eines Gottes zu sitzen. Mir war ungewiß zumute, als hätte ich mich eingeschlichen. Er war ganz anders, als ich ihn von den Vorlesungen her kannte. Er schleuderte keine Blitze, er verdammte niemand. Von allen, die da saßen – es mögen an die zehn oder zwölf Leute gewesen sein –, war er der Höflichste. Er behandelte jeden, als sei er ein ungewöhnliches Wesen, und klang fürsorglich, als versichere er ihn seines besonderen Schutzes. Man fühlte, daß niemand seiner Beachtung entging, so büßte er nichts von der Allwissenheit ein, die man ihm zudachte. Doch stellte er sich mit Absicht hinter den andern zurück, einer unter Gleichen, friedlich, auf ihre Empfindlichkeiten bedacht. Wie ungezwungen er lächeln konnte, mir war zumute, als ob er sich verstelle. Von unzähligen Rollen, in denen ich ihn gehört hatte, wußte ich, wie leicht es ihm fiel, sich zu verstellen, doch war die, in der ich ihn jetzt erlebte, die eine, die ich nie erwartet hätte, und er hielt sie durch, während einer Stunde oder länger blieb sie dieselbe. Ich erwartete Ungeheures von ihm, und es kamen Artigkeiten. Jeden am Tische behandelte er mit Zartgefühl, aber mit Liebe, als wäre er sein Sohn, behandelte er Brecht, das junge Genie – sein *erwählter* Sohn.

Das Gespräch ging um die ›Dreigroschenoper‹, die noch nicht so hieß, ihr Name wurde in diesem Kreis beraten. Viele Vorschläge wurden gemacht, Brecht hörte sich's ruhig an, gar nicht so, als wäre es sein Stück, und daß er sich die letzte Entscheidung vorbehielt, war ihm während dieses Gesprächs kaum anzumerken. Es wurden so viele Vorschläge gemacht, daß ich mich nicht mehr darauf besinnen kann, wer welche machte. Karl Kraus hatte einen Vorschlag, den er ohne Herrschsucht vertrat, er warf ihn fragend in die Debatte ein, als zweifle er daran. Er wurde sofort von einem anderen, besseren verdrängt, der sich aber auch nicht behauptete. Ich weiß nicht, von wem der schließliche Titel kam, es war Brecht selbst, der ihn vorbrachte, aber vielleicht hatte er ihn auch von einem anderen, der nicht zugegen war, und wollte hören, wie die Anwesenden darüber dachten. In seiner Freiheit von Abgrenzungen und Besitzmarkierungen war er bei der Arbeit erstaunlich.

Ecce Homo

»Wir gehen jetzt zu Grosz«, sagte Wieland. Ich glaubte es nicht ganz, daß man da einfach hingehen könne. Wieland wollte etwas bei ihm holen, das er für den Verlag brauchte, aber er wollte mich auch beeindrucken, denn er hatte gleich bemerkt, daß es *eine* Figur in Berlin gab, auf deren Bekanntschaft ich brannte. Es machte ihm Spaß, mir alles hinzuhalten, was Berlin zu bieten hatte. Meine Unerfahrenheit war ihm nicht unsympathisch. Sie erinnerte ihn an seine eigene, als er zuerst hierhergeraten war. Er war nicht herrschsüchtig wie Brecht, der immer von Adepten umgeben war. Brecht wollte als abgebrüht gelten und muß früh damit begonnen haben. Nur älter sein als man ist, ja nicht jung scheinen, Unschuld war ihm etwas Verächtliches, er haßte Unschuld, die er mit Dummheit gleichsetzte. Er wollte niemandes Opfer sein, und immer, als es längst nichts mehr zu beweisen gab, trug er seine Frühreife zur Schau, ein Schüler, der seine erste Zigarre raucht und andere, denen er Mut machen will, um sich versammelt. Wieland aber war in die Unschuld seiner Kindheit verliebt und sah sie als Idylle. Es gelang ihm, sich im Zynismus Berlins zu behaupten. Wehrlos war er gar nicht, er hatte alle nötigen Griffe zur Hand und erwies seine Tüchtigkeit im sogenannten Lebenskampf, für den man Härte, aber vor allem Gleichgültigkeit braucht. Aber er vermochte sich nur zu behaupten, indem er am Bild des unschuldigen Waisenknaben festhielt, der er gewesen war. Er konnte davon sprechen, als wäre er's noch. Während der Arbeit verfielen wir manchmal in solche Gespräche, und so gehetzt das Leben eines Menschen in Berlin eigentlich war – wenn wir am runden Tisch in jenem Zimmer seiner Dachwohnung saßen, kamen wir oft von Upton Sinclair, dem Gegenstand dieser Arbeit, ab und wandten uns dem jüngeren Wieland zu. Auch der jetzige war nicht mehr als 32 Jahre alt, aber es schien ein großer Sprung zu Wieland, wie er 15 Jahre früher war.

Er zeigte mir alles, die Leute nämlich, die es in Berlin zu sehen gab, als sei er's selber, der zum erstenmal nach Berlin gekommen sei, und freute sich an meinem Staunen, ohne es zu genau zu beobachten, denn es ging ihm dabei weniger um mich, sondern um sich selber, wie er in meinen Jahren gewesen war. Es kam mir zugute, daß er mich nirgends demütigte: überall führte er mich als ›Freund und Mitarbeiter‹ ein. Dabei kannte ich ihn erst wenige Tage, und gearbeitet hatte ich noch nichts. Er verlangte keine Legitimation von mir, er wollte nichts von mir lesen, vielleicht wäre es ihm lästig gewesen, etwas von mir zu lesen (es ist verwunderlich zu denken, daß er, der Verleger, den ich am besten und intimsten kennenlernte, nie, auch später nicht, der Verleger meiner eigenen Sachen wurde). Es genügte ihm, daß wir miteinander sprachen. Manches hatte er von Ibby gehört, manches erzählte ich ihm selbst, am wichtigsten war ihm, daß er mir, in *seinem* Berlin, von seinen Unschuldigkeiten erzählen konnte, seiner Liebe zu seiner Jugend, und daß ich ihm zuhörte. So gewann ich ihn durch Zuhören und ich kann nicht einmal sagen, daß ich es aus Schlauheit tat, ich hörte gern zu, ich habe immer gern zugehört, wenn Menschen von sich sprechen, diese scheinbar ruhige, passive Neigung ist so heftig, daß sie meine innerste Vorstellung von Leben ausmacht. Tot werde ich sein, wenn ich nicht mehr höre, was mir einer von sich erzählt.

Warum erwartete ich soviel von Grosz? Was bedeutete er mir? Seit Frankfurt, als ich in der Auslage der Jugendbücherstube Bücher von ihm sah, seit sechs Jahren also, bewunderte ich diese Zeichnungen und trug sie im Kopf mit mir herum, sechs junge Jahre sind eine lange Zeit. Auf den ersten Blick hatten diese Zeichnungen in mich eingeschlagen. So, genau so war mir damals zumute, nach den Dingen, die ich in der Inflation um mich sah, nach dem Besuch des Herrn Hungerbach, nach den tauben Ohren der Mutter, die sich weigerte, von irgend etwas, das um uns geschah, Notiz zu nehmen. Mir gefiel, daß es stark und rücksichtslos war, was man auf diesen Zeichnungen sah, schonungslos und furchtbar. Da es extrem war, hielt ich es für die Wahrheit. Eine vermittelnde, eine abschwächende, eine erklärende und entschuldigende Wahrheit war für mich keine. Daß es solche Figuren gab, wußte ich, ich wußte es seit der Kindheit in Manchester, als ich den Oger zum Feind einsetzte, der er dann immer für mich blieb. Als ich nicht lange danach Karl Kraus in Wien hörte, war die Wirkung dieselbe. Nur daß ich als Wortmensch Karl Kraus nachzuahmen begann, von ihm konnte ich besonders das Hören, bis zu einem gewissen Grade aber auch (und nicht ohne einiges Widerstreben) die Rhetorik der Anklage lernen. George Grosz imitierte ich nie, Zeichnen war mir immer versagt gewesen. Wohl suchte ich und fand in der Wirklichkeit seine Figuren, aber es blieb immer der Abstand zu einem anderen Medium. Sein Können war für mich unerreichbar: er sprach in einer anderen Sprache, die ich zwar verstand, doch würde es mir immer versagt sein, sie zu eigenem Gebrauch zu erlernen. Das bedeutete, daß er mir nie ein Vorbild wurde – ein Gegenstand größter Bewunderung, aber nie ein Vorbild.

Als ich zum erstenmal bei ihm eintrat, stellte mich Wieland, wie es seine Art war, als ›Freund und Mitarbeiter‹ vor. Das hatte die Wirkung, daß ich mir nicht *zu* klein vorkam. Ich bedachte nicht, daß Grosz alle Freunde Wielands gut kannte und schon darum wissen mußte, daß ich keiner von ihnen war. Ich war plötzlich da, es war nie von mir die Rede gewesen, Ibby hatte meine baldige Ankunft aus Wien angekündigt, das war alles. Über Unsicherheiten dieser Art war ich aber bald hinweg, denn er begann uns beiden Sachen von sich zu zeigen. Ich war nah bei Dingen, die eben entstanden waren. Grosz war es gewohnt, Wieland seine Zeichnungen zu zeigen, der sie veröffentlicht und bekannt gemacht hatte. Zusammen hatten sie sie ausgesucht und Wieland fand Namen dafür. Auch jetzt fielen, wie aus Gewohnheit, Namen. Wieland liebte es, rasch welche zu sagen. Es wurde darüber nicht diskutiert, Grosz pflegte die Titel Wielands hinzunehmen, sie hatten ihm Glück gebracht.

Er war in Tweed gekleidet, im Gegensatz zu Wieland kräftig und gebräunt und sog an seiner Pfeife. Er wirkte wie ein junger Kapitän, kein englischer, er redete viel, eher ein Amerikaner. Da er überaus offen und herzlich war, empfand ich seine Tracht nicht als Verkleidung. Ich fühlte mich frei vor ihm und ließ mich gehen, von allem, was er zeigte, war ich begeistert. Er freute sich darüber, als ob es auf meine Begeisterung ankäme, nickte Wieland manchmal zu, wenn ich etwas über ein Blatt sagte. Ich spürte, daß ich das Richtige traf, und während ich vor Brecht den Mund nicht auftun konnte, ohne ihn zu Hohn zu reizen, weckte ich bei Grosz Interesse und Wohlgefallen. Er fragte mich, ob ich die ›Ecce Homo‹-Mappe kenne, ich sagte nein, sie war verboten. Er ging zu einer Truhe, hob den Deckel und entnahm ihr eine Mappe, die er mir so, als wäre es gar nichts Besonderes, überreichte. Ich dachte, sie sei zum Anschauen, und schlug die Mappe auf, wurde aber gleich eines Besseren belehrt: das könne ich zuhause tun, die Mappe sei ein Geschenk. »Das kriegt auch nicht jeder«, sagte Wieland, der die impulsive Art seines Freundes kannte, aber er hätte es gar nicht zu sagen brauchen, kein Akt der Großherzigkeit eines Menschen ist mir je entgangen, und von diesem war ich überwältigt.

Ich legte die Mappe hin, um nicht in komische Glücksbewegungen mit ihr zu verfallen, und hatte meinen Dank noch nicht zu Ende gesprochen, als ein Besucher erschien: es war der letzte Mensch, den ich mir jetzt gewünscht, den ich erwartet hätte, es war Brecht. Er kam mit allen Zeichen des Respekts, ein wenig gebückt, er brachte ein Geschenk für Grosz, einen Bleistift, einen ganz gewöhnlichen Bleistift, den er ihm nachdrücklich und bedeutungsvoll auf den Zeichentisch legte. Grosz nahm diese bescheidene Huldigung hin und verwandelte sie in etwas Größeres. Er sagte: »Der Bleistift hat mir gefehlt. Den kann ich brauchen.« Ich fühlte mich durch den Besuch gestört, aber es tat mir wohl, daß ich Brecht so von einer anderen Seite erlebte. So war er, wenn er seine Billigung ausdrücken wollte, daß es auf so zurückhaltende und sparsame Weise geschah, machte es eindrucksvoller. Ich fragte mich, wie Grosz zu ihm stand, ob er ihn möge. Brecht blieb nicht lange, als er gegangen war, sagte Grosz nebenbei zu Wieland, so als sei es nicht für meine Ohren bestimmt: »Hat keine Zeit, das europäische Ragout.« Es klang nicht gehässig, nicht feindselig, vielleicht zweifelnd, so als habe er verschiedene Meinungen über ihn, die einander in die Quere kämen.

Unsere Wege trennten sich, als wir Grosz verließen, Wieland ging in den Verlag, ich ging in die Dachwohnung an meinen runden Tisch, wo die Arbeit an Upton Sinclairs Lebensdokumenten auf mich wartete. Gegen die Dinge gehalten, die er als ›muck-raker‹, als Schmutzaufwirbler, aufgedeckt hatte, erschien Sinclairs eigenes Leben langweilig. Das lag nicht an seinen Lebens*umständen*, er hatte es schwer gehabt, sondern an seinen geradlinigen Ansichten. Er war puritanisch durch und durch, und obwohl ich es selber war und eine Verwandtschaft mit ihm spüren mußte, obwohl ich seine Angriffe gegen schlimme Zustände, Erniedrigung und Ungerechtigkeit aus vollem Herzen billigte, fehlte seinen Attacken jeder satirische Glanz. So war es kein Wunder, daß ich mich nicht gleich an die Arbeit machte, sondern erst einmal die Ecce Homo-Mappe aufschlug: da fand sich alles, was einem an Upton Sinclair fehlte.

Die Mappe war als obszön verboten worden. Es läßt sich nicht leugnen, daß einem manches darin so vorkommen konnte. Ich nahm es alles mit einem merkwürdigen Gemisch von Entsetzen und Billigung hin. Es waren scheußliche Kreaturen des Berliner Nachtlebens, was man da zu sehen bekam, aber sie waren da, so dachte ich, weil sie als scheußlich empfunden wurden. Den Ekel, mit dem ich sie ansah, hielt ich für den Ekel des Künstlers. Noch wußte ich nur wenig davon, ich war erst etwa eine Woche da, einer der ersten Besuche hatte mich zu Grosz geführt. Mit Brecht hatte mich Ibby bei Schlichter bekanntgemacht, sie hielt ihn, schon weil er ein Dichter war, für das Interessanteste, was sie mir in Berlin zu bieten hatte. Da waren wir täglich wieder hingegangen, Ibby sah er gern, aber sie schleppte mich immer mit, und vielleicht hatte er mich auch deshalb zur Zielscheibe seines Hohns gemacht. Wieland ließ sich aber nicht lumpen, an Grosz lag mir viel mehr, und so war es, ich glaube am sechsten Tag nach meiner Ankunft, zu diesem Besuch bei ihm gekommen.

Jetzt hatte ich aber die Ecce Homo-Mappe mit nach Hause gebracht, sie legte sich zwischen mich und Berlin und färbte von da ab das meiste, besonders aber alles, was ich nachts sah. Vielleicht hätte es sonst länger gedauert, bis diese Dinge in mich eingedrungen wären. Mein Interesse an der Freiheit in sexuellen Dingen war noch immer nicht groß. Ich wurde jetzt durch diese unerhört harten und erbarmungslosen Darstellungen in sie hineingeworfen und hielt sie für wahr, es wäre mir nicht eingefallen, sie zu bezweifeln, und so wie man manche Landschaften nur noch mit den Augen bestimmter Maler sieht, so sah ich Berlin mit den Augen von George Grosz.

Ich war bei dieser ersten Betrachtung hingerissen und erschreckt zugleich, so sehr, daß ich mich nicht davon trennen mochte, als Ibby kam und die farbigen Aquarelle, die ich als lose Blätter in der Mappe vorgefunden hatte, über dem Tisch ausgebreitet sah. Sie hatte mich noch nie mit so etwas gesehen, es kam ihr komisch vor: »Du bist rasch ein Berliner geworden«, sagte sie, »in Wien warst du verrückt mit Totenmasken, und jetzt –«, sie breitete den Arm über die Blätter aus, so als hätte ich sie mit Vorsorge und Absicht auf dem Tisch versammelt. »Weißt du«, sagte sie, »der Grosz hat das gern. Wenn er betrunken ist, redet er von ›Schinken‹. Er meint Frauen und sieht einen dann so an. Ich tu, als ob ich nicht verstehe. Aber er singt ein Loblieb auf ›Schinken‹.« Ich war empört. »Das ist nicht wahr! Er haßt das! Darum sind die Sachen so gut. Glaubst du, ich würde das sonst anschauen.« »*Du* magst das nicht«, sagte sie, »ich weiß, ich weiß. Drum kann ich dir alles sagen. Aber er hat das gern! Warte, bis du ihn einmal betrunken siehst und er von ›Schinken‹ anfängt.«

Es gehörte zu Ibby, daß sie das sagen konnte. Sie sprach das Wort, ›Schinken‹ in diesem Zusammenhang aus, und es war nicht mißzuverstehen, was sie damit meinte: Grosz hatte, da er betrunken war, versucht, sich ihr zu nähern, und ein Loblied auf ihre Körperlichkeit angestimmt, das andere Frauen ihrer Art vielleicht beleidigt oder zumindest geärgert hätte. Das Wort bezog sich auf sie, sie wiederholte es und es klang so, als ob es sie in keiner Weise tangiere. Sie blieb unberührt davon, als wäre er ihr nie zu nahegetreten und alles, was sie daran interessierte, war der ungeschminkte Bericht darüber, den sie mir gab.

Dazu hatte sie mich in Berlin haben wollen, um mir alles zu sagen. Sie war von Männern verfolgt, wo immer sie erschien, kam es zu Anzüglichkeiten. Drei, vier Männer versuchten es zugleich, irgendeinem würde es gelingen. Rätselhaft wurde sie den Menschen, als es niemandem gelang. Es kam zu den abstrusesten Hypothesen, wie: sie sei gar keine Frau, sie sehe nur so aus, sie sei anders geraten, wahrscheinlich zusammengewachsen. Ein besonders Mißtrauischer, der zum Kreis von Brecht gehörte, Borchardt hieß er, erklärte sie zur Spionin. »Woher kommt sie? Plötzlich ist sie aufgetaucht. Wer ist sie? Sie ist bei allem dabei und hört sich alles an.« Sie lachte darüber und blieb gut gelaunt. Sie fand es lächerlich, konnte es aber, solange sie allein in Berlin war, niemandem sagen, denn diese Menschen, die alles für erlaubt hielten, nahmen sexuelle Betätigung heilig ernst und Ibbys Spott, sie hatte nichts anderes dafür übrig, hätte man ihr sehr verargt. Sie konnte nicht leben ohne Spott, ihn mit Witz und überraschenden Wendungen vorzubringen, war *ihre* Notwendigkeit, *ihr* Trieb und darum hatte sie nicht geruht, bis es ihr endlich gelang, mich nach Berlin zu locken.

Was uns gemeinsam war, war ein nie zu ersättigendes Interesse an *jeder* Art von Menschen. Bei ihr war es von Witz gefärbt und ich hatte es gern, wenn sie mich mit ihren Berichten regalierte. Doch fand ich selbst es nicht eigentlich komisch. Mich beunruhigte diese Verschiedenartigkeit der Menschen. Sie zappelten auf jede Weise, um sich einander verständlich zu machen. Aber sie verstanden einander nicht. Es war jeder für sich, und obwohl er, allen Täuschungen zum Trotz, allein blieb, zappelte er unermüdlich weiter. Ich hörte auf alle schreienden Mißverständnisse, von denen Ibby mir erzählte. Mit vielen wurde ich selbst konfrontiert, aber sie brachte besondere Zeugnisse davon in meine Welt, die ich als Mann nicht erleben konnte. Schön und umworben wie sie war, bekam sie nichts als Anträge der unsinnigsten Art, es war, als wäre sie selbst gar nicht auf der Welt, nur eine scheinbar lebende Statue von ihr, an die man Vorschläge richtete. Was sie aber darauf erwiderte, wurde gar nicht gehört, es erreichte die Ohren der Antragsteller nicht, denen es nur darum zu tun war, ihre Sache zu sagen und womöglich zu erreichen, wonach es sie gelüstete. Sie wußten aber nicht, warum es ihnen schließlich nicht gelang, denn sie wären gar nicht imstande gewesen, eine Antwort aufzufassen. Es hätte sie auch schwerlich interessiert, etwas über ihre Nebenbuhler zu erfahren, es wäre ihnen, obwohl ihrer aller Ziel dasselbe schien, fremd und unverständlich gewesen. Denn so präzis und unabänderlich Ibby im Kopfe trug, was sie vorgebracht und unternommen hatten, um es zu *verstehen*, hätte jeder von sich absehen müssen, und das wollte keiner.

Isaak Babel

Einen großen Raum in meiner Erinnerung an die Berliner Zeit nimmt Isaak Babel ein. Er kann nicht sehr lange dort gewesen sein, aber mir ist so zumute, als hätte ich ihn während Wochen täglich gesehen, Stunden und Stunden und ohne daß immer viel gesprochen wurde. So gut gefiel er mir, am besten von all den unzähligen Menschen, die ich damals traf, daß er sich in meiner Erinnerung ausgebreitet hat, die ihm gern jeden der 90 Berliner Tage zueignen möchte.

Er kam von Paris, wo seine Frau, eine Malerin, bei André Lhote in die Lehre ging. Er hatte sich an verschiedenen Orten in Frankreich aufgehalten. Die französische Literatur war sein gelobtes Land, Maupassant empfand er als seinen eigentlichen Meister. Gorki hatte ihn entdeckt und hielt seine Hand über ihn; er hatte ihn auf eine Weise beraten, wie man sie sich klüger und aussichtsreicher nicht hätte wünschen können, mit Einsicht in seine Möglichkeiten und mit Kritik, ohne Selbstsucht, auf *ihn* bedacht, nicht auf sich, ernst und ohne Hohn, wohl wissend, wie leicht es ist, einen Jüngeren, Schwächeren, Unbekannten zu vernichten, bevor er noch wissen kann, was in ihm steckt.

Babel war nach längerer Abwesenheit im Ausland auf seiner Rückreise nach Rußland und machte in Berlin Station. Ich denke, er war gegen Ende September da und blieb in Wirklichkeit nicht länger als zwei Wochen. Von den zwei Büchern, die ihn berühmt gemacht hatten, der ›Reiterarmee‹ und den ›Geschichten aus Odessa‹, die beide deutsch im Malik Verlag erschienen waren, hatte ich das letztere mehr als einmal gelesen. Ich konnte ihn bewundern, ohne mich allzufern von ihm zu fühlen. Von Odessa hatte ich als Kind schon sprechen gehört, der Name reichte in eine früheste Phase meines Lebens. Das Schwarze Meer nahm ich für mich in Anspruch, obwohl ich es nur wenige Wochen in Warna gekannt hatte. Die Farbigkeit, die Wildheit und Kraft der Babelschen Geschichten aus Odessa war wie von meinen eigenen Kindheitserinnerungen gespeist; ohne es zu wissen, hatte ich bei ihm die natürliche Hauptstadt jenes kleineren Ortes an der unteren Donau gefunden, und es wäre mir angemessen erschienen, wenn dieses Odessa an der Mündung der Donau erwachsen wäre. Dann hätte die berühmte Reise, die die Träume der Kindheit bestimmte, stromabwärts und -aufwärts, von Wien nach Odessa und von Odessa nach Wien gereicht und Rustschuk, das schon sehr weit unten lag, hätte auf dieser Strecke seine richtige Stelle eingenommen.

Ich war auf Babel neugierig, als entstamme er dieser Region, zu der ich mich erst halben Herzens bekannte. Nur ein Ort, der sich zur Welt öffnete, war mir geheuer. Odessa war ein solcher Ort. Babel hatte ihn und seine Geschichten so empfunden. Im Hause meiner Kindheit sahen alle Fenster nach Wien. Nun war an einer bisher abgewandten Seite ein Fenster nach Odessa geöffnet worden.

Er war ein kleiner, untersetzter Mann, mit einem sehr runden Kopf, an dem dicke Brillengläser als erstes auffielen. Vielleicht war es ihnen zuzuschreiben, daß auch die Augen, die er weit offen hielt, besonders rund und aufgerissen wirkten. Man fühlte sich gleich, kaum daß er erschienen war, gesehen und sagte sich dabei, gleichsam als Entgelt für soviel Aufmerksamkeit, daß er breit und kräftig und gar nicht schwächlich wirkte, was dem Eindruck der Brillen wohl eher entsprochen hätte.

Es war bei Schwanecke, einem Restaurant, das mir luxuriös vorkam, vielleicht weil man nachts und nach dem Theater hinging, es wimmelte dann nur so von berühmten Theaterleuten. Kaum hatte man einen bemerkt, ging schon ein anderer vorbei, der als noch bemerkenswerter galt, es gab ihrer so viele in dieser Blütezeit des Theaters, daß man bald darauf verzichtete, jeden von ihnen zu beachten. Aber es kamen auch Schriftsteller, Maler und Mäzene, Kritiker und Nobeljournalisten, und immer war Wieland, mit dem ich gekommen war, so aufmerksam, mir zu erklären, wer die Leute waren. Er kannte sie alle schon so lange, daß sie ihm keinen Eindruck machten, ihre Namen in seinem Munde klangen nicht aufgeblasen, eher so, als bestreite er ihnen ihr Recht auf Ruhm, als seien sie überschätzt und würden bald wieder von der Bildfläche verschwinden. Er hatte seine eigenen Pferde im Rennen, die Leute, die er selbst entdeckt hatte, deren Bücher er publizierte, auf die er die öffentliche Aufmerksamkeit zu lenken suchte, und natürlich sprach er lieber und ausführlicher von diesen. Bei Schwanecke nachts ließ er sich nicht an einem abgesonderten Tisch nieder, mit seinen Getreuen, nach außen hin abgegrenzt, sondern mischte sich gern in größere Gesellschaften, wo Freund und Feind durcheinander saß, und suchte sich wen zum Angriff aus. Er verfocht seine Sache durch Ausfälle, nicht in der Defensive, blieb aber gewöhnlich nicht lange, denn schon hatte er eine andere Gesellschaft bemerkt, wo einer saß, der ihn zum Angriff reizte. Ich hatte bald heraus, daß er nicht der einzige war, der zu dieser aggressiven Methode neigte. Es gab aber andere, die sich durch Klagen behaupteten, und es gab sogar welche, die hierher kamen, um mitten in diesem lauten Treiben den Mund zu halten, eine Minderzahl, aber eine sehr auffällige: stumme, verkniffene Gesichts-Inseln in der brodelnden Landschaft, Schildkröten, die sich aufs Trinken verstanden, und nach denen man fragen mußte, weil sie selbst auf keine Fragen reagierten.

Am Abend, als Babel zum erstenmal erschien, saß gleich im vordersten Raum bei Schwanecke eine große Gesellschaft beisammen, an einem langen Tisch. Ich war spät gekommen und hatte mich schüchtern an das äußerste Ende gesetzt, in nächster Nähe der Tür, auf den Rand eines Stuhls, wie am Abrutschen und zum Verschwinden bereit. Der ›Schönste‹ in der Runde war Leonhard Frank, er hatte ein markantes, tiefgefurchtes Gesicht, das so wirkte, als sei es durch alle Höhen und Tiefen gegangen, aber auch gern und für alle sichtbar davon gezeichnet blieb, eine schlanke, muskulöse Gestalt in einem eleganten Anzug, maßgeschneidert und wie auf dem Sprung; ein Satz, und er hätte sich als Panther der Länge nach über den ganzen Tisch geschwungen und am Anzug wäre bei dieser Unternehmung nichts, aber auch gar nichts zerdrückt oder verrutscht gewesen. Er sah, trotz der Tiefe seiner Furchen, durchaus nicht alt aus, ein Mann in seinen besten Jahren. In seiner Jugend, hieß es mit Ehrfurcht, sei er Schmied (oder wie andere weniger poetisch sagten: Schlosser) gewesen, bei seiner Kraft und Agilität nicht zu verwundern. Ich stellte ihn mir am Amboß vor, nicht in diesem Anzug, der mich störte, es war aber nicht zu leugnen, daß er sich hier, bei Schwanecke, unendlich wohl fühlte.

Auf andere Weise galt das auch für die russischen Dichter, die am Tische saßen. Sie reisten damals häufig und kamen gern nach

Berlin, die Turbulenz und Unbedenklichkeit des Lebens hier kam ihrem Temperament entgegen. Mit Herzfelde, ihrem Verleger, waren sie gut bekannt, er war nicht der einzige, der sich ihrer Bücher annahm, aber der Wirksamste. Ein Autor, den er herausbrachte, wurde nicht übersehen, das war schon wegen der Umschläge, die sein Bruder John Heartfield entwarf, unmöglich. Anja Arkus saß da, von der es hieß, daß sie eine neue Lyrikerin sei, die schönste Frau, die ich je gesehen hatte, man wird es kaum glauben, denn sie hatte den Kopf eines Luchses. Ich habe ihren Namen nie wieder gehört, vielleicht schrieb sie unter einem anderen Namen, vielleicht starb sie früh.

Ich müßte von anderen sprechen, die damals dabei saßen, besonders von solchen, die heute vergessen sind und deren Gesicht ich vielleicht allein, ohne ihren Namen, noch in Erinnerung trage. Aber es wäre darum nicht der Ort dazu, weil dieser Abend durch etwas ganz Bestimmtes von Bedeutung war, alles übrige scheint verblaßt: es war der Abend, an dem Babel zum erstenmal erschien, ein Mann, der sich durch nichts von dem auszeichnete, was zu Schwanecke gehörte: er kam nicht als Schauspieler seiner selbst, er war, obwohl von Berlin angelockt, nicht im gleichen Sinn ›Berliner‹ wie die anderen, sondern eher ›Pariser‹. Das Leben der Berühmtheiten interessierte ihn nicht mehr als das anderer, vielleicht sogar weniger. Er fühlte sich unbehaglich im Kreise der Illustren und trachtete, ihm zu entkommen, und das war der Grund, warum er sich dem einzigen an diesem Tisch zuwandte, der unbekannt war und gar nicht hingehörte. Dieser eine war ich, und die Sicherheit, mit der Babel das auf den ersten Blick erkannte, spricht für sein Auge und die unbeirrbare Klarheit seiner Erfahrung.

An die ersten Sätze kann ich mich nicht erinnern. Ich machte ihm Platz, er blieb stehen. Er schien nicht entschlossen, zu bleiben. Aber er wirkte, wie er da stand, unverrückbar, als habe er sich vor einem abgründigen Spalt aufgestellt, den er kenne und versperre. Dieser Eindruck mag damit zusammenhängen, daß er mir mit seinen breiten Schultern nun den Blick auf den Eingang versperrte. Ich sah niemand mehr, der kam, ich sah nur ihn. Er machte ein unzufriedenes Gesicht und warf den Russen, die am Tische saßen, ein paar Sätze zu, die ich nicht verstand, die mir aber Vertrauen einflößten. Ich war sicher, daß sie mit dem Lokal zu tun hatten, das ihm nicht weniger mißfiel als mir, aber *er* durfte es sagen. Es ist möglich, daß ich mir dieses Mißfallens erst durch ihn bewußt wurde. Denn die Dichterin mit dem Luchsgesicht saß nicht weit von mir und ihre Schönheit wog alles auf. Mir lag dran, daß er blieb, ich setzte meine Hoffnung auf sie. Wer wäre nicht um ihretwillen geblieben. Sie winkte ihm und gab ihm durch Zeichen zu verstehen, daß sie neben sich Platz für ihn machen wolle, er schüttelte den Kopf und zeigte mit dem Finger auf mich. Damit konnte er nur meinen, daß ich ihm schon Platz angeboten hatte, eine Höflichkeit, die mich entzückte und verwirrte. *Ich* hätte mich ohne zu zögern, wenn auch in größter Verlegenheit neben sie gesetzt. Aber er mochte mich nicht kränken und refüsierte. Ich nötigte ihn jetzt, sich auf meinen Platz zu setzen, und ging auf die Suche nach einem Stuhl. Es war keiner zu finden, ich kam an jedem Tisch vorbei, eine Weile irrte ich vergeblich im Lokal herum, als ich endlich mit leeren Händen zurückkam, war Babel verschwunden. Die Dichterin richtete mir aus, daß er mir den Platz nicht wegnehmen wollte, und darum gegangen sei.

Diese erste Handlung von ihm, deren Anlaß ich war, mag unwichtig erscheinen, mir mußte sie großen Eindruck machen. So wie er dastand, in seiner festen, stämmigen Art, hatte er mich an die ›Reiterarmee‹ erinnert, an die wunderbaren und schrecklichen Geschichten, die er im russisch-polnischen Krieg unter Kosaken erlebt hatte. Auch das Mißfallen am Lokal, das ich ihm anzumerken meinte, paßte dazu, und derselbe Mann, der diese rohen und harten Dinge hinter sich hatte, bewies solche Zartheit und Rücksicht für einen ganz jungen Menschen, der ihm unbekannt war, und zeichnete ihn von diesem Augenblick an durch sein Interesse aus.

Er war sehr neugierig, er wollte alles in Berlin sehen, aber ›alles‹ waren für ihn die *Leute* und zwar Leute jeder Art, nicht die, die in den Künstler- und Nobel-Lokalen verkehrten. Am liebsten ging er zu Aschinger, da standen wir dann nebeneinander und aßen sehr langsam eine Erbsensuppe. Mit seinen kugelrunden Augen hinter den sehr dicken Brillengläsern sah er sich die Leute um uns an, jeden einzelnen, alle, und hatte nie von ihnen genug. Es war ihm lästig, daß die Suppe zu Ende ging, er hätte sich einen Teller gewünscht, der unerschöpflich war, denn alles, was er wollte, war Weiterschauen, und da die Leute rasch wechselten, gab es viel zu sehen. Ich habe nie jemanden erlebt, der mit solcher Intensität sah, er blieb dabei vollkommen ruhig, durch das Spiel um die Augenpartien wechselte der Ausdruck der Augen unaufhörlich. Er verwarf beim Sehen nichts, denn er hatte für alles den gleichen Ernst, das Gewöhnlichste wie das Ungewöhnlichste war für ihn von Bedeutung. Langeweile fühlte er nur unter den verschwenderischen Leuten bei Schwanecke oder Schlichter. Wenn ich dort saß und er hereinkam, hielt er Ausschau nach mir und setzte sich in meine Nähe. Aber er blieb dann nicht lange sitzen und sagte sehr bald: »Gehen wir zu Aschinger!«, und unter welchen Leuten immer ich mich befand, ich empfand es als größte in Berlin denkbare Ehre, daß er mich gern dorthin mitnahm, stand auf und ging.

Es war aber nicht die Verschwendung in diesen Nobel-Lokalen, die er rügen wollte, wenn er das Wort ›Aschinger‹ aussprach. Es war die Pfauenhaftigkeit der Künstler, was ihn abstieß. Jeder wollte auffallen, jeder spielte sich, die Luft stockte förmlich von herzlosen Eitelkeiten. Er selbst war generös, um rascher bei Aschinger zu sein, nahm er sich auch für kleine Entfernungen gern ein Taxi und wenn es ans Zahlen ging, war er blitzrasch beim Chauffeur und erklärte mir mit exquisiter Höflichkeit, warum er zahlen *müsse*. Er hätte, so sagte er dann, gerade eine Summe Geld empfangen, er dürfte sie nicht mitnehmen, er *müsse* sie in Berlin ausgeben, und obwohl mein Instinkt mir sagte, daß nichts davon stimmen könne, zwang ich mich, ihm zu glauben, weil seine Großmut mich verzauberte. Er brachte nie über die Lippen, was er über meine Situation dachte: daß ich Student sei und wahrscheinlich kaum noch etwas verdiene. Ich hatte ihm gestanden, daß ich noch nichts veröffentlicht hatte. »Das macht nichts«, hatte er gesagt, »das kommt noch früh genug«, so als wäre es eher eine Schande, schon publiziert zu haben. Ich glaube, daß er sich meiner annahm, weil er mir meine Verlegenheit unter lauter Ruhm-Posaunen nachfühlte. Ich sprach wenig zu ihm, viel weniger als zu anderen. Allzuviel sprach auch er nicht, lieber sah er sich Leute an, beredt wurde er in meiner Gegenwart nur, wenn die Sprache auf französische Literatur kam. Stendhal und Maupassant bewunderte er über alles.

Ich dachte, ich würde von ihm viel über die großen Russen hören, aber die waren ihm wohl zu selbstverständlich, vielleicht mochte es ihm auch als Prahlerei erscheinen, sich über die Literatur seiner eigenen Landsleute zu verbreiten. Aber vielleicht war noch mehr daran, vielleicht scheute er vor der unvermeidlichen Oberflächlichkeit eines solchen Gesprächs zurück: er selbst bewegte sich in der Sprache, in der die großen Werke jener Literatur geschrieben waren und ich mochte sie bestenfalls aus irgendwelchen Übersetzungen kennen. Wir hätten nicht über dieselbe Sache gesprochen. Er nahm Literatur so ernst, daß ihm alles Ungefähre, bloß Angenäherte verhaßt sein mußte. Meine Scheu war aber nicht geringer: ich brachte es nicht über mich, ihm etwas über die ›Reiterarmee‹ und die ›Geschichten aus Odessa‹ zu sagen.

Er wird es aber in unseren Gesprächen über die Franzosen, über Stendhal, Flaubert und Maupassant wohl gespürt haben, wieviel mir seine Geschichten bedeuteten. Denn wenn ich eins oder das andere fragte, bezog es sich insgeheim immer auf etwas von ihm, das ich im Auge hatte. Er erkannte auf der Stelle die unausgesprochene Beziehung und gab eine einfache und genaue Antwort. Die Befriedigung darüber sah er mir an, vielleicht mochte er es auch, daß ich mich nicht aufs Weiterfragen verlegte. Er sprach von Paris, wo seine Frau, die Malerin, seit einem Jahr lebte. Ich glaube, er hatte sie gerade von dort abgeholt und sehnte sich schon wieder nach Paris. Maupassant zog er Tschechow vor, doch als ich den Namen Gogol fallen ließ (ich liebte ihn über alles), sagte er zu meinem freudigen Erstaunen: »Das haben die Franzosen nicht, Gogol fehlt den Franzosen.« Dann überlegte er ein wenig und um das, was als Prahlerei erscheinen mochte, auszugleichen, fügte er hinzu: »Haben die Russen Stendhal?«

Ich merke, wie wenig Konkretes ich über Babel zu sagen habe, und doch hat er mir mehr bedeutet als jeder andere, den ich damals traf. Ich sah ihn mit allem zusammen, das ich von ihm gelesen hatte, das war gar nicht viel, aber so konzentriert, daß es jeden Augenblick färbte. Ich war aber auch dabei, wie er die Dinge aufnahm, in einer Stadt, die ihm fremd war, nicht in seiner Sprache. Er warf nicht mit großen Worten um sich und vermied es aufzufallen. Dort wo er sich verstecken konnte, *sah* er am besten. Von anderen nahm er alles hin, er ließ nicht etwa weg, was ihm nicht paßte, was ihn am tiefsten quälte, das ließ er am längsten auf sich einwirken. Das wußte ich aus den Kosakengeschichten, deren blutigem Glanz jeder erlag, ohne sich am Blute zu berauschen. Hier, wo er mit dem Glanze Berlins konfrontiert war, konnte ich sehen, wie gleichgültig ihn das ließ, worin andere eitel und plappernd badeten. Am leeren Reflex ging er unmutig vorbei und sah sich dafür mit durstigen Augen Unzählige an, die Erbsensuppe löffelten. Man spürte, daß ihm nichts leicht fiel, ohne daß er es je gesagt hätte. Literatur war ihm heilig, er schonte sich nicht und hätte nie etwas *verschönern* können. Daß Zynismus ihm fremd war, hing mit seiner anstrengenden Auffassung von Literatur zusammen. Was er gut fand, hätte er nie *benützen* können wie andere, die durch ihr Herumspüren zu verstehen gaben, daß sie sich für die Krönung alles Vorangegangenen hielten. Er fühlte sich, weil er wußte, was Literatur war, nicht über andere erhaben. Er war von ihr, nicht von ihren Ehren besessen und nicht von dem, was sie einbringt. Ich glaube nicht, daß ich Babel anders sah, als er war, weil er zu mir sprach. Ich weiß, daß Berlin mich wie eine Lauge zerfressen hätte, wenn ich ihm nicht begegnet wäre.

Die Verwandlungen des Ludwig Hardt

An einem Sonntag geriet ich in eine Matinee von Ludwig Hardt: ein Rezitator nach dem Herzen der Dichter, von allen, besonders auch von der Avantgarde, anerkannt. Niemand schnitt ein Gesicht, wenn von ihm die Rede war, auch Brecht gab kein hölzernes Verdikt von sich, was wurde sonst nicht alles von ihm abgetan. Es hieß, daß Ludwig Hardt der einzige Sprecher klassischer und moderner Dichtung sei, der beide mit gleicher Meisterschaft beherrsche. Man rühmte seine Verwandlungsfähigkeit, er sei eigentlich ein Schauspieler, aber ein ausnehmend gescheiter. Seine Programme seien raffiniert zusammengestellt. Es habe sich noch nie ein Mensch bei ihm gelangweilt, das hieß viel in Berlin, wo jeder sein Glück versuchte. Vom Standpunkt meiner damaligen Leibeigenschaft aus kam noch eines dazu, das mich beschäftigte: er war mit Karl Kraus befreundet gewesen und hatte in früheren Jahren auch Stücke aus den ›Letzten Tagen der Menschheit‹ vorgelesen. Dann war es darüber zu einem Streit und zum Bruch zwischen ihnen gekommen. Jetzt fehlte in seinem Programm nichts, was innerhalb der modernen Dichtung von Bedeutung war, nur eben das eine, das ihm verboten worden war: Karl Kraus.

Die Matinee, in die ich mit Wieland ging, war Tolstoi gewidmet. Hardt hatte vor, aus der Tolstoi-Ausgabe des Malik Verlages vorzulesen, sonst wäre Wieland nicht hingegangen. Er schwärmte nie von Schauspielern und sah sie sich nur an, wenn es unbedingt sein mußte. Es war seine Art, sich gegen das Berliner Überangebot zu wehren. Er erklärte mir, wie rasch Berlin Menschen verbrauche. Wer sich's nicht einzurichten verstünde, der sei verloren. Man müsse seine Neugier sparen und sie für die Dinge einsetzen, die für die eigene Arbeit wichtig seien. Schließlich sei man kein Besucher, der nach ein paar Wochen wieder abziehe, und müsse sich damit abfinden, daß man jahraus jahrein hier lebe, und sich eine dicke Haut wachsen lassen. Selbst zum allgemein bewunderten Ludwig Hardt ging er nur der Tolstoi-Ausgabe zu Ehren, redete mir aber zu mitzukommen.

Ich ging hin und habe es nicht bereut. Ich habe nie vergessen können, was er bei dieser Gelegenheit sprach und das Beisammensein danach in einem mäzenatischen Berliner Haus führte zu einer jener Beschämungen, aus denen man mehr als aus jeder Beleidigung lernt. Acht Jahre später, in Wien, wurde er mein Freund.

Er war ein sehr kleiner Mann, so klein, daß es sogar mir als ungewöhnlich erschien. Er hatte einen schmalen, dunklen, südländisch wirkenden Kopf, der sich im Nu zu verwandeln vermochte, so rasch, aber auch so sehr, daß man ihn dann nicht mehr erkannt hätte. Es schien, als sei er von Blitzen geschüttelt, die er aber *sprach,* Figuren und Gedichte, die er auswendig zur Verfügung hatte, die ihm so zugehörten, als seien sie ihm angeboren. Er konnte keinen Augenblick ruhig sein, es sei denn, er wurde zu einer behäbigen, langsamen Figur und so, als den Onkel Jeroschka in den ›Kosaken‹ von Tolstoi habe ich ihn zuerst erlebt. Da wurde sein Kopf ganz rund, da war er breit und derb. Er verstand es, mit einem Schnauzbart zu spielen, bis man ihn sah, ich hätte schwören können, daß er sich einen angesteckt hatte (und als er später behauptete, daß er nie einen gehabt habe und keineswegs einen Schnauzbart in der Tasche mit sich herumtrage, glaubte ich's ihm nicht). Dieser Kosak ist mir von allen Figuren Tolstois die lebendigste geblieben, weil *er* ihn vormachte. Es war schon ein Wunder zu sehen, wie aus dem kleinen, zarten Ludwig Hardt ein großer, schwerer, massiger Kosak wurde – ohne daß er Stuhl und Tisch verließ, ohne daß er auch nur einmal aufgesprungen wäre und der Verwandlung durch entsprechende Bewegungen nachgeholfen hätte. Es war ein ziemlich langes Stück, das er las, aber es schien immer kürzer zu werden, man fürchtete, daß er aufhören könnte. Dann kamen einige der Volkserzählungen, besonders ›Wieviel Erde braucht der Mensch?‹, und sie gingen mir so nahe, daß ich die Überzeugung gewann, diese Volkserzählungen seien die Essenz, das Eigentliche und Beste Tolstois. Was immer von Tolstoi ich später in die Hand nahm, erschien mir lebloser, weil ich es nicht in der Stimme Ludwig Hardts hörte. Er hat Tolstoi zum Teil für mich verdorben. Sein Jeroschka aus den ›Kosaken‹ ist mir ein vertrauter Mensch geblieben. Seit damals, seit 1928, glaube ich ihn gut zu kennen, besser als andere, die mir nahe Freunde waren.

Aber sein Eingriff in meine Beziehung zu Tolstoi ging noch weiter. Als ich bald nach dem Krieg den ›Tod des Iwan Iljitsch‹ wiederlas, ergriff er mich so stark wie damals, 1928, die Volkserzählungen. Ich fühlte mich woandershin versetzt und dachte erst, in jenes Krankenzimmer, aber dann wurde ich mir staunend bewußt, daß ich die Worte der Erzählung in Ludwig Hardts Stimme hörte. Ich fand mich im halbverdunkelten Theaterraum, wo er gesprochen hatte, er war nicht mehr am Leben, doch sein Programm hatte sich erweitert und der viel längere ›Tod des Iwan Iljitsch‹ war in die Gruppe von Volkserzählungen eingegangen, die ich damals von ihm gehört hatte.

Das ist das Stärkste, was ich über jene Matinee sagen kann, ihr Umsichgreifen in eine spätere Zeit, aber um diesem Bericht etwas von seiner Unglaubwürdigkeit zu nehmen, möchte ich hinzufügen, daß ich in späteren Jahren noch viele Lesungen von Ludwig Hardt gehört habe. In Wien, als wir Freunde geworden waren, kam er oft zu uns nach Hause und sprach uns dann stundenlang vor, solange wir ihn hören mochten. Er hatte ein Buch herausgegeben, das seine Programme enthielt, und von den Herrlichkeiten, die er darin aufgenommen hatte, blieb uns wenig vorenthalten. Ich lernte seine Stimme in all ihren reichen Möglichkeiten kennen, und wir sprachen oft über Verwandlung, die mich mehr und mehr beschäftigte. Den ersten bewußten Anstoß dazu hatte er mir durch seine Verwandlung in den alten Jeroschka während der Berliner Matinee gegeben. Nach dem Krieg, als ich von seinem Tod erfuhr, nahm ich den ›Tod des Iwan Iljitsch‹ in die Hand und ich denke, daß es eine Art von

Totenfeier für ihn war, als ich seiner Stimme zuschrieb, was ich zu Lebzeiten nie von ihr gehört hatte.

Aber ich kehre zu jener ersten Begebenheit zurück, über die ich noch nicht alles berichtet habe. Es fehlt das Satyrspiel, dessen geduldiges Opfer ich schließlich wurde. Nach der Matinee wurde der Sprecher mit einer ziemlich großen Gesellschaft ins Haus eines Berliner Anwalts eingeladen, wo man sie ausgiebig regalierte und sie sich so wohlfühlte, daß sie den größeren Teil des Nachmittags noch dort verbrachte. Es war alles, wie es sich gehörte, nicht nur die Bewirtung. An den Wänden hingen die Bilder der Maler, von denen man sprach, auf Tischchen ausgebreitet fand man die neuesten Bücher, soweit sie, freundlich oder feindlich, Beachtung gefunden hatten. Es fehlte nichts, kaum wurde etwas genannt, trug es der Herr des Hauses schon eifrig herbei, hielt es einem unter die Nase, schlug es auf, es blieb einem nur noch übrig, es in den Mund zu nehmen. Jede Bemühung war einem erspart, bekannte Leute saßen herum und kauten oder rülpsten. Aber es wurden auch aller Beflissenheit des Hausherrn zum Trotz gescheite oder aufreizende Gespräche geführt. Am wohlsten fühlte sich Ludwig Hardt selbst. Er war der einzige, der an Regsamkeit den Hausherrn übertraf, er war noch rühriger als dieser, er sprang auf niedere Tische und hielt berühmte Reden, sei es von Mirabeau, sei es von Jean Paul. Er war nicht im geringsten erschöpft, er konnte immer weiter agieren, und was das Merkwürdigste war, er interessierte sich für Menschen, die er noch nicht kannte, und verwickelte sie in den Pausen seiner Sprünge in Gespräche. Es gab ihm keine Ruhe, bevor er herausbekommen hatte, wes Geistes Kind der war, den er vor sich hatte. So geriet er auch an mich und von seiner expansiven Art angesteckt, schämte ich mich nicht, ihn meine Begeisterung merken zu lassen.

Er bedankte sich auf seine Weise, indem er interessante Dinge über seine Herkunft sagte. Er war der Sohn eines Pferdezüchters in Friesland und hatte sich in seiner Jugend viel auf Pferden herumgetummelt. Klein und leicht wie er war, erinnerte er an einen Jockey. Ich begriff, warum er immer herumspringen mußte, und brachte diese Einsicht respektvoll vor. Er quittierte jeden Satz, der ihm angenehm sein konnte, mit erlesenen Höflichkeiten. In seinem Einfallsreichtum, in seiner Skurrilität erinnerte er an E. T. A. Hoffmann. Dieser Verbindung war er sich wohl bewußt, aber sie schloß andere nicht aus. Es war ihm unmöglich, etwas herzusagen, von wem immer es war, ohne dem Urheber dieser Worte zu *gleichen*. Meine Beschämung – denn von ihr soll die Rede sein – begann mit einem dieser Sprünge: er wechselte von Hoffmann zu Heine hinüber, und da steigerte sich seine Agilität so sehr, daß man gleich wußte: Heine gehört zu seinen wichtigsten Figuren. Ich muß, als mir diese Erkenntnis kam, ein wenig gestockt haben, der Prozeß freien Austausches verlangsamte sich, er aber erfaßte blitzrasch, was passiert war, und begann plötzlich alles vorzubringen, was *gegen* Heine gesagt worden war, und zwar in den Worten von Karl Kraus, die ich nur zu gut kannte. Er sprach sie wie eine Rolle, mit Überzeugung. Ich fiel darauf herein, ich ergänzte manches textgetreu, ich merkte nicht, daß er mich verspottete. Es dauerte nur etwas lang, ich kam mir so vor, als ob mich jemand auf meine Kenntnis der ›Fackel‹ hin prüfe, und erst als er plötzlich abbrach und zu anderen Inhalten der ›Fackel‹ überging, zu Lobeshymnen auf Claudius, auf Nestroy, auf Wedekind, fiel es mir wie Schuppen von den Augen und ich wußte, daß ich mich unsterblich lächerlich gemacht hatte. Ich sagte, als eine Art von Entschuldigung: »Sie denken anders über Heine.« »Allerdings!« sagte er und nun kam, es war eine herrliche Ohrfeige für mich, eine hinreißende Rezitation einiger Heine-Gedichte, die zu seinem allerengsten Repertoire gehörten.

Ich glaube, daß er damit meinen Glauben an Karl Kraus zum erstenmal erschütterte. Denn er maß sich mit ihm auf seinem eigensten Gebiet, als Sprecher, und bestand. Er sprach die ›Wanderratten‹ und die ›Schlesischen Weber‹ und es war eine Gewalt und eine Raserei in ihm, die der von Kraus in nichts nachstand. Es war ein Einbruch des Verpönten, und mein Gefühl war trotz Verboten, Drohungen und Flüchen zu gesund, um ihm nicht Raum zu geben. Die Wirkung war um so stärker, als er knapp vorher alles aufgezählt hatte, was gegen Heine gesagt worden war: es zerbröckelte und zerstob. Ich spürte den Einsturz in mir und hatte die Folgen zu tragen. Denn die Dämme, die Karl Kraus in mir errichtet hatte, waren mein Schutz gegen Berlin gewesen. Ich fühlte mich schwächer als zuvor und die Verwirrung stieg. Gleich an zwei Stellen war ich vom Feind berannt worden. Mein Gott saß mit Brecht beisammen, der ein Reklamegedicht für Autos schrieb und tauschte Lobesworte mit ihm aus, und Ludwig Hardt, mit dem er sich einmal verstanden hatte, der sein Freund gewesen war, schlug eine irreparable Bresche in mir für Heine.

Einladung ins Leere

Es war alles gleich *nah* in Berlin, jede Art der Einwirkung war erlaubt; es war niemandem versagt, sich bemerkbar zu machen, wenn er die Anstrengung nicht scheute. Denn leicht war es nicht, der Lärm war groß, und immer, mitten im Lärm und Gedränge, war man sich dessen bewußt, daß es hier Dinge gab, die es wert waren, gehört und gesehen zu werden. Es war auch alles erlaubt, die Verbote, an denen es nirgends und schon gar nicht in Deutschland mangelte, vertrockneten hier. Man mochte aus einer alten Hauptstadt wie Wien kommen, hier fühlte man sich als Provinzler und riß die Augen weit auf, bis sie sich daran gewöhnten, offen zu bleiben. Es war etwas Scharfes, Ätzendes in der Atmosphäre, das einen reizte und belebte. Man ging auf alles los und hütete sich vor nichts. Das gräßliche Neben- und Durcheinander, wie es einem aus den Zeichnungen von Grosz entgegenschlug, war nicht etwa übertrieben, es war hier natürlich, eine neue Natur, die einem unentbehrlich wurde, an die man sich gewöhnte. Jeder Versuch sich abzuschließen, hatte etwas Perverses und war das einzige, was noch als pervers empfunden wurde, und wenn es für kurze Zeit gelang, bald juckte es einen wieder und man stürzte sich in den Trubel. Alles war *durchlässig*, es gab keine Intimität, wenn es sie gab, war sie vorgemacht, und auf das Übertreffen einer anderen Intimität angelegt und nicht auf sich selber.

Das Animalische und das Intellektuelle, entblößt und zuhöchst gesteigert, spielte hier durcheinander, in einer Art von Wechselstrom. Wer zu seiner eigenen Animalität erwacht war, bevor er herkam, mußte sie in die Höhe treiben, um sich gegen die der anderen zu behaupten, und war, wenn er nicht sehr stark war, bald verbraucht. Wer aber von seinem Intellekt bestimmt war und seiner Animalität noch wenig nachgegeben hatte, der mußte der Reichhaltigkeit dessen erliegen, was seinem Geiste dargeboten wurde. In aller Vielseitigkeit und Gegensätzlichkeit, in aller Rücksichtslosigkeit schlug es auf einen los, es blieb einem keine Zeit, etwas zu verstehen, man empfing nichts als Hiebe und hatte die vortägigen noch nicht verschmerzt, als es schon neue regnete. Als mürbes Stück Fleisch, so ging man in Berlin herum und fühlte sich noch immer nicht mürbe genug und wartete auf neue Schläge.

Was mich aber am tiefsten beeindruckte, was bestimmend für mein weiteres Leben bis zum heutigen Tage wurde, war die *Unvereinbarkeit* dessen, was auf mich eindrang. Jeder einzelne, der etwas war, und viele waren etwas, schlug mit sich auf die anderen los. Ob sie ihn verstanden, blieb fraglich, er verschaffte sich Gehör, es schien ihn nicht zu stören, daß andere sich auf andere Weise Gehör verschafften. Geltung hatte er, sobald er gehört worden war; und nun mußte er weiter mit sich drauf losschlagen, um im Ohr der Allgemeinheit nicht verdrängt zu werden. Vielleicht hatte keiner Muße, sich zu fragen, was dabei herauskam. Ein durchsichtiges Leben kam so auf keinen Fall heraus, aber darauf hatte man es auch nicht abgesehen, was herauskam, waren Bücher, Bilder, Theaterstücke, eines gegen das andere, kreuz und quer.

Ich war immer in Gesellschaft, sei es von Wieland, sei es von Ibby, ich strich nie allein in Berlin herum – nicht die richtige Art, eine Stadt kennenzulernen, aber im Falle des damaligen Berlin vielleicht angemessen. Man lebte in Gruppen, in Cliquen, vielleicht wäre es bei der Härte des Daseins dort anders nicht auszuhalten gewesen. Immer hörte man Namen, meist bekannte Namen: jemand wurde erwartet, jemand kam. Was *ist* eine Glanzzeit? Eine Zeit vieler großer Namen, in nächster Nähe voneinander, und zwar so, daß ein Name den anderen nicht erstickt, obwohl sie einander bekämpfen. Wichtig daran ist die tägliche, die ständige Berührung, die Stöße, die das Glänzende sich gefallen läßt, ohne zu erlöschen. Ein Mangel an Empfindlichkeit, wenn es um diese Stöße geht, eine Art Verlangen nach ihnen, die Lust, sich ihnen auszusetzen.

Die Namen *rieben* sich aneinander, darauf hatten sie es abgesehen, in einer geheimnisvollen Osmose suchte ein Name dem anderen soviel Leuchtkraft wie möglich abzuluchsen und machte sich dann eiligst davon, um rasch einen anderen zu finden, mit dem sich dasselbe wiederholte. Das gegenseitige Abtasten oder Abstreifen der Namen hatte etwas Eiliges, aber auch Willkürliches, der Spaß bestand darin, daß man nie wissen konnte, welcher Name als nächster kommen würde. Das hing von Zufällen ab, und da Namen, die ihr Glück machen wollten, von überall angereist kamen, schien alles möglich.

Die Neugier auf Überraschungen, auf Unerwartetes oder Erschreckendes, versetzte einen in einen leichten Zustand der Trunkenheit. Um das viele zu ertragen, um nicht ein für allemal in Verwirrung zu geraten und darin zu verharren, gewöhnten sich die, die immer hier lebten, daran, nichts zu ernst zu nehmen, besonders keine Namen. Der erste, an dem ich diesen Prozeß des Namens-Zynismus beobachten konnte, war einer, den ich nicht selten sah. Es zeigte sich darin, daß er sich erst einmal über jeden, der sich durch etwas hervorgetan hatte, aggressiv äußerte. Das konnte als Ausdruck eines politischen Standpunkts erscheinen, war aber in Wirklichkeit etwas anderes, nämlich eine Art von Existenzkampf. Indem man das Wenigste anerkannte, indem man in alle Richtungen ausschlug, war man selber wer. Wer sich auf dieses Ausschlagen in alle Richtungen nicht verstand, der war verloren und konnte gleich wieder abziehen, für den war Berlin nichts.

Sehr wichtig war, daß man immer wieder, während Tagen, Wochen und Monaten gesehen wurde. Die Besuche im Romanischen Café (und auf gehobener Stufe die bei Schlichter und Schwanecke), die gewiß auch ein Vergnügen waren, galten nicht diesem allein. Sie entsprangen auch der Notwendigkeit zu einer Selbst-Manifestation, der niemand sich entzog. Wer nicht vergessen werden wollte, mußte sich sehen lassen. Das galt in jedem Rang und jeder Schicht, auch für die Schnorrer, die im Romanischen Café von Tisch zu Tisch gingen und immer etwas bekamen, solange sie die Figur, die sie vorstellten, instand hielten und keine Entstellung an ihr duldeten.

Ein wesentliches Phänomen des damaligen Berliner Lebens waren die Mäzene. Es gab ihrer viele, sie saßen überall herum und lauerten auf Kundschaft. Manche waren immer da, andere kamen auf Besuch, es gab welche, die öfters von Paris herüberwechselten. Den ersten – einen Mann mit Schnauzbart, kugelrundem Gesicht und Lippen, denen man die gute Küche ansah – lernte ich im Romanischen Café kennen. Ich war mit Ibby, es war wenig Platz, an unserem Tisch wurde ein Stuhl frei, der Herr mit Schnauzbart und Lippen setzte sich zu uns und verhielt sich vollkommen still. Wir redeten wieder einmal über Ibbys Gedichte, man hatte eben welche von ihr verlangt, sie sprach mir einige vor, wir berieten, welche sie hergeben sollte. Der Herr hörte zu und lächelte laut, als ob er uns verstünde. Dabei sah er wie eine Speisekarte aus mit lauter französischen Namen. Er schnalzte ein paarmal, als ob er etwas sagen wolle, verstummte aber wieder. Vielleicht suchte er nach passenden Worten. Schließlich fand er sie, mit Hilfe einer Visitenkarte, die er zückte. Er war Zigarettenfabrikant und wohnte in Paris, in der Nähe des Bois de Boulogne: da könne man jedem Arbeiter in den Kochtopf sehen, da wisse man, was er drin habe. Das mit dem Kochtopf und seinem unverfälschten Inhalt kam drohend und explosiv heraus, wir erschraken beide, worauf er uns überaus manierlich und herzlich zum Essen einlud. Wir lehnten ab, wir hätten etwas Wichtiges zu besprechen. Er bestand darauf, auch er habe etwas mit uns zu besprechen. Er war so dringlich, daß wir neugierig wurden und mit ihm essen gingen.

Er führte uns in ein teures Lokal, das wir nicht kannten, erging sich noch in einigen Floskeln über französische Küche, erwähnte Baden-Baden, da stammte er her, und fragte mich dann ganz bescheiden, ob er der jungen Dichterin für ein Jahr eine Monatsrente von 200 Mark antragen dürfe. Ein sehr kleiner Betrag, ein Nichts, doch sei es ihm ein Herzensbedürfnis. Er sagte kein Wort über die Gedichte, die er gehört hatte. Es genügte ihm, daß er sie nicht verstand. Vor einer Stunde hatte er Ibby zum erstenmal in seinem Leben gesehen. Sie war schön, gewiß, und wenn sie ihre Gedichte sprach, klang auch ihr Ungarisch-Deutsch verführerisch. Aber ich bezweifele, daß er ein Organ dafür hatte. Als sie sich auf meine eher abweisende Frage hin bereit erklärte, das Angebot anzunehmen, küßte er ihr dankbar die Hand, aber das war auch alles, was er sich erlaubte. Dabei war er ein Mann in den besten Jahren und wußte nicht nur im Hinblick auf Speisekarten, was er wollte. Hier aber ging es ihm um Mäzenatentum, das war es, was er mit uns besprechen wollte. Er hielt sein Wort, und da er gar nicht in Berlin war, machte er nie den Versuch, sich Ibby aufzudrängen.

Ich unterschied zwischen den lauten und den stillen Mäzenen, dieser gehörte zu den stillen. Ihre Lautstärke hing davon ab, ob sie mitsprechen konnten: dazu mußte ihnen der Jargon des Kreises, den sie stützten, geläufig sein. In der Gesellschaft von Grosz und den Leuten um den Malik Verlag sah man oft einen jungen

Mann, dessen Namen ich vergessen habe. Er war reich und lärmend und wollte ernstgenommen werden. Er nahm an Gesprächen teil und argumentierte gern, vielleicht verstand er von manchen Dingen etwas, aber was ich von ihm zuerst zu hören bekam, war die Glas-Wasser-Theorie. Diese Theorie ging damals um, in ganz Berlin gab es nichts Banaleres, aber wenn er davon sprach, nahm er wirklich ein Glas in die Hand, führte es leer an den Mund, tat, als ob er es leere, und stellte es verächtlich ab auf den Tisch: »Liebe? – Ein Glas Wasser, ausgeleert, fertig!« Er hatte einen blonden Schnurrbart, der sich vor Stolz etwas aufblähte: jedesmal, wenn er mit der Glas-Wasser-Theorie herausplatzte, sträubte sich der Schnurrbart. Dieser junge Mann war ein Geldgeber größeren Stils, es ist möglich, daß er auch den Malik Verlag finanzieren half, jedenfalls war er ein Gönner von George Grosz.

Ein wirklich stiller Mäzen, der nicht mitsprach, weil er so viel von seiner eigenen Sache verstand, daß er über andere kein dummes Zeug sagen mochte, war ein jüngerer Mann namens Stark, der etwas mit den Osram-Glühlampen zu tun hatte. Er war oft dabei, hörte sich alles aufmerksam an, sagte nichts und machte sich manchmal nützlich, wenn es geboten schien, aber ohne Aufsehen und immer in Maßen. In einem Hause, das ihm oder seiner Gesellschaft gehörte, war eine Wohnung frei, drei schöne Zimmer in einer Reihe, im Zentrum. Er bot sie Ibby an, für ein paar Monate, länger würde sie nicht freibleiben. Die Zimmer, mit Spannteppichen belegt, waren sonst vollkommen leer. Er ließ ihr einen Diwan hineinstellen, zum Schlafen, sonst nichts. Alles übrige war ihre Sache.

Sie hatte den anmutigen Gedanken, die Wohnung leer zu lassen, sich kein einziges Möbelstück dafür zu beschaffen, nichts, und Leute in die Leere zu sich einzuladen. »Sie sollen die Möbel *sagen*«, meinte sie, »erfinderische Gäste will ich.« Zur Stütze ihrer Erfindungsgabe weidete im mittleren Zimmer ein kleiner Porzellan-Esel auf dem grünen Teppich. Es war ein sehr hübscher Esel, sie hatte ihn im Fenster eines Antiquitäten-Geschäfts gesehen, war hineingegangen und hatte angeboten, ein Gedicht über ihn zu schreiben, wenn sie ihn dafür bekäme. »Brecht ein Auto, ich einen Esel. Was hast du lieber?« fragte sie mich, wohl wissend, wie meine Antwort darauf lauten würde. Die Besitzerin des Geschäfts war auf den Handel eingegangen, es gab auch solche Leute in Berlin, und Ibby war darüber so erstaunt, daß sie ihr ›bestes Gedicht‹ für sie schrieb, es ist verlorengegangen.

Zur Einweihung der Wohnung gab sie eine große Gesellschaft, jeder Gast wurde zuerst vor den Esel geführt, mit ihm bekanntgemacht und dann aufgefordert, wo es ihm beliebe, Platz zu nehmen. In der ganzen Wohnung war kein Stuhl, man stand oder hockte sich auf den Boden. Für Getränke war gesorgt, auch dafür gab es Mäzene. Jeder war gekommen, niemand, der von der leeren Wohnung gehört hatte, wollte sich den Anblick entgehen lassen, aber das Merkwürdige war, daß alle auch blieben und keiner mehr wegging. Ibby bat mich, auf George Grosz zu achten, sie fürchtete, er werde sie, betrunken, attackieren und in diesem Zustand alle die Dinge sagen, die ich nicht glauben wollte. Als er kam, war er bezaubernd, in seiner vornehmsten Dandy-Art, er brachte jemand mit, der mit Flaschen für Ibby beladen war. »Schade«, sagte Ibby, »daß ich mich nicht verliebe. Heute fängt es reizend an. Aber warte!«

Man mußte gar nicht so lange warten. Grosz war schon betrunken, als er kam und noch den Feinen spielte. Er saß auf dem Schlafdiwan, Ibby auf dem Boden nicht weit von ihm. Er streckte die Arme nach ihr aus, sie wich zurück, so daß er sie nicht erreichen konnte. Dann brach es aus ihm heraus und er war nicht mehr aufzuhalten: »Sie lassen ja keinen heran! Da hat keiner was davon! Was soll das?« In diesem Stil und dann viel schlimmer ging es weiter. Dann wechselte er zu einem Lobgesang auf ›Schinken‹ über: »Schinken, Schinken, du mein Vergnügen!« Das hatte sie mir vorausgesagt, schon als ich das erstemal bei ihm gewesen war und mit der Ecce Homo-Mappe, die er mir geschenkt hatte, zurückkam, voller Begeisterung über ihn, voller Verehrung für die Schärfe seines Auges, für die Unerbittlichkeit, mit der er die Laster dieser Berliner Gesellschaft geißelte. Da saß er nun, hochrot, betrunken, in unkontrollierbarer Erregung, weil Ibby sich ihm entzog, vor den Augen aller Anwesenden, die sich gar nicht daran stießen, schamlos schimpfend, und plötzlich erschien er mir wie eine seiner eigenen Figuren.

Ich hielt es nicht aus, ich war verzweifelt, ich war zornig auf Ibby, weil sie ihn in diese Lage gebracht hatte, wohl wissend, was geschehen würde. Ich wollte weg, als einziger Gast, der sich hier nicht wohl fühlte, schlich ich mich hinaus, aber ich entkam nicht, denn Ibby, die mich die ganze Zeit im Auge behalten hatte, stand schon vor der Wohnungstüre und versperrte mir den Weg. Sie hatte Angst. Sie hatte das Ganze provoziert, um mir zu beweisen, daß er sich wirklich so zu ihr benahm, wie sie's berichtet hatte. Aber sein Ausbruch war so stark und dauerte so lange, daß sie sich jetzt vor ihm fürchtete. Sie, die nie Angst hatte, die sich aus unzähligen schlimmen Lagen gerettet hatte – von allen hatte sie mir berichtet, von allen wußte ich –, wagte es jetzt nicht, in der Wohnung zu bleiben, die voller Menschen war, wenn ich nicht zu ihrem Schutz dabliebe. Jetzt haßte ich sie dafür, daß ich sie nicht allein lassen konnte. Jetzt mußte ich bleiben und zusehen, wie einer der wenigen Menschen in Berlin, die ich bewunderte, der großherzig zu mir gewesen war und sich so benommen hatte, wie ich es von Menschen noch immer erwartete, jetzt mußte ich zusehen, wie er sich entwürdigte und darauf achten, daß Ibby sich vor ihm verbarg und ihm nicht wieder vor die Arme lief – lieber wäre es mir gewesen, sie wäre mit ihm fortgegangen, so schrecklich war es, ihn toben zu hören. Niemand schien verwundert darüber, aber es lachte auch niemand, man war diese Szenen gewöhnt, sie gehörten hier zum täglichen Leben. Ich wollte weg, nur weg, und da ich aus der Wohnung nicht weg konnte, wollte ich weg von Berlin.

Flucht

Das war tief im September. Ende August war ich mit Ibby bei der Premiere der ›Dreigroschenoper‹ gewesen. Es war eine raffinierte Aufführung, kalt berechnet. Es war der genaueste Ausdruck dieses Berlin. Die Leute jubelten *sich* zu, das waren sie selbst und sie gefielen sich. Erst kam *ihr* Fressen, dann kam ihre Moral, besser hätte es keiner von ihnen sagen können, das nahmen sie wörtlich. Jetzt war es gesagt, keine Sau hätte sich wohler fühlen können. Für Abschaffung von Strafe war gesorgt: der reitende Bote mit echtem Pferd. Die schrille und nackte Selbstzufriedenheit, die sich von dieser Aufführung ausbreitete, mag nur glauben, wer sie erlebt hat.

Wenn es die Aufgabe der Satire ist, die Menschen zu peitschen, für das Unrecht, das sie vorstellen und begehen, für ihre Schlechtigkeiten, die zu Raubtieren heranwachsen und sich fortpflanzen, so fand sich im Gegenteil hier alles verherrlicht, was man sonst schamvoll versteckt: am treffendsten und wirksamsten verhöhnt war das Mitleid. Gewiß war alles bloß übernommen und mit einigen neuen Roheiten nur gewürzt worden, aber ebendiese Roheiten waren daran das Echte. Eine Oper war es nicht, auch nicht, was es im Ursprung gewesen war, eine Verspottung der Oper, es war, das einzig Ungefälschte daran, eine Operette. Gegen die süßliche Form der Wiener Operette, in der die Leute ungestört alles fanden, was sie sich wünschten, war hier eine andere, Berliner Form gesetzt, mit Härten, Schuftigkeiten und banalen Rechtfertigungen dafür, die sie sich nicht weniger, die sie sich wahrscheinlich noch mehr als jene Süßigkeiten wünschten.

Meine Begleiterin hatte kein Organ dafür gezeigt und war von der Raserei der Besucher, die vor die Rampe stürzten und am liebsten vor Begeisterung alles kurz und klein geschlagen hätten, nicht weniger befremdet als ich. »Verbrecher-Romantik«, sagte sie, »alles falsch«, und obwohl ich ihr dankbar dafür war und dasselbe Wort ›falsch‹ empfand und gebrauchte, war es doch sehr verschieden, was wir damit meinten. Sie hatte den Gedanken, der origineller war als das Stück, daß jeder gern eine von diesen falschen Bettelfiguren wäre und nur zu feig war, so aufzutreten. Sie sah darin gelungene Formen der Heuchelei, verwendbare Wehleidigkeiten, die man in der Hand behielt und regulierte, und das Ganze unter eine Oberaufsicht gestellt, die einem den Spaß daran ließ, aber die Verantwortung dafür abnahm. Ich sah es viel einfacher: daß jeder sich als Mackie Messer kannte und sich nun endlich einmal offen deklariert und gebilligt und dafür bewundert fand. Unsere Auffassungen gingen aneinander vorbei, aber da sie sich nicht berührten, störten sie einander auch nicht und bestärkten uns in der Abwehr.

An diesem Abend fühlte ich mich Ibby am nächsten. Sie war durch nichts zu überrumpeln. Die tobende Masse des Publikums existierte für sie nicht. Sie fühlte sich nie in eine Masse einbezogen. Öffentliche Meinungen erwog sie nicht einmal, es war, als hätte sie sie nicht gehört. Durch das Plakatmeer Berlins ging sie vollkommen unberührt, der Name keines einzigen ›Artikels‹ blieb in ihr haften, wenn sie etwas für ihren täglichen Bedarf brauchte, wußte sie nicht, wie es hieß und wo man es fand, und mußte sich beides im Warenhaus auf abenteuerliche Weise erfragen. Sie sah einer Demonstration von hunderttausend Menschen zu, die vor ihren Augen passierte, fühlte sich davon weder angezogen noch abgestoßen, was sie unmittelbar danach sagte, unterschied sich in nichts von ihren Worten zuvor. Sie hatte genau hingesehen und mehr Einzelheiten aufgefaßt als jeder andere, doch fügte sich nichts zu einer Richtung, einem Willen, einem Zwang zusammen. In diesem Berlin, das von heftigen politischen Kämpfen erfüllt war, hörte ich von ihr kein einziges Wort über Politik. Vielleicht hing das damit zusammen, daß sie nie wiederholen konnte, was andere sagten. Zeitungen las sie nicht, sie las auch keine Zeitschriften. Wenn ich eine in ihrer Hand sah, wußte ich: da ist ein Gedicht von ihr abgedruckt und sie will's mir zeigen. Das stimmte immer und wenn ich sie fragte, was sonst in der Nummer stand, schüttelte sie den Kopf und hatte keine Ahnung. Oft empfand ich das als unangenehm und beschuldigte sie einer exzessiven Selbstliebe. Sie führe sich so auf, als wäre sie allein auf der Welt. Das war aber ungerecht, denn ihr fiel an Menschen – und zwar an allen Arten von Menschen – mehr auf als jedem anderen. Daß sie sich von keiner Masse ergreifen ließ, war mir ein Rätsel, bei der Premiere der ›Dreigroschenoper‹ gefiel mir, was ich oft an ihr ausgesetzt hatte.

Ich hatte vieles in Berlin gesehen, das mich bestürzte und verwirrte. Es ist verwandelt, an andere Lokalitäten transponiert und nur für mich noch erkennbar, in später Geschriebenes eingegangen. Es widerstrebt mir, etwas, das nun auf seine Weise besteht, zu reduzieren und auf seinen Anlaß zurückzuführen. Darum habe ich es vorgezogen, nur einiges Wenige aus diesen Berliner drei Monaten herauszugreifen, und zwar besonders solches, das seine erkennbare Gestalt behalten hat und nicht ganz in die geheimen Irrgänge verschwand, aus denen ich es erst herausgraben und neu bekleiden müßte. Ich bin im Gegensatz zu vielen, besonders solchen, die einer redseligen Psychologie erlegen sind, nicht der Überzeugung, daß man die Erinnerung drangsalieren, kujonieren und erpressen oder der Wirkung wohlberechneter Lockmittel aussetzen soll, ich verneige mich vor der Erinnerung, vor jedes Menschen Erinnerung. Ich will sie so intakt belassen, wie sie dem Menschen, der für seine Freiheit besteht, zugehört, und verhehle nicht meinen Abscheu vor denen, die sich herausnehmen, sie chirurgischen Eingriffen so lange auszusetzen, bis sie der Erinnerung aller übrigen gleicht. Mögen sie an Nasen, Lippen, Ohren, Haut und Haaren herumoperieren, soviel sie wollen, mögen sie ihnen, wenn es denn sein muß, andersfarbige Augen einsetzen, auch fremde Herzen, die ein Jährchen länger schlagen, mögen sie alles betasten, stutzen, glätten, gleichen, aber die Erinnerung sie sollen lassen stân.

Nach diesem Glaubensbekenntnis will ich von dem sprechen, was mir noch klar vor Augen steht und auch weiterhin nach keinem Dämmer suchen.

Als die Zeit sich in ihrem gemeinsamen Nenner fand, in der ›Dreigroschenoper‹, als die Freude am Fressen vor der Moral nach dieser Allerwelts-Parole griff, der alle widerstreitenden Kräfte zustimmen konnten, begann sich mein Widerstand zu organisieren. Bis dahin war die Verlockung, in Berlin zu bleiben, eher größer geworden. Man bewegte sich in einem Chaos, aber es schien unermeßlich. Es kam täglich Neues und schlug auf das Alte ein, das selbst vor drei Tagen erst neu gewesen war. Die Dinge schwammen wie Leichen im Chaos umher, dafür wurden die Menschen zu Dingen. Neue Sachlichkeit hieß das. Das war nach den langanhaltenden Notschreien des Expressionismus schwer anders möglich. Bei alledem verstand man, ob man noch schrie oder schon zur Sache geworden war, für ein gutes Leben zu sorgen. Wer frisch ankam und nach einigen Wochen seine Verwirrung nicht merken ließ, sondern einen klaren Kopf zur Schau trug, der galt als brauchbar und bekam gute Angebote, die ihn zum Bleiben verlocken sollten. Man hängte sich an alle Neuen, schon weil sie nicht lange neu bleiben würden. Man nahm sie mit offenen Armen auf, während man sich schon nach anderen Neuen umsah, denn die Existenz und Blüte dieser auf ihre Weise großen Zeit hing davon ab, daß Neues unaufhörlich nachkam. Man war noch nichts und doch wurde man gebraucht, man bewegte sich hauptsächlich unter denen, die auch neu gewesen waren.

Als Alteingesessene empfand man solche, die einen ›ehrlichen‹ Beruf hatten, als Ehrlichster galt – nicht nur in meinen Augen – immer der eines Arztes. Weder Döblin noch Benn gehörten zu den Allerweltsfiguren. Ihre Arbeit entzog sie der Routine unaufhörlicher Selbstdarstellung. Beide sah ich so selten und so flüchtig, daß ich nichts Ernsthaftes über sie zu sagen hätte. Um so mehr fiel mir auf, in welcher Weise von ihnen die Rede war. Brecht, der niemanden gelten ließ, nannte Döblins Namen mit dem größten Respekt. Einige seltene Male sah ich ihn unsicher, er sagte dann: »Darüber muß ich mit dem Döblin reden«, es klang so, als wäre das der weise Mann, bei dem er sich Rat holte. – Benn, der an Ibby Gefallen gefunden hatte, war der einzige, der sie nicht belästigte. Eine Neujahrskarte, die er ihr geschickt hatte, schenkte sie mir. Er wünschte ihr fürs Neue Jahr alles, was eine schöne junge Person gern für sich haben mochte, und zählte es einzeln auf. Es stand nichts auf der Karte, woran Ibby je gedacht hatte. Er nahm sie so, wie sie aussah, und hielt sich an diesen Eindruck von ihr. Darum wirkte die Karte, die überhaupt nichts mit ihr zu tun hatte, so als käme sie von einem unverbrauchten, seiner Sinne sicheren Schreiber.

Als ›Neuer‹ hätte ich bleiben können und es wäre mir, was das äußere Fortkommen anlangt, bestimmt gutgegangen. Eine gewisse Großzügigkeit gehörte zu dieser Art von Betrieb. Es war auch nicht ganz leicht, nein zu sagen, wenn man mit so herzlicher Dringlichkeit zum Bleiben aufgemuntert wurde. Ich war in einer ungehörigen Position, nicht nur stand mir der Weg zu jedermann offen, ich war durch Ibbys Erzählungen auch auf eine Weise über die Menschen informiert, die anderen gar nicht erlangbar gewesen wäre. Sie kannte sie in ihren lächerlichsten Aspekten, ihre Beobachtung war erbarmungslos, sie war aber auch genau, nie hat sie etwas Falsches oder Ungefähres berichtet, was sie nicht selber sah oder hörte, existierte nicht für sie. Sie war der *begehrte* Augenzeuge, der mehr als andere zu sagen hatte, weil es zu seiner Haupterfahrung gehörte, sich zu entziehen.

In den Wochen nach der Premiere, als der Drang, mich aus dieser Welt zu retten, sich zu artikulieren begann, hielt ich mich an sie. Ich müsse zurück nach Wien, um Prüfungen abzulegen, danach im Frühjahr würde ich promovieren. So war es immer gedacht gewesen. Dann, im Sommer des nächsten Jahres, könnte ich wieder nach Berlin kommen und neue Beschlüsse fassen, je nachdem, wie es in mir aussah. Sie war unsentimental und sagte: »Du wirst dich nie binden. Du kannst dich nicht binden. Das ist bei dir so wie bei mir mit Liebe.« Sie meinte damit, daß sie sich zu nichts beschwatzen, verführen oder zwingen ließ. Sie fand auch, daß es schlau sei, die Prüfungen noch vor mir zu haben. »Das sehen die ein, diese Künstler! Vier Jahre sich plagen im

Laboratorium und dann kein Doktor, das finden sie verrückt. Nein!«

Mit Gedichten war sie wohlversorgt, einen ganzen Vorrat davon hatte ich für sie in deutsche Form gebracht, mehr als sie innerhalb eines Jahres benötigen würde. Der Zigaretten-Mann, der uns bei der Besprechung von Gedichten zugehört hatte, hatte ihr für ein Jahr eine monatliche Rente ausgesetzt, sie war schon zum zweitenmal eingetroffen, von einer höflichen und respektvollen Karte begleitet.

Sie machte mir's leicht, wie ich's von ihr erwartet hatte. Wenn wir auch keine Liebesleute waren, wir hatten uns nie geküßt, so standen doch alle Menschen leibhaftig zwischen uns, über die wir gesprochen hatten, ein Wald, der weiterwuchs, der weder bei ihr noch bei mir absterben konnte. Briefe waren weder ihre noch meine Sache, sicher schrieb sie mir und manchmal schrieb auch ich, aber wie mager war das, wenn man sie nicht sah und erzählen hörte.

Dann kam, drei Wochen nach der Premiere, die Gesellschaft in ihrer leeren Wohnung, die zum Schock wurde und den Zauber ihrer Geschichten zerstörte.

Ich begann mich der Dinge zu schämen, die ich von ihr über andere Menschen hörte. Ich erkannte, daß sie vieles bei Männern provozierte, bloß um mir davon zu erzählen. Als ich endlich begriff, daß die Frische, die Originalität und Genauigkeit ihrer Berichte damit zusammenhing, daß sie Männer dazu verlockte, sich so lächerlich aufzuführen, wie sie es für ihre Erzählungen wünschte – eine Dirigentin der Stimmen, an denen ich mich nicht satt hören konnte –, als ich mir endlich eingestand, daß ich nie, buchstäblich kein einziges Mal, etwas vernommen hatte, das *für* einen Menschen sprach, und zwar nur darum nicht, weil es langweilig geklungen hätte, verspürte ich plötzlich Abneigung gegen sie und tauschte ihre Spottreden gegen Babels Schweigen.

Während der letzten zwei Wochen in Berlin sah ich ihn täglich. Ich sah ihn allein, ich fühlte mich dann freier mit ihm, ich glaube, auch ihm war es lieber. Ich lernte von ihm, daß man sehr lange hinsehen kann, ohne etwas zu wissen, daß es sich erst viel später entscheidet, ob man etwas von einem Menschen weiß, nämlich dann erst, wenn man ihn aus dem Auge verloren hat; daß man sich trotzdem, ohne noch etwas zu wissen, alles gut merken kann, was man sieht oder hört, daß die Dinge in einem unangetastet und unverdorben ruhen, solange man sie nicht zum Amüsement für andere mißbraucht. Ich lernte auch etwas, was nach der Lehre der ›Fackel‹, in die ich so lange gegangen war, vielleicht noch wichtiger schien, wie erbärmlich nämlich Urteilerei und Verdammung als Selbstzweck waren. Ich erfuhr seine Art, auf Menschen hinzusehen: lange, solange sie eben zu sehen waren, ohne auch nur eine Sterbenssilbe über das Gesehene zu äußern; das Langsame daran, die Zurückhaltung, das Verstummen, hart neben der Bedeutung, die er dem zuschrieb, was sich zum Sehen darbot, denn er suchte es mit unermüdlicher Gier auf, seine einzige Gier, aber auch meine, nur war meine ungeschult und ihrer Berechtigung noch nicht sicher.

Vielleicht trafen wir uns in einem Wort, das nie zwischen uns fiel, das mir jetzt immer in den Sinn kommt, wenn ich an ihn denke. Es ist das Wort *lernen*. Von der Würde des Lernens war er wie ich erfüllt. Durch das frühe Lernen, den abgründigen Respekt davor, war sein Geist wie meiner erwacht. Aber sein Lernen hatte sich ganz schon den Menschen zugewandt, er brauchte keinen Vorwand, weder den der Erweiterung eines Wissensgebietes, noch den einer Nützlichkeit, eines Zwecks, eines Vorhabens, um Menschen zu erlernen. Auch ich wandte mich um diese Zeit Menschen ernsthaft zu und habe seither den größten Teil meines Lebens damit zugebracht, sie aufzufassen. Damals mußte ich mir noch sagen, daß es um dieser oder jener Erkenntnis willen geschah, auf die ich aus war. Aber wenn alle anderen Vorwände zerbröckelten, blieb mir der eine der *Erwartung,* es lag mir daran, daß die Menschen, auch ich selber *besser* würden, und dazu mußte ich über jeden einzelnen von ihnen auf das genaueste Bescheid wissen. Babel, mit seiner ungeheuren Erfahrung, wenn auch nur elf Jahre älter als ich, war über diesen Punkt längst hinweg: sein Wunsch nach einer Verbesserung der Menschen diente nicht als Vorwand zu ihrer Kenntnis. Ich spürte, daß dieser Wunsch bei ihm so wenig zu ersättigen war wie bei mir, aber daß er ihn nie zum Selbstbetrug verführte. Was er über Menschen erfuhr, war unabhängig davon, ob es ihn freute, ob es ihn quälte, ob es ihn niederwarf: er mußte Menschen erlernen.

Teil 5
Die Frucht des Feuers
Wien 1929-1931

Der Pavillon der Irren

Im September 1929, als ich von einem zweiten Berliner Besuch nach Wien zurückkehrte, begann endlich etwas, das ich das ›notwendige‹ Leben nannte, ein Leben nämlich, das von den eigenen inneren Notwendigkeiten bestimmt war. Mit der Chemie war es aus, ich hatte im Juni promoviert und damit ein Studium beschlossen, das mir zum Aufschub gedient hatte und sonst nichts bedeutete.

Die Frage des Lebensunterhaltes war gelöst: ich hatte den Auftrag, zwei Bücher aus dem Amerikanischen zu übersetzen. Ein Termin war gesetzt, den ich mit vier, fünf Stunden Arbeit am Tag einhalten konnte. Weitere Übersetzungen waren mir in Aussicht gestellt. Da die Arbeit gut honoriert war – ich lebte in der Hagenberggasse sehr bescheiden –, hatte ich zwei oder drei freie Jahre vor mir. Die Übersetzung, die ich als Brotarbeit ernst nahm, fiel mir leicht; doch der Inhalt dieser Bücher berührte mich nur an der Oberfläche, manchmal ertappte ich mich dabei, daß ich während der Arbeit an ganz andere, an eigene Sachen dachte.

Denn durch die entschlossene Ablösung von Berlin hatte ich mir wohl äußere Ruhe verschafft, aber es war keine Idylle, in die ich zurückkehrte. Ich war voll von Fragen und Chimären, Zweifeln, bösen Ahnungen, Katastrophenängsten, aber auch von einem unheimlich starken Willen, mich zurechtzufinden, die Dinge auseinanderzunehmen, ihre Richtung zu bestimmen und sie dadurch zu überschauen. Nichts von allem, was ich in zwei Berliner Aufenthalten mitangesehen hatte, ließ sich beiseiteschieben. Bei Tag und bei Nacht tauchte alles auf, ohne Regel, ohne Sinn, wie mir schien, als Bedrängnis, vielgestaltig, wie die Teufel Grünewalds, dessen Altar ich in Einzelteilen an den Wänden meines Zimmers hängen hatte. Es zeigte sich, daß ich mehr aufgenommen hatte, als ich selber wahrhaben wollte. Der modische Ausdruck »verdrängen« schien nicht für mich geschaffen. *Nichts* war verdrängt, es war alles da, immer, zugleich und so deutlich, als könne man es mit Händen greifen. Von irgendwelchen Gezeiten, über die ich keine Macht hatte, hing es ab, was auf Wellen vor mir auftauchte und von anderen Wellen beiseitegeschoben wurde. Immer spürte man die Weite und Erfülltheit dieses Meeres, das von Ungetümen brodelte, die man alle *erkannte*. Das Erschreckende daran war, daß alles sein *Gesicht* hatte, es sah einen an, es öffnete den Mund, es sagte etwas oder es wollte etwas sagen. Die Verzerrungen, mit denen es einen bedrängte, waren berechnet, sie hatten ihre Absicht, sie quälten einen mit sich, sie *brauchten* einen, man empfand den Zwang, sich zu stellen. Aber kaum hatte man die Kraft dazu gefunden, waren sie von anderen beiseitegeschoben worden, deren Ansprüche an einen nicht geringer waren. So ging es weiter und kam alles immer wieder, und nichts blieb lange genug, um sich fassen und lösen zu lassen. Vergebens streckte man Arme und Hände aus, es war zuviel da und es war überall, es war nicht zu bewältigen, man war darin verloren.

Nun wäre es gar kein Unglück gewesen, daß nichts von den Berliner Wochen versickert war, daß man alles bewahrt hatte. Es hätte sich aufschreiben lassen und es wäre ein farbiger und vielleicht gar nicht uninteressanter Bericht geworden. Er ließe sich noch heute schreiben, so lange hat es sich erhalten. Aber ein Bericht hätte das Wesentliche daran nie erfaßt: die Drohung, mit der es geladen war, und die gegensätzlichen Richtungen, in die es zog. Denn der eine, einheitliche Mensch, der es aufgefaßt hatte und nun scheinbar alles in sich enthielt, war ein Truggebilde. Was er bewahrte, hatte sich darum verändert, weil er es mit anderem zusammen in sich verwahrte. Die eigentliche Tendenz der Dinge war eine *zentrifugale,* sie strebten auseinander, mit größter Geschwindigkeit voneinander weg. Die Wirklichkeit war nicht im Zentrum, wo sie wie an Zügeln alles zusammenhielt, es gab nur noch viele Wirklichkeiten und sie waren außen. Sie waren weit voneinander entfernt, es bestand keine Verbindung zwischen ihnen, wer einen Ausgleich zwischen ihnen herzustellen versuchte, war ein Fälscher. Sehr weit außen, auf einem Kreise, beinahe am Rande der Welt, standen wie harte Kristalle die neuen Wirklichkeiten, auf die ich zuging. Als Scheinwerfer waren sie nach innen auf unsere Welt zu richten, um diese mit ihnen abzuleuchten.

Sie waren das eigentliche Mittel der Erkenntnis: mit ihnen wäre das Chaos, von dem man erfüllt war, zu durchdringen. Gab es genug solcher Scheinwerfer, waren sie richtig erdacht, so ließe sich das Chaos *auseinandernehmen*. Es durfte nichts ausgelassen werden, man durfte nichts fallenlassen, alle üblichen Tricks der Harmonisierung verursachten Ekel. Wer sich noch in der bestmöglichen aller Welten glaubte, der sollte die Augen weiter geschlossen halten und an blinden Entzückungen sein Genüge finden, der brauchte auch nicht zu wissen, was uns bevorstand.

Da alles, was ich gesehen hatte, *zusammen* möglich war, mußte ich eine Form finden, es zu halten, ohne es zu verringern. Eine Verringerung war es, Menschen und Verhaltensweisen so zu zeigen, wie sie einem erschienen waren, ohne zugleich zu übermitteln, was aus ihnen werden mußte. Die Potentialität der Dinge, die immer mitschwang, wenn man mit Neuem konfrontiert wurde, die unausgesprochen blieb, obwohl man sie auf das stärkste empfand, ging eben in den Darstellungen, die als genau galten, vollkommen verloren. In Wirklichkeit hatte alles eine Richtung und alles nahm überhand, *Expansion* war eine Hauptеigenschaft von Menschen und Dingen, um davon etwas zu fassen, mußte man die Dinge auseinandernehmen. Ein wenig war es so, als hätte man einen Urwald, in dem alles verschlungen durcheinanderwuchs, zu entwirren, jedes Gewächs vom anderen zu lösen, ohne es zu beschädigen oder zu zerstören, es in Spannung für sich zu besehen und weiterwachsen zu lassen, ohne es wieder aus dem Auge zu verlieren.

Mit der Rückkehr in eine Umgebung, deren Hauptkennzeichen Ruhe und Enthaltsamkeit waren, wurde das, was man mit sich brachte, das Erlebte, dringlicher. Wie immer man sich zu verlangsamen und zu beschränken versuchte, das Erlebte gab einem keine Ruhe. Ich versuchte es mit langen Gängen, an denen nicht viel Auffälliges war. Ich ging die lange Auhofstraße von Hacking nach Hietzing und zurück und zwang mich, dabei nicht zu rasch zu gehen. So meinte ich mich an einen anderen Rhythmus zu gewöhnen. Hier sprang mich an keiner Straßenecke etwas an, an niederen, einstöckigen Häusern entlang ging sich's wie auf einer Vorstadtstraße des vergangenen Jahrhunderts. Ich begann diesen Weg gemächlich, ich nahm mir nichts vor, ich dachte an kein Lokal, in das ich mich setzen würde, und sei's auch nur dem Schreiben zuliebe. Es sollte ein Gehen sein, das mir nicht den Kopf herumriß, nicht nach rechts, nicht nach links, kein Veitstanz des Schauens, kein schrilles Getöse – ein gehendes Wesen der Vorzeit, das wollte ich sein, ein Geschöpf, das vor nichts davonrennt, in nichts hineinrennt, nicht ausweicht, nicht stolpert, nicht anstößt, nicht drängt, das nirgends sein muß, das Zeit hat, für nichts, das sich ganz besonders davor hütet, eine Uhr bei sich zu haben. Aber je vollkommener die Leere war, die ich mir bereitet hatte, je unbeschwerter und unbefangener ich begann, um so unabweisbarer kam der Überfall: ein Schlag auf die Augen, ein Stein auf den Kopf, unabweisbar, denn es kam von innen. Eine Figur, aus der Zeit, der ich zu entrinnen suchte, hielt mich fest, eine Figur, die ich nicht kannte. Sie war eben entstanden, und obwohl ich wußte, woher sie kam – sie war durch ihre Dringlichkeit gezeichnet –, obwohl sie erbarmungslos alles an sich riß, woraus ich bestand, war sie mir vollkommen neu. Ich war ihr noch nie begegnet, sie befremdete mich bis zum Erschrecken, sprang mich an, hockte sich mir auf die Schultern, verschränkte die Beine auf meiner Brust, lenkte mich, so rasch wie sie wollte, wohin es ihr gefiel. Ich fand mich außer Atem auf der Auhofstraße, die ich um ihrer Harmlosigkeit und Unbelebtheit willen gewählt hatte, besessen, wie auf der Flucht, die Gefahr, der ich nicht entrinnen konnte, auf den Schultern. Ich war in Angst und war mir doch dessen bewußt, daß das einzige geschah, was mich aus dem Chaos, das ich mitgebracht hatte, retten konnte.

Das Rettende war, daß es eine Figur war, die Umrisse hatte, die sich weiter trieb, die das sinnlos Zerstreute sammelte und ihm einen Leib gab. Es war ein schrecklicher Leib, aber er lebte. Er bedrohte mich, aber er hatte eine Richtung. Ich sah, worauf er aus war, den Schrecken vor ihm verlor ich nie ganz, aber er reizte auch meine Neugier. Wozu ist er imstande? wohin gerät er? wie lange treibt er's? muß er enden? Sobald die Figur in ihren ersten Umrissen erkannt ist, kehrt sich das Verhältnis um und es ist nun gar nicht mehr so sicher, wer von wem besessen ist und wer wen treibt.

Wenn ich eine Weile in dieser Verfassung hin- und zurückgerannt war, immer gehetzter in der Wiederholung desselben Weges, endete es damit, daß ich mich irgendwo, wohin es mich eben verschlagen hatte, in ein Lokal setzte. Heft und Bleistift waren gleich zur Hand, das Verzeichnen begann, was in der Bewegung passiert war, setzte sich um in geschriebene Worte.

Wie soll man diesen Zustand unaufhörlichen Verzeichnens schildern? Erst war noch kein Zusammenhang da. Es war Tausenderlei. Eine Gliederung, etwas was man den Beginn einer Ordnung nennen könnte, begann in der Aufteilung auf Figuren. Die Tätigkeit, der ich mich hauptsächlich hingab, war ein zorniger Versuch, von mir abzusehen, und zwar durch Verwandlung. Ich entwarf Figuren, die eine eigene Art zu sehen hatten, die sich nicht mehr wahllos umtun konnten, sondern nur in bestimmten Kanälen empfanden und dachten: einige dieser Figuren kehrten häufiger wieder, während andere nach ersten Anfängen verschwanden. Ich scheute davor zurück, ihnen Namen zu geben, sie waren nicht etwa Individuen wie der und jener, den man kannte, jede von ihnen wurde aus ihrem Hauptanliegen heraus erfunden, eben dem, was sie weiter und weiter trieb, fort von den anderen. Sie sollte eine vollkommen eigene Sicht auf die Dinge haben, sie war das Beherrschende ihrer Welt, mit nichts anderem zu vergleichen. Es war von Bedeutung, daß alles in ihrem Sinn durchgehalten war. Die Strenge, mit der alles andere von ihrer Welt ausgeschlossen war, war vielleicht das Wichtigste. Es war ein Strang, den ich aus dem Wirrwarr herausholte, ich wollte ihn pur und unvergeßlich. Er sollte sich einem so einprägen wie ein Don Quijote. Er sollte Dinge denken und sagen, die kein anderer hätte denken oder sagen können. Einen bestimmten Aspekt der Welt sollte er so sehr ausgedrückt haben, daß sie ohne ihn ärmer wäre, ärmer, aber auch verlogener.

Einer von ihnen war der Wahrheitsmensch, der das Glück und Unglück der Wahrheit bis ins Letzte auskostete, aber es ging bei ihnen allen um eine bestimmte Art von Wahrheit: die der Übereinstimmung mit sich selbst. Nachdem einige von ihnen, nicht viele, versanken, blieben acht von ihnen am Leben, die mich während eines Jahres fesselten und in Bewegung hielten. Jeder wurde mit einem großen Buchstaben bezeichnet, es war der Anfangsbuchstabe des Anliegens oder auch der Eigenschaft, die ihn beherrschte. W., den *Wahrheitsmenschen*, habe ich genannt. Ph. war der *Phantast*: der wollte von der Erde weg, in den Weltraum, alle seine Gedanken waren darauf gerichtet, wie man von der Erde wegkam, seine heftige Entdeckungslust wurde durchtränkt von der Abneigung vor dem, was es hier um ihn zu sehen gab. Seine Lust auf Neues und Unerhörtes speiste sich vom Ekel am ›Hiesigen‹. – Es gab R., einen religiösen *Fanatiker*,

S., den *Sammler*. Es gab den *Verschwender* und den *Tod-Feind*, womit ich den Feind des Todes meinte. Es gab Sch., den *Schauspieler*, der nur in rasch wechselnden Verwandlungen leben konnte, und B., den *Büchermenschen*.

Sobald solche Anfangsbuchstaben auf einer Seite oben standen, fühlte ich mich eingegrenzt und schoß wütend in dieser einzigen Richtung los. Die unendliche Masse von Dingen, von denen ich erfüllt war, sortierte sich, legte sich auseinander. Es war mir – ich habe das Wort schon gebraucht – um Kristalle zu tun, die sich aus diesem wüsten Durcheinander ablösen sollten. Ich hatte nichts, absolut nichts bewältigt von dem, was mich seit Berlin mit Entsetzen und schrecklichen Ahnungen erfüllte. Was konnte daraus werden, wenn nicht ein furchtbarer Brand? Ich empfand das Erbarmungslose dieses Lebens: daß alles aneinander vorbeilief, daß nichts sich wirklich mit dem anderen auseinandersetzte. Es war in die Augen springend, nicht nur, daß niemand den anderen verstand, sondern auch daß keiner den anderen verstehen *wollte*.

Ich versuchte mir zu helfen, indem ich Stränge bildete, wenige einzelne Züge, die ich an Menschen band, wodurch etwas wie eine beginnende Überschaubarkeit in die Masse des Erlebten kam. Ich schrieb bald an dieser, bald an jener Figur, ohne erkennbare Regel, je nachdem wie der Drang über mich kam, manchmal auch an zwei verschiedenen Strängen am selben Tag, hielt mich aber hart an ihre Grenzen, die nie überschritten wurden.

Das Lineare der Figuren, ihre Beschränkung auf sich, der Impetus, der sie in *eine* Richtung trieb, – lebende Ein-Mann-Raketen, – ihre unablässigen Reaktionen auf eine wechselnde Umgebung, die Sprache, deren sie sich auf unverwechselbare Weise bedienten, – verständlich zwar, aber so wie niemand anderer sprach, – daß sie so ganz aus Grenze und innerhalb dieser Grenze aus kühnen, überraschenden Gedanken in ebendieser Sprache bestanden, – nichts was ich Allgemeines über sie sage, kann eine zwingende Vorstellung von ihnen geben. Ein ganzes Jahr war erfüllt von den Entwürfen zu diesen Acht, es war das reichste, das ausschweifendste Jahr meines Lebens. Mir war zumute, als trüge ich mich mit einer ›Comédie Humaine‹, und da die Figuren bis zu einem äußersten Extrem gesteigert und gegeneinander abgeschlossen waren, nannte ich es eine Comédie Humaine an Irren.

Wenn ich zu Hause schrieb (ich schrieb nicht nur unterwegs), hatte ich Steinhof vor Augen, die Pavillons der Irren. Ich dachte an die Insassen dort und setzte sie in Verbindung mit meinen Figuren. Die Mauer um Steinhof wurde auch zur Mauer meines Unternehmens. Ich bestimmte den Pavillon, den ich am deutlichsten sah, und stellte mir einen Krankensaal dort vor, in dem meine Figuren sich schließlich beisammen finden würden. Keiner von ihnen war der Tod als Ende zugedacht. Im Jahr dieser Entwürfe stieg mein Respekt vor denen, die sich so weit von den anderen entfernt hatten, daß sie als Irre galten, und ich hatte nicht das Herz, eine einzige meiner Figuren umzubringen. Noch war keine von ihnen so weit, daß ich ihr Ende abzusehen vermochte. Aber den Tod als Ende schloß ich zum vorhinein aus und sah sie zusammen im Saal des Pavillons, den ich für sie bestimmt hatte. Ihre Erfahrung, die ich als kostbar und einzigartig empfand, sollte sich dort bewahren. Als Abschluß schwebte mir vor, daß sie zueinander sprächen. Aus ihrer Abgeschiedenheit heraus würden sie Sätze füreinander finden, und diese, in ihrer Absonderlichkeit, hätten einen ungeheuren *Sinn*. Es schien mir eine Entwürdigung für sie, an Heilung zu denken. Keiner von ihnen sollte in die Belanglosigkeit irgendeines Alltagslebens zurückfinden. Eine Anpassung an uns käme nur ihrer Verringerung gleich, dafür waren sie mir in der Einzigartigkeit ihrer Erfahrungen zu kostbar. Aber von hohem, von unerschöpflichem Wert erschien mir ihre Reaktion aufeinander. Wenn die Inhaber dieser Einzelsprachen einander etwas zu sagen fänden, das für sie sinnvoll würde, so bliebe auch für uns gewöhnliche Menschen, denen die Dignität des Irreseins abging, Hoffnung.

Das war der utopische Aspekt meines Unternehmens, und obwohl ich ihn in der Stadt Steinhof sozusagen leiblich immer vor Augen hatte, blieb er zeitlich in weiter Entfernung. Die Figuren waren noch im Entstehen und ihre Schicksale so vielfältig, daß alles noch möglich war, jede Wendung. Aber ihr unwiderrufliches Ende schloß ich aus und es war, als hätte ich der unter ihnen, die mir die dringlichste war, dem *Tod-Feind* Macht über das Dasein der anderen gegeben. Was immer aus ihnen werden sollte, sie würden erhalten bleiben. Von meinem Fenster würde ich zu ihnen in ihren Pavillon hinübersehen, bald der eine, bald der andere würde sich an seinem vergitterten Fenster zeigen und mir ein Zeichen geben.

Die Zähmung

Ich besuchte ein kleines Kaffeehaus in Hacking unten, gleich beim Übergang über die Wien, es hatte sehr lange offen. Ziemlich spät nachts fiel mir da einmal ein junger Mann auf, er saß mit einer Gruppe von Leuten beisammen, die nicht recht zu ihm zu passen schienen. Er war ein großer, strahlender Mensch, mit sehr hellen Augen. Er trank gern und teilte sich gern mit, es ging etwas gewalttätig an seinem Tisch zu, mit plötzlichen Ausbrüchen und Beschimpfungen, die ihn nicht tangierten. Ich erkannte ihn nach einem Bild als Albert Seel, den Autor eines Berliner Verlages, der in russischer Kriegsgefangenschaft gewesen war und ein Buch darüber schrieb, das ich nicht gelesen hatte, nur der Titel war mir im Kopf geblieben, das Wort ›Sibirien‹ kam darin vor. Ich saß am Tisch nebenan und fragte ihn ungeniert von Tisch zu Tisch, ob er Albert Seel sei, was er, weiterhin strahlend und doch etwas verlegen, bejahte. Er lud mich ein, an seinen Tisch zu kommen, und machte mich mit seinen Freunden bekannt. An die Namen Mandi und Poldi kann ich mich erinnern, die anderen sind mir entfallen. Ich gab mich, obwohl ich es nicht mehr war, als Student und auch als Übersetzer aus und weckte ein schallendes Gelächter bei Seels Kumpanen.

Sie beobachteten mich auf eine Art, wie ich es noch nie erlebt hatte, so als hätten sie ein großes Unternehmen mit mir vor und als prüften sie mich, ob ich mich dazu eigne. Intellektuelle waren sie nicht, sie sprachen eine primitive, derbe und heftige Sprache und rechtfertigten sich mit jedem Satz, so als hätte ich sie kritisiert. Ich kannte sie überhaupt nicht, ich hatte keine Ahnung, wer sie waren, daß ein Autor sich unter ihnen befand, der gar nicht berühmt war, flößte mir Vertrauen ein, seit meiner Rückkehr nach Wien vor einigen Monaten war ich keinem Autor mehr begegnet. Mißtrauen oder Furcht empfand ich vor ihnen nicht, doch merkte ich ihre Unsicherheit vor mir und war verwundert über den Wert, den sie auf ihre Körperkraft legten. Seel sprach dem Wein zu, den er vor sich hatte, und reagierte bald nicht mehr auf meine Versuche, literarisch anzuknüpfen.

»Alles zu seiner Zeit«, sagte er und streifte meine Fragen wie lästige Fliegen beiseite. »Wenn ich mit meinen Freunden bin, will ich mich unterhalten.« Vielleicht aber war es eine Art von Takt, warum er ein literarisches Gespräch mied, dem seine

Freunde doch nicht zu folgen imstande gewesen wären. Bald begnügte ich mich also damit, den anderen zuzuhören und hatte rasch heraus, daß es sich um ›Heldentaten‹ handelte, deren näherer Charakter mir aber dunkel blieb. Besonders Poldi, der der Größte und Stärkste von allen war, machte gern vor, wie er mit seiner ungeheuren Hand den oder jenen niedergeschlagen habe. Da kam keiner auf gegen ihn. Mandi, der Kleinste, hatte ein Affengesicht, er sah unheimlich beweglich und gelenkig aus und erzählte sehr anschaulich, wie es ihm kürzlich gelungen war, die Hunde einer Villa zu reizen. Ich wußte nicht, warum er diese Hunde reizen mußte, und hörte so unschuldig wie ein Säugling zu, als mir Poldi plötzlich mit seiner Pranke einen Stoß vor die Brust gab und fragte, ob ich denn die Villa kenne, in die sie hineinwollten – es war, wie sich herausstellte, das Haus der Gräfin, der ›Mordsstuten‹ vom Milchgeschäft. Ich machte mir einen Spaß und ging auf die Sache ein, so als ob es sich um einen Einbruchsversuch handle. Da hätten sie sich aber an das falsche Haus herangemacht, denn bei den ›Grafen‹ sei überhaupt nichts zu holen. Ich bekam einen zweiten, noch kräftigeren Stoß vor die Brust und Poldi sagte drohend und höhnisch: was ich denn denke, sie würden doch bei solchen Leuten nicht einbrechen! Wo sie jeder in Hacking kenne, so blöd seien sie nicht, der Mandi, der rede gern daher.

Ich merkte, daß ich mit meinem Spaß etwas Unpassendes gesagt hatte, ohne den Grund von Poldis ärgerlicher Reaktion zu verstehen, und verstummte. Die Unterhaltung ging weiter und wurde kräftiger und immer lauter. Dieser Tisch, an dem außer mir nicht mehr als fünf oder sechs Leute saßen, war der animierteste im ganzen Lokal, wo es sonst eher still und einsam zuging: einige alte Pensionisten, etliche Liebespaare, keine größere Gruppe. Aber diesmal kam es mir besonders still vor, so als getraue sich niemand durch Lärm mit unserem Tisch zu wetteifern. Herr Bieber, der Cafétier, hinter der Theke, den ich von meinem Sitz aus gut sehen konnte, schien irritiert. Er hatte sonst immer zu tun und machte sich zu schaffen, aber heute hielt er sich unverwandt gerade und blickte immer auf mich, ich hatte sogar den Eindruck, daß er mir diskret zuwinke, war aber nicht sicher. Es ging immer drohender bei uns zu. Poldi und Mandi begannen zu streiten und beschimpften sich in Ausdrücken, die mir sogar hier durch ihre Unflätigkeit auffielen. Seel, unbewegt weiter strahlend, suchte zu vermitteln, wobei er auf mich verwies, so als könne ich durch diesen Streit eine schlechte Meinung von der Runde bekommen. Das hatte insofern eine Wirkung, als die beiden Streitenden sich einigten und dafür mich mit gehässigen Blicken bewarfen. Seel sagte, es sei Zeit zum Heimgehen, das Lokal schließe. Seine Freunde erhoben sich aber nicht, dafür stand ich auf, und das war es wohl, was er erreichen wollte, er suchte mich vor seinen rabiater werdenden Kumpanen zu schützen. Ich stand also auf, empfahl mich, etwas von meinem Staunen über diese völlig neue Sorte von Menschen muß sich in Herzlichkeit beim Abschied umgesetzt haben, denn Poldi sagte: »Mir san immer da.« Mandi, der viel tückischer wirkte, fügte hinzu: »Kommen S' nur! Einen Studenten können mir brauchen!«

Ich ging zur Theke zahlen und Herr Bieber empfing mich mit unterdrückter Grabesstimme, so düster hatte ich ihn noch nie gehört und flüsternd kannte ich ihn schon gar nicht. »Um Gotts willen, Herr Doktor, passen S' auf mit denen, das sind ganz schwere. Gehn S' net an den Tisch zu denen!« Er hatte Angst, man könne drüben über diese Warnung mißtrauisch werden, und grinste darum auffallend, während er mir zuflüsterte. Ich ging auf seinen Ton ein und flüsterte: »Aber das ist doch ein Schriftsteller, ich kenne ein Buch von dem.« Darüber war er wie aus allen Wolken gefallen. »Das ist kein Schriftsteller«, sagte er, »der kommt immer mit denen, der hilft ihnen.« Seine Sätze hatten etwas Schlotterndes, er hatte wirklich Angst um mich, aber auch um sich selbst, denn wie sich am nächsten Morgen herausstellte, als ich allein im Lokal war und ausführlich mit ihm sprach, waren meine neuen Bekannten eine berüchtigte Einbrecherbande. Jeder von ihnen war oft schon gesessen. Der Mandi, der wie eine Katze klettern konnte, war eben entlassen worden; er war erst mit dem Poldi zusammen gesessen, aber dann waren sie getrennt worden. Sie waren alle aus der Gegend, Herr Bieber hätte sie gern des Lokals verwiesen, aber das war zu riskant. Als ich ihn fragte, was sie mir denn tun könnten, ich sei doch kein Haus und zu holen gäbe es bei mir außer Büchern nichts, sah er mich wie einen Verrückten an: »Ja verstehn S' net, Herr Doktor, die wollen Sie ausholen und von Ihnen erfahren, wo's was zum Holen gibt. Sie haben ihnen doch nicht schon was gesagt?« »Das weiß ich doch gar nicht, wo's was zu holen gibt. Ich kenne doch niemand hier.« »Aber wohnen tun S' oben, wo die Villen sind, in der Hagenberggasse. Passen S' nur auf. Nächstes Mal geht einer von denen mit Ihnen hinauf, bis zu Ihrer Haustür und fragt Sie aus über jedes Haus. Wer wohnt denn da? Und wer wohnt hier? Sagen S' nur nix, Herr Doktor, um Gotts willen sagen S' nix, sonst sind Sie die Schuld, wenn was passiert!«

Ich glaubte ihm noch immer nicht ganz, und als ich an einem Abend bald danach ins Lokal kam, setzte ich mich zu einem anderen Bekannten, einem alten Maler, an den Tisch und tat, als hätte ich die ›Platte‹, die ziemlich weit weg in der anderen Ecke saß, gar nicht bemerkt. Sie waren diesmal ohne Seel gekommen, der Mandi war auch nicht da, nur Poldi fiel mir auf, als er seine Hand in die Höhe streckte und auf etwas zeigte. Aber etwas mußte passiert sein, man hörte keinen Lärm, es ging gedämpft zu, und ich schien sogar gegen die Unkenrufe des Herrn Bieber recht zu behalten, niemand beachtete mich, ich wurde nicht gegrüßt oder gar an ihren Tisch gerufen. Als er mir den Kaffee brachte, sagte Herr Bieber: »Heut bleiben S' net bis zur Sperrstunde, Herr Doktor, heut gengan S' früher.« Es klang, als wisse er, daß ich noch etwas Besonderes spät in der Nacht vorhabe. Seine Beaufsichtigung war mir ein bißchen lästig, aber um Ruhe zu haben, ging ich wirklich bald.

Ich hatte mich nur wenige Schritte vom Kaffeehaus entfernt, als ich die gewaltige Hand auf der Schulter spürte. »Mir gengan denselben Weg«, sagte Poldi, er war mir rasch gefolgt. »Wohnen Sie auch droben?« »Nein, aber ich muß den Weg gehen.« Er gab keine weiteren Erklärungen über dieses ›muß‹ ab und mir war es nicht angenehm, den dunklen Steig, der allein in die Hagenberggasse führte, neben ihm zu gehen. Aber ich ließ mir nichts anmerken und fragte nur: »Der Seel war heut net da? Und der Mandi auch net?« Da hatte ich aber etwas angerichtet. Eine ungeheure Schimpfkanonade auf den Mandi folgte und eine Flut von Geschichten über diesen ›gemeinnützigen‹ Menschen (so nannte er ihn, er meinte einen eigennützigen) ergoß sich über mich. Der solle ihm nie wieder vor die Augen kommen, er habe sich nie mit ihm vertragen, da sei ihm der Seel noch lieber, obwohl man sich bei dem nicht auskenne. Was denn das für ein Buch sei, das der geschrieben habe? Über die Kriegsgefangenschaft, sagte ich, über Leute, die er als Kriegsgefangener in Sibirien gekannt habe. »Sibirien?« kam es hohnlachend und Poldi schlug mir auf die Schulter. »Der ist doch nie in Sibirien gewesen. Eingesperrt war er schon. Aber nicht in Sibirien.« »Ja, das war eben früher, wie er noch ganz jung war.« »Als ganz ein klaniger Bua, meinen S' des?« Kurz und gut, er wollte nicht wahrhaben, daß Seel nicht als Krimineller, sondern als Kriegsgefangener eingesperrt war, und machte mir klar, daß Seel immer lüge. Sie glaubten ihm alle kein Wort, der müsse immer was erfinden, aber daß es ein Buch von ihm gebe, das er selber geschrieben habe, das habe er ihnen nie gesagt. Da habe er sich wohl gehütet, sonst wären sie ihm da auf neue Lügen gekommen. Wie ich das finde, wenn ein Mensch immer lügen müsse? Er könnte das nicht, er sage immer die Wahrheit.

Ich wartete nun, nach Herrn Biebers Voraussage, daß er mich über die Villen ausfragen würde, denen wir näherkamen, aber er war so sehr mit den Lügen des Seel und seiner eigenen Wahrheitsliebe beschäftigt, daß er mich gar nichts fragte. Das war wohl mein Glück, ich hätte nämlich über die Villenbesitzer, die ihn interessierten, gar nichts zu sagen gewußt, selbst wenn ich es gewollt hätte. Die meisten kannte ich nicht einmal bei Namen, und wäre mir zur Not doch etwas Unverfängliches eingefallen, es wäre ihm sinnlos erschienen oder wie eine Lüge von Seel.

Wir waren bei der Erzbischofgasse angelangt, er hatte für einen Moment mit seinen Wahrheitsbeteuerungen ausgesetzt. Ich benutzte die Pause und zeigte nach rechts: »Kennen Sie den Marek, in der Erzbischofgasse 70 drüben, den im Wagen, der von seiner Mutter herumgeschoben wird?« Er kannte ihn nicht, was mich wunderte, der junge Marek in seinem Wagen war überall zu sehen, wenn seine Mutter ihn nicht spazierenführte, lag er in der Sonne vorm Haus. Ob allein oder nicht, er lag immer, er konnte nicht gehen, er konnte Arme und Beine nicht bewegen, der Kopf lag schräg und erhöht, auf einem Kissen daneben lag ein offenes Buch und einmal, beim Vorübergehen, hatte ich gesehen, wie ihm die Zunge aus dem Munde herausfuhr und er mit ihr ein Blatt des Buches umdrehte. Das hatte ich nicht *geglaubt*, obwohl ich es deutlich sah, er hatte eine lange, spitze und auffällig rote Zunge. So war ich wie zufällig nochmals vorbeigegangen, so langsam, daß er Zeit gehabt hätte, eine ganze Seite zu memorieren, und richtig, einmal ganz in seiner Nähe, sah ich, wie die Zunge hervorschoß und das Blatt umdrehte.

Schon zwei, drei Jahre, seit meiner Ankunft in der Hagenberggasse, hatte ich den jungen Menschen bemerkt, wenn seine Mutter ihn im Wagen vorbeischob, ich hatte beiden höflich zugenickt und »Guten Tag« gemurmelt, aber nie eine Antwort von ihm bekommen. Ich vermutete, daß ihm das Sprechen vielleicht so schwerfalle wie seine Fortbewegung und hatte drum eine Scheu davor, ein Gespräch mit ihm zu versuchen. Er hatte ein längliches, dunkles Gesicht, viel Haare und große, braune Augen, die er immer auf einen richtete, wenn man ihm entgegenkam, und die man lange noch auf sich fühlte, wenn man vorüber war. Manchmal lag er in der Sonne, ohne zu lesen, und hielt die Augen geschlossen. Es war dann sehr schön zu sehen, wie er sie auf ein Geräusch hin öffnete. Er schien für Schritte besonders empfindlich zu sein, denn selbst wenn er schlummerte, kam man nie an ihm vorüber, ohne daß er die Augen öffnete. Wohl suchte man leise zu gehen, um ihn nicht zu wecken, aber er hörte immer die Schritte auf dem Kies und ließ sich nie den langen Blick auf den Passanten entgehen.

Ich wußte, daß ich einmal mit ihm ins Gespräch kommen würde, da ich lange hier zu wohnen hoffte, hatte ich Geduld. Kein Mensch in der Gegend beschäftigte mich in Gedanken mehr. Ich fragte jeden, ob er etwas über ihn wisse, und hatte manches erfahren, das ich nicht recht glauben konnte. Es hieß, daß er studiere, und zwar Philosophie, darum die schweren Bücher, die immer auf dem Kissen neben ihm lagen. Er sei so begabt, daß Professoren der Wiener Universität eigens zu ihm nach Hacking hinausfuhren, um ihm Ptivatvorlesungen zu geben. Das hielt ich für baren Unsinn, bis ich an einem sonnigen Nachmittag Professor Gomperz, den langen, bärtigen Mann, der so aussah, wie ich mir einen griechischen Kyniker vorstellte, neben seinem Wagen sitzen sah. Seine Vorlesung über die Vorsokratiker hatte ich schon vor einiger Zeit gehört, seine Art zu sprechen war nicht so anfeuernd wie der Gegenstand, dafür gab dieser aus. Als ich ihn nun wirklich vor dem jungen Marek sitzen und mit großen, langsamen Gesten auf ihn einsprechen sah, erschrak ich so sehr, daß ich abbog und einen Umweg machte, um ja nicht in seine Nähe zu kommen und ihn nicht grüßen zu müssen. Dabei wäre das der beste und auch würdigste Anlaß gewesen, den Gelähmten endlich kennenzulernen.

Jetzt, es war Mitternacht vorüber und eine sehr dunkle Nacht, streckte ich vom oberen Ende des Steiges aus den Arm in die

Richtung seines Hauses und fragte meinen ungeschlachten Begleiter, der um gut einen Kopf größer war als ich, ob er den Gelähmten kenne. Poldi war verwundert über die Richtung, in die ich zeigte – rechts vom Steig. Um sicher zu sein, daß ich diese Richtung meine, streckte er nun langsam, wie es seine Art war, seine Pratze in dieselbe Richtung. »Da gibt's nix«, sagte er, »da gibt's kein Haus.« Doch, es gab eines, ein einziges, Nr. 70, allerdings ein niedriges, ebenerdiges, sehr unscheinbares Haus, keine Villa; diese aber, die einzigen, die Poldi interessierten und von deren Existenz er wußte, zogen sich links den Hügel hinauf und bildeten ebendie Hagenberggasse, in der ich wohnte.

Er wollte wissen, was mit dem Gelähmten los sei, und ich sprach von ihm. Ich erzählte alles, was ich über ihn in Erfahrung gebracht hatte. Sehr bald, nachdem ich begonnen hatte, fiel mir ein, daß die beiden ganz ähnliche Gesichter hatten, das Mareks war viel schmäler und wirkte wie das Gesicht eines Asketen, Poldi hatte ein aufgeschwommenes Gesicht, und vielleicht wurde mir die Ähnlichkeit nur bewußt, weil ich jetzt in der Finsternis gar nicht recht sehen konnte. Aber ich hatte ihn von jenem Nachtgespräch im Kaffeehaus sehr deutlich in Erinnerung, er war mir eben durch seine beschwörenden dunklen Augen aufgefallen, die in solchem Gegensatz zu seiner ungefügen Pratzen standen.

»Ihr schaut euch ähnlich«, sagte ich jetzt, »aber nur im Gesicht. Er ist ganz gelähmt. Er kann Arme und Beine nicht bewegen. Aber jetzt glauben Sie nicht, daß der traurig ist. Tapfer ist der, das möchte niemand glauben. Der kann sich nicht bewegen, aber er tut studieren. Die Professoren kommen eigens zu ihm in die Erzbischofgasse und geben ihm Stunden. Er muß gar nichts dafür zahlen. Er könnte auch gar nichts zahlen. Er hat kein Geld.« »Und der schaut mir ähnlich?« fragte er. »Ja, die gleichen Augen. Genau die gleichen Augen. Wenn Sie ihn einmal anschauen kommen, glauben Sie, Sie schauen in einen Spiegel.« »Der ist doch ein Krüppel!« sagte er, jetzt schon etwas unmutig, ich spürte, daß er sich über den Vergleich zu ärgern begann. »Aber nicht im Kopf! Im Kopf ist der gescheiter wie wir alle! Kann nirgends hin und studiert! Die Professoren kommen zu ihm, damit er studieren kann. Das hat's noch nie gegeben. Da muß der schon was haben im Kopf, sonst kämen die nicht. Wissen S' was! Für den habe ich die größte Hochachtung! Bewunderung hab ich für den!« Es war das erste Mal, daß ich mich in Begeisterung über Thomas Marek hineinredete. Dabei kannte ich ihn noch gar nicht wirklich. Später, als ich sein Freund geworden war, hätte ich nicht mit mehr Begeisterung sprechen können.

Wir waren stehengeblieben. Seit ich in die Richtung jenes Hauses gezeigt hatte, hatten wir keinen Schritt weiter gemacht. Poldi ging die physische Verfassung des Thomas Marek nur langsam ein. Ein paarmal fragte er, ob er sich wirklich nicht von selber bewegen könne. »Überhaupt nicht. Keinen Schritt kann der tun. Keinen Bissen Brot von selber in den Mund nehmen. Kein Glas an die Lippen führen.« »Aber trinken tut er schon? Und kauen? Kann er schlucken, kann er sein Essen schlucken?« »Ja, ja, das kann er. Er kann ja auch schauen! Was glauben Sie, wie schön das aussieht, wenn er die Augen öffnet!« »Und der schaut *mir* ähnlich?«

»Ja, aber nur im Gesicht! Der wäre froh, wenn er Ihre Pratzen hätte! Was glauben S', wie gern der einen *begleiten* möchte, wie Sie jetzt mich! Aber das kann er nicht, das hat er nie können! Auch als kleiner Bub hat er das schon nicht können.« »Und den haben Sie gern! So einen Krüppel!« Jetzt ärgerte ich mich über dieses Wort, nach allem, was ich gesagt hatte, hätte er's nicht mehr gebrauchen dürfen. »Der ist für mich kein Krüppel«, sagte ich. »Wunderbar finde ich den! Wenn Sie das nicht verstehen, tun Sie mir leid. Ich hab gemeint, Sie verstehn's.« Ich ärgerte mich so sehr, daß ich vergaß, zu wem ich sprach, und heftig wurde. Ich sang das Loblied weiter, ich hörte nicht auf, ich konnte nicht aufhören. Als ich nichts Konkretes mehr wußte, begann ich weitere Einzelheiten zu erfinden, an die ich aber glaubte, so sehr, daß er immer noch zuhörte, und nur hie und da den einen selben Satz einwarf: »Und der schaut aus wie ich?« »Im Gesicht hab ich gesagt, im Gesicht schaut der genau aus wie Sie.«

Und schon kam es über mich und ich erzählte weiter. Da kämen Frauen von weither zu Besuch, nur um ihn zu sehen. »Die stehen vor seinem Wagen und schauen ihn an. Die Mutter bringt einen Stuhl hinaus, damit sie sich setzen. Ich könnte schwören, daß die verliebt in ihn sind. Die warten drauf, daß er sie anschaut. Der kann sie nicht streicheln, der kann nichts mit ihnen tun. Aber anschauen kann er sie, mit den Augen.« Es war alles wahr, was ich sagte, obwohl ich es dort in der Nacht erfand. Als ich bald danach Thomas Mareks Freund wurde, sah ich die Frauen und Mädchen, die zu ihm kamen, mit eigenen Augen, und was ich nicht sah, das erzählte er mir.

Aber in dieser Nacht gingen mein Begleiter und ich keinen Schritt zusammen weiter. Er war immer stiller geworden, das Wort ›Krüppel‹ gebrauchte er kein einziges Mal wieder, er vergaß, daß er mich an das Gartengitter meines Hauses begleiten wollte, um sich auf seine Art umzusehen. Er vergaß die Villen. Er hatte den jungen Mann im Kopf, der ihm ähnlich sah, aber weder stehen noch gehen konnte. Ich gab ihm die Hand, aber erst als ich den Lobgesang erschöpft hatte. Er nahm sie eher zurückhaltend und zerdrückte sie nicht, wie es sonst seine Art war. Er drehte sich um und ging den Steig hinunter, den wir zusammen heraufgekommen waren. Ich hatte jede Furcht vor ihm verloren.

Der Ernährer

Meine Scheu vor Marek war nach dieser Nacht gewichen. Ich hatte soviel über ihn gesprochen, daß ich ihm nicht mehr aus dem Wege ging. Durch den Lobgesang war er mir vertrauter geworden. Auch war mir nicht entgangen, daß ich durch den schwungvollen Bericht über ihn den schweren Burschen, der nach Mitternacht mit mir in die Erzbischofgasse hinaufgestapft war, gezähmt hatte. Das Interesse an diesem und seinen Kumpanen war seither erloschen. Ich beachtete sie kaum, wenn ich ins Kaffeehaus ging, wir nickten uns aus der Ferne zu, und sie waren auf mich nicht mehr neugierig. Ich weiß nicht, in welcher Form mein Verhalten in jener Nacht an sie übermittelt wurde. Wie immer sie die Sache danach einschätzten, herauszuholen war aus jemandem, der sich mit solchen armen Teufeln abgab, nichts. Aber ihr ursprüngliches Interesse wandelte sich auch nicht in Verachtung oder Haß, sie ließen mich ungeschoren, so sehr ließen sie mich in Ruhe, daß ich etwas wie leise Sympathie bei ihnen fühlte, wenn auch ganz undemonstrativer, kaum merklicher Art, aber immerhin genug davon, um das Mißfallen des Cafétiers zu erregen.

Es war von ihm nicht unbemerkt geblieben, daß der kräftigste und untraktabelste der Burschen mir nachgegangen war, und er wollte wissen, was in jener Nacht passiert war. Nichts, sagte ich, zu seiner Enttäuschung. »Der hat Sie doch bis ans Haustor begleitet?« sagte er und es klang schon beinahe wie eine Drohung. »Nein, bis zur Erzbischofgasse.« »Und dann?« »Dann ist er umgekehrt.« »Und hat nichts gefragt!« »Gar nichts.« »Wenn Sie's net wärn, Herr Doktor, möcht Ihnen das keiner glauben.« Er war sicher, daß ich etwas verberge, und darin hatte er auch recht, denn ich erwähnte den eigentlichen Gegenstand des Gesprächs mit keinem Wort, dazu war mir der Cafétier, der mich ausfragte, nicht gut genug. Vielleicht wollte ich von ihm – besonders von ihm – keine abfälligen Bemerkungen über Leute hören, die weder stehen noch gehen können und am Ende nur eine Last für den Steuerzahler seien. »Der ist so stumm neben Ihnen hergegangen. Das schaut ihm nicht gleich.« »Das hab ich nicht gesagt, daß er stumm war, aber ausgefragt hat er mich nicht. Ich hätte ja auch nichts gewußt.« Vielleicht war es dieser Satz, der ihn mit noch tieferem Mißtrauen erfüllte. Was sollte das heißen, daß ich nichts wußte! Seit zwei, drei Jahren wohnte ich dort. Da hört man doch alles mögliche. Und auf jeden Fall stellte ich mich schützend vor den Burschen, wenn ich erklärte, daß er mich nach nichts gefragt und demnach auch keine kriminelle Absicht bekundet hatte.

Ich merkte, wie Herr Bieber nun genau auf die Zeit achtete, zu der ich das Kaffeehaus betrat. Wann waren die gekommen? Wann kam ich? Wann kamen sie eigens nicht, obwohl ich da war? Warum sprachen sie nie mehr zu mir? Warum sprach ich nie zu ihnen? Da war etwas passiert. Da jede öffentliche Verbindung ausblieb, schloß er auf eine geheime, und da sie so konsequent geheim war, mußte sie etwas bedeuten. Er war, davon war er felsenfest überzeugt, einer Sache auf der Spur und wartete auf den Eklat, durch den sie sich offenbaren würde. Morgens erschien ich sehr selten in seinem Lokal, aber einmal, als ich doch zu dieser frühen Zeit dort war, kam er rasch und rund, wie es seine Art war, auf mich zu und sagte: »Ist aber schiefgegangen!« »Was ist schiefgegangen?« »Na, das müssen Sie doch gehört haben! Alle haben's erwischt! Erst haben sie's ins Haus eingelassen und dann ist die Mausefalle zugegangen. Die Vier sitzen schon. Jahre werden die kriegen! Na ja, schwer vorbestraft! Das muß schlecht ausgehen. Nach dem Seel suchen's auch. Der ist verschwunden, der Schriftsteller!« Das letzte Wort sagte er mit wirklichem Hohn, der entweder mir selber galt, den er oft schreiben sah, oder meiner Behauptung, daß ich von einem Buch wisse, das Seel geschrieben habe. Er merkte, daß ich über die Nachricht betroffen war, und krönte seinen Bericht mit den vorsorglichen Worten: »Sehn S', wie gut das ist, daß ich Sie gewarnt habe. Sonst hätten Sie jetzt auch noch Scherereien.«

Ich stellte mir den kraftstrotzenden Begleiter jener Nacht in einer engen Zelle vor, und jetzt begriff ich, warum mein Bericht über den Gelähmten ihn so schwer getroffen hatte, daß er vergaß, was er vorgehabt hatte und unverrichteter Dinge wieder umgekehrt war. Er hatte mich ja wirklich nicht ausgefragt, nicht mit einem Satz, er war gar nicht dazu gekommen, er hatte sich in die Geschichte verwickelt, die ich ihm wie ein spiegelndes Netz über den Kopf gezogen hatte. Es war von jemand die Rede, dem er ähnlich sah, und der konnte weder Beine noch Arme bewegen, der war noch schlechter dran als er in einer Zelle.

Es war alles ziemlich rasch gegangen, nur wenige Monate verflossen von jenem Nachtgespräch bis zur Zelle, in der der Bursche mit der mächtigen Hand sich wiederfand, meine Vorstellung von dem Gelähmten aber war auf so heftige Weise belebt und erregt worden, daß eine Begegnung in der Wirklichkeit erfolgen mußte. Ich machte keinen Umweg mehr, wenn ich jemand vor seinem Wagen im Gespräch mit ihm sah; ich ging dann vorbei und grüßte vernehmlich und war überrascht und erfreut, als ich zum erstenmal die Stimme des Gelähmten vernahm, der zurückgrüßte. Sie klang wie gehaucht, als käme sie von weit innen her, sie gab seinem Gruß Farbe und Raum, ich verlor sie nicht aus dem Ohr und ich wollte sie wiederhören. Am nächsten Tag wollte es mein Glück, daß ich den Professor Gomperz dort sitzen sah. Schon von weitem erkannte ich ihn an seinem langen Bart und der Gestalt, die auch im Sitzen hoch und grad wirkte. Ich wußte nicht, ob er mich erkennen würde, in der Vorlesung war ich immer unter sehr vielen Studenten gewesen, wenn ich zu ihm sprach, und ein einziges Mal nur hatte ich ihn kurz in irgendeiner Angelegenheit aufgesucht.

Aber er wurde gleich aufmerksam, als ich mich näherte, und betrachtete mich so erstaunt, daß ich mich nicht zu genieren brauchte, stehenzubleiben und ihm die Hand zu geben. Er nickte nur und reichte mir seine Hand nicht, und ich wurde rot vor Scham über meine Taktlosigkeit. Wie konnte ich in Gegenwart des Gelähmten jemand die Hand reichen! Aber er sprach mich auf seine langsam-leutselige Art an, bat mich um meinen Namen, der ihm entfallen sei, und machte mich dann, sobald er ihn erfahren hatte, mit Thomas Marek bekannt. »Mein junger Freund sieht Sie oft hier vorübergehen«, sagte er, »er hat gewußt, daß Sie auch Student sind, er hat ein untrügliches Gefühl für Menschen. Warum besuchen Sie ihn nicht einmal? Sie wohnen doch gleich in der Nähe.«

Das hatte ihm Marek alles schon mitgeteilt, während ich mich genähert hatte, ich war ihm schon aufgefallen, nicht weniger als er mir, und er hatte in Erfahrung gebracht, wo ich wohnte. Professor Gomperz erklärte noch, daß Thomas Marek Philosophie als Hauptfach studiere, er komme einmal die Woche zu ihm heraus, für zwei Stunden. Er sei so zufrieden mit ihm, daß er gern öfters kommen würde, aber es gehe ihm leider mit der Zeit nicht aus, der Weg sei doch ziemlich weit, er brauche dann gleich einen ganzen Nachmittag, aber *verdienen* würde es Thomas Marek, daß er zweimal die Woche komme. Es klang nicht wie Schmeichelei, obwohl es bestimmt zur Aufmunterung gesagt war, es klang so direkt und eindeutig, wie man es von einem kynischen Philosophen erwartet hätte. Der Gelähmte aber, mit seinem starken Hauch, erklärte: »Ich kann noch nichts. Aber ich werde mehr können.«

Von nun an ging es rasch. Es war Anfang Mai, der Gelähmte lag oft in der Sonne vorm Haus, ich besuchte ihn, seine Mutter brachte mir einen Stuhl von drinnen, damit ich nicht zu rasch wieder fortginge. So blieb ich lange, schon das erstemal über eine Stunde. Als ich mich verabschieden wollte, sagte Thomas: »Sie glauben, ich bin schon müde. Ich bin nie müde, wenn ich ein ernstes Gespräch führen kann. Mit Ihnen red ich gern. Bleiben Sie doch noch!« Ich war über seine Hände erschrocken, die ich früher beim flüchtigen Vorbeigehen nie bemerkt hatte. Die Finger waren verkrampft und verkrümmt, er konnte sie nicht willentlich bewegen; sie waren an das Drahtgeflecht des Gartenzauns geraten und hatten sich um den Draht gewunden und klammerten sich nun so stark daran, daß sie sich nicht ablösen konnten. Als die Mutter das nächste Mal herauskam, löste sie vorsichtig Finger um Finger vom Geflecht, was gar nicht leicht war, und schob den Wagen, in dem Thomas lag, ein wenig weiter vom Zaun fort, damit die Finger nicht wieder in ihn hineingeraten konnten. Dabei sah sie mich prüfend aus ihren tiefliegenden Augen an, eine frühgealterte Frau, und übermittelte mir, ohne es auszusprechen, durch bloße Blicke den Wunsch, ich möchte darauf achten, daß der Wagen nicht wieder gegen den Zaun rolle.

Thomas war immer in leichter Bewegung, die sich dem Wagen mitteilte. Die Mutter schüttete ihm seine Arznei in den Mund, die bekäme er mehrmals am Tag, sagte er, als sie fort war, er habe so starke Zuckungen, daß er nichts in Ruhe unternehmen könne ohne dieses Mittel, weder lesen noch sprechen, aber das Mittel sei gut, das bekomme er schon seit vielen Jahren. Es halte immer einige Stunden vor. Man wisse gar nicht, was seine Krankheit sei. Es sei etwas ganz Unbekanntes. Er sei oft schon für längere Zeit auf der neurologischen Klinik gelegen, da habe ihn der Professor Pappenheim persönlich untersucht, weil er ein so interessanter Fall sei. Aber der sei auch nicht klug geworden daraus, es sei eine einzigartige Krankheit, es gebe für sie noch keinen Namen. Das wiederholte er einige Male, es war ihm wichtig, daß niemand anderer dieselbe Krankheit hatte. Da sie keinen Namen hatte, blieb sie auch für ihn selbst ein Geheimnis und er brauchte sich nicht für sie zu schämen. »Die kommen nie drauf«, sagte er, »nicht in diesem Jahrhundert, später vielleicht, aber dann geht's mich nichts an.«

Schon als Kind hatte er Schwierigkeiten mit dem Stehen, aber die Gliedmaßen waren nicht verkrümmt, es war ihnen nichts Besonderes anzumerken. Er war etwa sechs, als die Verkrümmungen und Schrumpfungen an Armen und Beinen begannen und von da ab wurde es immer schlechter. Er sagte nie etwas über die Zeit, zu der die Zuckungen eingesetzt hatten, vielleicht wußte er es nicht mehr, und es bestand eine stillschweigende Übereinkunft zwischen uns, daß ich seine Mutter nie etwas fragte. Alles was ich über ihn erfuhr, kam aus seinem Mund und war dadurch bedeutungsvoller, als wenn ein anderer es gesagt hätte; denn die Kraft seines Hauchs, der von weit innen kam, gab seinen Worten eine eigene Atemgestalt. Es waren Worte in statu nascendi, sie breiteten sich aus wie warmer Dampf, wenn sie seinen Mund verließen, und fielen nicht als fertiges Geröll heraus wie bei uns anderen.

Schon das erstemal sprach er von einem philosophischen Werk, das er vorhabe, sagte aber nicht, was sein Gegenstand sei.

Jetzt wolle er erst einmal fertig studieren und seinen Doktor machen, das sei notwendig, damit man sein Werk später ernst nehme. Er wolle, wenn es soweit sei, nicht aus Mitleid gelesen werden, sondern er wünschte sich, daß man ihn nach Verdienst beurteile, wie jeden anderen. Auf dem Kissen neben ihm lag ein Band von Kuno Fischers ›Geschichte der Philosophie‹. Er hatte sich vorgenommen, jeden Satz dieses zehnbändigen Werkes zu lesen, und war nun beim Band über Leibniz angelangt, einem sehr dicken Band, er hielt ungefähr in der Mitte. Er wollte mir einen Druckfehler zeigen, den er sehr komisch fand. Die Zunge fuhr ihm plötzlich heraus und er blätterte mit ihr blitzrasch zehn Seiten zurück, da, da sei es, er hatte die Stelle und forderte mich mit einer ruckartigen Wendung seines Kopfes auf, mich selbst davon zu überzeugen. Ich wußte gar nicht recht, ob ich den Band in die Hand nehmen sollte, es schien mir nicht angebracht, ihn vom Kissen hochzuheben, ich hatte Scheu vor den Blättern, die alle – soweit er gekommen war – die Berührung seiner Zunge erlebt hatten und von seinem Speichel durchtränkt waren. Ich zögerte, er sagte: »Nehmen Sie ihn ruhig in die Hand. Er stammt aus der Bibliothek von Professor Gomperz. Er hat die größte philosophische Bibliothek in Wien.« Davon hatte ich gehört und es machte mir großen Eindruck zu erfahren, daß Professor Gomperz Bände aus *dieser* Bibliothek für Thomas Mareks Studium zur Verfügung stellte.

»Es macht ihm nichts, daß die Bücher so lange bei mir bleiben. Der Spinoza-Band liegt noch im Haus drinnen. Er sagt, es ist eine Ehre für die Bücher, daß sie so nachdrücklich gelesen werden.« Dabei streckte er blitzrasch die Zunge heraus und lachte. Er spürte, wie sehr mich alles ergriff, was mit seiner Art des Lesens zusammenhing, und leuchtete vor Glück, weil er mir etwas so Merkwürdiges zu bieten hatte. Er wollte es auch genießen, bevor ich mich daran gewöhnt hatte. Er hatte, wie er mir später erzählte, oft Besuch, aber nach ein, zwei Malen meinten die Leute erschöpft zu haben, was an ihm einzigartig war, und kamen dann nicht wieder. Das kränkte ihn, denn wieviel hätte er ihnen nicht zu sagen gehabt, wovon sie nichts ahnten. Aber es überraschte ihn nicht, denn er war ein Menschenkenner. Er hatte ein untrügliches Mittel, den Charakter von Menschen zu erkennen, er beobachtete ihren Gang.

Wenn er vor dem Haus in der Sonne lag, nicht mehr lesen

mochte und die Augen schloß, schlief er nie. Er lachte dann über die Leute, die sich Mühe gaben, leiser zu gehen, um ihn nicht zu wecken. Das war ja gerade eines der Mittel, durch die er ihren Charakter erforschte: die Veränderung des Gangs bei der Annäherung, und dann wieder die Veränderung, wenn sie sich entfernt hatten und meinten, daß er sie nicht mehr höre. Er hörte sie aber viel früher, als sie dachten, und auch noch viel später. Immer hatte er irgendwelche Schritte im Kopf, es gab Menschen, die er für ihren Gang haßte, und solche, die er sich zu Freunden wünschte, weil er ihren Gang mochte. Aber alle beneidete er darum. Was er sich am tiefsten wünschte, war einmal frei gehen zu können, und er hatte die Idee, die er mir, scheuer, als es sonst seine Art war, anvertraute, daß er sich durch ein großes philosophisches Werk seinen Gang *verdienen* könnte. »Wenn das Werk da ist, werde ich aufstehen und gehen. Vorher nicht. Das dauert noch sehr lang.«

Von Gehenden erwartete er viel, auf Schritte horchte er wie auf Wunder. Jeder neue Gehende sollte seines Glücks würdig sein und sich durch Worte auszeichnen, die er allein, kein anderer zu sagen hätte. Er kam nie über die Trivialität der Sätze hinweg, mit denen Liebespaare sich seinem Wagen näherten, wenn sie ihn schlafend glaubten. Es war eine immer frische, empfindliche Enttäuschung für ihn, wenn er ihren ›Blödsinn‹ hörte, er merkte ihn sich und das Dümmste daran gab er einem mit kochender Verachtung wieder. »Dem müßte man das Gehen verbieten«, sagte er dann, »so ein Mensch *verdient* es gar nicht zu gehen.« Vielleicht war es aber sein Glück, daß Leute, die sich als Liebespaare näherten, nicht Sätze von Spinoza von sich gaben. Obwohl er darauf wartete, angesprochen zu werden, war er sehr wählerisch in der Auswahl derer, die er zu hören geruhte. Es kostete ihn Mühe, sich taub zu stellen – seine spezifische Art der Selbstüberwindung –, und stolz war er, wenn es ihm gelang, seine Ablehnung vor einem Dritten *vorzuführen*. Sobald jemand, den er nicht zu hören schien, abgezogen war, belebten sich seine Züge, er konnte so lachen, daß sein Wagen in Wellenbewegungen geriet, dann sagte er: »Der glaubt jetzt, ich bin taub. Was hat der sich herzustellen! Der dürfte gar nicht stehen können! Dem tu ich noch leid, weil er mich für taub hält. Mir tut *er* leid. So ein Dummkopf!«

Er war empfindlich für alles, aber seine eigentliche Empfindlichkeit galt dem Stehen und Gehen derer, die nicht wußten, was sie daran hatten. Er war sich der Wirkung seiner großen dunklen Augen wohl bewußt und setzte sie für manche der Bewegungen der Gliedmaßen ein, die ihm versagt waren. Mitten in einem Satz schloß er die Augen und hielt inne, auf so dramatische Weise, daß man ein wenig erschrak, auch wenn man dieses Spiel schon lange gewöhnt war. Aber nie ließ man sich den Augenblick entgehen, da er die Augenlider sehr langsam hob und die Augen in majestätischer Ruhe öffnete. Er glich dann einem Christus auf einer östlichen Ikone. Während dieses langsamen Vorgangs des Augen-Öffnens war er sehr ernst, er führte sich vor, es war ein rituelles Schauspiel.

Das Wort ›Gott‹ kam nie über seine Lippen. Er war noch ein kleines Kind – er hatte eine Schwester und einen Bruder –, da hatte seine Mutter die Geschwister angehalten, laut um seine Genesung zu *beten*. Das erfüllte ihn mit Verzweiflung und Zorn. Anfangs hatte er geweint, wenn sie zu beten begannen, später unterbrach er sie, schrie laut, beschimpfte sie, beschimpfte Gott und tobte so sehr, daß die Mutter es mit der Angst bekam und das Beten schließlich abstellte. Er war in nichts ergeben. Als er mir von diesen Erinnerungen erzählte, rechtfertigte er seine frühen Ausbrüche gegen Gott: »Was ist das für ein Gott, den man erst drum bitten muß! Er weiß es doch! Er soll von selber etwas tun!« Dann fügte er hinzu: »Aber er tut es nicht«, und aus diesem letzten Satz konnte man heraushören, daß seine Erwartung nicht erstorben war.

Als ich ihn das zweitemal aufsuchte, fand ich ihn nicht vorm Haus. Ich trat ein, die Mutter hatte mich erwartet und führte mich ins Wohnzimmer. Da lag er in seinem Wagen, gleich beim Familientisch, überm Sofa an der Rückwand hing ein Bild von Giorgione: ›Die drei Philosophen‹. Ich hatte das Original vor kurzem wieder im Kunsthistorischen Museum gesehen, es schien mir eine gute Kopie. Er sprach auch gleich davon, ich merkte bald, daß er mich drinnen empfing, um von seiner Familie zu sprechen. Hier war es leichter, er konnte auf alles verweisen, draußen hätte es weniger glaubwürdig geklungen. Sein Vater war Maler, die Kopie des Giorgione stammte von ihm, das sei sein einsames Meisterwerk, das Beste, was er je gemacht habe. Sonst gebe es nichts von ihm, was sich zu sehen lohne. Sicher hätte ich den Vater schon gesehen, er führe manchmal seine Künstlermähne spazieren, er gehe dann ganz aufrecht, ein schöner Mann und richte seinen Blick kühn auf dies und jenes. Es stecke aber nichts dahinter, zuhause säße er nur herum, er verdiene gar nichts, alle paar Jahre einmal komme es noch vor, daß er einen Auftrag für eine Kopie bekomme, aber die seien dann nie mehr so gut wie die ›Drei Philosophen‹, es sei schon sehr lange her, daß es entstanden sei.

Seine Mutter hatte uns verlassen, sie ließ ihn immer mit seinen Besuchern allein, so konnte er auch über sie berichten. Sie stammte vom Land, in einem kleinen Ort in Niederösterreich war sie Milchmädchen gewesen, da stolzierte der junge Kunstmaler herum, ein auffallender Mann mit wallender Mähne und Schlapphut, dem die Mädchen nachsahen. Sie vergaffte sich in ihn und wurde seine Frau und kam sich weiß Gott wie geehrt vor, aber es steckte nichts hinter der Mähne, sie war auf das Stolzieren hereingefallen, das war seine ganze Kunst.

Die Mutter mußte die Familie ernähren, der Vater verdiente kaum. Drei Kinder kamen, seine Schwester, sein Bruder, und er, den sie am liebsten hatte, der von sechs ab immer hilfloser wurde und ihr allein mehr Arbeit machte als ein ganzer Haushalt. Das sei für die Mutter sehr schwer gewesen, sie hätte Himmel und Hölle in Bewegung gesetzt, um einen Arzt zu finden, der ihn heile. Sie schob seinen Wagen in jede Klinik, ließ sich nicht abweisen und kam immer wieder – das war der einzige Gedanke, den sie im Kopf hatte. Aber inzwischen sei es alles anders geworden, seit acht Jahren schon sei er, Thomas, der Ernährer der Familie. Der Bruder gehe in die Arbeit, er sei ein Angestellter und verdiene selbst, die Schwester habe – um von zuhause wegzukommen – geheiratet, sehr zu seinem Mißvergnügen, sie sei eine wunderschöne Frau, sie falle jedem auf, sie habe den Gang einer Göttin – eine Tänzerin und Schauspielerin, die das Höchste erreicht hätte. Sie seien einander als Kinder ganz nahe gewesen. Die Schwester habe auf ihn aufgepaßt, wenn die Mutter in die Arbeit ging, sie teilten alle Geheimnisse miteinander, sie las ihm vor und er weckte ihren Ehrgeiz und schürte ihn unermüdlich. Wenn sie nur zuhause geblieben wäre, aber sie hielt es nicht aus. Die jungen Männer, die sie bewunderten und zu Besuch kamen, fand er ihrer nicht würdig und setzte sie vor ihr herab, sie spürte, daß keiner von ihnen es geistig mit ihm aufnehmen konnte. Aber dann kam ein ›Malbeamter‹ daher, ein Mittelschulprofessor, von dem hielt er am wenigsten – »ein langweiliger Kerl, aber zäh« –, der ließ nicht locker und gerade den hat sie geheiratet. Dabei war es damals schon so weit, daß er sein Stipendium hatte, von dem die ganze Familie leben konnte. Es war wirklich so, mit seinem Studieren erhielt er die Familie.

Er sagte das mit höhnischem Stolz, der Hohn galt der Schwester, die sich lieber von ihrem Mann als von ihm erhalten ließ, von seinem Stipendium hätte sie auch mitleben können, wenn sie zuhause geblieben wäre. Ich verstand nicht recht, was er mit ›Stipendium‹ meinte, und hätte ihn gern gefragt, es schien mir taktlos und ich unterdrückte die Frage. Doch war sie gar nicht vonnöten, er sprach von selber weiter und erklärte ausführlich und in jeder Einzelheit, worum es ging. Sobald die Professoren, die zu ihm herauskamen, sich von seiner Begabung überzeugt hatten und ihm eine philosophische Zukunft prophezeiten, unterbreiteten sie seinen Fall einer reichen alten Dame, die sich als Mäzenin betätigte. Sie war aber nicht an Wohltätigkeit interessiert, sie suchte nach ganz besonderen, einmaligen Fällen. Was sie unternahm, sollte der ganzen Menschheit, nicht einem einzelnen Benachteiligten zugute kommen. Professor Gomperz, aber auch andere, machten ihr klar, daß Thomas, wenn nur seine Ausbildung mit Sorgfalt und Gründlichkeit zu Ende geführt würde, eine gedankliche Leistung vollbringen werde, zu der kein anderer imstande sei. Was unter den gegebenen Umständen als Nachteil erscheine, werde sich als Vorteil erweisen, und alles, was man dazu brauche, sei Geduld und eine angemessene Rente. Die Mutter sei für ihn unentbehrlich, wenn sie es richtig mache, habe sie den ganzen Tag mit ihm zu tun, und den Vater dürfe er, wenn er mit der nötigen Sammlung studieren solle, auch nicht in Elend wissen. Es sei zwar richtig, daß man den Vater als gescheitert betrachten könne, aber wenn man es ihn nicht zu sehr fühlen lasse, wie hilflos er sei, werde er Ruhe geben. Ein schlechter Mensch sei er ja nicht, nur jämmerlich wie eben immer Leute, die sich auf ihre Beine statt auf ihren Kopf verlassen und herumstolzieren statt ein schweres Buch zu lesen.

Die Dame kam ein einziges Mal: der Vater erwartete sie, auf dem Sofa vor seinem Giorgione sitzend. Sie sah sich lange das Bild an und lobte ihn dafür, er hatte die Unverschämtheit nicht zu erwähnen, daß es bloß eine Kopie sei. Sie sagte, das Bild sei so schön, daß sie es am liebsten erstehen würde – sie sagte *erstehen*, nicht *kaufen*, so eine feine Person –, worauf der Vater grob wurde und erklärte: »Dieses Bild ist unverkäuflich. Es ist mein bestes Werk und ich trenne mich nicht davon.« Da sei sie sehr erschrokken und habe sich entschuldigt. Sie habe ihm nicht zu nahetreten wollen, natürlich müsse er sein bestes Werk bei sich behalten, schon damit es ihn zu seinen weiteren Werken inspiriere. Thomas, der im Zimmer war, er lag in seinem Wagen, hatte Lust dazwischenzurufen: »Möchten Sie nicht die anderen Bilder sehen?« oder »Waren Sie noch nie im Kunsthistorischen Museum?« Wenn es um die Frechheiten des Vaters (wie er es nannte) ging, stach ihn der Hafer. Aber er hielt den Mund. Die Dame getraute sich gar nicht recht, ihn anzuschauen, aber das sah sie schon, daß ein schweres philosophisches Buch auf dem Kissen neben ihm lag, und er hätte ihr auch gern gezeigt, wie gut er lesen könne. Er hatte sich vorgenommen, ihr eine ganze Seite laut vorzulesen, damit sie ganz sicher sei, daß man sie nicht betrüge. Aber die Dame war viel zu fein, vielleicht hatte sie auch Angst vor seiner Zunge – manche Leute hatten Angst davor, ihn mit der Zunge lesen zu sehen –, sie sah ihn nur sehr freundlich an und fragte den Vater, ob er glaube, daß es möglich sei, mit 400 Schilling im Monat halbwegs auszukommen, falls das zu wenig sei, solle man's ihr ruhig sagen. Der Vater schüttelte den Kopf und sagte: nein, nein, das sei schon genug, aber es frage sich, für wie lange. So ein Studium könne lange dauern.

»Solange es eben dauert. Das lassen Sie meine Sorge sein«, sagte die Dame. »Wenn es Ihnen recht ist, setzen wir das jetzt einmal für zwölf Jahre fest. Da braucht Ihr Sohn sich nicht gehetzt zu fühlen. Vielleicht verspürt er auch Lust, schon mit seinem Buch zu beginnen. Man erwartet viel von ihm, ich höre von allen Seiten Gutes über seinen Kopf. Wenn er dann noch Lust hat, weiter an seinem Buch zu arbeiten, können wir's immer wieder um vier, fünf Jahre verlängern.«

Der Vater, statt der Frau kniefällig für einen solchen Glauben an seinen Sohn zu danken, strich sich nur über den Bart und sagte: »Ich glaube, ich kann im Namen meines Sohnes mein Einverständnis erklären.« Die Dame bedankte sich bei ihm, so herzlich, als wäre er ihr Lebensretter, sagte zum Vater, der nie etwas tat: »Sie haben sicher viel zu tun. Ich will Sie nicht länger aufhalten.« Dann nickte sie Thomas freundlich zu. Auf dem Weg zur Türe, sie mußte dicht an seinem Wagen vorbei, sagte sie noch: »Sie machen mir große Freude. Aber ich fürchte, ich werde Ihr Buch nicht verstehn. Ich habe keinen guten Kopf für Philosophie.« Dann ging sie. Seither waren pünktlich am Ersten jeden Monats 400 Schilling von ihr gekommen. Es seien jetzt schon acht Jahre her, daß sie damit begann, und sie habe es kein einziges Mal vergessen.

Mir schien, ich hätte noch nie eine so schöne Geschichte gehört. Alles wozu Thomas sich verpflichtet hatte, war, daß er weiterlas. Aber das hätte er auf alle Fälle getan, er tat nichts lieber. Wohl dachte man daran, daß er vielleicht seinen Doktor machen würde, wenn es nur irgend möglich war. Aber die Dame hatte es mit keinem Wort erwähnt. Sie wußte wahrscheinlich, daß es da Schwierigkeiten gab. Wo zum Beispiel, wenn es je so weit käme, würde er seine Prüfungen ablegen? Würde die Mutter ihn im Wagen in die Universität bringen müssen oder hofften die Professoren, die ihn unterrichten kamen (es waren ihrer mehrere), für seinen besonderen Fall durchsetzen zu können, daß er zuhause geprüft würde? Schließlich spielte sich ja das ganze Studium bei ihm zuhause oder wenn die Sonne schien, im Freien auf der Erzbischofgasse ab.

Er erwähnte einen zweiten Lehrer, der eigens zu ihm hinausgefahren kam: der gab ihm Stunden in Nationalökonomie, es war der Sekretär der Arbeiterkammer, Benedikt Kautsky, ein Sohn des berühmten Karl Kautsky. Thomas fand es belustigend, daß seine zwei wichtigsten Lehrer, die selbst ihre Verdienste hatten, beide Söhne noch viel berühmterer Väter waren. Heinrich Gomperz' Vater war Theodor Gomperz, der Altphilologe, sein mehrbändiges Werk über ›Griechische Denker‹ war sogar ins Englische übersetzt worden; er war im alten Österreich Mitglied des Herrenhauses gewesen und galt als ein bedeutender Sprecher der liberalen Partei. »Bei mir sind eben alle Parteien vertreten«, sagte Thomas. »Ich behalte mir die Freiheit selbständigen Denkens vor und gehöre keiner an.«

Dem Vater hatte der Auftritt vor seinem Werk von Giorgione genügt und er trat, wie es den wahren Verhältnissen in der Familie entsprach, ganz in den Hintergrund zurück. Ich sah ihn hie und da, wenn ich ins Haus kam, doch er ging viel ins Freie spazieren, ein Rest der Naturliebe seiner Jugend war ihm geblieben. Aber er konnte nicht immer auf Spaziergängen sein, wo er sonst noch hinging, weiß ich nicht. In Lokalen war er nie zu sehen und ich vermute, daß er entgegen den Behauptungen des Sohnes, der kein gutes Haar an ihm ließ, doch arbeiten ging. Zuhause traf es sich immer so, daß er auf dem Sofa vor den ›Drei Philosophen‹ saß, man gewöhnte sich daran, seinen Kopf als vierten zu den dreien dazuzusehen, er nahm sich nicht schlecht neben ihnen aus. Bei schlechtem Wetter, wenn man ins Haus hinein mußte und der Vater zuhause war, ging man an den vier Köpfen des Wohnzimmers vorbei nach hinten ins Schlafzimmer der Eltern. Da hatte die Mutter Thomas in seinem Wagen hineingeschoben, man war allein mit ihm und konnte so ungehindert mit ihm sprechen, als wäre niemand im Haus.

Die Mutter war so sehr auf ihn eingestellt, daß man ihren Blick gar nicht oder nur sehr selten bemerkte. Er war immer auf ihn gerichtet und auf die Dinge, die sie ihm brachte, sei es, daß sie ihm seine Medizin in den Mund träufelte, oder Bissen für Bissen zu essen gab. Er hatte einen guten Appetit, sie kochte nur für ihn, was die anderen aßen, fiel nebenbei ab. Aber er lobte nie, was er aß, es war einem Philosophen angemessen, etwas so Gewöhnliches wie Essen zu verachten. Er hatte sich einen Ausdruck für Verachtung angewöhnt, vor dem man ein wenig erschrak, man bezog ihn auf sich, obschon man erfuhr, daß er etwas ganz anderem galt. Das Zusammenspiel von Augenbrauen, Nüstern und Mundwinkeln war wie auf einer östlichen Maske, die er aber nicht kennen konnte. Er gab mir einmal zu, daß er den mimischen Ausdruck von Verachtung einstudiert habe, und als ich ihm, halb im Scherz, erzählte, welchen Eindruck mir ein Satz von Leibniz gemacht habe, aus einem seiner Briefe: »Je ne méprise presque rien«, wurde er böse und fauchte den Leibniz-Band auf seinem Kissen an: »Da hat Leibniz gelogen!« Es war ihm nicht recht, wenn man ihm bei der ›Fütterung‹, wie er es nannte, zusah. Wenn es aber doch einmal geschah, gelang es ihm, während der ganzen Zeit, die sie erforderte, den Ausdruck von Verachtung auf seinem Gesicht beizubehalten. Dann wies er noch die letzten zwei oder drei Bissen, die auf dem Teller übrigblieben, zurück und sagte ziemlich barsch zur Mutter: »Nimm's weg! Ich mag's nimmer sehen!«

Sie widersprach ihm nie. Sie redete ihm nie zu. Wortlos kam sie jeder seiner Anweisungen nach, die manchmal so knapp und herrisch waren, daß sie wie Befehle klangen. Ihre tiefliegenden Augen schienen bei diesen Verrichtungen gar nicht hinzusehen, blind hätte sie alles genausogut fertiggebracht, aber in Wirklichkeit entging ihr keine kleinste Regung von ihm und auch nichts von anderen, was sich auf ihn bezog. Es gab Leute, die sie mochte, weil sie gut für ihn seien, und andere, die sie haßte, weil sie ihn bedrückten. Sie achtete auf seine Verfassung, wenn man ihn verließ, und sobald sie merkte, daß man sein Selbstgefühl hob, wurde man zu einem erwünschten und bevorzugten Besucher. Am tiefsten haßte sie Leute, die zu ihm von Reisen oder sportlichen Aktivitäten sprachen. Es gab welche, die sein Zustand besonders dazu reizte, die sich durch seinen Anblick so bedrückt fühlten, daß sie von all den Dingen in ihrem Leben sprachen, die seinem Zustand am entferntesten waren. Wenn sie überhaupt nach einer Rechtfertigung für diese Roheit suchten, sagten sie sich, daß sie ihn »unterhielten«. Sie versähen ihn so mit dem, was ihm am meisten abginge. Er hörte ihnen dann schwer atmend zu und lachte des öfteren kurz auf, was sie noch ermunterte.

Ein Student, der ihn aus ›Wohltätigkeit‹ jede Woche besuchte, erzählte ihm einmal auf dramatische Weise, wie er einen Hürdenlauf gewann. Er ersparte ihm keine Einzelheit und Thomas, der mir nach Jahren darüber berichtete, hatte keine vergessen. Er war in solcher Verzweiflung, als ihn der Matador verließ, daß er nicht mehr leben wollte. Das Fieberthermometer, mit dem er gemessen worden war, lag noch auf dem Kissen, er konnte es mit der Zunge zu sich herholen, nahm es in den Mund und zerbiß es in ganz kleine Stücke, die er alle mitsamt dem Quecksilber schluckte. Aber es geschah ihm nichts, er kam sofort ins Spital, seine Eingeweide, von erstaunlicher Konsistenz, spielten ihm einen Streich, er hatte nicht einmal Schmerzen und blieb am Leben.

Das war sein erster Selbstmordversuch. Im Laufe der Jahre folgten zwei andere. Da er mit Armen und Händen nichts unternehmen konnte, gehörten zu jedem Versuch eine Raschheit und Entschlossenheit ungewöhnlichster Art. Das zweite Mal zerbiß er ein Trinkglas und schluckte die Splitter. Das dritte Mal aß er eine ganze Zeitung. Mit Tränen der Wut beschloß er seinen Bericht darüber, beide Male war ihm nicht das geringste geschehen. »Ich bin der einzige Mensch, der sich nicht umbringen kann.« Auf manche seiner ›Einzigkeiten‹ war er stolz, auf diese nicht. Ob ich nicht fände, daß er's unter diesen Umständen gar nicht so oft versucht habe?

Fehltritte

Zu Marek sprach ich ungeniert über Masse, er hörte mir anders zu als andere Menschen. Er war – nach Fredl Waldinger – der zweite, mit dem ich lange Gespräche darüber führte. Er hatte nicht die ironische Haltung dazu, die Fredl sein reich ausgebildetes buddhistisches Bewußtsein gab. Wenn ich mit ihm – besonders in früheren Jahren – über Masse sprach, kam ich mir ein wenig wie ein Barbar vor, der immer dasselbe wiederholt, während er mir komplexe und genau abgegrenzte Begriffe entgegenzusetzen hatte, an denen mir manches Eindruck machte. Besonders aber war es auch der Ausgangspunkt Buddhas, waren es die Phänomene Krankheit, Alter und Tod, deren Bedeutung mir einging, alles was mit dem Tod zusammenhing, war mir schon damals wichtiger als Masse.

Wenn ich aber zu Thomas etwas über Masse sagte, spürte ich eine ganz andere Art von Reaktion, über die ich mich anfangs wunderte. Er bezog die Schilderung des Zustandes, der mir zum Rätsel aller Rätsel geworden war, eben das Aufgehen des Einzelnen in der Masse, auf sich und zweifelte daran, daß er je zu Masse werden könne. Er habe seine Mutter gebeten, ihn auf einen Aufmarsch zum 1. Mai mitzunehmen, sie schob ihn – ungern, aber er ließ nicht locker– in seinem Wagen den weiten Weg in die Stadt. Aber als sie sich dem Aufmarsch anschließen wollten, steckte man sie in eine Gruppe von Invaliden, die in ihren Wagen dahergerollt kamen. Er protestierte, er rief, so laut er konnte, er wolle unter den anderen mitmarschieren, fand aber keinen Anklang. Das ginge nicht, er könne ja gar nicht mitmarschieren, das würde den Zug nur aufhalten, nein, die Behinderten kämen alle zusammen, so hätten sie ein gemeinsames Tempo, das sähe auch besser aus, er sei ja nicht der einzige, es gäbe noch viele andere, da seien doch die Kriegsinvaliden alle.

Er sei aber kein Kriegsinvalide, habe er zornig gerufen, er sei ein Student, er studiere Philosophie. Er gehöre hinter die Akademische Legion, die aus militanten sozialistischen Studenten gebildet war, dahinter marschierten dann immer die Studenten gleicher Gesinnung, er wolle unter seinen Mitstudenten sein, sonst interessiere ihn das Ganze nicht. Aber die Organisatoren des Aufmarsches gaben nicht nach, sie hätten auf Ordnung zu schauen, und so reihten sie ihn unbarmherzig unter die Kriegsinvaliden in ihren Wägelchen ein, von denen manche sich allein fortbewegen konnten, während die anderen wie er geschoben wurden.

Während des ganzen Aufmarsches kam er sich vergewaltigt vor. Er war am Rand, die Zuschauer im Spalier konnten ihn besonders gut sehen, zum Glück verstanden sie nicht, was er mit seiner hauchenden Stimme zu sagen versuchte: »Ich gehöre nicht dazu! Ich bin kein Kriegskrüppel!« Es war das letzte, was er sein wollte. *Er* war nicht im Krieg gewesen. Er hatte niemanden umgebracht. Er meinte es ernst, wenn er sagte, daß er nicht gegangen wäre. Die anderen waren alle gegangen, aus Feigheit, und waren durch ihre schweren Verwundungen dafür gestraft worden. Viele waren sogar aus Begeisterung gegangen. Sie war ihnen aber bald vergangen. Jetzt zogen sie alle mit, hinter den riesigen Aufschriften, auf denen »Nie wieder Krieg!« stand. Natürlich nicht, *die* würden nie wieder in den Krieg ziehen, die konnten ja gar nicht, das war wenigstens keine Lüge, aber die anderen alle, die auf ihren Beinen gingen, die würden wieder hinrennen wie die Schafe und die schönen Mai-Parolen vergessen. Er sprach mit tiefem Haß von diesem Mai-Aufmarsch. Das war ja wie in der Armee. Alle Krüppel zusammen, eine eigene Kompanie. Er war dafür, daß jeder dort mitmarschierte, wo es ihn gelüstete, gegen die Einteilung nach Bezirken hatte er nichts, auch nicht gegen die nach Fabriken, aber die Einteilung nach Krüppelhaftigkeit war eine Schande und er ging nie wieder.

Ich fragte ihn, ob er sich nicht eine andere Situation vorstellen könne, in der er gern in einer Masse aufgehen möchte. Schließlich hätte es ihn zuerst zum Mai-Aufmarsch hingezogen, sonst hätte er seine Mutter doch nicht mit diesem Wunsch bedrängt. Sie habe ja nur ungern nachgegeben, sie habe sich vielleicht schon gedacht, was dabei herauskommen würde. Aber es gebe doch andere Gelegenheiten, bei denen es nicht auf die Fortbewegung ankomme, Versammlungen, in einem Saal zum Beispiel. Ob er das nicht gern erlebt habe? Sicher sei er schon bei so etwas dabeigewesen. Schon die Art, wie er über den Krieg sprach, sei für mich ein Beweis dafür, daß er Anti-Kriegsreden gehört habe, und zwar in der erregten Verfassung, in der man sich unter vielen zusammen befinde.

Dazu machte er ein skeptisches Gesicht. Wenn er mich recht

verstanden habe, gehöre zu diesem Erlebnis ein Gefühl von *Gleichheit* und gerade das kenne er nicht. Ob ich die Krüppel-Zeitung kenne, die der Krüppel-Verband herausgebe? Nein? Er werde die Mutter bitten, mir ein Exemplar dieser Krüppel-Zeitung bereitzulegen, wenn ich nächstes Mal käme. Diese Krüppel – er gebrauchte das Wort so oft, um deutlich zu machen, wie wenig er sich dazu zähle –, diese Krüppel hätten auch ihre Versammlungen, die in der Zeitung angekündigt würden. Er habe sich einmal hinbringen lassen, um zu sehen, wie das bei denen sei. Da seien aber keine in Wagen gewesen, die saßen auf ihren Stühlen in Reihen, während irgend so ein einarmiger Mensch vorn auf dem Podium saß und Ordnung zu halten versuchte. Die Mutter habe seinen Wagen auf der Seite aufgestellt, ziemlich weit vorn, damit man auch seine Zwischenrufe höre, denn er war fest entschlossen gewesen, denen nichts durchgehen zu lassen.

Von dem Niveau einer solchen Versammlung könne ich mir überhaupt keine Vorstellung machen. Diese Leute betrachteten sich als eine Art von Gewerkschaft und führten sich genauso auf. Immer ging es um irgendwelche Rechte, die zu erkämpfen waren, – das Gejammer darüber, wie schlecht es ihnen ginge, war gar nicht auszuhalten. Dabei war alles, was ihnen fehlte, ein Arm oder ein Auge. Manche hatten ein Holzbein, manche wakkelten mit dem Kopf, häßlich waren alle, er suchte die Reihen ab nach einem geistigen Gesicht, da gab es keinen, mit dem man ein philosophisches Gespräch hätte führen mögen. Er hätte wetten können, daß kein einziger von diesen vier- oder fünfhundert Menschen im Saal je den Namen Leibniz gehört hatte. Alles was man hörte, waren Forderungen nach Erhöhung der Pension, eine Pensionisten-Versammlung, ja, das war es. Immer wenn wieder so eine Forderung kam, machte er Zwischenrufe. Sie hätten so schon genug, es ginge ihnen viel zu gut, was sie denn eigentlich wollten. Die Schamlosigkeit dieser Menschen, die alle auf eigenen Beinen in die Versammlung gekommen waren, und dann noch Beschwerden! Er jedenfalls störte die Versammlung, so gut er konnte, seine Zwischenrufe waren alle viel lauter, als ich denken würde, er wisse nicht, ob man sie alle verstanden habe, aber manche sicher, denn die Leute ärgerten sich und wurden schließlich wütend. Das war die Redefreiheit, auf die sie sich soviel zugute hielten! Der einarmige Vorsitzende bat ihn, nicht zu stören, andere möchten auch zu Worte kommen. Aber er konnte den Blödsinn einfach nicht mehr hören und störte immer mehr, bis der Einarmige ihn bat, den Saal zu verlassen!

»Wie soll ich das machen?« hätte er entgegnet, »können Sie mir sagen, wie ich das machen soll?« Der Einarmige hatte die Schamlosigkeit, ihm zu sagen: »Sie haben Ihren Weg in den Saal gefunden, Sie werden Ihren Weg auch wieder hinausfinden!« Er meinte damit, daß die Mutter ihn wieder hinausschieben solle, und leider tat sie das auch, weil sie es mit der Angst bekam. Er wäre gern geblieben, um zu sehen, was die getan hätten. Vielleicht hätten diese Menschen, die gehen konnten, sich nicht geschämt, sich über ihn herzustürzen und ihn, einen Wehrlosen, zu schlagen. Was ich glaubte, ob sie das getan hätten? Es wäre schon der Mühe wert gewesen, abzuwarten und das zu erleben. Er hatte keine Angst. Er hätte ihnen ins Gesicht gespuckt und »Gesindel!« gerufen. Aber die Mutter war für solche Sachen nicht zu haben. Immer zitterte sie für ihn, ihr kostbares Kind. Eigentlich behandelte sie ihn wie ein Wickelkind und er war auf sie angewiesen und konnte nichts dagegen tun. Im großen und ganzen tat sie ja, was er wollte.

Jetzt solle ich ihm aber sagen, ob das ein ›Massenerlebnis‹ gewesen sei? Er hätte sich gar nicht als *Gleicher* gefühlt. Die dachten alle, daß es ihm viel schlechter ging als ihnen, dabei waren das Leute, die ihre Krüppel-Zeitung lasen und sonst nichts. Es ging ihnen also viel schlechter als ihm, drum hätten sie sich um ein Haar auf ihn gestürzt. Wenn er jetzt nachträglich darüber nachdenke, müsse er sagen, daß sie voller *Neid* auf ihn waren, vielleicht sah man's ihm an, daß er sich auf einen Doktor der Philosophie vorbereitete.

Mehr wußte Thomas über Masse nicht zu sagen. Ich begann zu begreifen, wie taktlos ich mit diesen Reden über Masse gewesen war. Wie konnte ich in seiner Gegenwart von der *Dichte* und der *Gleichheit* innerhalb der Masse sprechen. Welche Gleichheit wäre das für ihn gewesen? und wie dicht an ihn, der immer im Wagen lag, konnten andere sich pressen? Es war eine Lebensfrage für ihn, daß er seine unabänderlich schmerzliche Andersartigkeit in etwas Stolzes umwandelte. Dazu hatte er es ja erlernt, mit der Zunge zu lesen, dazu hielt er sich an schwere Bücher, die nur wenigen auserwählten Menschen bekannt sein konnten, und wenn er so sehr herausstrich, daß er studiere, so war auch das nur etwas Vorläufiges, in Wirklichkeit wollte er als *Philosoph* gelten und Werke von solcher Kraft und Eigenart schreiben, daß auch über ihn einmal – wie über Spinoza, Leibniz und Kant – dicke Bücher geschrieben würden. Das war die einzige Reihe, die er anerkannte, da gehörte er hin, und wenn es auch noch nicht soweit war, nur in Augenblicken äußerster Demütigung und Beschämung durch andere zweifelte er daran, daß er einmal wirklich in diese Reihe aufgenommen werden würde.

Einen so brennenden Ehrgeiz hatte ich noch nie erlebt, und er gefiel mir, obwohl ich nicht wußte, worauf er sich stützte. Denn was Thomas bis jetzt seiner Mutter diktiert hatte, einzelne Gedanken und auch Ansätze zu einer Lebensgeschichte, war keineswegs so, daß es mir aufgefallen wäre, wären mir die Lebensumstände des Autors nicht bekannt gewesen. Er hatte noch keinen eigenen Stil, die Sprache dieser diktierten Stücke war farblos und papieren, was er zu mir in den langen Stunden unserer Unterhaltungen sprach, war viel interessanter, und besonders auffallend war, daß es im Laufe einer solchen Unterhaltung sich steigerte und interessant *wurde*. Er merkte bald, daß ich von diesen Stücken wenig hielt und sagte, das alles zählte noch nicht, erstens habe er das vor Jahren diktiert, als er noch gar nicht denken gelernt hatte, dann sei es – und das bezog sich auf die Lebensgeschichte – wehleidig und sentimental. Er könne doch der Mutter nicht seine eigentlichen, harten Gedanken diktieren, sie würde davon krank werden. Für solche Diktate brauche er einen ebenbürtigen Freund, jemanden wie mich, und überhaupt sei es noch zu früh dazu. Ich mochte seine Vorstellung von Ruhm und Unsterblichkeit so sehr, daß ich ihm glaubte. Ich *beschloß*, ihm zu glauben, ich beschwichtigte meine Zweifel, die aber nie ganz verstummten.

Er sprach über alles zu mir, er war so offen, wie ich noch nie einen Menschen erlebt hatte. Vieles was mir so selbstverständlich erschienen war, daß ich nie einen Gedanken daran gewandt hätte, kam mir durch ihn erst zu Bewußtsein. Mit physischen Dingen hatte ich mich wenig beschäftigt, mein Körper bedeutete mir nichts, er war da, er diente mir, ich nahm ihn hin. Während der Schulzeit hatten mich die Fächer, in denen der Körper sich sozusagen selbständig machte, Turnen zum Beispiel, unsäglich gelangweilt. Wozu laufen, wenn man nicht in

Eile war, wozu in die Höhe springen, wenn es nicht ums Leben ging, wozu sich mit anderen *messen*, von denen keiner die gleichen Voraussetzungen mitbrachte, – sei es, daß er genau gleich stark, sei es, daß er genau gleich schwach wäre. Man erfuhr nie etwas Neues beim Turnen, wiederholte dasselbe immer wieder, befand sich immer auf demselben Areal, wo es nach Sägespänen und Schweiß roch, – da war Wandern schon etwas anderes, da lernte man neue Orte, neue Landschaften kennen, da wiederholte sich nichts.

Aber nun zeigte es sich, daß ebendie Verrichtungen, die ich am langweiligsten fand, Thomas am meisten interessierten. Immer wieder fragte er mich danach, wie einem beim Hochspringen zumute sei, auch Weitspringen war nicht zu verachten, Bockspringen und Hundertmeterlauf. Ich versuchte ihm eine Beschreibung dieser Prozeduren zu geben, die ihm Genüge tat, ohne ihn mit zuviel Bedauern darüber zu erfüllen, daß er sie nicht nachvollziehen konnte. Aber er war mit meinen Beschreibungen nie zufrieden. Immer verstummte er, sagte lange nichts und kam dann, meist erst das nächste Mal mit Fragen, aus denen zu ersehen war, daß er es viel genauer wissen wollte. Manchmal warf er mir die etwas summarische Art vor, in der ich über solche Sachen berichtete. Dieser Hochmut stehe mir nicht an, ich käme ihm vor wie ein sattgefressener Mann, der sich mit einem Hungrigen übers Essen unterhalte und diesem zu beweisen versuche, daß es sich gar nicht zu essen verlohne. So zwang er mich dazu, körperlichen Dingen mehr Aufmerksamkeit zuzuwenden. Ich ertappte mich dabei, wie ich beim Gehen plötzlich ans Gehen dachte, ganz besonders aber beim Fallen ans Fallen. Ich verlor nie das Gefühl, daß es wichtig und nützlich sei, ihm von *Versagen* zu berichten, und wenn er es auch nie zugab, spürte ich doch, wie glücklich er war, wenn ich beschämt davon erzählte, wie lächerlich ich mich wieder einmal aufgeführt hätte.

In der Schule war ich wirklich ein schlechter Turner gewesen und brauchte, was die Vergangenheit anlangte, nichts gegen mich zu erfinden: es genügte, mich an Gelegenheiten zu erinnern, an die ich sonst nicht mehr gern gedacht hatte. Was aber die Gegenwart betraf, gewöhnte ich mich daran, auf meinen Spaziergängen häufiger zu stolpern und hinzufallen und mir Knie und Hände zu zerschinden, die ich dann bei meinen Besuchen vorweisen konnte. Ich sprach nicht gleich davon, hielt aber die betreffende Hand so versteckt, als ob ich mich ihrer schäme. Er genoß dieses Spiel, beobachtete mich genau und sagte schließlich: »Was hast du an der Hand?« »Nichts. Nichts.« »Zeig her!« Ich zierte mich ein wenig, rückte aber dann damit heraus und erlebte, wie er sich über meine Ungeschicklichkeit freute. »Schon wieder! Du bist schon wieder hingefallen!« Er erinnerte sich an den ionischen Philosophen Thales, der statt auf den Boden vor sich auf die Sterne sah und in einen Brunnen gefallen war. »Ab heute nenne ich dich Thales! Willst du hineingehen, dir das Blut abwaschen! Die Mutter ist drin.« Das Blut war gar nicht schlimm, aber es tat ihm wohl, daß auch seine Mutter von meiner Ungeschicklichkeit erfuhr, und so ging ich hinein und sie bestand darauf, mir das Blut abzuwaschen.

Wenn ich gar auf dem Weg zu ihm, wenige Schritte vor seinem Wagen, stolperte und fiel, war des Jubels kein Ende. Das passierte nicht häufig, es hätte ihn sonst mißtrauisch gemacht. Immerhin erlernte ich es, glaubwürdig zu fallen, und Thomas spottete und gab mir sogar den Rat, ein Essay über »die Kunst des Fallens« zu schreiben, das gebe es noch nicht. Er ahnte nicht, wie nahe er so der Wahrheit kam, ich war, um sein Selbstgefühl zu heben, zu einem wahren Künstler des Fallens geworden. Dieser Wendung der Dinge hatte ich zum Glück schon vorgearbeitet, bevor wir uns kannten. Während drei Jahren hatten wir einander beobachtet, bevor wir zueinander sprachen, und ich war von ihm so fasziniert gewesen, daß ich wirklich nicht auf den Weg geachtet hatte und einmal, ganz in seiner Nähe, gestolpert und hingefallen war. Das hatte ihm großen Eindruck gemacht, er hatte es sich gemerkt und konnte mich nun, als ich diese Tradition des Fallens bewußt aufnahm und fortsetzte, in allen Einzelheiten daran erinnern.

Ich glaube, daß er mich, um dieser Fehltritte willen, die ich ihm zuliebe inszenierte, ins Herz schloß. Gewiß waren ihm auch unsere Gespräche wichtig, denn ich sorgte auch da für Fehltritte. Das war gar nicht leicht, um nichts in der Welt hätte ich unsere Gespräche missen mögen, und um ein Recht auf diese Gespräche und sein Vertrauen zu gewinnen, mußte ich merken lassen, daß ich manches gelesen hatte und wußte. Hie und da, nicht zu häufig, stellte ich mich aber so, als ob ich ein wichtiges wissenschaftliches Buch, das er gut kannte, oder gar einen großen Philosophen nicht gelesen hätte. Es war kein ganz ungefährliches Spiel, ich wußte dann vorgeblich nur aus Résumés, was ihm aus den Texten selbst in allen Einzelheiten vertraut war, und mußte auf Argumente verzichten, die einem während einer Diskussion zu leicht auf die Zunge sprangen. War es mir erst einmal gelungen, bei einem Gespräch bestimmte Zitate zu vermeiden, so wurde ich kühn und beging mit wahrer Unverschämtheit einen groben Schnitzer: ich schrieb Spinoza einen Satz von Descartes zu, bestand darauf, daß ich recht hätte, ließ Thomas Zeit genug, sein schwerstes Geschütz heranzuführen, betrachtete ihn scheinbar ängstlich, während ihm der Kamm mehr und mehr schwoll, und gab mich schließlich, als meine Sache endgültig verloren schien, so unglücklich und beschämt, daß Thomas seine Großmut wiederfand und mich trösten mußte. Wenn es soweit war, wußte ich, daß mein Streich gelungen war, daß er ein Gefühl von Überlegenheit erlangt hatte und genoß, ohne mich zu sehr zu verachten, denn ich hatte mich im Gespräch vorher nicht schlecht gehalten. Ich war überglücklich, wenn ich die Kraft fand, ihn gleich nach einem solchen Triumph seines Wissens zu verlassen, und es macht mich heute noch weniges so froh, als mich in diese Augenblicke zurückzuversetzen.

Aber Thomas schlug mich nicht nur in der Geschichte der Philosophie, die ja sein eigentliches Studium war. Er gab mir das Gefühl, daß es ihm auch auf einem anderen, sehr wichtigen Gebiet an Erfahrung nicht mangelte. Darüber sprach er anfangs mit einiger Zurückhaltung, vielleicht um mich nicht zu erschrecken. Aber vielleicht wollte er auch erst erkunden, wie weit er gehen könne, denn er hielt mich für prüde. Ich hatte ihn in seiner Hilflosigkeit immer vor Augen; wenn er zu essen oder trinken bekam, was manchmal in meiner Gegenwart geschah, wurde ich Zeuge seiner Unfähigkeit, irgend etwas von selbst an seinen Körper heranzuführen. Er achtete darauf, daß ich nicht in der Nähe war, wenn er seine Entleerungen verrichten mußte; wurde es unerwartet dringlich, so schickte er mich ohne viel Federlesens weg und rief erst nach seiner Mutter, wenn ich mich schon ein paar Schritte entfernt hatte. Ich durfte danach nicht zurückkehren und sah ihn dann erst am nächsten Tag. Darin war *er* prüde, was mir gefiel. Wie erstaunte ich aber, als er mir eines Tages klipp und klar sagte, gestern sei ›das Mädchen‹ dagewesen. Sie sei hübsch und dumm und tauge nur zu einer Sache, nach einer Stunde schicke er sie fort. Er habe sich in ihrem Gang getäuscht, er hätte Lust, sie gegen eine andere zu vertauschen. Es klang so, als sei er der Besitzer eines ganzen Teiches von Mädchen, aus dem er sich nur zu bedienen brauche. Mir verschlug es die Rede, er spürte meine Verlegenheit und ließ sich weiter darüber aus.

Er habe früher keine Mädchen gehabt, sagte er, er verdanke auch diese Errungenschaft dem Professor Gomperz. Er habe sich sehr gewünscht, mit einer Frau zusammen zu sein, oft sei er so unglücklich darüber gewesen, daß er gar nicht mehr lernen mochte. Dann habe er tagelang kein Buch berührt, die Zunge sei ihm eingeschrumpft, weil sie nichts zu tun gehabt habe, und seine Schwester habe er wegen ihrer Verehrer so verhöhnt, daß sie weinend aus dem Haus lief. Der Professor Gomperz, der während der Stunde nichts mit ihm anfangen konnte, fragte ihn, was denn eigentlich los sei, und er habe es ihm gestanden: er brauche eine Frau. Er müsse eine Frau haben, sonst könne er nicht weiter studieren. Professor Gomperz steckte, wie es in schwierigen Situationen seine Art war, den kleinen Finger ins Ohr und versprach für Abhilfe zu sorgen.

Er ging in ein Café in einer Seitengasse von der Kärntnerstraße, wo Mädchen verkehrten, und setzte sich allein an einen runden Tisch. Er war noch nie in so einem Lokal gewesen. Er hatte schwarze Brillen angelegt, damit man ihn nicht erkenne, schließlich war er Universitätsprofessor und ein älterer Herr. Da saß er in seiner Loden-Pelerine, die er nie und an einem solchen Ort erst recht nicht ablegte, groß und bolzengrad. Er blieb nicht lange allein, drei Mädchen setzten sich an seinen Tisch, die sich zwar wenig von ihm erhofften, er sah eher so aus, als wäre er zufällig in dieses Lokal geraten. Aber er war gar nicht stolz und sprach gleich zu ihnen und auf seine langsame, gedehnte und nachdrückliche Weise erklärte er ihnen, worum es sich handle. Er habe einen jungen Freund, der gelähmt sei, für den er ein Mädchen suche. Er sei nicht siech und abstoßend, er habe keine unappetitliche Krankheit, im Gegenteil, er habe auffallend reiches Haar und die schönsten Augen. Er sei sehr empfindlich und könne gar nichts von alleine tun, nicht einmal nach seinem Essen könne er selber langen, ein feiner und hochbegabter Geist, für den man alles tun müsse. Er suche ein junges, frisches, gesundes Mädchen, das einmal die Woche zu ihm nach Hacking hinauskomme, bei Tag, am Nachmittag. Für die Bezahlung werde er sorgen. Wenn sie den Preis ausgemacht hätten, werde das Geld auf der Kommode im Schlafzimmer immer bereit liegen. Bevor sie weggehe, solle sich das Mädchen das Geld einfach von der Kommode nehmen, aber nur, wenn es gutgegangen sei, sonst nicht, das sei die Bedingung.

Es zeigte sich, daß jedes der Mädchen gern gekommen wäre, allerdings erst, nachdem sie sich noch einmal vergewissert hatten, daß der Gelähmte nicht siech sei. Sie wollten auch seinen Namen wissen und sowohl Vorname als auch Zuname heimelten sie an. Eine Freundin von ihnen im Lokal hieß selber Marek. Sie baten Professor Gomperz, unter ihnen, die alle willig seien, die auszusuchen, die ihm für ›Thomas‹, so nannten sie ihn schon, am besten gefalle. Es traf sich, daß sie alle hübsch waren, wenn auch auf unterschiedliche Art. Der Professor hatte es gar nicht leicht mit seiner Wahl, und als er Thomas später von dem Abenteuer erzählte, nannte er es ›sein Parisurteil‹.

Aber er war nicht zugegen, als das Mädchen zum erstenmal kam, um, wie er sagte, dem Paar mit seinem grauen Bart die Freude nicht zu vergällen. Das Mädchen war herzlich und beflissen und Thomas erlebte, was er sich so heftig gewünscht hatte. Er war außer sich vor Freude und vergaß in dieser exaltierten Verfassung, das Mädchen an den Lohn auf der Kommode zu erinnern. Sie aber war von ihrer neuen Aufgabe so sehr in Anspruch genommen, daß sie weder hinsah noch danach fragte und ganz von selber versprach, in einer Woche wieder am Samstag um drei zu kommen. Sie kam auch pünktlich, keinen Samstag blieb sie aus, Thomas mußte sie an das Geld für das letzte Mal erinnern. Das nahm sie dann auch; aber nachdem sie mit ihm zusammengewesen war, nahm sie nie das Geld, und wenn Thomas sie dazu aufforderte, sagte sie: »Des is net so! Zu dir komm ich so!« und es mußte eine ganze Woche vergehen, bevor sie es über sich brachte, ihren Lohn, der schließlich abgemacht war, von der Kommode herunterzuholen.

Das dauerte mehr als ein halbes Jahr, und jedesmal erinnerte er sie daran. Heimlich wünschte er sich, daß sie es liegen ließ, und er wünschte es so sehr, daß er immer neue Arten erfand, davon zu sprechen. »Da hat jemand seine Börse auf der Kommode ausgeschüttet«, sagte er, »möchtest du es bitte auflesen!« oder »Warum Leute ihr Geld bei mir liegenlassen müssen! Ich kann das nicht leiden! Bin ich ein Bettler?« Es mußte gleich geschehen, wenn sie kam, denn später war bei ihr gar nichts auszurichten. Am Samstag, wenn er sich auf ihr Kommen freuen wollte, kam der Moment, an dem ihm die dumme Sache einfiel und er mußte sich etwas Neues ausdenken. Es kränkte ihn auch, daß es so mit dem Professor zusammenhing, als betreibe der nach Monaten noch die Sache. Wenn er schlecht gelaunt war und dem Mädchen eins versetzen wollte, sagte er: »Dein Freund läßt dich grüßen, der Professor« oder »Hat sich der Professor wieder bei dir gemeldet im Kaffeehaus?« Sie war einfältig, sie gehorchte ihm, weil sie ihn nicht verärgern wollte. Er war hartnäckig, er ließ nicht locker, und bevor sie getan hatte, woran er sie erinnerte, traute sie sich nicht in seine Nähe. Ihr Wunsch wäre es gewesen, ihm selbst etwas zu bringen, aber als sie es mit kleinen Geschenken versuchte, kam sie schlecht bei ihm an. »Dort ist das Geschenk«, sagte er heftig, und zuckte mit dem Kopf in die Richtung der Kommode. »Hier macht nur der Professor Geschenke.«

Hätte sie seinen eigentlichen Wunsch erfaßt, es wäre alles gut weitergegangen, aber sein Stolz gab ihm keine Ruhe, er zwang ihr auf, was sie gar nicht wollte, und was erst überschwengliche Dankbarkeit gewesen war, verwandelte sich in Groll. Es konnte unter der Woche geschehen, daß er plötzlich mit Haß an sie dachte. Er lag in seinem Wagen draußen an der Sonne, eine Frau ging vorüber, deren Gang ihm gefiel und er dachte mit Haß an den Besuch, der Samstag bevorstand. Er erzählte mir, wie es zum Bruch kam, und schien es nicht zu bereuen. Er hielt es für eine männliche Handlung, eines freien Geistes würdig, besonders da er danach eine ganze Weile niemanden hatte. Er sagte zu ihr, ziemlich barsch: »Du hast schon wieder was vergessen!« Er wartete, bis das Verhaßte in ihrer Tasche war und sagte dann: »Du brauchst jetzt nicht mehr zu kommen.« Er ließ sich auf keine Erklärungen ein. Als sie in der Tür stand und sich noch einmal fragend umsah, zischte er: »Ich habe keine Zeit. Ich muß mehr studieren.« Sie schrieb ihm einen Brief, ungeschickt und voller Fehler, einen Liebesbrief, wie ich nie einen gesehen habe, hätte ich ihn nur auswendig gelernt.

Er ließ mich ihn lesen, er beobachtete mich dabei. Er schien ungerührt, es war schon eine Weile her, immerhin hatte er ihn aufbewahren lassen, und als er danach verlangte, sagte er zur

Mutter, in der knappen Art, die ihm für sie genügte: »Gib den Brief her!« Er erklärte nicht, welcher Brief es war, den er wollte, und sie wußte, was er meinte. Ich las und verstand, was geschehen war, es war offenkundig, wie sehr er dem Mädchen Unrecht getan hatte. Er blieb unnachgiebig und das letzte, was er darüber sagte, war: »Dann hätte sie es dem Gomperz zurückschicken müssen, alles!«

Inzwischen hatte er gelernt, wie man Frauen Eindruck macht, und bei Gesprächen ließ er merken, daß er ein in Liebesfragen erfahrener Mann sei. Er bekam Besuche von Frauen, die draußen in der Sonne bei seinem Wagen sitzen durften und ihm von ihren unglücklichen Ehen erzählten und wie sie unter ihren brutalen Männern litten. Er hörte sie an und sie fühlten sich verstanden. Manchmal gab er ihnen einen Ratschlag, den sie befolgten, sie kamen zurück und dankten ihm dafür, es hatte gewirkt. Wenn ihm der Gang einer Frau nicht gefiel, ließ er sich auf kein Gespräch ein. Dann bekam die Mutter ein Zeichen und sie holte den Wagen mit ihm herein, damit war die Sitzung abgebrochen oder besser, sie hatte noch gar nicht begonnen.

Das Wunder, auf das er wartete, geschah, nachdem wir Freunde geworden waren. Eine Ärztin, die ihre Ordination in Ober-St. Veit hatte, besuchte ihn einmal beruflich wegen einer fiebrigen Erkältung. Sie kam in ihrem kleinen Wagen angefahren und wurde gleich zu ihm ins Schlafzimmer geführt, so daß er sie überhaupt nicht gehen sah. Er war durch das Fieber etwas benommen und döste vor sich hin. Plötzlich stand sie vor ihm und gab sich als Ärztin zu erkennen. Er versäumte auch in diesem Zustand nicht, seine Augen, wie es seine Gewohnheit war, langsam weit zu öffnen und hatte damit die übliche Wirkung. Die Ärztin verliebte sich auf der Stelle in ihn und lud ihn, sobald er wieder gesund war, zu kleineren Autofahrten ein. Wann immer sie Zeit hatte und das Wetter schön war, kam sie ihn holen.

Anfangs mit Hilfe seiner Mutter hob sie ihn aus seinem Wagen heraus und legte ihn wie ein Bündel in ihr Auto. Dann fragte sie ihn, was er gern sehen möchte, er durfte auswählen, wonach es ihn gelüstete. Die Fahrten, die erst kurz waren, wurden länger und länger und reichten schließlich bis auf den Semmering. Er stimmte einen eigenen Gesang an, wenn er so zu einer Fahrt ins Auto gehoben wurde. Ich erlebte es einige Male, ich wollte ihn besuchen, und obwohl ich den Wagen der Ärztin schon vor dem

Hause stehen sah, kehrte ich nicht um, sondern ging in seine Nähe, vorgeblich um ihn zu begrüßen, in Wirklichkeit, um den glücklichen Hauch seiner Stimme zu vernehmen, die zu jubeln versuchte, weil die Welt sich vor ihm auftat. Die Ärztin, die sehr behutsam mit ihm umging und jeden freien Augenblick auf diese Fahrten verwandte, wurde seine Freundin, sie blieb es, solange ich ihn kannte.

Kant fängt Feuer

Seit ich auf meinen Hügel am Stadtrand hinausgezogen war, war Wien, wie es zwischen Vezas Wohnung in der Ferdinandstraße und Hacking lag, also Wien in seiner größten Breite, zu meinem Revier geworden. Wenn ich spätnachts von Veza zu mir zurückfuhr, nahm ich nicht die Stadtbahn, die kürzeste Verbindung, zur Endstation Hütteldorf-Hacking. Es gab zwei Tramlinien, die nicht weit von der Stadtbahn und parallel zueinander ein dichter besiedeltes Quartier befuhren. Dieser bediente ich mich, es war eine sehr lange Strecke, irgendwo unterwegs, wo mich die Lust packte, sprang ich ab und ging dann kreuz und quer durch die dunklen Straßen. In diesem großen Revier gab es keine Gasse, vielleicht auch kein Haus, das ich auf meinen Streifzügen nicht aufgefaßt hätte. Ganz bestimmt war ich aber in jedem Nachtcafé gewesen, das lange offen hatte.

Bei der Rückkehr nach Wien hatte sich die Lust auf diese Gänge gesteigert. Ich war von einer tiefen Abneigung gegen *Namen* erfüllt, ich wollte nichts von ihnen hören, am liebsten hätte ich auf sie alle losgeschlagen. Seit ich mitten in der großen Namensküche gelebt hatte – drei Monate das erste und sechs Wochen das zweite Mal –, hatte ich ein bedrängendes Gefühl des Ekels davor, ich kam mir – eine Schreckensvision schon der Kindheit – wie eine Mastgans vor, die festgesetzt und mit Namen zwangsgefüttert wurde. Der Schnabel wurde einem offen gehalten und Namensbrei hineingestopft. Es war ganz gleichgültig, welche Namen da hineingemischt wurden, wenn es nur ein Brei aus ihnen allen zusammen war und man daran zu ersticken glaubte. Gegen diese vereinte Not und Bedrängnis durch Namen setzte ich jeden Menschen, der keinen hatte, jeden Namens-Armen.

Jeden wollte ich sehen, hören, jeden lange, immer wieder, auch in der Endlosigkeit seiner Wiederholung hören. Je freier ich dafür war, je mehr Zeit ich daran wandte, je mehr ich davon erfuhr, um so größer wurde mein Staunen, daß es diese Vielfalt gab, und zwar in der Armut, der Banalität, der Mißbrauchtheit der Worte, nicht in der Großsprecherei und Aufgeblasenheit der Dichter.

Wenn ich in ein Nachtcafé kam, wo die Gelegenheit zu hören eine günstige war, blieb ich lang, bis zur Sperrstunde um vier Uhr früh und gab mich dem Wechsel der eintretenden, fortgehenden, wiederkehrenden Figuren hin. Ich machte mir den Spaß, die Augen zu schließen, als ob ich halb schliefe, oder mich zur Wand zu kehren und nur noch zu hören. Ich lernte es, die Leute nach dem Gehör allein auseinanderzuhalten. Daß jemand das Lokal verließ, sah ich nicht, aber ich vermißte die Stimme, und sobald ich sie wiederhörte, wußte ich, er ist zurückgekommen. Wenn man die Wiederholung nicht scheute, wenn man sie voll und ohne Mißachtung aufnahm, erkannte man bald einen Rhythmus des Redens und Widerredens; aus dem Hin und Her, aus der Bewegung akustischer Masken bildeten sich Szenen, und diese, im Gegensatz zum kahlen Selbstbehauptungsgeschrei jener Namen, waren interessant, nicht berechnend nämlich. Ob sie ihre Wirkung taten oder nicht, sie kehrten wieder, vielleicht wäre es richtiger zu sagen, daß der Wirkungskreis ihrer Berechnung ein so enger war, daß sie dem Hörer gleich als mißglückt und drum auch als vergeblich und unschuldig erscheinen mußte.

Ich mochte diese Menschen, auch die hassenswerten unter ihnen, weil ihnen die Macht der Rede nicht gegeben war. Sie machten sich lächerlich in Worten, sie kämpften mit ihnen. Es war ein Zerrspiegel, in den sie sahen, wenn sie sprachen, in der Entstellung der Worte, die zu ihrem vermeintlichen Ebenbild geworden war, führten sie sich vor. Sie gaben sich preis, wenn sie um Verständnis warben, sie beschuldigten einander auf so verfehlte Weise, daß Beleidigung wie Lob und Lob wie Beleidigung klang. Nach dem Erlebnis der Macht in Berlin, die ich in der täuschenden Form des Ruhms in nächster Nähe wahrgenommen hatte, in der ich zu ersticken vermeinte, war es begreiflich, daß ich für Ohnmacht in jeder Form empfänglich wurde. Sie ergriff mich, ich war ihr dankbar, ich vermochte mich nicht zu sättigen an ihr, und es war nicht die öffentlich deklarierte

Ohnmacht, mit der andere gern eigensüchtig operierten, sondern die eingefleischt verborgene der einzelnen, die geschieden blieben, die nicht zusammenfanden, am wenigsten im Sprechen, das sie trennte, statt sie zu verbinden.

An Thomas Marek zog mich vieles an, am meisten die Anstrengung, die er Tag für Tag daran wandte, seiner Ohnmacht Herr zu werden. Von allen Menschen, die ich je gekannt hatte, war er am schlechtesten dran, aber er sprach und ich verstand ihn, und was er sprach, hatte Sinn, es beschäftigte mich nicht nur, weil es ihn solche Mühe kostete, Worte aus seinem Hauch zu bilden. Ich bewunderte ihn, weil er sich durch seine Geistigkeit eine Überlegenheit gewann, die ihn aus einem Gegenstand des Mitleids in eine Figur verwandelte, zu der man pilgerte; kein Heiliger im überlieferten Sinn, denn er war dem Leben zugetan und liebte es in jedem seiner Aspekte, am heftigsten in denen, die sich ihm versagten. Mit *ungewollter* Askese hatte es von klein auf bei ihm begonnen, und nun galt alles, was in Jahren unsäglicher Mühe geschah, dem Erwerb der Fähigkeiten und Verrichtungen, die anderen selbstverständlich waren.

Ich fragte ihn, ob es ihm nicht stärkeren Eindruck mache, *vorlesen* zu hören, statt selber zu lesen. Das sei ja früher so gewesen, war seine Antwort, als er jünger war, habe ihm seine Schwester vorgelesen: Gedichte, Geschichten, Theaterstücke. So habe ihre Freundschaft begonnen, so seien sie unzertrennlich geworden. Aber dann habe ihm das nicht mehr genügt, denn er wollte schwierigere Sachen kennenlernen, die die Schwester nicht verstand. Hätte sie ihm *mechanisch* vorlesen sollen, ohne zu wissen, was die Sätze, die sie für ihn sagte, bedeuten? Dazu war ihm die Schwester zu gut, dazu sei sie sich auch selber zu gut gewesen; was sie ihm vorlas, *teilte* sie mit ihm, es mußte für sie beide gleich wichtig sein, zu einem bloßen Lese-Papagei mochte er sie nicht erniedrigen. Auch empfand er das Bedürfnis, manchmal Dinge in Ruhe für sich zu überlegen und wenn ihm der genaue Wortlaut nicht mehr geläufig war, sozusagen nachzuschlagen und sich seiner zu vergewissern. Aus beiden Gründen wurde es unerläßlich für ihn, selber lesen zu lernen, und ob ich an seiner Methode, es zu besorgen, etwas auszusetzen fände.

Gewiß nicht, im Gegenteil, sagte ich, er habe das ganze Problem auf so einleuchtende Weise gelöst, daß es einem wie die natürlichste Sache von der Welt erscheine.

Das war es auch, und doch habe ich mich nie daran gewöhnt, und wenn er mir vorlas (vielleicht nur einen Satz oder gar eine ganze Seite), war mir jedesmal zumute, als erlebe ich es zum erstenmal. Es war mehr als Respekt, was ich dabei empfand, es war Scham, daß ich es mit dem Lesen immer so leicht gehabt hatte, und Erwartung auf das, was dabei herauskommen würde. Jeder Satz, den er mit seinem Hauch auf diese Weise formte, klang für mich anders als alle Sätze, die ich bis dahin gehört hatte.

Im Mai 1930, als die Besuche bei Thomas begannen, hatte ich schon mehr als ein halbes Jahr mit meinen Entwürfen verbracht. Alle acht Figuren jener Comédie Humaine an Irren existierten, und es schien ausgemacht, daß jede zum Zentrum eines eigenen Romans werden würde. Sie liefen nebeneinanderher, ich bevorzugte keine, ich wandte mich in raschem Wechsel bald dieser, bald jener zu, keine wurde vernachlässigt, aber keine überwog, jede hatte ihre besondere Sprache und ihre besondere Art zu denken, es war, als hätte ich mich in acht Menschen gespalten, ohne die Gewalt über sie oder über mich zu verlieren. Ich scheute davor zurück, ihnen Namen zu geben, ich bezeichnete sie, wie ich schon sagte, mit den Eigenschaften, von denen sie beherrscht waren, und beschränkte mich auf deren ersten Buchstaben. Solange sie keine Eigennamen hatten, bemerkten sie einander nicht. Sie blieben frei von Schlacken, verhielten sich neutral und versuchten nicht über das, was sie nicht gewahrten, die Oberhand zu gewinnen. Es war ein weiter Sprung vom ›Tod-Feind‹ zum ›Verschwender‹ und weiter von diesem zum ›Büchermenschen‹, aber der Weg war frei, sie selber verstellten ihn nicht. Ich fühlte mich nie unter Zwang, ich lebte in einem Schwung und in einem Hochgefühl, wie ich es seither nie wieder gekannt habe, – der einsame Einrichter und Überschauer acht weitabgelegener, exotischer Territorien, täglich unterwegs von einem zum anderen, manchmal auch unterwegs den Aufenthalt wechselnd, in keinem wider Willen festgehalten, von keinem überwältigt, ein Raubvogel, der acht Terrritorien statt einem sein eigen nennt und nirgends in einem Käfig der Vorsicht landet.

Die Gespräche mit Thomas gingen um philosophische oder wissenschaftliche Themen. Er hatte nicht wenig zu sagen und sagte es gern, aber er wollte auch wissen, womit ich mich befaßte. Ich sprach zu ihm über die Kulturen und Religionen, die ich auf Spuren von Massenphänomenen hin durchforschte. Auch jetzt, zur Zeit dieser literarischen Entwürfe, wandte ich einige Stunden des Tages an jene Arbeit. Von den literarischen Dingen erfuhr er nichts, ein sicheres Gefühl sagte mir, daß meine Figuren etwas an sich hätten, das ihn verletzen müsse, sei es, daß ihre weitausgreifende Bewegung ihm als hoffnungslos unerlangbar erschiene, sei es, daß ihre Begrenzungen ihn an seine eigenen gemahnten. Ich machte mir's zum Gebot, darüber zu schweigen, und es fiel mir nicht allzu schwer, denn es blieb für unsere Gespräche etwas übrig, das nicht auszuschöpfen war: ein Werk, das zu gleicher Zeit wie er in mein Leben kam und von kardinaler Bedeutung für mich wurde, Jacob Burckhardts ›Griechische Kulturgeschichte‹. Mit den Griechen hatte er sich seit längerem schon vertraut gemacht, doch war er ihnen auf den orthodoxen wissenschaftlichen Wegen seiner Periode begegnet. Er konnte mir erklären, worin die damals Neueren von Burckhardt abwichen, bewies aber viel Sinn für dessen unvergleichlich tieferen Auffassungen. Wir kamen darin überein, daß *er* der große Historiker des vergangenen Jahrhunderts war, und dachten, daß er jetzt zu seinem Rechte kommen müsse.

Dieses Gespräch, das mir wichtig war, führte ich nur mit einem Teil meiner Natur. Aber ich spürte, daß die Verbindung mit Thomas, unser häufiges Beisammensein auch auf den anderen Teil, den ich vor ihm verbarg, eine Wirkung hatte.

Er war für mich mehr da als alle anderen Menschen, die ich kannte. Das hing nicht nur mit der Unvergleichbarkeit seiner Existenz zusammen – er überraschte mich auch mit Dingen, die ich nicht erwarten konnte. In manchem war er wie eine der Figuren, die ich erfand: Wenn man die Bedingung kannte, von der es abhing, hatte alles, was bei ihm geschah, Bestimmtheit und Konsequenz, nichts hätte anders sein können, als es war, sein Verhalten, dachte man, sei überschaubar und erfaßbar. Er wurde zum Herzstück der ›Comédie Humaine‹ und ohne daß er darin vorkam, zum Kronbeweis für ihre Wahrheit. Aber weil er so verschieden von ihnen war, wirkte er lebendiger als alle anderen. Er war auch nicht umzubringen, seine drei Selbstmordversuche, sehr ernst gemeint, waren spurlos an ihm vorübergegangen, was einen anderen getötet hätte, hatte ihm nichts anhaben können. Gegen einen Versuch der Selbstaufgabe war er jetzt geschützt, das wußte er und war damit einverstanden. Wenn es ihm nicht gerade besonders schlecht ging, war er sogar stolz darauf, alles was er sich von den anderen, auch von mir holte, diente seiner Stärkung.

Er war mehr als die Figuren, von denen ich erfüllt war, denn er, in seiner Abhängigkeit, *verschaffte* sich sein Leben. Selbst in seiner Lage war er zu Verwandlungen fähig, die nicht vorauszusehen waren, das war es, womit er mich am meisten überraschte. Man meinte ihn zu kennen, und dann war er doch unabsehbar. Ich glaube, er wäre, eben weil er so viel stärker und geheimnisreicher war, zum Untergang der acht Figuren geworden, mit denen er in mir zusammenstieß. Er kannte sie nicht, sie kannten ihn, und da sie keine Namen hatten, waren sie seinem ausgeliefert.

Aber er selbst, der im Verlauf weniger Monate zur stillen, unablässig wirkenden Gefahr für mein Vorhaben geworden war, der ahnungslos in jede Figur Eingang gefunden hatte und sie von innen aushöhlte und entkräftete, wurde auch der Anlaß zu einer Rettung. Sieben von ihnen gingen zugrunde, eine blieb am Leben. Die Maßlosigkeit meines Unternehmens trug ihre Strafe in sich, doch war die Katastrophe, in der es endete, nicht komplett, etwas – es heißt heute ›Die Blendung‹ – ist davon übriggeblieben.

Thomas fragte mich oft nach Erlebnissen aus, die ihm versagt waren, und einmal bestand er auch auf einer genauen Schilderung der Ereignisse des 15. Juli. Ich sagte ihm alles rückhaltlos, in Einzelheiten, wie ich sie früher nie heraufgeholt und zusammen vorgebracht hatte. Ich fühlte, wie lebendig dieser Tag nach drei Jahren in mir noch war. Er empfand es anders als ich, es versetzte ihn nicht in Schrecken, die rasche Bewegung, der häufige Wechsel des Standorts, hatte eine stimulierende Wirkung auf ihn. »Das Feuer!« sagte er, wieder und wieder, »das Feuer! das Feuer!« Er schien mir beinahe angeheitert, und als ich von dem Manne sprach, der abseits von der Masse stand, die Hände überm Kopf zusammenschlug und ein übers andere Mal jammernd ausrief: »Die Akten verbrennen! Die ganzen Akten!«, kam ihn das Lachen an, ein stürmisches Gelächter, er lachte so sehr, daß sein Wagen ins Rollen geriet und mit ihm auf und davon fuhr. Das Lachen war zur treibenden Kraft geworden, da er nicht aufhören konnte, mußte ich ihm nachrennen, um ihn aufzuhalten, und spürte die kräftigen Stöße, die sein Lachen dem Wagen erteilte.

In diesem Augenblick sah ich den ›Büchermenschen‹, eine der acht Figuren vor mir, an die Stelle des Akten-Jammerers sprang plötzlich er, er stand am Feuer des brennenden Justizpalastes, und es traf mich wie ein Blitz, daß er mit all seinen Büchern zusammen verbrennen müsse.

»Brand«, murmelte ich, »Brand«. Thomas, als sein Wagen zum Stehen gekommen war und sein Lachen endlich aufhörte, wiederholte: »Brand! Das muß ein Brand gewesen sein!« Er wußte nicht, daß das Wort jetzt für mich ein Name geworden war, der Namen ebendes Bücherhelden, der von nun an so hieß, die erste und einzige der Figuren, die einen Namen bekam, und ebendieser Name war es, der ihn im Gegensatz zu den anderen Figuren vor der Selbstauflösung rettete.

Das Gleichgewicht unter den Figuren war zerstört, Brand begann mich mehr und mehr zu interessieren. Wie er aussah, wußte ich noch nicht, er war zwar für den Akten-Menschen eingesprungen, aber keineswegs sah er aus wie dieser. Er stand nicht bloß daneben, ich nahm ihn ernst, wie er das Feuer ernst nahm, das sein Schicksal war, in dem er aus freiem Entschlusse enden würde. Ich glaube, es war dieses Feuer, an dessen Erwartung die anderen Figuren allmählich verdorrten. Wohl setzte ich mich noch manchmal zu ihnen hin und versuchte weiterzuschreiben. Aber das Feuer, das nun einmal wiedererwacht war, war nah, in seiner Gegenwart bekamen sie etwas Leeres, Papierenes. Was waren das für Geschöpfe, die von keinem Tod bedroht waren, ich hatte sie ja ausdrücklich vom Tode ausgenommen, sie sollten doch leben, um sich in jenem Pavillon zusammenzufinden, den ich für sie ausgesucht hatte. Da sollten sie das Gespräch führen, von dem ich mir soviel erhoffte, ich hatte mir sogar vorgestellt, daß dieses Gespräch *Sinn* ergeben würde, im Gegensatz zu den Gesprächen ›normaler‹ Menschen, die nichts als Banalitäten von sich gaben und einander trotzdem nicht verstanden.

Auch die Vorstellung dieses Gesprächs hatte an Glanz verloren, seit ich wirkliche Gespräche führte, die voller Überraschungen waren, obwohl ich ihnen eine vorsorgliche Richtung zu geben suchte. Sie waren auf Schonung eines anderen bedacht, dessen Empfindlichkeit mir wichtiger geworden war als meine eigene, aber was ich in ihnen zu hören bekam, beschäftigte mich mehr als alles, was ich aussinnen konnte. Der Pavillon in Steinhof, den ich weiter vor Augen hatte, leerte sich bald wie die Figuren, die in ihm zusammenfinden sollten. Er kam mir lächerlich vor, er spreizte sich vor anderen, es war mir unerfindlich, warum ich gerade ihn zu jenen hohen Ehren bestimmt hatte: jeder dieser Pavillons hätte es getan. Sie sahen sich zum Verwechseln ähnlich.

Während die Figuren mehr und mehr sich selbst überlassen blieben, ohne daß ich ihnen gewaltsam ein Ende machte – ich verwarf sie nicht, ich verbarg sie nicht, jede von ihnen ließ ich irgendeinmal mitten in einem Satze stehen –, beschäftigte mich Brand der Büchermensch so sehr, daß ich auf meinen Gängen Ausschau nach ihm hielt. Zwar stellte ich ihn mir lang und dürr vor, doch ich kannte nicht sein Gesicht. Bevor ich es gesehen hatte, behielt auch diese Figur etwas von dem Schemenhaften, das die anderen sieben an den Bettelstab gebracht hatte. Ich wußte, daß er nicht in Hacking war, in der Inneren Stadt oder ihrer nächsten Nähe war Brand zuhause, und ich fuhr nun öfters hinein, in der Meinung, daß ich ihm begegnen würde.

Meine Erwartung trog mich nicht. Ich fand ihn als Inhaber eines Kakteen-Geschäfts, an dem ich oft vorbeigegangen war, ohne ihn zu bemerken. Gleich zu Beginn der Passage, die vom Kohlmarkt zum Café Pucher führte, war links ein kleines Kakteen-Geschäft. Es hatte ein einziges, nicht sehr breites Schaufenster, in dem viele Kakteen jeder Größe standen, Stacheln an Stacheln. Dahinter sah der Inhaber, ein langer, dürrer Mensch, auf die Passage hinaus, hinter all diesen Stacheln ein spitzer Anblick. Ich blieb vor der Auslage stehen und starrte ihm ins Gesicht. Er war um einen Kopf größer als ich und blickte über mich weg, aber er hätte auch durch mich hindurchgesehen, ohne mich zu bemerken. Er war so abwesend, wie er dürr war, ohne die Stacheln der Kakteen hätte man nicht auf ihn geachtet, er bestand aus Stacheln.

So hatte ich Brand gefunden und er ließ mich nicht los. Ich hatte mir einen Kaktus in den Leib gepflanzt und er wuchs nun entschlossen und unbekümmert weiter. Es war Herbst geworden, ich setzte mich zur Arbeit hin, täglich schritt sie ohne Unterbrechung fort. Mit den Ausschweifungen des vergangenen Jahres war es vorbei, strenge Gesetze herrschten. Ich erlaubte mir keine Sprünge, ich gab keiner Verlockung nach. Es kam mir auf den dichten Zusammenhang an, auf etwas, das ich bei mir die Unzerreißbarkeit nannte. Im Jahr der Ausschweifungen war Gogol, den ich auf das höchste bewunderte, mein Meister gewesen. In seiner Schule hatte ich mich der Freiheit der Erfindung hingegeben, die Lust daran verlor ich auch später nicht, als ich mich um anderes bemühte. Jetzt aber, im Jahr der Konzentration, als es mir um Klarheit und Dichte zu tun war, um eine schlackenlose Durchsichtigkeit, wie in Bernstein, hielt ich mich an ein Vorbild, das ich nicht weniger bewunderte: Stendhals ›Rot und Schwarz‹. Täglich, bevor ich mit dem Schreiben begann, las ich einige Seiten daraus und wiederholte so, was er selber getan hatte, mit einem anderen Vorbild, dem berühmten neuen Gesetzbuch seiner Tage.

Einige Monate hielt ich mich an den Namen Brand. Der Gegensatz zwischen den Eigenschaften dieser Figur und dem Flackern des Namens, den sie trug, störte mich anfangs nicht, aber als die Eigenschaften alle hart und unverrückbar da waren, begann der Name auf Kosten der Figur sich auszubreiten. Er brachte mir das Ende nahe, an das ich nicht zur Unzeit erinnert sein wollte. Ich befürchtete, das Feuer könnte vorgreifen und, was noch im Entstehen war, verzehren. Ich taufte Brand um und gab ihm den Namen Kant.

Ein ganzes Jahr lang hatte er mich in seiner Gewalt. Die Unerbittlichkeit, mit der diese Arbeit sich fortspann, war für mich eine neue Erfahrung. Ich hatte das Gefühl einer Gesetzmäßigkeit, die stärker war als ich selbst, etwas, das an die Disziplin der Naturwissenschaft erinnerte, die auf besondere Weise doch in mich eingegangen war, obwohl ich mich so entschieden von ihr abgewandt hatte. Die ersten Zeichen ihrer Einwirkung waren in der Strenge dieses Buches zu spüren.

Im Herbst 1931 legte Kant Feuer an seine Bibliothek und verbrannte mit seinen Büchern. Sein Untergang ging mir so nahe, wie wenn es mir selber geschehen wäre. Mit diesem Werk beginnt meine eigene Einsicht und Erfahrung. Während einiger Jahre trug das Manuskript, das unangetastet bei mir lag, den Titel ›Kant fängt Feuer‹. Der Schmerz dieses Titels war schwer zu ertragen. Als ich mich widerstrebend zur Änderung entschloß, vermochte ich mich nicht ganz vom Feuer zu trennen. Aus Kant wurde Kien, die Entzündbarkeit der Welt, deren Bedrohung ich fühlte, blieb im Namen der Hauptfigur erhalten. Der Schmerz aber steigerte sich zum Titel ›Die Blendung‹. Er bewahrte, für niemand erkennbar, die Erinnerung an Simsons Blendung, der ich auch heute nicht abzuschwören wage.

Inhaltsverzeichnis

Teil 3
Die Schule des Hörens
Wien 1926-1928

Teil 4
Das Gedränge der Namen
Berlin 1928

Teil 5
Die Frucht des Feuers
Wien 1929-1931